职业技术师范教育系列教材
四川省"十四五"职业教育省级规划教材

职业教育理实一体化
课程开发与教学

宋改敏　李兴荣　主编

西南财经大学出版社

四川·成都

图书在版编目(CIP)数据

职业教育理实一体化课程开发与教学 / 宋改敏,李兴荣主编.—成都:
西南财经大学出版社,2024.3
ISBN 978-7-5504-5680-8

Ⅰ.①职⋯ Ⅱ.①宋⋯②李⋯ Ⅲ.①职业教育—教学研究
Ⅳ.①G712.0

中国国家版本馆 CIP 数据核字(2023)第 030225 号

职业教育理实一体化课程开发与教学

ZHIYE JIAOYU LISHI YITIHUA KECHENG KAIFA YU JIAOXUE

宋改敏　李兴荣　主编

策划编辑:李邓超　冯　梅
责任编辑:李玉斗　冯　梅
责任校对:高小田
封面设计:摘星辰·DIOU　张姗姗
责任印制:朱曼丽

出版发行	西南财经大学出版社(四川省成都市光华村街 55 号)
网　　址	http://cbs.swufe.edu.cn
电子邮件	bookcj@swufe.edu.cn
邮政编码	610074
电　　话	028-87353785
照　　排	四川胜翔数码印务设计有限公司
印　　刷	郫县犀浦印刷厂
成品尺寸	185mm×260mm
印　　张	17.875
字　　数	396 千字
版　　次	2024 年 3 月第 1 版
印　　次	2024 年 3 月第 1 次印刷
印　　数	1— 2000 册
书　　号	ISBN 978-7-5504-5680-8
定　　价	58.00 元

高等职业院校教师教育系列教材
编写委员会

曹均学　西华师范大学马克思主义学院教授

王小蓉　西华师范大学马克思主义学院副院长、教授

李选华　绵阳飞行职业学院副院长、高级实训指导教师

李　智　西华师范大学高等职业技术师范学院院长、副教授

陈　玲　西华师范大学高等职业技术师范学院直属党支部书记、副教授

彭彬秀　四川机电职业技术学院（攀钢党校）副教授

韦油亮　西华师范大学高等职业技术师范学院副院长、副教授

谭　锐　西华师范大学马克思主义学院副教授

郑银凤　西华师范大学马克思主义学院副教授

吕雪梅　西华师范大学马克思主义学院副教授

沈小强　西华师范大学教师教育学院副教授

刘巧丽　西华师范大学高等职业技术师范学院副教授

高思超　西华师范大学教务处副处长、副教授

明芳宇　南充技师学院服务与管理系系主任、高级讲师、高级技师

董小杏　成都师范学院物理与工程技术学院副教授

范小梅　西华师范大学法学院讲师

陈　沫　西华师范大学马克思主义学院讲师

林　蓉　西华师范大学教师教育学院讲师

罗　怡　南充职业技术学院教师

苏艳玲　南充科技职业学院教师

李帅旭　川北医学院教师

张　莉　西华师范大学马克思主义学院教师

张莹红　西华师范大学马克思主义学院教师

王蔚苒　西华师范大学法学院研究生

秦　瑶　西华师范大学法学院研究生

高等职业院校教师教育系列教材及主编人员

《高等职业教育政策法规汇编》主编　李敏、李兴荣

《高等职业教育法规概论》主编　李敏、李兴荣

《高等学校教师职业道德》主编　王安平、黄元全

《高等职业教育概论》主编　黄景容

《高等职业教育心理学》主编　成云、韦油亮

《职业教育理实一体化课程开发与教学》主编　宋改敏、李兴荣

建设优质职教师资培养培训教材
助推职业院校教师教育高质量发展

——高等职业院校教师教育培养培训系列教材总序

四川省教育厅党组成员、副厅长　张澜涛

党的十八大以来，以习近平同志为核心的党中央高度重视职业教育和技术技能人才培养。习近平总书记对职业教育发表了一系列重要指示，他指出：职业教育是国民教育体系和人力资源开发的重要组成部分，是广大青年打开通往成功成才大门的重要途径，肩负着培养多样化人才、传承技术技能、促进就业创业的重要职责，必须高度重视、加快发展。2021年4月10日，习近平总书记再次对职业教育作出重要批示：在全面建设社会主义现代化国家新征程中，职业教育前途广阔，大有可为。要坚持党的领导，坚持正确的办学方向，坚持立德树人，优化职业教育类型定位，深化产教融合、校企合作，深入推进育人方式、办学模式、管理体制、保障机制改革，稳步发展职业本科教育，建设一批高质量的职业院校和专业，推动职普融通，增强职业教育的适应性，加快构建现代职业教育体系，培养更多高素质的技术技能人才、能工巧匠、大国工匠。各级党委政府要加大制度创新、政策供给、投入力度，弘扬工匠精神，提高技术技能型人才的社会地位，为全面建设社会主义现代化国家，努力实现中华民族伟大复兴的中国梦提供人才和技能支撑。

教育是国之大计、党之大计。百年大计，教育为本；教育大计，教师为本。没有高素质的教师队伍，就没有高水平的教育质量。高素质教师不会从天而降，需要精心培养培训。《中华人民共和国职业教育法》（以下简称《职业教育法》）明确提出，国家应建立健全职业教育教师培养培训体系。可见，加强职业教育教师职前培养和职后培训，对于提升职教师资队伍建设是何等重要。为适应新时代类型教育变革需要，提高职业院校教师教育的科学性、针对性和有效性，从2020年开始，四川省启动实施高等职业院校新入职教师职业技能（岗前）培训，委托西华师范大学、四川省职业院校师资培训中心牵头，联合省内外职业教育理论研究机构、"双高"学校名师以及专家学者组成高等职业院校新入职教师职业技能（岗前）培训教材编写委员会，规划编写了这套高等职业院校新教师岗前培训系列教材。教材以习近平总书记关于职业教育重要论述为指引，按照教育部《高等学校教师岗前培训暂行细则》和《高等学校教师岗前培训教学指导纲要》的要求，紧密结合现代职业教育改革发展需要，立足立德树人根本任务，强化教书育人素质能力，突出职业教育类型特征，围绕打造"双师双能"型"工匠之师"的培训目标，构建岗培教材体系。

本套教材目前包括《高等职业教育政策法规汇编》《高等职业教育法规概论》《高等学校教师职业道德》《高等职业教育概论》《高等职业教育心理学》，共五册。教材注重法规导向、理论引领、案例实证，突出课程思政，具有体系完备、结构合理、观点鲜明、语言流畅、理实一体、教学互动的特征。教材自 2020 年出版以来，在国内被百余所高职院校广泛使用，产生了良好的社会反响。为贯彻落实《职业教育法》关于"加强职业教育教师专业化培养培训"要求，编委会及时启动对教材的修订改版：一是调整了教材定位，使其能满足职前培养并兼顾职后培训；二是完善了教材体系，增加了《职业教育理实一体化课程开发与教学》一册内容；三是更新了教材内容，依据近一年来国家及相关部委出台的新法规、新政策，及时更新教材内容；四是进行了数字化改版，推出教材电子版，完善网络课程资源。相信教材的修订出版，必将对职业教育教师培养培训提供有益的支持和帮助。

教无止境，学海无涯。我们期待国内外同行提出宝贵意见，以便后续再版时修订完善，为开发高水平的职教师资队伍培养培训专业化教材，促进职业院校教师教育高质量发展贡献四川力量。

是为序。

2022 年 6 月 6 日

《职业教育理实一体化课程开发与教学》
编写委员会

主　编

宋改敏　天津职业技术师范大学职业教育学院副院长、教授
　　　　天津市高等教育学会会长
李兴荣　西华师范大学 教师/校长培训首席专家、高级经济师

副主编

武春岭　重庆电子工程职业学院人工智能与大数据学院院长、教授
　　　　信息安全国家级教学团队负责人
卢胜利　天津职业技术师范大学电子工程学院原院长、教授
　　　　天津职业技术师范大学和天津中德应用技术大学教学督导专家

编　委

梁　卿　天津职业技术师范大学职业教育学院教授
李兴贵　成都师范学院党委常委、副校长、教授
李选华　绵阳飞行职业学院副院长、高级实训指导教师
董小杏　成都师范学院物理与工程技术学院副教授
明芳宇　南充技师学院服务管理系系主任、高级技师、高级讲师
吴焱岷　重庆电子工程职业学院人工智能与大数据学院党总支书记、
　　　　副教授
张文明　重庆璧山职教中心教师、高级讲师

　　课程教学是教师的基本工作，为此教师不仅要具备从事教学工作的基础理论知识，了解国内外课程与教学改革的发展历程和现状，初步学会分析课程开发与教学面临的现实问题，还要具备课程开发和教学实施、教学设计与评价等的基本技能，掌握合理安排教学过程、组织教学活动的方法，使教师的教学由经验指导水平走向科学水平。关于在职教师人才的培养，目前已有《职业教育课程与教学论》《职业教育教学论》《职业教育课程论》等教材出版，这些教材更多地聚焦于"论"，而且脱胎于普通教育的课程与教学论的痕迹明显，解决职教教师理实一体化施教能力问题的针对性欠缺。特别是在职业院校教师教育高质量发展的社会背景及优质职教师资培养培训的要求下，基于教师教材教法的一体化关联及其内在逻辑，建设职教师资培养的高质量教材以推进教法改革具有重要的现实价值和迫切性。为此，我们以本科职教师资培养为出发点，根据职业院校课程教学改革实践，聚焦理实一体化教学模式，在借鉴已有教学论教材的基础上，编写了这本《职业教育理实一体化课程开发与教学》。

　　本书编写的理念：一是职业导向性。职业教育所培养的人才都有具体的行业、专业和工种的职业方向要求，为此本书在超越传统"课程与教学论"的基础上，从中观层面探讨职业教育课程开发与教学实施，有效提高本科职教师资培养的针对性、实用性、可操作性。二是实用性。理论与实践教学一体化是职业教育重要而有效的课程教学模式。理实一体化课程的开发与教学，是新时代职业学校教师不可或缺的教学基本功，为此，教材在理实一体化模式下，探讨课程、教师、教材和教法的基本理论和具体做法。三是建构性。从教材编写的内容看，本书将围绕职业教育"双师型"师资培养目标，基于建构主义基础理论，重点介绍理实一体化课程教学理论与实践探索及应用。本书设计为八章内容：第一章，理实一体化课程开发与教学概述，重点介绍理实一体化课程与教学的历史沿革、内涵与特征、理论基础。第二章，理实一体化课程体系构建与课程开发，涵盖课程体系架构、课程开发基本思路与流程、课程思政设计、课程标准建设与开发案例。第三章，理实一体化教材开发与云教学资源建设，重点分析理实一体化课程内容、学习任务设计，工作页、工作手册开发、云教材、微课设计与教学资源、实训室设计与建设。第四章，理实一体化课程教学模式构建，对理实一体化教学问题归因与模式建构、基本原则、应用设计与教学模式运用案例进行论述。

第五章，理实一体化教学建设与教学设计，对理实一体化教学、教学准则和规范、一体化教学建设和设计进行了论述。第六章，理实一体化教学实施与教学案例，着重阐述了理实一体化的教学实施、教学案例及点评分析。第七章，理实一体化师资队伍建设，对理实一体化教师专业标准、能力系统及培养路径、团队建设等进行阐述。第八章，理实一体化课程的教学评价，包括理实一体化教学评价、教师教学工作评价方法、学生成绩评价方法，评价与教学的融合。

本书是职教师范生的必修课教材，也可以作为职业学校新入职教师岗前培训教材。本书的出版，有助于推动职业技术师范教育课程与教材体系构建，对提升职教师资队伍建设和教师教学能力提升具有积极意义。本书的第一个特色是教学性。一方面，强调以学生为中心的教学理念，重视师资培养中学生对课程开发和教学实施的理解与运用，避免高校教材偏重学术性以及知识罗列叠加的编排形式，因此，多数章节都添加了案例分析。另一方面，基于职业教育的定向性，在具体论述中，也将更多超越"论"的成分，转入设计和开发的层面，更加聚焦对课程内容采用的方法设计，这在一定程度上规避了职业教育各工种、专业课程内容的干扰和影响，使得从一般的意义理解上阐述课程与教学的基本理论成为可能。第二个特色是时代性。本书在借鉴已有相关教材的基础上，在结构安排、主要内容的确定上基本相似，但本书侧重从运用的层面上去设计编排，体现了为技术技能人才培养服务的师资培养目标，从可操作的特点体现出时代性，同时，相关章节将课程思政元素的提炼与运用也纳入其中，重视课程体系建构中课程思政融入，体现出鲜明的时代精神。在创新上，主要表现在本教材从师资培养效果出发，不同以往课程与教学论的思路，重"术"轻"技"，重"论"轻"做"的现象，而强调师资培养的"技"与"做"，为此，在内容上，本教材更加贴近师资培养的学生学习需求，更加契合职业教育的教学特点和要求，在增强教材可读性和实效性的基础上凸显出教材编写思路的创新性。

本教材是四川省教育厅主持编撰的高等职业院校教师教育系列教材之一。目前已经出版了全套六本：《高等职业教育政策法规汇编》《高等职业教育法规概论》《高等学校教师职业道德》《高等职业教育概论》《高等职业教育心理学》《职业教育理实一体化课程开发与教学》，作为国内职教领域师资培养的首套系列教材，已被列入四川省"十四五"职业教育省级规划教材。

本书由宋改敏和李兴荣主编。编写分工为：第一章（李兴荣、明芳宇）；第二章（武春岭、吴焱岷、张文明）；第三章（李选华）；第四章（李兴贵、董小杏）；第五章、第六章（卢胜利）；第七章（宋改敏）；第八章（梁卿）。宋改敏负责全书统稿和修订，李兴荣负责全书的组稿出版事宜，系列教材编委会副主任李敏教授对本教材提出了很好的审读意见，董小杏副教授对全书的格式文本进行了调整和规范，在此一并致谢！《职业教育理实一体化课程开发与教学》的面世成为本系列教材的收官之作，作为对职业教育理实一体化课程教学一般理论的研究尝试，虽经编写者们多次研讨论证但肯定还存在着诸多瑕疵和不足，也期望得到专家和读者的批评指正，无论怎样，职业技术师范教育教材建设是一项长期而艰巨的任务，但我们坚信：路虽远，行则将至；事虽难，做则必成。我们已经在路上，前方还远吗？

宋改敏

2023 年 7 月 20 日

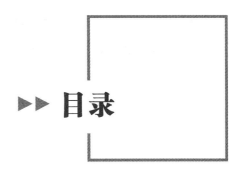

▶▶ 目录

第一章
理实一体化课程开发与教学概述

【内容摘要】本章共三个部分：第一节简要回顾了我国职业教育理实一体化课程与教学的形成与发展历程。第二节详细阐述了理实一体化课程开发与教学的理论基础，即马克思主义实践论的知行观为理实一体化课程开发与教学奠定了坚实的学理基础；建构主义的情景观为理实一体化课程开发与教学指示了有效路径。突出了行动导向原则在理实一体化课程开发与教学中的运用。第三节明确了理实一体化课程与教学的内涵与特征，划定了理实一体化课程与教学的适用范围。通过本章的学习，读者须知晓理实一体化课程开发与教学的定义和适用范围，深刻理解理实一体化课程开发与教学的理论基础，明白理实一体化课程开发与教学在职业教育课程与教学体系中和在中国特色学徒制推广中的重要作用。

第一节　理实一体化课程与教学的历史沿革

职业教育课程与教学的发展历程与一定的社会变革、经济发展和教育活动紧密相连。我国职业教育课程与教学的历史进展，主要包括古代传统学徒制、近代学校教育式职业教育、现代中国特色学徒制三个历史时期。根据理论与实践的关系，现代职业教育课程与教学的发展经历了"理论与实践并行""理论为实践服务"和"理论实践一体化"三个阶段。中国特色学徒制的形成与推广，标志着理实一体化课程开发与教学进入了全面落地与落实新阶段。

一、古代传统学徒制式的职业教育课程与教学

我国古代的职业教育属非学校化时期的职业教育，以传统学徒制形式呈现。传统学徒制的教育形式主要有家传工艺（父传子）、手工作坊中的师徒相传、官府中的工匠培训三种。

传统学徒制职业教育的课程没有形成独立体系，以传授某一工种技艺的经验和技能为教学内容，教学组织形式以现场学习为主，在生产过程中进行传习教学，边干边学，教学以"学徒的做"为主，学习、工作合二为一。

二、近代学校教育式职业教育的课程与教学

19世纪60~90年代，清政府发起了一场自强改革的洋务运动，通过引进、学习西方的先进科学技术来培养洋务人才，直接催生了我国近代最早的学校职业教育。洋务运动新式学堂的建立是中国近代学校职业教育的开端。

（一）实业教育制度与实业学堂课程

1862年，总理衙门在北京开设京师同文馆，这是中国近代开办的第一所新式学堂，标志着中国近代新式教育的开始。1866年左宗棠、沈葆桢创办的福建船政学堂，主要培养用于海防的造船和驾驶技术人员，这是中国最早的职业学校，同时也是中国近代最早的技工教育。后陆续创办的军事武备学堂和技术实业学堂主要开设制造、驾驶、陆海军官、电报、科技等课程，课程设置分为理论知识和实践实习两部分。

清政府1903年（农历癸卯年）颁布了《奏定学堂章程》系列文件，史称"癸卯学制"。"癸卯学制"借鉴日本的学制和课程，职业教育制度包括初等、中等和高等三级学堂制度，开设农业、工业、商业等专业，课程设置分为普通课程和专业课程两部分。"癸卯学制"是中国近代第一个付诸实施的学制，首次把实业教育列入学制系统，从制度上确立了我国学校职业教育的体系和在整个教育体系中的地位。

（二）《壬子癸丑学制》与实业学校课程发展

1912年教育部颁布《学校系统令》（《壬子癸丑学制》的重要组成部分），改清末的实业学堂为实业学校，并规定实业学校以教授农业、工业、商业必需的知识和技能为目的。实业学校分为农、工、商、船四科，实施完全的普通实业教育。1915年增设"女子职业学校"。各类实业学校以近代文化科学知识技术充实了课程内容，并废止了"读经"一类的封建传统课程，明确了实习时间，这是第一次对封建传统课程的变革，使中国教育走向近代化。

（三）新学制与职业教育课程改革与教学

1922年，北洋政府教育部通过了《壬戌学制》（又称"新学制"）。新学制仿效美国的学制，采用美国的"六三三制"分段标准，将中学分为初、高二级，变实业学校为职业学校，课程采用必修、选修与学分制相结合的方式。在形式上将职业教育与普通教育和师范教育统一为一个整体。新学制是中国近代史上实施时间最长、影响最大的一个学制[①]。

国民政府成立后，其教育部多次修订教育法案和职业教育课程。1933年，国民政府公布《职业学校法》；1935年，颁发《修正职业学校规程》，规定职业学校各科教学以先实习后讲授为基本原则，实习分为共同实习、分组实习和个别实习三种，每次实习三至四个小时[②]。

三、现代职业教育理实一体化课程与教学

现代职业教育分为新中国成立以后专业技术教育、改革开放以后职业教育新发展

---

① 付欢欢. 职业教育课程与教学论的历史沿革 [D]. 石家庄：河北师范大学，2015：32.
② 刘金录. 民国时期职业教育概况 [J]. 职业教育研究，2014（6）：180.

和国家现代职业教育体系构建三个历史时期。

1949年新中国成立后，我国学习苏联的做法，职业教育以中等专业学校、技工学校、专科学校的形式发展，实施的是专业技术教育，理论与实践教学并行；1978年改革开放以后，教学主要以培养能力为主，兼顾知识的培养，理论为实践服务；21世纪以来，在现代职业教育体系建设中，以工学结合的形式，开展知识、能力、职业素质的综合培养，培养劳动者综合能力，职业教育进入理论与实践一体化阶段。党的二十大报告特别提出："统筹职业教育、高等教育、继续教育协同创新，推进职普融通、产教融合、科教融汇，优化职业教育类型定位。"

（一）理论与实践并行阶段

改革开放前的传统职业教育课程是围绕"学科教学"和"技能训练"两大模块建立的，一个专业的课程方案由多门学科科目和相应的技能训练科目构成，把这些科目按照各自所固有的逻辑排列，独立安排它们的教学顺序和学习时间。在教学中，实施理论课、专业基础课和专业课（三段式）课程模式，并辅之以相应的技能训练课。一般理论教学与实践教学都有自己相对独立的体系，不追求或无法追求其在内容和时间上的协调一致，因此这种课程可以被称为"理论与实践并行"的课程。学生一方面接受系统的理论知识学习，另一方面探索解决职业工作现实中的实践问题。

理论与实践并行的课程有以下特点：第一，理论课教学内容是对学科内容进行教学简化的结果，与具体工作情境没有直接联系；第二，强调知识体系的完整性和系统性，重视理论知识的再现、验证、记忆与理解；第三，实践教学以实习的形式呈现，强调动作技能和技巧习得，由于缺乏在真实工作情境中行动导向的综合性学习，无法形成高层次的能力。

（二）理论为实践服务阶段

实行改革开放政策之后，教育界逐步认识到职业教育应当服务经济建设，以满足企业对人才的"功利性"需求，这也是职业教育服务经济社会发展的体现，反映了职业教育和社会之间的根本关系，也是职业教育的本质规律之一。

以CBE为代表的能力课程理念被引入我国职业教育，即从岗位需求出发，认为知识是掌握技能和发展能力的基础，把知识学习作为习得技能的支持手段，淡化了理论知识的系统性和量的要求，这就构成了一种以"理论为实践服务"为理念的职教课程类型。当时，我国职业院校广泛流传的口号"理论知识以必须够用为度"就是对追求这种课程理想的生动写照。由此，人们意识到职教课程开发应当以工作分析为起点，把握社会、市场和工作实践对劳动者的要求，这改变了长期以来形成的"知识积累"优于"实践感受"的传统，从根本上改变了理论与实践的关系，确定了"实践比理论更重要"的地位。

随着国外先进课程的引入和推广，我国职教界逐渐接受了"理论为实践服务"的课程理念，一些优秀职教工作者甚至在此基础上发展了本土课程理论，如"宽基础活模块"，它将所有专业课程分成两个阶段，"宽基础"拓宽学生的知识和能力基础，为今后继续学习和转岗做好知识和技能上的准备；"活模块"针对岗位进行训练，使学生在就业前便具备胜任一个或几个特定岗位的技能，这直接反映了"理论为实践服务"的课程理念。"宽基础活模块课程"强调理论对技能的基础作用，不强调把理论学习与实践学习作为个性发展和职业生涯发展过程的整体。

综上所述，以 CBE 能力课程为典型代表的"理论为实践服务"的课程，强调职业教育满足经济发展对学习者要求的功能性和功利性目标，这无疑是我国职教课程理念的重大进步，然而由于相对忽视课程的教育性要求，忽视学习规律和职业生涯发展的规律，"理论为实践服务"的课程必然会受到一些局限。总体来看，这一阶段仍然采用职业教育学校化办学模式，即直接套用普通教育办学模式，教学上学科化倾向（学科知识传授为主）明显，忽视动手操作和实践能力培养的系统安排。

（三）理论与实践一体化阶段

进入 21 世纪，随着人们逐渐意识到"理论为实践服务的课程"在培养劳动者综合能力中的缺陷，探索和引进"理论实践一体化"课程及其开发方法成为课程改革的重要任务。人们意识到，要想真正实现培养高素质应用型人才的目标，必须将学习者的理论学习和实践能力发展作为一个整体来看待。让学生获得那些在职业工作实践中相互关联的综合能力，仅仅停留在"理论为实践服务"的层次是不够的，理论与实践只有通过特定的载体有机融合到一起（发生理论与实践的"化学反应"），通过手脑并用的"做中学"以及理论实践一体化的学习，才有可能促进学生综合职业能力的发展。

近年来，我国职教界在理实一体化课程开发领域做了大量的研究与实践，比较有代表性的有项目课程、任务引领型课程、工作过程系统化（亦称基于工作过程）课程和学习领域课程等。

1. 项目课程

项目课程是为项目教学而设计的课程，即师生通过共同实施一个完整的"项目"工作而进行的教学活动。项目课程把实践理解为过程与结果的统一体，认为实践只有指向产品的获得才具有意义，才能达到激发学生学习动机的目的，因此不仅重视学生职业能力的培养而且重视学生的主体性，较好地实现了学习与工作之间的平衡，调和了经济社会的功利性需求与人本主义思想的主体性彰显之间的矛盾。

项目课程的基础是"学习与工作任务"，即"用于学习的工作任务，其核心学习内容是工作的学习任务"。这个学习任务应当满足一些基本要求，如具有完整的工作过程；能将某一教学课题的理论知识和实践技能结合在一起；与企业实际生产（或商业）活动有直接的关系；强调对学习过程的规划、思考、反馈和分析等。职业教育中优秀的项目课程，反映了该职业（专业）所包括的"工作对象、工具、工作方法、劳动组织和工作要求"的整体化的"典型工作任务"。项目课程能够帮助学生了解和处理工作、学习和生活中的各种复杂关系和矛盾，为学习者今后职业活动寻求个性化的解决方案打下基础。

2. 任务引领型课程

"任务引领型课程"是近年来我国职教界谈论比较多的一个概念，其基本含义是指在职业教育中以工作任务为中心来组织课程内容，按照工作任务的相关性设置课程门类。"任务引领型课程"的基本思路是用工作任务引领知识、技能和态度的学习，改变把知识技能与工作任务相剥离的传统格局，让学生在完成工作任务的过程中学习相关知识，发展综合职业能力。

任务引领型课程借助工作任务这个载体，来克服传统学科课程以学科为中心或围绕知识内在逻辑设计课程内容的缺陷，通过工作任务实现理论与实践的一体化整合，让学生通过"做"来带动学生学习完成工作任务所需的知识，实现了理论学习与实践践行的融合，而不再把理论知识学习作为获得技能或能力发展的促进手段，因此基本上是实现了理论实践一体化的课程。

3. 工作过程系统化课程

工作过程系统化课程是依据技能人才成长规律和国家职业标准，以综合职业能力为培养目标，通过典型工作任务分析，构建课程体系，并以具体工作任务为学习载体，按照工作过程来设计和安排教学活动的课程，它体现了理论教学与实践教学融通合一、专业学习与工作实践学做合一、能力培养与工作岗位对接合一的特征。强调以完成工作任务为课程目标、学习任务与工作任务的一致性。

4. 学习领域课程

学习领域课程，是以一个职业的典型工作任务为基础的专业教学单元，它与学科知识领域没有一一对应关系，而是从具体的"工作领域"转化而来，常表现为理论与实践一体化的综合性学习任务。通过一个学习领域的学习，学生可完成某个职业（或专业）的一个典型工作任务，处理一种典型的"问题情境"；通过若干系统化学习领域的学习，学生可以获得某一职业（职业小类或多个岗位）的职业资格。

学习领域课程的特点包括："第一，课程目标是综合职业能力和素质培养，在发展专业能力的同时，促进关键能力的发展；第二，学习的主体是学生，在满足企业岗位要求的同时，获得职业生涯发展的潜力；第三，学习内容的基础是来源于工作实践的某一职业的典型工作任务；第四，学习过程具有工作过程的整体性，学生在综合的行动中思考和学习，完成从明确任务、制订计划、实施检查到评价反馈的完整过程。"[1]

四、中国特色学徒制的形成与发展

中国特色学徒制是在人社部新型学徒制和教育部现代学徒制试点基础上发展起来的技能人才培养模式，理实一体化课程开发与教学是与其适应的课程教学形态，体现了职业教育的类型教育特色与本质，因此，理实一体化课程开发与教学建设是促进职业教育高质量发展的基础工程和发展路径。赵志群等学者"根据课程设计中理论学习与实践学习的关系，按照'理论与实践并行''理论为实践服务'和'理论实践一体化'三个发展阶段，对近年来我国职业教育课程领域的研究和实践进行了系统分析，以期明确未来理论实践一体化课程的发展趋向。"[2] 两者有着密切的必然关联，是在推进中国式现代化基础上，在职业教育领域人才培养、课程建设和教学实施的特色推进和探索。中国特色学徒制的形成与推广沿着了我国"先试点后推广"的改革路径。

（一）试点提出阶段：先行先导助推现代学徒制（2010—2014 年）

教育部在《国家教育事业发展第十二个五年规划》（2012 年）中首次提出要开展现代学徒制试点。2014 年，按照《关于加快发展现代职业教育的决定》"开展校企联合招生、联合培养的现代学徒制试点"的部署，教育部印发了《关于开展现代学徒制

① 赵志群，杨琳，辜东莲. 浅论职业教育理论实践一体化课程的发展 [J]. 教育与职业，2008（35）：18.
② 赵志群，杨琳，辜东莲. 浅论职业教育理论实践一体化课程的发展 [J]. 教育与职业，2008（35）：15.

试点工作的意见》，正式启动了现代学徒制试点的申报工作。

（二）试点探索阶段：巩固现代学徒制理论（2015—2018 年）

2015 年教育部遴选出首批 165 家现代学徒制试点单位和行业试点牵头单位，并要求试点单位加强科研工作，通过理论升华和国际比较，系统总结试点经验和国外经验，完善我国现代学徒制制度体系。根据《国家教育事业发展第十三个五年规划》（2017 年）积极推动校企联合招生、联合培养的现代学徒制的要求，教育部于 2017、2018 年启动了第二、第三批的现代学徒制试点，确定试点单位，并对第一、第二批试点单位进行验收。

实践决定理论，没有实际探索的现代学徒制理论是空虚的，没有理论研究为指导的试点是盲目的。实践总结赋予了理论研究新的活力，并在实践研究中不断修正。随着陆续开展三期现代学徒制试点，实践总结逐渐从星星点点的院校探索转向结合国家试点要求，围绕如何试点、遇到的困境和问题、对策建议等方面开展相关研究。

通过构建校企协同育人机制、改革招生招工制度和教学管理制度、建设校企师资队伍互聘共用制度以及与现代学徒制相适应的管理制度，逐步形成了具有中国特色的现代学徒制度。

（三）总结推广阶段：建构中国特色现代学徒制（2019 年至今）

试点的终极目标是形成中国特色现代学徒制。2019 年教育部办公厅印发了《关于全面推进现代学徒制工作的通知》，吹响了推广中国特色现代学徒制的号角[①]。

（1）目标要求：落实立德树人根本任务，深化产教融合、校企合作，健全德技并修、工学结合的育人机制和多方参与的质量评价机制，深入推进教师、教材、教法改革，总结现代学徒制试点成功经验和典型案例，在国家重大战略和区域支柱产业等相关专业，全面推广政府引导、行业参与、社会支持、企业和职业学校双主体育人的中国特色现代学徒制。

（2）标准体系建设：按照专业设置与产业需求对接、课程内容与职业标准对接、教学过程与生产过程对接的要求，校企共同研制高水平的现代学徒制专业教学标准、课程标准、实训条件建设标准等相关标准，做好落地实施工作。在开展现代学徒制的专业率先实施"学历证书+若干职业技能等级证书"制度试点。

（3）培养模式改革：坚持德技并修、工学结合、知行合一，按照企业生产和学徒工作生活实际，实施弹性学习时间和学分制管理，育训结合、工学交替、在岗培养，积极探索三天在企业、两天在学校的"3+2"培养模式，着力培养学生的专业精神、职业精神和工匠精神，提升学生的职业道德、职业技能和就业创业能力。

2021 年中共中央办公厅、国务院办公厅印发了《关于推动现代职业教育高质量发展的意见》，提出"探索中国特色学徒制，大力培养技术技能人才。支持企业接收学生实习实训，引导企业按岗位总量的一定比例设立学徒岗位"，意在强调企业在学徒制培养中的主体地位，增强学徒制培养模式的内生动力。

2022 年修订后的《中华人民共和国职业教育法》正式公布，明确提出"国家推行

---

① 高明，高鸿. 从"试点论证"到"中国特色"：我国现代学徒制研究的回溯与展望［J］. 职教论坛，2022（4）：110.

中国特色学徒制",学徒制至此上升为国家层面的制度并以法律形式得以确立,开辟了中国特色学徒制创新发展新境界。2022年10月教育部办公厅发布《关于做好职业教育"双师型"教师认定工作的通知》,同年11月教育部办公厅等五部门发布《关于实施职业教育现场工程师专项培养计划的通知》明确了中国特色学徒制的师资要求和保障,并通过现场工程师培养计划的实施而使理实一体化课程开发与教学得以全面推广。

理实一体化课程与教学是中国特色学徒制育人的一种基本模式和有效手段。纵观我国现代职业教育改革发展的历程,我国职教界理实一体化课程开发与教学在学习和吸纳国外职业教育的先进理念和成果的基础上,积极运用于职业教育实践,将我国的职业教育课程与教学改革不断推向深入,沿着借鉴学习、创新发展、内涵建设,走上了中国特色现代学徒制发展的道路。

第二节　理实一体化课程开发与教学的理论基础

理实一体化课程开发与教学是理论与实践深度融合、知与行的高度统一、互相促进的最有效的职业教育应用型课程开发与教学模式,体现了辩证唯物主义实践与认知发展由低级向高级发展逻辑的基本规律,任何片面强调和放大理论和实践功效的理念和行动都是片面的,都是对认识和实践的割裂,如果运用于教学也必然造成理论与实践的分离,造成培养出来的学生要么是缺乏动手能力、只会纸上谈兵的空谈者,要么是不知所以然,形同机器的经验型匠人。为此,马克思主义实践论及建构主义思想是理实一体化课程开发与教学的理论基础。

一、理实一体化课程开发与教学的理论基础

(一) 实践论的知行观为理实一体化课程开发与教学奠定了坚实基础

"不入虎穴,焉得虎子。"这句话是对实践与认知辩证关系最朴素的解读,表明实践是第一位的,先有实践,后有经验和认知。1937年7月毛泽东同志在《实践论》中指出:"马克思主义者认为人类的生产活动是最基本的实践活动。""一切知识离开了生产活动是得不到的。""从事生产活动,这是人的认识发展的来源。人类社会的生产活动是一步又一步地由低级向高级发展,因此,人们的认识也都是一步又一步地由低级向高级发展,即由浅入深,由片面到全面。"①

1. 理论源于实践,基础理论研究是解决"是什么""为什么"的必要手段

源于实践的理论,能够解释"是什么""为什么"问题。"一个人的知识不外乎直接经验和间接经验两个部分,一切真知都是从直接经验发源的,但仍是不能事事直接经验,事实上多数的知识都是间接经验的东西,这是一切古代的和外域的知识。在我为间接经验者,在人则为直接经验,因此就知识的总体来说,无论何种知识都离不开直接的经验。"② 因此,基础认知和理论来源于实践,是对前人和他人实践成果的提炼,

① 毛泽东选集:第一卷 [M]. 2版. 北京:人民出版社,1991:283.
② 毛泽东选集:第一卷 [M]. 2版. 北京:人民出版社,1991:288.

是快捷学习和掌握技能的基础和基本手段，不必再去重复进行实践和认知。

传统的基于学科课程结构模式的理论课程教学可以让学生少走弯路，直接获取基本知识，在职业教育中还是必要的。片面强调事事亲为、重复实践，忽视理论教学作用的理念和做法是错误的。

2. 理论指导服务实践，在实践中解决"会做""怎么做"的方法问题

"辩证唯物论的认识论把实践提到了第一的地位，也就是说理论的基础是实践，又转过来为实践服务。"① 不可否认，理论的基础是实践，理论的价值在于反过来为实践服务，用之于指导实践，在指导实践、服务实践的过程中，对其规律性真理性进行验证，马克思主义实践论强调"实践—认识—再实践—再认识，"推动感性认识到理性判断持续升华。在实践中理论提供了解决"会做""怎么做"的方法。

传统教学模式所传授的基础理论需要在指导学生的实训和生产实习中不断地进行检验和纠正，在不断更新变革的实践活动中，总结提升，找出规律性的理性判断，丰富理论内涵。这就是用之于实践的再认识过程。因此，指导学生在实践中再认识的过程既是丰富学生学科知识，提升学生基本理论素养，又是实现学生从应知到应会转变的不可或缺的关键要素。为此，片面强调理论教学，忽视实践教学功效的理念和做法同样也是错误的。

3. 实践—认识—再实践—再认识，需不断推进理实一体化

马克思主义《实践论》强调"实践—认识—再实践—再认识"的过程，实际上是由感觉、印象阶段的感性认知，向概念、判断、推理阶段的理性认知发展的过程。人们只有完成这一过程，才能"到达逐步了解客观事物的内部矛盾、了解它的规律性，了解这一过程和那一过程之间的内部联系，"才真正完成了认识从感觉达于思维的任务。

毛泽东同志在《实践论》中对"秀才不出门、全知天下事"的解读，准确地描述了实践与认识要有机结合融为一体的必要性。他说："秀才不出门、全知天下事，在技术不发达的古代只是一句空话，在技术发达的现代，虽然可以实现这句话，然而真正亲知的是天下实践着的人，那些人在他们的实践中间取得了'知'，经过文字和技术的传达而到达于'秀才'之手，秀才乃能间接地'知天下事'。如果要直接地认识某种和某些事物，便只有亲身参加于变革现实，变革某种和某种些事物的实践斗争中，才能触到那种和那些事物的现象，也只有参加变革现实的实践斗争中，才能暴露那种和那些事物的本质而理解它们。"②

职业教育以技能人才培育为目标，而技能人才的成长有其自身的逻辑和规律，科学家德莱福斯兄弟（H. L. Dreyfus & S. E. Dreyfus）通过对飞行员等职业的研究发现，专业人员的能力发展遵循"从初学者到专家"五阶段发展规律，即从初学者、高级初学者、有能力者、熟练者到专家。不同阶段的特点是：初学者没有判断力、也没有责任感；高级初学者认为所有问题都是一样的，观点狭隘杂乱，但开始针对标准化情境做出决策；有能力者经过有意识的思考可以做出判断；熟练者能系统思考问题，并深

① 毛泽东选集：第一卷 ［M］. 2 版. 北京：人民出版社，1991：284.
② 毛泽东选集：第一卷 ［M］. 2 版. 北京：人民出版社，1991：287.

入理解规则；专家拥有的知识是缄默的，且蕴含于其行动中，这不是与行为相分离的规则知识。经验是能力发展过程中的关键①。

高素质技术技能人才成长必然会经历一个由学徒（新手）到专家的发展过程。2022年，人力资源和社会保障部《关于健全完善新时代技能人才职业技能等级制度的意见（试行）》，确立了八级工制度：学徒工、初级工、中级工、高级工、技师、高级技师、特级技师、首席技师。这一制度是设计依据技术技能人才由低到高成长过程划分成了八个等级，也是技术技能人才成长发展的八个阶梯。我们可以将这八个等级分解为技术技能人才成长的五个阶段：学徒工、初级工、中级工属于初学者阶段；高级工属于高级初学者阶段；技师属于有能力者阶段；高级技师属于熟练者阶段；特级技师、首席技师属于专家阶段。

初学者是需要接受基础知识学习的，先学后做，初步建立职业认同感，通过（岗位）工作任务的实践实训，强化认知，形成经验，做出思考和判断，并逐步成为岗位技能的高级初学者和有能力者；到熟练者阶段也就可以视为"能工巧匠"了，熟练者通过再实践、再认识，把握规律、融入团队、协同攻关、创新工作，形成规则意识、团队意识、沟通能力，最终淬炼成为具有精湛技艺和职业素养的专家，也就是"大国工匠"了。实践证明，初级技术工人成为技术技能型理实一体化的专家，离不开课程教学的理论与实践的一体化设计与实施，简言之就是通过"教学过程的生产化"和"生产过程教学化"，才能最终实现受教育者成为具有职业素养和职业行动能力的培养目标。

（二）建构主义情境观为理实一体化课程开发与教学指示了有效路径

马克思主义实践论构建了知行合一、理实一体的学理基础，同时也为其提供了方法上的指引，毛泽东同志在《实践论》中指出，一些人接受工作任务时会说"没有把握"，"为什么没有把握呢？因为他对于这项工作的内容和环境没有规律性的了解，或者他从来就没有接触过这类工作，或者接触得不多，因而无从谈到这类工作的规律性。及至把工作的情况和环境给以详细分析之后，他就觉得比较地有了把握，愿意去做这项工作。如果这个人在这项工作中经过了一个时期，他有了这项工作的经验了，而他又是一个肯虚心体察情况的人，不是一个主观地、片面地、表面地看问题的人，他就能够自己做出应该怎样进行工作的结论，他的工作勇气也就可以大大地提高了。"从而转变成"有把握"表现为愿意且能够完成工作任务。换言之，马克思主义实践论、知行观强调的是工作任务和工作环境认知的重要性，强调真实岗位工作的历练和实践环境的把握适应是技能人才持续成长的基础。这些观点为后来构建主义生成性学习的情境观提供了方法论支撑。

20世纪70年代美国心理学家维特罗克（Wittrock, M. C.）从心理学视角，构建生成学习模型，进一步深入研究了人类学习过程的认知规律，较为系统地展示了生成性学习的情境观，建构主义理论基本形成，近年来逐步被国内外职业教育界广泛运用，成为实施理实一体化课程开发与教学的有效路径。德国的学习领域课程就属于此类。

基于建构主义理念认为，学习是学习者主动地建构内部心理表征的过程，它不仅

---

① 赵志群. 新时代技工院校一体化人才培养模式改革的学理基础 [J]. 中国培训, 2022, 398 (5): 16.

包括结构性知识，而且包括大量的非结构性的经验背景，因此学习是一个生成过程。基于建构主义的情境学习理论，认为学习的本质是个体参与真实情境与实践，与他人及环境相互作用的过程，是培养参与实践活动能力、提高社会化水平的过程，是文化适应及获得特定实践共同体成员身份的过程。由此，基于建构主义的职业教育课程认为职业能力即情境性的综合能力，对职业能力的理解转向包括知识、技能、态度等综合的心理表征，且更注重不同情境对职业能力获得的特殊意义。学习领域课程认为职业能力是由多个层面组成的一个复杂结构，外显的行为结构只不过是内在心理结构的体现，仅仅关注职业能力的外显行为结构是浅薄的，按照这种理念培养的技术工人无法面对多变的工作世界。基于此，学习领域课程注重培养学生复杂的职业能力。在学习领域课程实施中，教师在教学过程把学生作为学习的行动主体，以职业情境中的行动能力为目标，以基于职业情境的学习情境中的行动过程为途径，以独立的计划、实施与评估的行动为方法，以师生及学生之间互动的合作行动为方式，以强调学习中学生自我构建的行动过程为学习过程，以专业能力、方法能力、社会能力整合后形成的行动能力为评价标准。由此可见，"基于建构主义的职业教育课程认为，技能学习本质上是基于真实工作情境的学习，学习过程就是建立实践共同体，追求学用一致，强调在知识实际应用的真实情境中呈现知识，让学习者像专家和'师傅'一样进行思考和实践；通过社会性互动和协作来进行学习，通过技能学习提高职业能力、掌握职业技能、获得职业资格、取得职业晋升、实现职业转换。"①

研究表明，职业教育具有鲜明的"实践性"和"情境性"特征，实践知识的习得具有一定情境性，而这种情境性也为理论知识的习得提供了基本前提，由此生成实践性的理论知识。"这种实践性的理论知识区别于学科知识，而是与工作任务、项目等相关联，具有经验性、默会性等方面的特点。基于上述前提，理实一体化教学才能真正从一种教学理念转化为现实行动。"②

综上所述，马克思主义认识论的实践观和基于生成性学习的建构主义情境观，较为全面科学地解决了职业教育面临的知与行、认知与操作、理论与实践、脑力与体力、教师与学生、系统性与功利性的关系问题。而工作任务，工作过程则成为理实一体化培养模式的基本框架；依照行动导向原则，遵循技能形成逻辑和技术技能人才成长规律，对职业教育专业课程的内容、教材、教法进行改革和系统化处理，是有效推进理实一体化课程开发与教学、提升教师双师能力和学生职业行动能力的关键因素。

二、行动导向的理实一体化课程开发与教学

"职业教育的行动导向教学通过有目的、系统化地组织学习，让学生在实际或模拟的专业工作环境中参与设计、实施、检查和评价职业活动的全过程，通过发现、探讨和解决职业活动中出现的问题，体验并反思行动过程，最终获得职业能力。"③

行动导向教学的特点包括：一是教学内容为结构复杂的综合性问题，与职业实践

① 曾天山. 试论"岗课赛证"综合育人 [J]. 教育研究，2022（5）：101.
② 郝天聪. 指向一体化的高质量职业教育人才培养路径探析 [J]. 中国职业技术教育，2022（7）：22.
③ 赵志群. 新时代技工院校一体化人才培养模式改革的学理基础 [J]. 中国培训，2022，398（5）：17.

或日常生活有关，有一定的实际应用价值，可促进跨学科的学习；二是学生自行组织学习过程，学习多以小组方式进行，有尝试新的行为方式的实践空间；三是照顾学生的兴趣和经验，通过迁移应用建立理论与实践的联系，强调合作与交流；四是教师的角色转变为学生学习的组织者和专业对话伙伴。因此，行动导向的理实一体化课程开发与教学有如下特征：

（一）产教融合是实施行动导向课程开发与教学的指导思想

当前，职业教育进入高质量发展的新时代，职业教育的内涵、使命、培养目标和教学模式已然发生了本质的变革。

2022 年 5 月 1 日起实施的《中华人民共和国职业教育法》对职业教育的内涵、地位、任务给予了新的定义。第二条第一款规定"本法所称职业教育，是指为了培养高素质技术技能人才，使受教育者具备从事某种职业或者实现职业发展所需要的职业道德、科学文化与专业知识、技术技能等职业综合素质和行动能力而实施的教育，包括学校教育和职业培训"；第三条规定"职业教育是与普通教育具有同等重要地位的教育类型，……，是培养多样化人才、传承技术技能、促进就业创业的重要途径"；第四条规定，职业教育要坚持立德树人、德技必修，坚持产教融合、校企合作，坚持面向实践、强化能力。这是国家以法律的形式对职业教育要德技必修及提升职业行动能力的明确要求，为职业教育坚持行动导向原则奠定了法理基础和前提条件。因此，职业教育必须从课程结构、教材开发、教学内容、教学过程、教学方法、教学组织形式等方面，围绕职业教育的法定要求作出相应的变化和调整。当然，行动能力应该包括教与学的能力，"双师型"教师必须先于学生具备理实一体化教学能力，才能成为学生学习的咨询者和指导者；学生应当成为学习的行动者。职业行动能力的传习必须以"任务驱动"为载体，以"产教融合"为思想指导，在真实工作过程环境中实现理论和实践教学的无缝对接，从而使职业教育的"职业性""实践性"和"情境性"在理实一体化教学中得以充分展现。

（二）典型工作任务确定是行动导向课程开发与教学的逻辑起点

理论只是导向，行动方为本色，职业教育是以培养人的行动能力为目标的类型教育，这就决定了应该遵循职业能力发展逻辑和技能人才成长规律，并以典型工作任务为载体来构建和优化理实一体化的课程结构体系，开发与课程相匹配的教材。

心理学家郝维斯（R. J. Havighurst）的"发展性任务"理论认为，人只有通过完成"发展性任务"才能成长起来，即个体面对的、未曾经历且有挑战性的任务，并为完成以后的任务奠定基础。本纳（P. Benner）通过对护士职业能力发展的实证研究发现，发展性任务能恰当地展示对职业能力形成挑战的"范式化工作情境"。

基于此，劳耐尔（F. Rauner）建立了"发展性逻辑结构课程"理论，确定了 4 个级别的典型工作任务。"一是职业定向性任务：初学者学习基本工作内容，完成从职业选择向工作世界的过渡，初步建立职业认同感。二是程序性任务：提高者对综合性任务和复杂系统建立整体性认识，掌握相关专业知识，了解生产流程和设备，获取初步工作经验并开始建立职业责任感。三是蕴含问题的特殊任务：有能力者需要掌握与复杂任务相对应的功能性知识，完成非常规性任务并形成较高的职业责任感。四是无法预测结果的任务：熟练者学习系统化知识、建立知识与实践的联系并发展组织和研究能力，建立高度的敬业精神。一般每两个发展阶段之间有 3~4 个典型工作任务，反映该职业独特的工作内容和工作方式。典型工作任务是建构职业教育课程体系的基础，反映了专业人员职业能力发展的逻辑。"① 以上理论构成了理实一体化课程与教材开发的思考逻辑。

我国现行职业学校教育的课程体系是依据学科专业类别构建的，包括三部分：基础理论课程、专业理论骨干课程和实践性课程。要推进理实一体化，首先，应遴选和确定哪些专业课程能够把理论与实践联系起来，适合开发成一体化课程。一般说来，理实一体化课程的确定，应当依据《职业大典》相关职业的主要任务即典型工作任务，来构建一体化培养模式课程的结构框架；其次，实施一体化课程的开发应按照职业能力发展逻辑，将课程内容进行过程化、系统化处理，并开发相配套的活页式教材，这是一体化课程教设和教材开发的合法性基础。

一体化课程"典型工作任务"确定之后，应及时开发与之相配套的活页式教材，"教材应以相关职业岗位典型工作任务为驱动，以项目化教学为载体，在内容编排上采取'理论知识+操作+技能实战演练'的结构框架，突出学生岗位能力的培养和职业核心力的训练，促进行动能力导向原则落地落实，在理实一体化教学实施过程中去充分体现教师教、学生学，'学中做''做中学'的现代职业教育理实高度契合的内在逻辑关系。"②

（三）强化职业能力是行动导向课程开发与教学的核心要素

行动导向教学是理实一体化培养模式教学设计的重要理论基础之一，行动导向重新定义了教学的"系统性"和"实用性"的关系，也是建立在现代职业教育实践基础上的教育范式。其基本含义是：师生共同确定行动产品，由此引导教学组织过程；学生通过主动和全面的学习，达到脑力劳动和体力劳动的统一。

从社会学理论角度看，行动导向强调学生是教学行动的主体。提高学习成绩和个性解放并不矛盾，可以对职业教育进行人性化设计，在满足企业功利性要求的同时，促进学生的全面发展。在教学论研究中，行动导向关注如何在工作过程的大环境中，满足动手和认知两方面的要求，关注如何发现缺陷和做出理性的选择，这涉及行动的意愿、组织、调节和评价。

随着智能时代的来临，行业企业对员工的知识、能力和素养要求有了明显的拓宽和提高，更需要集技术理论与技能操作于一身的复合型人才，通过理实一体化教学可以很好地破解这一难题。因此，从教学方法上看，行动导向教学弱化了学科知识的系统性，强调学习的案例性、发展性和知识点溯源，关注学生的自我控制和调节以及在跨学科项目学习中的合作。

（四）工作过程系统化是行动导向课程开发与教学的基本方法

工作过程是指工作者在企业为完成一项工作任务并获得工作成果而进行的完整的工作程序。工作过程的核心要素都是与人相关的，包括工作人员、工具、产品和工作

① 赵志群. 新时代技工院校一体化人才培养模式改革的学理基础 ［J］. 中国培训，2022，398（5）：17.
② 康蕾，李亚婷，陈凑喜. 基于岗位典型工作任务的活页式教材开发：以煤化工专业费托法炼油技术为例［J］. 工业技术与职业教育，2021，19（1）：46.

行动。工作过程是这些要素在特定的工作环境中，按照一定的时间和空间顺序，达到所期望的工作成果的过程。

理实一体化培养模式就是以综合职业能力培养、强化行动能力为目标，在工作过程与学习过程融合中实现德技并修，因此，学习内容不再是简单来的理论知识，而是以职业形式存在的从事实践行动的技术技能人才的专业工作，是产生于劳动实践的"能工巧匠"的知识和技能，是学生在下意识状态下积累的与实践紧密相连的知识。工业心理学研究也发现，技术工人所需的知识中很大部分是介于经验性知识和学科知识之间的特殊知识，只有经验丰富的实践专家才能感悟到这种知识，也就是工作过程知识。工作过程知识，强调教学知识的系统性、情境性、完整性，它是在成功确立工作目标，制订计划、实施及评价工作成果的工作情境中积累的。工作过程的知识通过经验学习获得，可以是理论知识的应用，也可能是将工作经验和理论知识进行反思、整合得到的，是在物化工作过程以及产品和生产服务过程中的诀窍和技巧。因此，工作过程导向的教学，要求教学内容与教学过程、知识和技能的学习必须与相关职业岗位的工作过程相一致。"工作过程中的学习不仅是实践性知识的积累和心智技能训练，更重要的是将知识和技能进行有效整合，这只能在学习者个体内部以隐性的方式进行，而不能全靠教师用语言和示范的方式传授，这就需要符合职业发展规律的、工作过程系统化的行动课程教学来实现。"[①] 这种学习将有助于在过程中培育学生自主学习和终身学习的能力。

（五）基于强化能力的理实一体化教学评价

教学评价是教学工作的重要环节，涉及教师和学生两个主体，对于了解教师教学效果，帮助教师有效调整教学，促进学生及时改进学习，提高教学质量具有重要价值。理实一体化教学评价更强调对教师一体化教学能力的评价和对学生学业成就、行动能力的评价，因此需依据科学的评价指标体系和方法实施评价。理实一体化课程与教学的效果最终会落实在学生的能力发展和成长上，一般来说目前通行的表现性评价或档案袋评价比较有效。通过对档案袋里的成长积累过程和最终结果的分析，可以对学生的发展状况做出评价结论，并用之于教与学的改进，助推育人质量的提升。（详见本书第八章：理实一体化课程教学评价）。

第三节　理实一体化课程与教学的内涵与特征

一、理实一体化课程与教学的内涵 ├──────────────────

（一）理实一体化课程的内涵

人力资源和社会保障部《一体化课程规范开发技术规程》规定，理实一体化课程是按照经济社会发展需要和技能人才培养规律，根据国家职业标准，以职业能力为培养目标，通过典型工作任务分析，确定课程内容，构建课程体系，并以具体工作任务

---

① 赵志群. 新时代技工院校一体化人才培养模式改革的学理基础［J］. 中国培训，2022，398（5）：18.

为学习载体，按照工作过程和学习者自主学习要求设计和安排教学活动的课程，其重点是基于工作任务进行课程开发。

（二）理实一体化教学的内涵

理论与实践一体化，是当前职业教育课程改革的重要取向之一。理实一体化教学即理论实践一体化教学法，是打破理论课、实验课和实训课的界限，将某门课程的理论教学、实践教学、生产、技术服务融于一体，在同一时间、同一地点、同步进行，师生双方边教、边学、边做，让学生有计划地按照教师确定的课题和学习要求进行专门的理论结合实践的一种教学模式。理实一体化教学的具体做法是：突出"五个融为一体"①，即教、学、做融为一体，课堂与车间融为一体，理论教师与实践指导教师融为一体，专业理论和实践操作融为一体，教学过程与生产过程融为一体。

二、理实一体化课程与教学的特征

（一）理实融合

"理实融合"是指教师的教学方式。"理论"是指专业理论；"实践"包括学校地域空间里的各类实训、实习、实验课程，也包括企业地域空间里的认识实习、跟岗实习、顶岗实习活动。教师将理论知识融于实践教学中，理论和实践交替进行，直观和抽象交错出现，没有固定的先实后理或先理后实顺序，而是理中有实，实中有理，充分调动和激发学生学习兴趣。

（二）学做合一

"学做合一"是指学生的学习方式。理论与操作结合，让学生在学中做，做中学。学生可以在实践中学习理论知识，同时在实践中运用理论知识，突出学生动手能力和专业技能的培养，以达到同时提升理论与实践学习效果，培养学生整体职业能力的目的。

（三）双师合一

"双师合一"是指对教师素质的要求。教师的身份不再是单一的实践指导教师或是理论课教学教师。这就要求教师既具有较扎实的专业理论功底，也要具有较熟练的实践技能，更要具有理实结合的教材分析及过程组合能力。既能胜任理论教学、又能指导实习操作的"一体化教师"队伍，是实施理实一体化教学的关键。

（四）能岗合一

"能岗合一"是指培养目标要突出能力和岗位的对接。能力包括专业能力（行动能力）、通用能力的"职业能力"。工作岗位是指就业岗位。"能岗合一"要促进学生认知能力发展和建立职业认同感相结合；学校教育与学生职业能力发展规律相结合；学校教育与企业实践相结合。学生通过对技术/服务工作任务、过程和环境所进行的整体化感悟和反思，实现知识与技能、过程与方法、情感与价值观学习的统一。"能岗合一"，是专业人才培养目标层面的要求，是教育与职业的对接。

三、理实一体化课程与教学的适用范围

人们提到理实一体化，总是简单地期望能把所有理论知识与实践整合在一起，认

---

① 崔慧娟，李锁牢. 高职院校"理实一体化"教学模式探讨［J］. 西部大开发：中旬刊，2012（2）：1.

为只有全部整合，才是真正做到了理实一体化。其实不然，一方面，并非所有的理论知识都能够融入实践中学习，也并非所有的理论知识都适合融入实践中学习；另一方面，从实践的角度看，同样也并非所有的实践学习形态都能够负载理论知识的学习。我们谈理实一体化，并非意味着每门课程都可以同时具备理论与实践两个中心目标，并非每门课程都需解决理论课与实践课二元分离问题。换言之，并非每门课程都适合进行理实一体化改造。一门课程只能有一个中心目标，这个中心目标可以是理论，也可以是实践，但无论如何我们只能确定一个中心目标，否则授课教师将不知所措，无法组织教学。既然如此，那么就存在哪些理论知识可以整合到实践中去的问题。内容过于复杂和庞大的理论知识，还是单独设立课程进行学习为好，否则就容易导致课程目标多元化，使教学过程无法聚焦在特定目标。此外，职业教育中还存在一些其目的只是让学生进行认知的知识，这些知识也是单独设立课程较好。"而从实践的角度看，对综合实训而言，由于其核心目标是提升学生的技能，因而也不适合用来整合理论知识，特别是内容较多的理论知识。这种实践中要教授的应该主要是实践知识。"①

由此，我们仍然有必要把高等职业教育课程体系分为三大类别，即理论课程（公共通识课程和专业理论课程）、基于任务的理实一体化课程（任务本位课程）与岗位实践（实习）课程。理实一体化课程与教学应主要在任务本位课程中进行。

【实践·反思·探究】

1. 简述职业教育理实一体化课程与教学的内涵与特征。

2. 简述实践论知行观及建构主义情境观对职业教育理实一体化课程开发与教学的指导意义。

3. 分析理实一体化课程开发与教学在中国特色学徒制推广中的重要作用。

---

① 徐国庆. 理性看待理实一体 [J]. 职教论坛，2015（3）：1.

第二章
理实一体化课程体系构建与课程开发

【内容摘要】理实一体化课程体系是在人才培养方案的理念指导下，将课程的各个构成要素加以排列组合，是教学内容和进程的总和。课程门类排列顺序决定了学生通过学习将获得怎样的知识结构，是将人才培养目标具体化的过程。理实一体化课程体系在结构上将原有的"理论课"和"实训课"向"一体化课程"转换。课程体系在专业课程之间构筑了一条严密的逻辑主线，保证课程内容之间的衔接和递进，然后从每个岗位工作中提取典型工作任务，形成大项目套小任务的模式分解课程技能点及知识点，匹配相对应的实训场所，将工作环境向教学环境迁移，最终形成与工作岗位和工作项目相对应的理实一体化课程。课程开发是课程不断发展的过程，这符合职业教育服务社会经济发展的功能属性，职业教育课程只有不断革新才具有生命力。

第一节　理实一体化职业教育课程体系架构

一、理实一体化课程体系形成的指导思想

（一）职业成长的逻辑规律

著名学者德莱福斯（S·Dreyfus）等的研究发现：人的职业成长是"从完成简单工作任务到完成复杂工作任务"的能力发展过程。现代职业教育培养的人不仅要能适应社会的发展，而且要能参与未来的工作岗位服务社会经济发展。职业教育培养高素质的技术技能人才，除了熟练掌握未来工作岗位的技术技能之外，还是技术和工作的积极参与者与设计者，更是技术与自然环境、技术与社会环境和谐共生的构建者，对于职业实践的开放性学习任务有独立设计解决问题策略和尝试解决问题并进行评价的能力。

（二）综合职业能力培养目标的需要

综合职业能力是在真实工作情境中整体化地解决综合性的专业问题的能力，是人们从事一门或若干相近职业所必备的本领，是个体在职业工作、社会和私人情境中科

学的思维、对个人和社会负责任行事的热情与能力。高技能人才培养的课程目标是发展综合职业能力，即在真实的工作情境中整体化地解决综合性专业问题的能力和相应的技术思维方式。培养高技能人才的课程需坚持以人为本，关注学生的职业成长，满足职业要求和学生个人发展需求两方面的要求，全面提升学生素质[①]。

（三）学习领域的课程模式

学习领域课程探索始于20世纪90年代的德国。学习领域是指一个由学习目标描述的主题学习单元，它能由能力描述的学习目标、任务陈述的学习内容和总量给定的学习时间（基准学时）三部分构成。学习领域课程认为职业教育应培养学生复杂的职业能力，能力培养是核心目标。职业能力是由多个层面组成的一个复杂结构，外显的行为结构是内在心理结构的体现，且能力发展是一个由个体自行规划的主动过程。职业能力从能力内容的角度来说有专业能力、方法能力和社会能力；从能力性质的角度有基本职业能力和关键能力。学习领域课程设计是基于工作过程的，它把工作过程中的任务作为课程内容选择和课程设置的依据。为成功设置课程方案，还要完成从学习领域向学习情境的转换。学习情境是指学习领域框架内的小型主题学习单元，它是在职业的工作任务和行动过程背景下，按照学习领域中的目标表述和学习内容，对学习领域进行教学论和方法论转换的结果[②]。学习领域课程实施时要采取跨学习领域的组合方式，根据职业定向的案例性工作任务，采取行动导向和项目导向方法实施教学[③]。

二、理实一体化职业教育课程体系典型结构

经济社会的发展和劳动生产组织方式的变革要求技能型人才不仅要有岗位能力，还要具备综合职业能力。职业院校通过理实一体化课程体系构建及课程开发帮助学生通过工作中的学习"建构"自身的知识体系，培养学生解决复杂工作情境中综合问题的能力。20世纪80年代，德国职业教育界出现了新的"设计（shaping）导向"的职业教育思潮和理念。20世纪90年代，德国不来梅大学技术与教育研究所（ITB）与德国大众汽车公司合作，通过典型试验研制出了设计导向基于工作过程的学习领域课程开发方法（BAG法），它是后来欧洲机电一体化汽车维修工课程的基础。之后，ITB对该方法又进行了一系列的改进，扩大了它的通用性，使其适用于所有的职业教育与培训课程开发的需要。21世纪初学习领域课程在德国职业教育中推广。

"设计导向"是基于工作过程的课程开发方法的本质特征，学习领域课程是基于工作过程课程的主要课程形式。基于工作过程的课程开发方法遵循设计导向的现代职业教育指导思想，赋予职业能力全新的内涵意义，它不仅打破了传统学科系统化的束缚，而且将职业教育课程设计指导思想提升到新的高度，将学习过程、工作过程与学生的能力和个性发展联系起来。自2004年以来，中国结合欧盟"亚洲联系"项目支持的"关于课程开发的课程设计"课题的开展，坚持将设计导向的职业教育理念和基于工作过程的课程开发方法与中国高职改革相结合和适应中国国情进行研究，在此基础上提

① 赵志群. 职业教育工学结合一体化课程开发指南［M］. 北京：清华大学出版社，2021：39-40.
② 姜大源，吴全全. 当代德国职业教育主流教学思想研究［M］. 北京：清华大学出版社，2007：191.
③ 徐国庆. 职业教育课程论［M］. 上海：华东师范大学出版社，2014：40.

出了职业竞争力导向的"工作过程——支撑平台系统化课程"这一新的中国特色高等职业教育课程模式，并进行了教学实践探索。

（一）"工作过程——支撑平台系统化课程"体系构架原则

依据是以职业竞争力为导向的"工作过程——支撑平台系统化课程"体系的主导思想搭建构架，将主导思想融于构架之中，使主导思想得以体现和实施。构架处于中国的教育教学环境中，含两类课程，即学习领域课程和学习领域支撑平台课程。学习领域课程任务是保持学习领域课程本质，培养学生的职业竞争力。学习领域支撑平台课程的主要任务是支撑学习领域课程，继承已有的改革成果，与新的设计思想相融合，与学习领域课程共同构成新的课程系统。

（二）"工作过程——支撑平台系统化课程"体系构架内涵

构架分为学习领域课程和学习领域支撑平台课程两大部分。学习领域课程是由典型工作任务转化而来，基于工作过程，根据职业成长规律进行序化。基于此，学生能够学习到工作过程性知识，能设计、组织工作任务，解决实际问题，学习新知识，获得丰富的工作经验，并将其能上升为理论，最终实现理论与实践一体化。学习领域课程以培养职业核心能力，体现职业竞争为主。学习领域支撑平台课程由两种课程组成，第一种是职业领域公共课程，在中国的教育教学环境下主要是为培养学生通用能力而设置的课程，如思想道德修养与法律基础、毛泽东思想、邓小平理论和"三个代表"重要思想理论、英语、高等数学、体育等；第二种是为完成典型工作任务必需的理论、知识、技术和技能课程，职业资格、行业资格证书课程，这种课程主要完成职业基本能力和职业核心能力的培养。

根据专业的职业基本能力和核心能力要求的不同，可以将职业教育的专业大体分为两类：以技能为主的专业和技术含量较高的专业。通常，我们把以技能为主的专业所对应的课程称为"技术技能平台课程"，把以技术含量较高专业对应的课程称为"链路平台课程"。技术技能平台课程是以高技能为主的专业，要求从业人员具有精湛的技能才能完成工作任务，典型工作任务所需的基础理论知识和基本技术技能，显现一定的系统性，形成基础理论知识和基本技术技能平台课程结构。链路平台课程是典型工作任务中的基本技术要求比较清晰，以基本技术为主要支撑的专业，典型工作任务中蕴含的理论、知识和技术相关性较强，且具有一定的系统性，形成技术链路式的平台课程结构。

（三）"工作过程——支撑平台系统化课程"体系构架类型[①]

从中国国情出发，以基于工作过程的学习领域课程开发为主导，按照开发规范设计，以典型工作任务分析为基础，根据工作任务过程的完整性、难易程度和相关性，按照 4 个逐步提高的学习难度，明确每一门学习领域课程在课程体系中的地位，在考虑了相对系统的理论知识，熟练的单项技术技能支撑的前提下，得出了 3 种典型的专业课程体系结构。

---

① 武春岭，龚小勇. 信息安全技术专业基于工作过程支撑平台课程体系开发与实践［M］. 北京：电子工业出版社，2011：40.

1. 专业课程体系典型结构Ⅰ

专业课程体系的典型结构Ⅰ如图2-1所示，本结构中支撑学习领域课程的系统性课程除了职业领域公共课程平台外，还有职业资格或职业拓展课程平台、专业（职业）基础课程平台和由职业基本技术、技能训练课程平台综合而成的基础平台，从而形成在现实条件下能够实施的教学方案和计划。本专业课程体系的典型结构适用于学习领域课程与系统性支撑课程之间没有密切相关性的职业（专业），也就是学习领域课程实施教学时涉及的知识、技能，虽然建立在系统性支撑课程上，但其自成体系，与系统性支撑课程在教学时间和学科内容上没有强烈的关联。

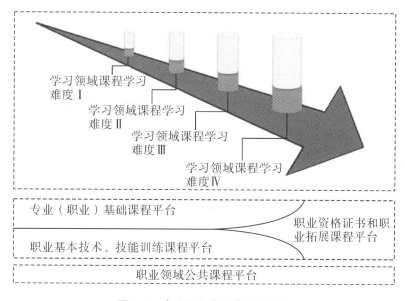

学习领域课程学习难度Ⅰ
学习领域课程学习难度Ⅱ
学习领域课程学习难度Ⅲ
学习领域课程学习难度Ⅳ
专业（职业）基础课程平台
职业资格证书和职业拓展课程平台
职业基本技术、技能训练课程平台
职业领域公共课程平台

图2-1　专业课程体系典型结构Ⅰ

2. 专业课程体系典型结构Ⅱ

专业课程体系典型结构Ⅱ包括职业领域公共课程平台，职业资格证书和职业拓展课程平台，专业（职业）基础课程平台，职业基本技术、技能训练课程平台和学习领域课程四部分，如图2-2所示。本专业课程体系的典型结构符合当前的教育环境和教学条件，同时为了培养学生多元发展和可持续发展能力，同职业领域公共课程平台，职业资格证书和职业拓展课程平台，专业（职业）基础课程和职业基本技术、技能训练课程平台这三个平台来支撑学习领域课程。

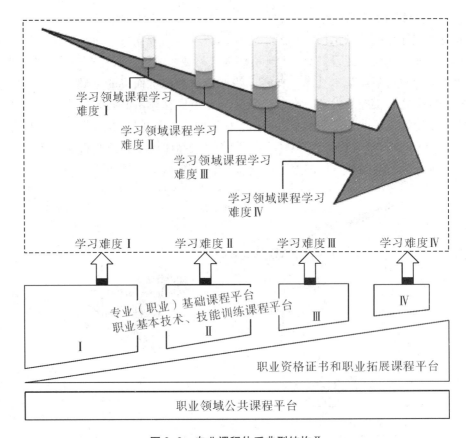

图 2-2　专业课程体系典型结构Ⅱ

　　本专业课程体系的典型结构适用于学习领域课程与系统性支撑课程中专业（职业）基础课程平台和职业基本技术、技能训练课程平台之间有密切联系的职业（专业），也就是各难度级别的学习领域课程实施教学时涉及的知识、技能，不仅建立在系统性支撑课程上，而且系统性支撑课程之间也有难度的递进关系，学习领域课程与系统性支撑课程在教学时间点和学科内容上有强烈的关联。

　　3. 专业课程体系典型结构Ⅲ

　　本专业课程体系的典型结构Ⅲ适用于学习领域课程与系统性支撑课程有紧密相关性的职业（专业），而且该职业（专业）具有明确的核心技术，在学习过程中需要阶段性的支撑，如图 2-3 所示。

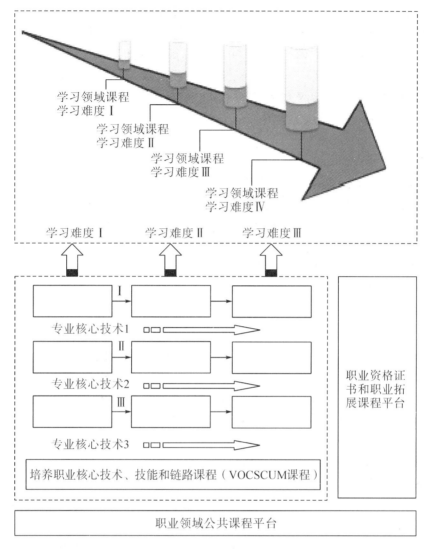

图 2-3 专业课程体系典型结构 III

第二节 理实一体化课程开发基本思路与流程

一、理实一体化课程开发的整体思路

（一）理实一体化课程开发的概念

课程开发是一个全面涉及课程设计、实施、评估和修订的系统过程。此过程始于确定教育需求，设定课程的目标、内容、教学方法和评估方式，然后制定一套课程实施策略，包括教学计划、教学材料的准备等，并最终执行并评估课程，以确保达到预期的学习效果。课程开发的目标是创造一种满足学生、教师和社会需求的有效教学方式。在职业教育领域，课程开发是一种使课程的功能适应社会、经济和技术发展需求，持续决定和改进课程的活动和过程。这类活动与过程要求高职院校协同行业企业，在国家课程和地方课程标准指导下，以学校特色发展的需求为导向，以学校办学实际与学生发展需求为核心，确立课程目标，并据此编排和设计相应教学内容和教学活动，进行计划、组织、编订、实施、评价与反馈的实践活动。作为复杂的系统工程，职业教育领域课程开发过程包括两大部分：一是在确定课程理念与课程模式之后，对课程目标和内容的选择与确定（也称为课程设计）；二是课程的组织实施、评价和质量监控。

理实一体化课程开发是课程开发的特定类型，专门用于设计和实施理实一体化课程。这种课程开发方式强调将理论学习和实践学习紧密结合，着眼于将理论、实验、实训等教学内容一体化设置，将讲授、听课与实验、操作等教学形式一体化实施，将教室、实验室与实训场地等教学条件一体化配置，将知识、技能与素质等职业要求一体化训练。此外，理实一体化课程开发还强调科学性和实用性的结合，职业能力发展规律与技术规范的遵循以及学校教育和企业实践的结合。在理实一体化课程开发中，尤其重视学生对技术（或服务）工作任务、过程和环境的整体理解和反思，其目的是实现知识与技能、过程与方法、情感态度与价值观学习的一体化。

（二）理实一体化课程开发的基本思路

理实一体化课程开发的理念根植于实践并通过一个完整且连续的"行动"学习过程得以体现，其中的基点是职业工作过程。理实一体化课程内容的确定依赖于与职业紧密相关的职业环境。相对于传统的学科教育体系下的详细知识传授，理实一体化课程设计通过具体的学习领域和其相应的学习情境（如问题驱动教学、项目教学和案例教学）得以实现。

近年来，我国职业教育在理实一体化课程开发上进行了大量研究和实践，其中具有代表性的成果包括项目课程、任务导向型课程、工作过程系统化（又被称为基于工作过程的）课程框架以及工学结合的一体化课程等。尽管这些理实一体化课程各有其独特之处，但职业能力的培养是这些课程开发的核心目标。通过职业行动领域的典型工作任务界定职业能力，分析学生的基本需求，确定培养所需的知识与技能，并依照工作任务的内在逻辑关系来构建学习领域。基于认识论和方法论，按照工作过程的顺序（线性）来建立能力体系，并最终在基于职业导向的学习情境中践行学生的职业技能培养，完成知识能力的建构与迁移。这一课程开发过程可以被归纳为"行动领域开发—学习领域开发—学习情境开发"的步骤，如图2-4所示。

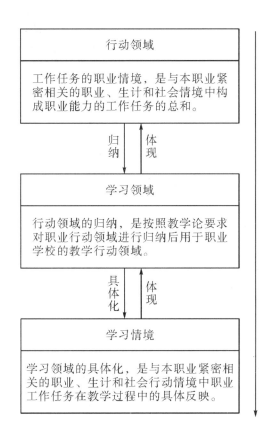

图 2-4　理实一体化课程开发的步骤

二、理实一体化课程开发的路径与流程

（一）理实一体化课程开发的行动领域开发阶段

1. 行动领域的定义与设计原则

理实一体化课程开发的初始阶段是行动领域的构建，此阶段以岗位研究和典型工作任务分析为两大核心主轴，它是在理解行业发展动向和深入探究职业需求的基础上，对理实一体化课程的方向和内容进行明确的关键步骤。

行动领域可以被理解为具有意义的行动情境中的相关任务聚合体。这个概念凸显了职业的、社会的以及个人的需求，职业教育的学习过程应在这些行动情境中有利于任务的完成，对现在和未来实践的行动领域进行教学反思和处理，从而形成针对专业教学计划的学习领域。行动领域的构建遵循工作过程系统化的主导思想，基于"行业定位—岗位调研—工作流程"的分析框架进行。行业情况分析和岗位（群）的论证，工作岗位的深度调研，典型工作任务的精准分析以及行动领域的归纳，这些步骤最终确定了特定岗位或职业的典型工作任务，并形成了行动领域。

行动领域的设计遵循以下原则：

首先，行动领域的开发应重视工作过程的完整性。在行动领域的构建中，将"工作"视为一个整体进行研究。这是因为在实际工作中，很少存在清晰分隔的孤立任务，许多工作任务都与其他任务有不同的联系。因此，在进行职位的调查分析时，需要关注全面的职位工作任务，以便更好地反映其综合特性和独特的职业特质。这包括：课程自身的工作过程系统化，课程与工作过程的紧密结合，通过分析和综合，将工作过程中的各个部分按一定顺序归整，并确保部分之间的互相关联，形成一个有机整体；课程建设的工作过程系统化，按照教育教学工作过程的顺序，组织并计划课程的开发和建设；课程教学设计的工作过程系统化，对学生从入学到走上工作岗位的全程教学设计。

其次，行动领域的开发应强调工作任务的典型性。在行动领域的构建过程中，研究者往往面临多种岗位工作任务，因此，必须确保归纳出的典型工作任务具有"典型"特征。例如在医疗行业中，对病患进行诊断和治疗是医生的典型任务。然而，一项如开展生物医学研究的任务是否被视为典型任务，将取决于医生的专业特性和工作背景。对于在学术医疗中心工作的研究医生来说，这是他们的典型任务，而对于在社区诊所主要从事临床工作的医生，这可能就不是他们的典型任务。

最后，行动领域的开发应遵循职业发展规律。人的职业能力发展是一个从初学者到专家的过程，这个过程包括初学者、高级初学者、有能力者、熟练者和专家五个阶段。行动领域的构建也应遵循这个规律，并结合高等职业教育的特性进行归纳和总结。在高等职业教育课程的工作过程系统化开发中，所谓的"系统性"主要体现在典型工作任务的梳理，这不仅涉及简单的初级任务，也不仅仅是复杂的高级任务，而是考虑某一专业的可就业岗位（群）从初级到高级的一系列工作任务。

2. 行动领域的设计与开发流程

（1）行业企业分析与岗位（群）论证

行业企业了解行业企业的经济技术发展基础数据，全面分析对应专业的职业工作和职业教育状况，从宏观角度把握行业企业的人才需求和职业教育现状。专业教师将主动参与此阶段，对所属行业的技术与管理现状及发展趋势、人才结构现状、职业发展趋势、人才需求、职业发展和岗位对工作能力的要求、相应职业资格要求等进行全面洞察。此外，现有课程实施后的反馈信息、毕业生长短期就业状况也将纳入考察。行业情况分析的工作方式多样，包括二次文献分析法，即分析现有的研究和工作报告，以及组织实践专家和中层管理人员的座谈会，对工作过程设计、分工安排及解决问题的最佳设想进行探讨。在此基础上，分析人员也可能直接进入工作现场进行观察，获取第一手信息。此阶段的关键产出—"人才需求与专业设置调研报告"—将为理实一体化课程内容设计提供重要参考。

为了揭示特定行业的人力资源需求与发展情况，在行业情况分析中，专业教师应重点考察的核心职业因素包括：该职业范围内广泛应用的技术或管理系统以及其普及程度和发展趋势；这些系统的设计基准和原理；企业内部的工作组织模式以及任务配置与计划制定方式；在地域分布上，行业的发展状态和特征；行业内企业之间的劳动分工以及其与产品链的联系；产品的显著特性以及各个企业在完成工作任务方面的深度与广度的差异性；行业对员工进行培训的方式、内容和效果的研究；行业和企业评估人才的多种方式和要求；国家或行业企业设定的相关职业资格要求。这一阶段的分析工作为后续典型工作任务分析提供了选择案例的基准，也为选定下一步的实践专家提供了重要的依据。

岗位群是相关岗位形成的一些相同或性质相类似的岗位集合。岗位群是高等职业院校专业设置和专业建设的前提，由于它伴随经济发展、科技进步而始终处于发展变化中，这就要求专业定位与设置必须灵活地因岗施教。从行业分析到岗位群论证涉及专业人才需求分析、专业培养目标分析与岗位（群）论证与确定三个主要环节，如图 2-5 所示。

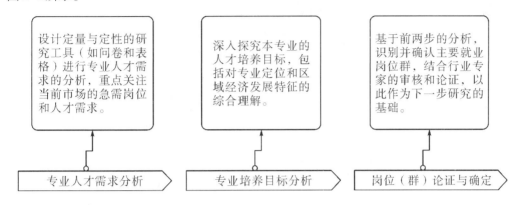

图 2-5 从行业分析到岗位（群）论证的环节

（2）工作岗位分析

行动领域开发的第二个阶段是工作岗位分析阶段。此阶段旨在全面系统地调查和分析该专业（对应职业或职业小类）的各岗位工作的性质、任务、责任、相互关系以及任职工作人员的知识、技能和条件。在工作岗位分析阶段，重点调研的方面包括岗位任务、胜任能力调研等，其关键是要深入了解各个职位的角色和功能，以及在这些职位上成功执行任务所需要的知识、技能和其他素质。这个阶段将涉及解析每个职位所需要承担的任务，明确任务之间的相互联系，列举所需要的专业知识和技能水平，如工作环境、劳动强度和知识、技能、态度等条件。

此阶段主要依赖于网上招聘信息分析、面对面访谈以及问卷调查等方法，从而收集并分析相关的信息和数据。这一阶段的成果将编制成一份详细的职责分析报告，该报告详细记录了所有收集和分析的信息。工作岗位分析不仅能更深入地理解各个职位的需求，还能找出那些在行业内有丰富经验和专业知识，并为后续课程开发提供有价值见解的实践专家。

（3）典型工作任务分析

第三阶段的行动领域开发关注的是典型工作任务的分析，这是开发过程中的关键环节。典型工作任务描述了职业活动中的完整工作流程，是对同类工作任务的归纳和总结，能揭示职业活动的本质内容和形态，同时具有对应职业的典型含义。从更广义的角度看，典型工作任务的概念应用于职业生涯的全程和各个发展阶段，其研究重点超出了单一个体或特定岗位的范畴。每个职业领域通常可以确定出 10~20 个典型工作任务，这些任务既构筑了职业的基本形态，也构成了相关职业（专业）课程的基础架构。在构建理实一体化的专业课程时，教师可以根据不同教育层次（人才培养标准）的需求，选取部分典型工作任务，然后将其转化为对应的专业课程。

典型工作任务是开发学习领域课程的基础，需要通过整体化的职业与工作分析获得，一般具备以下特征：①具有结构完整的工作过程，包括计划、实施、控制和评估等环节，这些环节反映了该职业典型的工作内容和工作方式。②涉及所有的工作要素，如工作对象、工作条件和工作要求等。③工作任务的结果是开放性的。④完成任务的过程能够促进从业者的职业能力发展。

典型工作任务分析主要通过实践专家访谈会实现。实践专家访谈会是对典型工作任务进行分类、排序、结构化处理和评价的工具，由此可以按照职业能力的发展逻辑，确定一个职业中相互关联的工作任务，再现实践共同体的生涯发展规律（职业传记），从而确定技术工人成长的"发展性任务"。实践专家访谈会的特点是以"职业"概念为基础，关注职业发展以及工作经验和隐性知识的作用。

在实践专家访谈会召开之前，教研室主任通过工作分析步骤确定实践专家，并在实践专家访谈会中与实践专家共同确定典型工作任务。挑选实践专家的标准是：优秀的行业专家，其工作任务与被分析职业相符；有10年以上工作经验；接受过与所开发课程所处教育层次一致的职业教育；现从事工作与所学专业对口，经常参加业务进修；所服务的企业工作组织灵活，技术先进；承担整体化和综合性工作任务，完成任务的方式有较大的设计空间等。

实践专家访谈会涉及背景介绍、职业历程陈述、代表性工作任务分解、任务汇总、确定典型工作任务及其内容表述、典型工作任务排序、结束共七个环节，具体如下：

①背景介绍

实践专家访谈会的步骤展开以主持人介绍研讨会的背景、目的、方法和基本指导思想为起点。在此阶段，主持人需要对以下五个核心问题做出清晰的解释：

·目标：主要目标是分析和描述被分析职业或岗位的典型工作任务，并进行难易程度的分类。

·基本指导思想：每一个职业都可以通过一定数量的典型工作任务进行描述，并且从事该职业的专业人员应能精确而全面地描述其职业。

·实践专家的挑选依据：选择的实践专家应能代表被分析的职业，反映出该职业的典型工作任务，同时具备扎实的职业实践知识。

·访谈日程：明确访谈的日程安排，包括休息和结束时间，保证分析结果的匿名性。

·自我介绍：由主持人和实践专家依次进行自我介绍，内容包括姓名、当前工作岗位、受教育程度、所学专业以及职业简述，每位参与者的介绍时间不超过3分钟。

②职业历程陈述

在实践专家研讨会的第二环节，专家被邀请详细叙述他们的职业历程。在此过程中，主持人的任务是阐明关键概念并适当提供示例，以确保实践专家能精确地提供所需的信息。由于实践专家描述的职业历程与其个人经历和职业密切相关，因此主持人可以先突出任务的具体案例，以及工作岗位的变化。主持人需要确保每位专家的发言时间在15~20分钟，记录过程可以预先准备好表格以便进行。该步骤应讨论的主题包括对"典型工作任务"和"职业进展阶段"等关键概念的解释、对个人职业历程的概述等。

③代表性工作任务分解

对于代表性工作任务的分解，实践专家将被邀请标注在实践工作中具有特殊挑战性和能力提升作用的任务。如果实践专家的陈述过于概括或模糊，主持人和其他参与者应进行询问，关键在于识别挑战性是否源自客观的任务难度或主观的准备不足。附加的问题可能涵盖困难出现的时机，克服困难的方法，面对类似困难的应对策略，在准备不充分的情况下接受任务的具体情形，以及发现准备不足的时间点等。

④任务汇总

在任务汇总阶段，以先前三个步骤获得的个人具体工作任务为出发点，进一步确定并描述被分析职业的典型工作任务。这一过程通过各小组的报告和讨论成果，最终制定出一份代表广泛工作任务的共同特征的典型工作任务清单。归并过程如下：

·优先以小组形式进行归并，每组建议由 3~4 人组成，并配备独特编号。组员组合可自由形成，或由主持人确定，而组员间不应存在显著的等级或职业化差异。

·主持人应展示一个含有标题且描述完整的工作任务作为示例。每个小组最终提交的工作任务都应包含一个标题，该标题应包含一个完整的句子以及连续编号，包括小组编号。例如，主持人可以提供一个"信息安全技术实施"工作任务的样例，比如："B1 网络安全威胁识别与防护"。在这个例子中，"B1"代表这是 B 组的第一个工作任务，而"网络安全威胁识别与防护"则详细描绘了该任务的具体内容。遵循这个示例，各小组最后提交的工作任务也应包含标题。例如，B 组其他的提交内容可能包括："B2 数据加密技术实施"，"B3 防火墙配置和维护"。

·在任务汇总过程中，每个小组需要确定以下几类工作任务：所有组员在职业历程中都曾参与的工作任务；尽管只有少数组员参与过，但具有普遍职业意义的工作任务以及所有组员都未参与过，但对职业有代表性或在近期将有需求的工作任务。

⑤确定典型工作任务及其内容表述

在本阶段，研讨会通过各小组汇报和讨论工作成果，制定出一个共同的典型工作任务表以代表普遍化后的工作任务。典型工作任务应体现一组难易程度相当、工作要素相近的代表性工作任务的共同特征，而不针对个人和任何具体的企业。

同时，以小组为单位，表述典型工作任务的基本内容。组成 4~8 人的小组，由实践专家从专业角度分析描述典型工作任务的基本内容，组内的教师进行记录。本阶段的工作可在表 2-1 所示的引导问题[①]下进行：

表 2-1　典型工作任务分析引导问题

内容	引导问题
工作过程	该任务的工作过程是怎样的？生产什么产品或提供哪些服务？有什么要求和特点？怎样获得原材料？怎样接受工作任务？顾客是谁？如何交付完成的工作？谁是服务合同的提供方和接受方？
工作岗位	被分析的工作岗位在哪儿？环境条件（如照明、温度、辐射、通风和灰尘等）如何？有哪些专业要求或肢体活动？

① 赵志群. 职业教育工学结合一体化课程开发指南［M］. 北京：清华大学出版社，2009：55.

表2-1（续）

内容	引导问题
工作对象	工作任务的内容是什么（如技术产品或过程、服务、文献整理和控制程序等）？在工作过程中的角色如何（操作还是维修设备）？
工具	完成任务需要用到哪些设备设施、文献材料和器材（如机床、计算机和维修手册）？如何使用这些工具？有哪些使用标准与要求？如何获得相关信息？
工作方法	如何完成工作任务（查找故障、质量保证、加工和装配）？工作方法应用的条件与效率如何？
劳动组织	工作是如何安排的（独立工作、小组工作和部门)？哪些级别对工作有影响？与其他职业或部门有哪些合作及如何分界？同事有哪些能力共同发挥作用？
对工作的要求	完成任务时必须满足企业的哪些要求？服务对象有哪些要求？社会有哪些要求？要注意哪些法律法规及质量标准？同行业界规则和行业标准有哪些？从业者自身对工作应提出什么要求？
职业资格标准	与本专业相关的国家（或行业和企业）职业资格标准要求有哪些？有哪些引进的国际职业资格标准？行业认可度较高的著名企业标准有哪些？
综合性问题	与其他典型工作任务有哪些联系？与其他岗位的相同任务有何共同点？本岗位有培训的可能性吗？与其他的任务分析有何不同？

⑥典型工作任务排序

由实践专家对所确定的典型工作任务按照难易程度进行排序。在此过程中，各小组依次对典型工作任务进行分类。例如，A组首先为第一个典型工作任务进行分类，并说明理由。其他小组讨论是否同意，如果同意，就将其归入相应的难度等级；否则，其他小组可以提出建议继续讨论，或者根据该典型工作任务的不同表述将其归入不同的难度等级。随后，B组为第二个典型工作任务进行分类，如此逐个进行。

典型工作任务应该分为2~4个难度级别。两个级别适合初学者和专家，四个级别适合初学者、有能力者、熟练者和专家。对所有分类结果，实践专家都要进行评估，确认是否存在基本问题。如果各难度级别的数量分布不均衡，那么可能需要重新考虑工作任务的调整，以便更低难度或更高难度的人也能胜任。

⑦结束

最后，主持人就实践专家研讨会的整个情况听取意见，比如是否有重大问题遗漏，分析结果是否满意等，另外也应该站在专家角度总结研讨成果并预测成果的运用情况，最后致谢并宣布实践专家研讨会结束。

（4）归纳行动领域

行动领域开发的最后阶段是归纳行动领域。不同于实践专家研讨会旨在短时间内获得大量工作任务的信息并从中提炼典型工作任务，行动领域是在职业、生活和公众有意义的行动情境中相互关联的任务集合，因此对行动领域的归纳是对典型工作任务的排序、归纳。一般情况下，行动领域的归纳表现为由数个典型工作任务构成的任务集合，整个过程包含以下具体步骤：①通过调研资料梳理工作任务及对任务的具体描述；②整理后提炼出工作任务，再经实践专家进行论证其应该归属于哪个行动领域。

（二）理实一体化课程开发的学习领域设计阶段

1. 学习领域的定义与设计原则

"学习领域"由德文词语 Lernfeld 翻译而来，是在 1996 年被负责构建德国职业学校课程规范的"各种文教部长联席会议"（KMK）《编制指南》（全称《职业学校职业专业教育框架教学计划编制指南》）中提出的。按照各州文教部长联席会议的定义，学习领域是"以职业任务和行动过程为指导，通过目标、内容和基准学时要求来描述的课程单元"。学习领域课程是跨学科的课程计划，反映了职业工作的行动领域，包括实现该专业培养目标的全部学习任务。通过一个学习领域的学习，学生可以完成某种职业的一个典型工作任务；通过若干个相互关联的所有学习领域的学习，学生可以获得该职业的从业能力和资格。

学习领域是理实一体化课程开发的中间流程，它由职业行动体系中与特定教育职业相关的所有职业"行动领域"总结派生而成，并通过"学习情境"进行具体化，最终形成理实一体化课程。学习领域的开发以"行动领域"中的职业工作过程为基础，以与职业紧密相关的职业情景为参照系，并通过具体的学习领域及其学习情境呈现整体且连续的职业"行动"过程。而该职业"行动"过程的揭示主要通过职业能力体现。因此，学习领域开发的主要目标就是开发职业能力——通过"行动领域"的典型工作任务提出职业能力要求，并在分析学生的基本状况、培养所需的知识和技能的基础上形成职业能力体系，最终根据职业能力体系与工作任务的逻辑关系设计学习领域。

以开发职业能力作为学习领域设计的主要任务的理解出发，学习领域的设计应遵循以下原则[①]：

· 坚持公共教育任务原则：包含能力参与和执行社会工作、交流与合作能力、行动与反思能力以及价值观、法律、伦理、道德、利益和冲突等方面的内容。

· 重视科学相关知识原则：涉及科学基础知识和方法，现实的研究成果、研究缺陷和研究争议以及基于科学的生产与服务以及对科学与伦理冲突的理解和反思等内容。

· 联系生活与工作实践原则：涉及与人类生活实践相关且在工作中要求实现的资质、表述和反思等内容。

· 注重知识与经验结合原则：涉及专业知识和经验知识，前者包含有关技术、经济、生态、法律和社会（社会的、组织的和文化的进程、问题和冲突）的内容，后者涉及关于系统世界的工作经验和生活世界的生活经验的内容。

· 综合应用学习方法原则：包括内容结构、时间安排、教学组织、教学行为、学习方式以及完整的行动阶段（咨询、计划、决策、实施、检查、评价）和现代主持技术等内容。

· 实现教育与资格统一原则：涉及学习领域课程在社会、技术、经济、法律原型及其相应社会结构层面的逻辑性和合理性，关于技术—操作层面的知识与实践，关于社会—合作与互动层面的知识与实践，关于价值观与标准、利益与冲突以及个人经验层面的反思以及关于实验—创新层面的学习阶段的设计与构建等内容。

---

① 严中华. 职业教育课程开发与实施：基于工作过程系统化的职教课程开发与实施［M］. 北京：清华大学出版社，2009：82.

2. 学习领域的开发步骤

（1）职业能力分析

总体而言，职业能力是胜任某一职业所需要的知识、技能和态度的总和。从宏观教育目标的视角出发，职业能力指某一职业所需的专业能力和非专业能力的总和，是个体当前就业和终身发展所需的能力。从狭义层面看，职业能力指岗位工作能力，或完成特定任务的能力；广义的职业能力指某类职业（或职业群）共同的基础能力，是经过适当学习能完成某种职业活动的可能性或潜力。从能力分析方法的视角出发，在课程开发实践中，职业能力经常被解释为工作任务的胜任力。

如表 2-2 所示，从能力内容的角度看，职业能力可以被划分为专业能力、方法能力和社会能力；从能力性质的角度看，职业能力可以被划分为基本职业能力和关键能力。

表 2-2　职业能力的划分

角度	能力类型	描述	例子
能力内容	专业能力	基于专业知识和技能，有目的的、符合专业要求的、按照一定方法独立完成任务、解决问题和评价结果的能力	计算能力、编程能力、实际的技能和知识
	方法能力	个人对家庭、职业和公共生活中的发展机遇、要求和限制的解释、思考和评判，以及发展自己智力的能力和意愿	决策能力、自学能力
	社会能力	处理社会关系，理解奉献与矛盾，与他人负责任地最佳相处和社会责任感等	沟通能力、团队协作能力
能力性质	基本职业能力	从事某一职业所必需的，是胜任职业工作、维生的核心技能，强调专业应用性和针对性	设备维修安装工艺、调节技术、商品经营等知识
	关键能力	从事任何职业都需要的、适应快速变化和科技发展所需的一种综合职业能力，它是专业能力之外的能力，超越具体职业技能和知识范畴的能力	技术适应能力、批判性思维能力、问题解决能力

职业能力分析是学习领域开发的主要任务。职业能力分析的目的是在对专业行动领域和典型工作任务进行分析的基础之上，进一步分析技术人员或者工人完成典型工作任务必须具备的职业能力，为行动领域向学习领域的转换和学习领域的产生打下基础。这个框架充分考虑了胡波特（L. Hubert）等的职业学习五阶段发展轨迹理论，即从初级阶段逐步成为行业专家的过程，并对职业能力的三个主要组成部分——专业能力、方法能力和社会能力进行了详细的探讨。

如图 2-6 所示，职业能力分析涉及初步阶段、信息收集阶段、能力归并阶段、结构化阶段四个阶段。

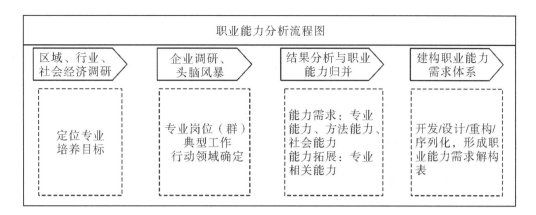

图 2-6　职业能力分析流程图

初步阶段：通过调研区域、行业和社会经济，确定和定位专业培养目标。

信息收集阶段：在此基础上，通过座谈会、头脑风暴、DACUM、实践专家研讨会等形式对特定企业进行调研，并确定岗位群并分析岗位工作。该步骤尤其关注典型工作任务，同时也要考虑到相关扩展工作，以确保学生的职业成长和持续发展，该步骤将形成调研结果。

能力归并阶段：分析调研结果，归纳、分类和解构职业能力，找出典型工作对应的职业能力需求，找出拓展能力对应于拓展工作。

结构化阶段：构建职业能力需求体系，并通过对职业能力需求进行开发、设计、重构和序列化，形成职业能力需求解构表。需要强调的是，该阶段的分析、抽取、归类和解构能力，并非仅仅指知识和技术的掌握，更重要的是对知识和技术的应用，这是一个包含知识目标的行动过程。在这个过程中，对三大能力类别进行进一步的细化，产生相应的子能力。通过对能力和知识进行解构的过程，为后续的知识领域分析奠定了基础。

（2）知识领域分析

为了确保学生能够全面地掌握职业能力——专业能力、方法能力和社会能力，教师必须精通相关的理论知识。据此应根据职业能力的五个发展阶段，确定对应的知识领域。如图 2-7 所示，知识领域分析的基本流程：对职业能力的分析形成了能力库，在此基础之上，通过深入分析岗位工作过程和工作目标，并根据完成正常工作所需要的职业能力以及实现工作目标所需的职业能力和知识，确定专业知识领域。同时，学生在职业成长的过程中所需的知识是逐步深化的，包括方向性与概括性知识、关联性知识、具体功能性知识以及基于经验的学科系统性深度知识。这些知识领域共同为学生的职业成长提供支撑。

对照三大职业能力，知识领域可分为以下四类：理论知识、实践技能、资源和评价标准。理论知识部分涵盖专业性、技术性、法律性和人文性等方面的知识；实践技能部分考察应达到的实践能力程度；资源部分涉及学校需要具备的教学和实习实训资源；评价标准部分则涉及各种可能的考核标准，如企业标准、学校标准、行业标准、国家标准和国际标准等。

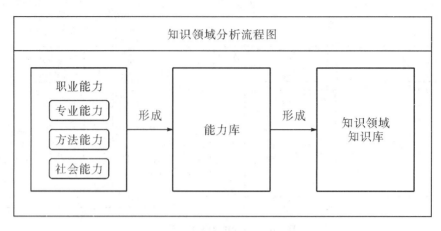

图 2-7　知识领域分析流程图

（3）学习领域描述

在职业能力分析与知识领域分析的基础上，对学习领域进行描述分析，确定学习领域名称、描述学习目标、确定学习难度及确定学习内容。表 2-3 所示为学习领域课程标准内容及结构。

表 2-3　学习领域课程标准内容及结构

学习领域名称		
教学时间安排		
职业行动领域（典型工作任务描述）		
学习目标		
工作与学习内容		
工作对象	工具 工作方式 劳动组织形式	工作要求

在此需要注意：

一是确定学习领域的名称。

学习领域的命名应遵循如下原则：学习领域的名称要让人们了解工作关系的内涵，要表明一个完整的职业工作关系。因此，学习领域的名称应与典型工作任务的名称一致，要强调学校的学习领域与企业的工作和学习领域之间的衔接，命名规则一般如下：学习领域名称＝工作对象＋动作＋补充或扩展（必要时）。

二是描述学习目标。

首先，学习目标的描述应遵循如下原则：在学习目标的表述中，能力表述必须与职业行动领域中描述的能力一致。描述学习目标时，应当使理论学习与实践培训通过同一个载体来建立起直接联系，这里的载体是"工作对象"。同时学习目标的描述还要满足开放性和灵活性的要求。因此，根据以上原则，对学习领域中理论与实践的设计，应从不同学习场所的独特视角来进行，将企业培训及学校教育的学习目标部分分别予以描述。对学习目标的表述应该是一个完整的句子，它与典型工作任务核心内容的联系非常清晰。企业培训的学习目标表述要在企业的大环境中进行，但要为与之相应的培训活动设计预留开放式的空间。学校教育的学习目标描述则要强调学校的教育性任务，目标描述要努力体现教育的普适性。

三是确定学习难度范围。

学习难度范围的第一层级是"定向和概括性知识"。在此强调的是，通过掌握定向与概况性知识使学生（初学者）从职业化的观点来理解所学职业的轮廓。他们的职业行动虽然在教师的指导下进行，但从一开始就要让他们能对自己的职业行动进行批判性的反思，为今后创造性的学习打下基础。

学习难度范围的第二层级是"关联性知识"。初学者完成学习难度范围第一层级的任务后，已掌握重要的基本职业能力。在第二个学习难度范围内，他们要学习完成系统的工作任务，包含职业的关联知识。这就意味着，学生在整体化考虑技术与劳动（组织）系统结构的情况下，在具体的工作情境中完成工作任务。

学习难度范围的第三层级是"具体与功能性知识"。随着职业定向、概况和关联知识以及系统完成任务能力的获得，学生可以在学习难度范围第三层级中完成问题含量较多的特殊工作任务。要解决这些问题，需要基础理论知识，有时还需要特殊的工艺技术以及直接的经验。

学习难度范围的第四层级是"基于经验的学科系统化深入知识"。完成学习难度范围第四层级的典型工作任务一般要求小组工作，由此要求具有团队工作的组织能力。这一层次职业教育的主要任务是为职业继续教育打下专业基础。除了职业实践中发展职业能力外，在本难度范围中的工作任务还要传授高等院校学习所需要的基本能力。

总之，学习难度范围的确定和描述是学习领域课程开发的重要组成部分。这里更多地要求通过合适的教学方法，特别是通过合适的学习和工作任务（学习内容）来培养相应的能力和态度。

四是确定学习内容。

职业教育的目标是促进学习者职业能力的发展。传统职业教育课程的学习内容是学科体系的，学生很难将那些与工作情境无关或关联不大的知识与实际工作过程相联系。要想把科学理论知识转换为职业能力、设计能力甚至创造力，只有通过工作过程才能实现。因此，在确定课程计划中的"工作与学习内容"（简称"学习内容"）时，这些内容的表述必须与实际工作过程相联系，要避免学科系统化的工作和学习内容确定方式，要将工作过程作为核心。

职业教育总是与工作和学习直接相联系的。这里的"学习内容"指的是"工作与学习内容"。工作内容与学习内容的表达方式不完全相同。工作内容是学和教的内容，因此应当予以确定和描述；而由职业行动引导出的学习内容应与工作过程一同进行描述，所以应当体现在相应的工作过程中。

工作和学习内容包括：专业工作的对象；专业工作的工具、方法与组织和对专业工作的要求3个方面。

（1）专业工作的对象：专业工作对象的描述要考虑工作情境和工作过程，即描述的是工作过程中的工作对象。工作对象是工作过程的一个重要要素，它不仅表明了工作对象本身所确定的事物，而且表明了其在工作过程中的具体功能。同时，在描述工作对象时还要检查是否考虑了学习目标所要求的其他学习要点。

（2）专业工作的工具、方法与组织：在对工作任务描述的基础上，就可以根据学习目标来确定"工具、方法与组织"了。这里，工作过程所处的情形也有决定性的作用，需要将一些通用工具（如计算机）作为完成专门任务的特种工具进行描述。工作方法是符合职业发展规律的一体化课程的特别体现方式。只有这样，受训者在培训开始时才能了解作为初学者应掌握的工作方法。职业任务的不同组织方式导致了人们在工作责任心、工作合同理解以及合作交流能力等方面的明显差异，对劳动组织方式的说明指明了工作过程中的设计机会与创造空间。

专业工作的要求：这里要按照不同观点、从不同侧面对工作过程和工作对象提出要求。需要从企业、社会（机构）和个人方面对专业工作的基本要求进行细化。

（三）理实一体化课程开发的学习情境设计阶段

1. 学习情境的定义与设计原则

学习情境是在职业典型工作任务的基础上由教师设计的学习情形和环境，是对典型工作任务进行教学化处理的结果[①]。

在职业教育的理实一体化课程中，学习情境是构成学习领域的基本主题单元。在教学实践中，常以学习与工作任务的形式出现，简称学习任务。它把某一主题的知识、技能、工作态度与实际工作环境结合起来，使整体化和情境化的学习成为可能。学习情境包含基本的工作要素，如工作岗位、工作环境、工作对象、工作条件、劳动组织方式、工作要求和工作成果等，其开发要素包括载体、项目、案例和实训基地。

学习情境由一般教师设计，根据专业不同，学习情境的确定方法也不同。学习情境确定的基本原则是：

· 在专业上具有一定的典型性，而且具有一定的教育教学价值；
· 能够真实地反映职业的工作情境；
· 具有清晰的任务轮廓和明确的工作成果；
· 完成任务需经历结构完整的工作过程；
· 能将理论与实践结合在一起；
· 能重构原有适度够用的理论知识体系。

2. 学习情境的开发思路与任务

学习情境开发思路可以从学习情境开发、学习情境的教学组织形式确定以及学习情境的评估三方面分别分析阐述。

在开发学习情境的部分，教师主要关注的是学习领域在教学计划中的地位，以及其培养职业能力（包括专业能力、社会能力和方法能力）的侧重点。此外，也需要明确通过哪些学习任务和联系来培养这种职业能力，该能力与职业、社会和个人之间的关系，如何准确描述学习领域的内容，以及开发能力需要哪些知识和内容。同时，还要考虑每一学习情境的教学时间，以及哪些学习情境可以通过实验室和实训实现工作过程导向的转换。

在确定学习情境的教学组织形式的部分，教师首先要选择合适的教学方法和手段，

---

① 姜大源，吴全全. 当代德国职业教育主流教学思想研究［M］. 北京：清华大学出版社，2006：27.

充分考虑学校的实际情况和区域性特点。为了培养学生具备满足企业生产所需要的职业能力，新技术、新生产方案、新管理理念以及专业化的实际工作内容和新组织形式应成为教学活动设计的依据。同时，优化配置教学资源，提高实训基地和企业的作用也是实现学生满足实际工作过程需要的职业能力的关键。此外，还需要建立教学运行机制，包括教学指挥、教学监控、教学评估和教学信息反馈，以及项目管理制度。

在对学习情境进行评估的部分，教师需要评估学习情境的合理性、必要性和可实施性。这一阶段是对前两个阶段工作的检验，也是不断优化学习领域开发的重要环节。评估主要围绕以下关键标准展开：

- ·学习情境是否有效地激发了学生的学习动机？
- ·所选定的学习情境是否能满足实际需求？
- ·学习过程是否符合学生的认知规律及职业成长规律？

3. 学习情境设计的主要任务

学习情境设计的过程必须基于职业工作实践，以典型工作任务为基础，充分考虑任务对应的岗位、产品类型、操作部位或系统、复杂性或难度级别、工艺流程或服务对象等因素，同时考虑学校教学资源、教师和学生等实际情况，其主要任务如下：

- ·学习任务设计：这是学习情境设计的初步和核心环节，课程开发人员需要确定学习任务，明确学习情境的主要目标。
- ·界限划定：这一环节关乎学习情境与其他学习情境的界限划定，以及任务的详细描述。
- ·教学时间设定：确定教学时长是为了保证学习任务能在规定的时间内得以完成。
- ·学习目标与评价标准制定：制定明确的学习目标和评价标准，以确保教学过程和结果的质量。
- ·学习内容确定：依据学习目标，确立具体的学习内容。
- ·教学环境与条件确认：这包括考虑场地、人员、设备和学习资源等实际情况，以满足教学活动的需求。
- ·教学方案设计：这涉及整个教学过程的设计，包括专业能力和关键能力的培养、教学方法和组织形式的选择、可能出现的突发事件的处理，以及教学媒体与学习资料的选用等。

在完成学习情境设计的主要任务后，可形成如表2-4所示的学习情境描述的文本格式。

表2-4 学习情境描述的文本格式

情境编号		
学习目标		
学习内容		工作对象： 工具： 方法： 劳动组织： 工作要求：
学习条件	教师知识与能力要求	

表2-4(续)

学生知识与能力准备	
学习材料准备	
学习流程	学时

第三节　理实一体化课程思政设计与课程标准建设

一、理实一体化课程思政设计思路

(一) 课程思政的由来

习近平总书记指出，做好高校思想政治工作，要因事而化、因时而进、因势而新。习近平总书记反复强调：高校思想政治工作关系高校培养什么样的人、如何培养人以及为谁培养人这个根本问题。要坚持把立德树人作为中心环节，把思想政治工作贯穿教育教学全过程，实现全程育人、全方位育人，努力开创我国高等教育事业发展新局面①。

党的十八大以来，党中央先后出台一系列关于进一步加强和改进大学生思想政治教育工作的文件。2019年8月中共中央办公厅、国务院办公厅联合印发《关于深化新时代学校思想政治理论课改革创新的若干意见》，强调要落实立德树人根本任务。

教育部积极落实党中央的要求，2020年3月教育部办公厅印发《深化新时代学校思想政治理论课改革创新先行试点工作方案》，2020年5月教育部印发《高等学校课程思政建设指导纲要》，2021年3月教育部办公厅开展课程思政示范项目建设，特别是在《高等学校课程思政建设指导纲要》中明确指出：把思想政治教育贯穿人才培养体系，全面推进高校课程思政建设，发挥好每门课程的育人作用。

课堂思政指以构建全员、全程、全课程育人格局的形式将各类课程与思想政治理论课同向同行，形成协同效应，把"立德树人"作为教育的根本任务的一种综合教育理念②。此概念的成熟经历了三个主要阶段：

第一阶段：2005—2009年，将德育的核心内容分解到每一门课程，主要集中在中小学。

第二阶段：2010—2013年，聚焦大中小学德育课程一体化建设，对不同阶段的德育课程进行总体设计，使之与学生不同年龄段相适应。

第三阶段：2014年至今，将德育教育纳入教育综合改革，探索思政课程到课程思政的转变，把立德树人作为教育的根本任务，把德育教育渗透到教育教学全过程中。

高职院校更是积极开展课程思政的研究，主要形式是将思想政治教育元素，包括

① 陈始发，朱格锋. 论习近平立德树人重要论述的逻辑理路 [J]. 现代教育管理，2021 (05)：15-21.
② 闫佳伟. 中学立德树人落实机制研究 [D]. 长春：东北师范大学，2021.

思想政治教育的理论知识、价值理念以及精神追求等融入各门课程中去，潜移默化地对学生的思想意识、行为举止产生影响。

各高校也不断探索落实立德树人根本任务的实践，不断践行习近平总书记的重要讲话精神。与把思政课作为育人主渠道的观念不同，"课程思政"是将所有课堂作为育人主渠道，将思政元素融入各类课程中，将相对枯燥思政理论用活讲活，用不同的语言阐释相同的道理，让马克思主义活起来，增强学生对于国家社会的政治认同，继而激发学生的爱国热情，确保不变色、不走样，培养出德智体美劳全面发展的社会主义建设者和接班人[①]。

（二）目前高校开展课程思政存在的问题

高校开展深入细致的课程思政研究经历了从个别知识点融入系统设计的转换过程，目前各高校的做法不尽相同，以高职院校为例，不仅老师水平差异大而且专业门类繁多，很难有一个放之四海而皆准的标准模式，实施中有的长于内容的取舍，有的长于形式的表达、有的长于融入技巧的把控，但是或多或少还存在一些问题需要进一步研究和改善：

1. 课程思政的目标还不够清晰

高职学院的人才培养目标关注学生的动手实践能力的培养，教师的教学工作也将实践作为重点，课程思政的提出，让不少老师出现思政课程与课程思政的混淆，特别是目标上的混淆，认为思想政治教育本该是思政课与思政辅导员的工作[②]，不理解如此做的意义；即便被动实施，也会由于对于目标认识上的误差，导致思政元素的嵌入比较生硬，甚至生拉硬拽，学生感到莫名其妙，没有起到润物细无声的作用。

在课程中融入思政元素，首先需要了解学生的喜好，对症下药，有的放矢，做好课前调查，才能选对口味，提升课程思政的效率。下图是一名英语老师针对授课班级做的学前调查，调查结果可以为思政点的选择提供第一手的支持。调查情况如图2-8所示。

高职院校不少老师仍然坚定认为，专业老师就是讲授知识和培养技能，思想政治教育并不是"分内工作"。这种错误的认识和党中央对于新时代教师的要求有很大差距，对于教师从事职业的根本目标也缺少清晰的认识。

韩愈《师说》有言："师者，所以传道授业解惑者也。"这是对教师职能的明确定位，既是要求每一位教师，都要将"传道"的德育教育，与"授业"的智育教育充分结合起来[③]。党中央在十八大报告中明确"立德树人"是教育的根本目标，所以教学目标应该将思政、知识和能力有机结合起来，通过各类课程的讲授，与思政课程相向而行，形成合力，共同提高学生对于马克思主义中国化的认识，学会用马克思主义的基本观点和方法来指导各类课程的学习和社会实践，从而增强"四个意识"，坚定"四个自信"，做到"两个维护"。

① 杨金铎. 中国高等院校"课程思政"建设研究［D］. 长春：吉林大学，2021.

② 董蓓，唐克军."三全育人"理念下思政课教师与辅导员协同育人实施路径初探［J］. 山西高等学校社会科学报，2021，33（09）：70-76.

③ 胡昌梅，祁永强. 传道、授业、解惑——浅谈教师职业之角色［J］. 科幻画报，2021（03）：76-77.

第28题：希望在英语课程中加入哪些内容？[多选题]

选项	小计	比例	
历史	86		32.33%
人文	60		22.56%
经济	62		23.31%
娱乐	167		62.78%
科技	59		22.18%
演讲	61		22.93%
艺术	110		41.35%
音乐	140		52.63%
视频制作	77		28.95%
其他 [详细]	5		1.88%
本题有效填写人次	**266**		

图 2-8　思政点选择的调查

2. 课程思政的内容比较零散

课程思政应当以思政课程为基础和核心，如此才能形成合力，否则会出现多个老师讲同一类或同一个思政点的情况，导致学生反感；或老师们对于思政课认识不到位，嵌入同一思政点的角度不甚相同，讲解各异，导致学生无所适从；或思政点选择比较零散，不成体系，学生不能从中得到感悟；或老师的理解还不深刻，浅尝而至，止于皮毛，学生走马观花，没有深刻思考①。

高职院校中专业课程一般会占到总学时的80%，专业老师对于学生的引导作用非常明显，对于不注重课程思政实施的班级，学生的重点也会同样认为大学就是学习知识和锻炼技能的，而不去关注对以后人生和职场更加重要的综合素质的提升。图2-9是2021年对于某高职学院毕业生的抽样调查，可以看出，学生关注点主要还是集中在技能和知识方面。

第3题：自己评估最为欠缺的方面是？[单选题]

选项	小计	比例	
基础知识（数学、物理……）	206		32.24%
专业技能（软件设计、硬件基础……）	349		54.62%
职业素质（领导、协调、团队……）	84		13.15%
本题有效填写人次	**639**		

图 2-9　毕业生自我评价抽样调查

---

① 夏侠. 论产品设计专业课程思政教学体系的建设 [J]. 福建轻纺，2022（02）：56-58.

作为老师，绝大多数都能了解学生面临的社会要求，而不是仅仅聚焦在知识和技能上，笔者做过一项为期两年的调查，如图2-10所示，涉及来自各省份的数10个中高职学校675名教师，从统计结果看，培养全面发展的教育理念深入人心，接下来就是要通过"课程思政"加以实践。

14. 学生的哪一方面成就将成为职场发展的主要因素？ [单选题]

选项⇕	小计⇕	比例	
基础知识(数学、物理……)	15		2.22%
专业技能(软件设计、硬件基础……)	271		40.15%
职业素质(领导、协调、团队……)	373		55.26%
其它 [详细]	8		1.19%
(空)	8		1.19%
本题有效填写人次	675		

图 2-10 教师关于职业核心能力认识的抽样调查

课程思政的目的是从专业的具体案例理解思政课程中抽象的概念和原理，既可以见微知著，又可以理论指导实践。要想提升课程思政质量，必须结合专业课程进行充分设计，所选择的思政元素要有利于课程的开展和融合，让学生在潜移默化中得到洗礼和提升，这对于老师的深刻理解、思政元素的精心挑选、课程思政的无缝实施都提出更高要求，不仅要加强培训，而且要做好统一规划和指导，避免思政元素与课程的"强行拼接"。[①]

3. 课程思政的方法比较单一

目前，课程思政的实施多采用思政元素直接呈现的方式，例如在讲解C语言时可以提及大国工匠精神，列举一两个典型人物，方式比较单一，有的时候学生还不能充分理解案例的用意，就已经被一带而过，没有结合专业知识点，必将有画蛇添足之嫌。

课程思政的方法比较单一主要还是由于没有展开深入研究和交流造成的，如图2-11所示，进行深入研究特别是理论研究的老师人数还是非常少，这需要提高认识，不断增加浓厚的课程思政氛围，提高课程思政的手段和效率。

第一课堂固然重要，但是课前预习、课后复习和练习同样也可以融入思政元素，课堂上既可以显性讲授主题，也可以隐性地抛出问题引导学生探讨，得到结论[②]。可以用马克思主义基本观点和方法指导学生的学习，也可以用改革开放后的巨大成就来鼓励学生投身祖国建设；可以用传统优秀文化来鼓励学生进步，也可以用习近平总书记的系列重要讲话精神来教诲学生不忘初心。

学校只有结合专业课程特点，运用合适的教学方法，才能突出重点，将世界观、价值观、人生观的培养置于中心位置，才能将价值引领、知识讲授和能力培养有机融合起来。

① 夏侠. 论产品设计专业课程思政教学体系的建设 [J]. 福建轻纺，2022（02）：56-58.
② 吕春宇. 新时代学生思想政治教育方法整体建构研究 [D]. 长春：东北师范大学，2021.

18. 对"大思政"感兴趣吗？　[单选题]

选项 ≑	小计 ≑	比例	
主持思政课程	16		2.37%
主持课程思政	38		5.63%
主持大思政课题	10		1.48%
发表大思政文章	6		0.89%
教学中已经嵌入思政元素	239		35.41%
正努力学习	316		46.81%
没听说过，但可以尝试了解	49		7.26%
与我无关，没有兴趣	0		0%
(空)	1		0.15%
本题有效填写人次	**675**		

图 2-11　教师实施课程思政的调查

4. 课程思政的评价比较困难

传统课程评价一般采用多维度量表综合评价[①]，例如教学督导、教学班班主任、学院系部领导、班级学生基于知识吸收和能力培养等角度进行评价，但是对于课程思政的实施效果却难以涵括。

通过对学生调查，可以发现学生确实存在很多兴趣点和困惑，如图 2-12 所示。该图为对于两年来全校不同专业的 1 630 名入党积极分子进行抽样调查结果。要提升学生的课程满意度和获得感，就需要每一位老师答疑解惑的不仅是专业知识，更加要对社会知识、人生规划等进行指导，让学生收获满满。

对于国际大事，我：　[单选题]

选项 ≑	小计 ≑	比例	
非常关心，会查阅相关报道	552		33.87%
经常了解，但是并无头绪	706		43.31%
新闻浏览，略微知道就好	364		22.33%
不太关心，只作为谈资	8		0.49%
本题有效填写人次	**1630**		

图 2-12　对于学生课程思政学习收获感的抽样调查

课程思政有别于思政课程，其思政元素的融入一方面不能喧宾夺主，掩盖了课程本身；另一方面，又不能可有可无，无章可循。课程思政的实施应该提升课程的内涵，提高课堂的趣味性，提振学生的学习兴趣，所以对于课程思政的评价应该坚持定性为主、定量为辅，目前首先确定学生有无获得感，而不能急于求成，确定若干细则指标，

---

① 刘恋秋. 高职院校课程教学评价系统的开发与应用［J］. 科学咨询（教育研究），2022（01）：43-45.

让本应潜移默化的思政过程变得单调乏味。

（三）理实一体化课程思政的特点

课程思政建设工作要围绕全面提高人才培养能力这个核心点，在全国所有高校、所有学科专业全面推进，促使课程思政的理念形成广泛共识，广大教师开展课程思政建设的意识和能力全面提升，协同推进课程思政建设的体制机制基本健全，高校立德树人成效进一步提高。

《高等学校课程思政建设指导纲要》中明确指出：课程思政建设内容要紧紧围绕坚定学生理想信念，以爱党、爱国、爱社会主义、爱人民、爱集体为主线，围绕政治认同、家国情怀、文化素养、宪法法治意识、道德修养等重点优化课程思政内容供给，系统进行中国特色社会主义和中国梦教育、社会主义核心价值观教育、法治教育、劳动教育、心理健康教育、中华优秀传统文化教育。

在这样的总体指导原则下，对于不同类型的课程，其课程思政融入的思政元素也应该有所侧重，如表2-5所示。

表2-5　不同类型课程融入的思政元素

序号	公共基础课程	专业教育课程	实践类课程
1	坚定理想信念、厚植爱国主义情怀、加强品德修养、增长知识见识、培养奋斗精神，提升学生综合素质……	深度挖掘提炼专业知识体系中所蕴含的思想价值和精神内涵，科学合理拓展专业课程的广度、深度	学思结合、知行统一，增强学生勇于探索的创新精神、善于解决问题的实践能力
2	在体育锻炼中享受乐趣、增强体质、健全人格、磨练意志	增加课程的知识性、人文性，提升引领性、时代性和开放性	增强创新精神、创造意识和创业能力
3	在美育教学中提升审美素养、陶冶情操、温润心灵、激发创造创新活力		弘扬劳动精神，将"读万卷书"与"行万里路"相结合，扎根中国大地了解国情民情，在实践中增长智慧才干，在艰苦奋斗中锤炼意志品质

《高等学校课程思政建设指导纲要》对不同学科的课程思政教学体系的主要内容也做了指导，例如针对理学、工学类专业课程：

要在课程教学中把马克思主义立场观点方法的教育与科学精神的培养结合起来，培养学生正确认识问题、分析问题和解决问题的能力。

理学类专业课程，要注重科学思维方法的训练和科学伦理的教育，培养学生探索未知、追求真理、勇攀科学高峰的责任感和使命感。

工学类专业课程，要注重强化学生工程伦理教育，培养学生精益求精的大国工匠精神，激发学生科技报国的家国情怀和使命担当。

结合《高等学校课程思政建设指导纲要》的具体要求，可以看出理实一体化课程思政将具备如下几个特点：

（1）强调理论联系实际，这是理实一体化课程本身内涵的思政元素，对于教学设计过程秉承从实践中总结理论，用理论指导实践，从而形成波浪式前进，螺旋式上升的效果。

（2）强调培养大国工匠精神，理实一体化课程需要扎实的理论基础、较强的动手实践能力，课程的推进过程中融入爱国敬业、谨小慎微、执着专注、技艺精湛，严谨细致、负责担当、精益求精、守正创新、不计个人得失等大国工匠精神的培养和提升。

（3）理实一体化课程一般具备较强的社会现实应用能力，所从属的学科一般是国家大力推进的努力方向，在课程中需要融入国家战略、专业或行业前景、相关领域成就、发展前景、就业与创业等方面的内容，增强学生的专业认同感，持续增强学生科技报国的情怀。

（4）理实一体化课程具备较强的专业融通、交叉的能力和趋势，在课程思政实施过程中不仅注意本专业的纵向贯通，也要适当增加横向贯穿的设计，重视开放性、先进性和时代性的体现。

（5）理实一体化课程同其他课程一样，源自历史传承和生产生活实践，具备较强的人文特性，通过课程教学，不断融入天下为公、民为邦本、为政以德、革故鼎新、任人唯贤、天人合一、自强不息、厚德载物、讲信修睦、亲仁善邻等中华优秀传统文化，增强文化自信。

（四）实施理实一体化课程思政的设计思路

理实一体化课程思政在实施过程中发现的一些问题归纳起来有两点比较突出：

·横向上看，缺乏系统设计，任课教师各自为战，水平高低不齐。

·纵向上看，缺乏平时积累，对于思政概念模糊，选例良莠不齐。

针对上述情况，实施理实一体化课程思政的设计思路如下所示：

1. 加强党的领导，统筹做好顶层设计，明确课程思政的总体目标

2013 年，习近平总书记就强调指出，"中国特色社会主义有很多特点和特征，但最本质的特征是坚持中国共产党领导。" 2017 年 10 月 18 日，习近平总书记在党的十九大报告中再次强调"坚持党对一切工作的领导。党政军民学，东西南北中，党是领导一切的。"[①] 这个论断说明加强党的领导既是马克思主义基本原理的体现，也是中国人民用血与火的考验得来的经验。

高校思想政治工作关系高校培养什么样的人、如何培养人以及为谁培养人这个根本问题，事关党和人民事业后继有人这个根本大计。习近平总书记强调："要坚持把立德树人作为中心环节，把思想政治工作贯穿教育教学全过程。"这对于加强党对高校的领导、办人民满意教育，对于加强党的建设和意识形态工作、推动党和国家事业发展，起到了巨大推动作用，具有重大而深远的意义。

课程思政通常是由教师进行设计的，老师对于思政的了解程度和对于专业课程知识点的理解程度都将影响最终的方案的形成，则不同教师上同一课程都会出现明显课程思政的差异，更不论不同老师独立制定的课程思政教学方案中可能存在重复度高、差异明显和深度变化大等问题。要从根本上解决这些问题，就需要按照《高等学校课程思政建设指导纲要》的要求，加强顶层设计并全面规划。

高校在实施课程思政过程中，必须加强党的领导，不能各自为政或简单依靠教师个人的力量完成。必须结合专业课程的特点，有针对性地加以系统设计。落实立德树

---

① 张伟伟. 习近平新时代决策思维方法研究［D］. 北京：北京科技大学，2021.

人根本任务，必须将价值塑造、知识传授和能力培养三者融为一体、不可割裂①。全面推进课程思政建设，就是要将价值观引导于知识传授和能力培养之中，帮助学生塑造正确的世界观、人生观、价值观，这是人才培养的应有之义，更是必备内容。

2. 组建课程团队，集思广益，研讨课程思政实施采用的教学方法

教师独立完成课程思政的设计，往往受制于自己的知识领域或收集到的学情分析等情况，不能达到理想的状态。课程思政要与思政课程相向而行，形成合力，则在课程设计过程中，必须包含思政课程老师，初期可以帮助"把方向"，深入交流则有利于专业老师不断提升思政水平。

组建课程思政的教学团队是一个不错的选择，为了兼顾课程思政的建设效率和质量，课程团队一般应包含课程负责人、任课教师、思政教师或思想政治辅导员老师，3~5人比较合适。具体思政点的选择先由专业教师与思政教师或辅导员老师研究确定，授课过程中接受学院领导、聘请的思政专家的把关，去芜存菁，不断优化，重视学生的获得感。

以理学类、工学类专业课程为例，《高等学校课程思政建设指导纲要》具体指出：要在课程教学中把马克思主义立场观点方法的教育与科学精神的培养结合起来，提高学生正确认识问题、分析问题和解决问题的能力。工学类专业课程，要注重强化学生工程伦理教育，培养学生精益求精的大国工匠精神，激发学生科技报国的家国情怀和使命担当。

这为具体思政点的选取指明了方向，课程思政建设内容要紧紧围绕坚定学生理想信念，以爱党、爱国、爱社会主义、爱人民、爱集体为主线，围绕政治认同、家国情怀、文化素养、宪法法治意识、道德修养等重点优化课程思政内容供给，系统进行中国特色社会主义和中国梦教育、社会主义核心价值观教育、法治教育、劳动教育、心理健康教育、中华优秀传统文化教育。归纳以上内容，课程思政元素主要来自以下四个方面：

· 党和国家会议文件精神要求。

· 思政课程内涵与外延。

· 时政新闻热点。

· 中华优秀传统文化。

在教学中坚持教育和育人相统一，坚持言传和身教相统一，坚持潜心问道和关注社会相统一，坚持学术自由和学术规范相统一。一支结构合理、人员稳定、教学水平高、教学效果好的教师梯队将有利于课程思政水平的显著提升。学校可以优先打造课程思政示范课程，再将成功经验予以推广。

3. 根据课程特点选择合适的思政点，提倡小而精聚焦专业特色，避免课程思政内容零散

习近平总书记指出，"思政课是落实立德树人根本任务的关键课程，思政课作用不可替代"，强调要"挖掘其他课程和教学方式中蕴含的思想政治教育资源，实现全员全

---

① 马凌. "三维融合"课程思政教学目标实现路径探讨——以课程思政特质为视角 [J]. 福建教育学院学报，2022，23（01）：77-79.

程全方位育人"。

思政课程是主阵地、主渠道，课程思政是保持一致、相向而行，实施课程思政不是为了取代思政课程①，课程思政意味应该用好课堂教学这个主渠道，把课程思政融入课堂教学，不能走向一个极端，力图在课程中涵括思政课程的所有内容。

思政课程中的教学内容涵括党的建设、政治、经济、文化、社会、生态、国防、祖国统一、外交等内容，如果情形全部融入专业课程中，一方面任课老师一头雾水，无从下手，另一方面学生也会听得云山雾罩，不明所以。

《高等学校课程思政建设指导纲要》明确指出，针对不同性质（类型）的课程，融入的思政元素应当有所选择，例如：

·针对公共基础课程，要重点建设一批提高大学生思想道德修养、人文素质、科学精神、宪法法治意识、国家安全意识和认知能力的课程，注重在潜移默化中坚定学生理想信念、厚植爱国主义情怀、加强品德修养、增长知识见识、培养奋斗精神，提升学生综合素质。

·针对专业教育课程，要根据不同学科专业的特色和优势，深入研究不同专业的育人目标，深度挖掘提炼专业知识体系中所蕴含的思想价值和精神内涵，科学合理拓展专业课程的广度、深度和温度，从不同角度，增加课程的知识性、人文性，提升引领性、时代性和开放性。

·针对实践类课程，专业实验实践课程，增强学生勇于探索的创新精神、善于解决问题的实践能力。

·针对创新创业教育课程，增强创新精神、创造意识和创业能力。

·针对社会实践类课程，要注重教育和引导学生弘扬劳动精神。

在课程思政实施过程中，由党组织确定总体目标和方向，课程团队结合课程特点对思政元素进行选择，经过教学设计和研讨实现思政元素与专业知识（技能）的融入。

二、理实一体化课程标准要求

理实一体化课程标准的具体内容一般包括课程性质与任务、课程目标、教学内容、教学原则、教学方法、教学条件和评价督导等。

（一）课程性质与任务

理实一体化课程是一门职业技能培训课程，旨在培养学生的实践能力和职业素养。课程的任务是通过实践操作和理论学习相结合的方式，让学生掌握专业知识和技能，适应职业需求。

（二）课程目标

课程思政建设工作要围绕全面提高人才培养能力这个核心点，在全国所有高校、所有学科专业全面推进，促使课程思政的理念形成广泛共识，广大教师开展课程思政建设的意识和能力全面提升，协同推进课程思政建设的体制机制基本健全，高校立德树人成效进一步提高。

---

① 崔三常. 高校课程思政建设的"思政"内涵和实现路径［J］. 教书育人（高校论坛），2021（27）：68-73.

理实一体化课程的目标是培养学生的实践能力和职业素养，使学生具备实际工作所需的专业知识、技能和态度。具体目标包括：掌握专业知识和技能、具备实践操作能力、具有团队合作精神、树立职业意识等。

（三）教学内容

课程思政建设内容要紧紧围绕坚定学生理想信念，以爱党、爱国、爱社会主义、爱人民、爱集体为主线，围绕政治认同、家国情怀、文化素养、宪法法治意识、道德修养等重点优化课程思政内容供给，系统进行中国特色社会主义和中国梦教育、社会主义核心价值观教育、法治教育、劳动教育、心理健康教育、中华优秀传统文化教育。

——推进习近平新时代中国特色社会主义思想进教材进课堂进头脑。坚持不懈用习近平新时代中国特色社会主义思想铸魂育人，引导学生了解世情国情党情民情，增强对党的创新理论的政治认同、思想认同、情感认同，坚定中国特色社会主义道路自信、理论自信、制度自信、文化自信。

——培育和践行社会主义核心价值观。教育引导学生把国家、社会、公民的价值要求融为一体，提高个人的爱国、敬业、诚信、友善修养，自觉把小我融入大我，不断追求国家的富强、民主、文明、和谐和社会的自由、平等、公正、法治，将社会主义核心价值观内化为精神追求、外化为自觉行动。

——加强中华优秀传统文化教育。大力弘扬以爱国主义为核心的民族精神和以改革创新为核心的时代精神，教育引导学生深刻理解中华优秀传统文化中讲仁爱、重民本、守诚信、崇正义、尚和合、求大同的思想精华和时代价值，教育引导学生传承中华文脉，富有中国心、饱含中国情、充满中国味。

——深入开展宪法法治教育。教育引导学生学思践悟习近平全面依法治国新理念新思想新战略，牢固树立法治观念，坚定走中国特色社会主义法治道路的理想和信念，深化对法治理念、法治原则、重要法律概念的认知，提高运用法治思维和法治方式维护自身权利、参与社会公共事务、化解矛盾纠纷的意识和能力。

——深化职业理想和职业道德教育。教育引导学生深刻理解并自觉实践各行业的职业精神和职业规范，增强职业责任感，培养遵纪守法、爱岗敬业、无私奉献、诚实守信、公道办事、开拓创新的职业品格和行为习惯。

理实一体化课程的教学内容包括实践操作和理论学习两个方面。实践操作包括模拟职业场景的实际操作、设备操作和维护等；理论学习包括专业知识和技能的理论知识、实践经验和职业素养等。

（四）教学原则

理实一体化课程具备专业教育课程的特点。要根据不同学科专业的特色和优势，深入研究不同专业的育人目标，深度挖掘提炼专业知识体系中所蕴含的思想价值和精神内涵，科学合理拓展专业课程的广度、深度，从课程所涉专业、行业、国家、国际、文化、历史等角度，增加课程的知识性、人文性，提升引领性、时代性和开放性。

理实一体化课程也具备实践类课程的特点。专业实验实践课程，要注重学思结合、知行统一，增强学生勇于探索的创新精神、善于解决问题的实践能力。创新创业教育课程，要注重让学生"敢闯会创"，在亲身参与中增强创新精神、创造意识和创业能力。社会实践类课程，要注重教育和引导学生弘扬劳动精神，将"读万卷书"与"行万里路"相结合，扎根中国大地了解国情民情，在实践中增长智慧才干，在艰苦奋斗中锤炼意志品质。

理实一体化课程教学应遵循以下原则：理论与实践相结合、学生为主体、教师为主导、多元化评价、注重职业素养培养等。

（五）教学方法

理实一体化课程的教学方法包括项目教学法、案例教学法、任务驱动教学法等。具体教学方法应根据专业特点和课程目标进行选择和调整。

作为课程思政建设的基本载体，理实一体化课程也要深入梳理专业课教学内容，结合不同课程特点、思维方法和价值理念，深入挖掘课程思政元素，将思政元素有机融入课程教学，达到润物无声的育人效果。

（六）教学条件

理实一体化课程的教学条件包括实训装备、教学场地、教师资质和配套教材等。教学条件应满足实际教学需求，具备足够的数量和质量。

（七）评价督导

理实一体化课程的评价督导包括学生评价、教师评价和教学督导等方面。评价督导应多元化、科学化，注重学生的实践能力和职业素养等方面的评价督导。

第四节　理实一体化课程开发案例

一、高职专科信息安全技术应用专业核心课程开发

（一）信息安全与管理专业职业岗位和能力分析①

信息安全与管理专业职业岗位和能力分析分别如表2-6、表2-7所示。

表2-6　信息安全技术应用专业岗位及岗位描述

职业领域	岗位分类	岗位描述
信息安全产品生产厂商	安全产品研发工程师	对IDS、防火墙等信息安全产品系统的研制与开发
	安全产品测试工程师	对信息相关安全产品进行功能性测试，检查软件有没有错误，决定软件是否具有稳定性，写出相应的测试规范和测试用例
	安全产品技术支持工程师	对本公司生产的安全产品提供相关的技术支持，解答用户对产品功能和性能相关方面的咨询，为用户单位进行相关安全产品的培训，对产品进行后期维护
	产品销售工程师	对公司生产的安全产品进行营销，确定客户群，设计营销方案，签订销售合同等相关工作

① 武春岭，龚小勇. 信息安全技术专业基于工作过程支撑平台课程体系开发与实践［M］. 北京：电子工业出版社，2011：54.

表2-6(续)

职业领域	岗位分类	岗位描述
信息安全服务商	数据恢复工程师	为客户提供数据恢复服务,包括各种存储介质的不同文件格式的数据恢复工作
	安全风险评估工程师	根据国家的信息安全标准和法律法规,利用必要的信息安全理论和技术对组织和单位的信息系统的保密性、完整性和可用性等安全属性进行科学识别和评价,为组织和单位出具一系列风险评估报告
	信息安全产品测评	对防火墙、IDS等信息安全产品的测评工作,编写测评方案和技术规范书,完成产品测评相关工作
	安全应急响应	对用户出现网络攻击或安全事件时,提供紧急响应服务,帮助用户恢复系统及调查取证;维护公司应急响应案例库,定期为分支技术人员提供应急响应分析报告;对分支技术人员在应急响应中遇到的问题提供技术支持
信息安全应用企业	网络信息安全工程师	负责公司软件产品及网络安全产品的实施及安装维护工作,负责公司客户的服务器及网络设备的相关维护,能够保障企业信息化的工作正常顺利运行
	信息安全审计工程师	通过安全审计收集、分析、评估安全信息、掌握安全状态,制定安全策略,确保整个安全体系的完备性、合理性和适用性,将系统调整到"最安全"和"最低风险"的状态
信息安全集成商	信息系统安全方案设计工程师	负责对客户新建信息系统的安全体系规划、构建和管理,对客户已有信息系统制定并实施安全解决方案
	信息安全系统集成工程师	负责信息系统安全方案的实施和部署,将网络设备、信息安全产品等信息系统相关设备各功能部分综合、整合为统一的系统
	安全系统维护工程师	负责公司软件产品及网络安全产品的实施及安装维护工作,负责公司客户的服务器及网络设备的相关维护,能够保障企业信息化的工作正常顺利运行

表2-7 信息安全技术应用专业岗位能力对照表

岗位	岗位能力	能力类型
安全产品研发工程师	熟悉嵌入式操作系统,有较强的代码分析和设计能力	岗位核心能力
	熟悉网络协议栈,有防火墙/路由研发经验	岗位核心能力
	熟练掌握JAVA、C/C++语言编程	岗位基本能力
	熟练掌握数据结构、基础算法	岗位基本能力
	能熟练阅读英文技术文档	岗位通用能力
	良好的文档撰写能力	岗位通用能力
	较好的团队协作精神,较强的沟通能力	岗位通用能力
	熟悉计算机基本原理和基本硬件知识	岗位基本能力
	较强的领悟力和逻辑分析能力	岗位通用能力
	熟练使用办公软件	岗位基本能力

表2-7（续）

岗位	岗位能力	能力类型
安全产品测试工程师	熟悉 IP 网络知识，熟悉 TCP/IP 协议	岗位基本能力
	熟悉 Linux/Windows 系统	岗位核心能力
	熟练掌握 C 语言	岗位基本能力
	熟悉 TCL，Jscript 等脚本语言	岗位核心能力
	熟悉路由协议、LAN/WAN、TCP/IP	岗位基本能力
	熟知 HTTP、FTP、VOIP 和无线网络等路由器、交换机知识	岗位基本能力
	对功能测试、回归测试、完整性测试、互通性测试、性能测试、系统级和压力测试有深入的理解和实际经验	岗位核心能力
	熟悉测试流程，测试用例及测试计划的编写	岗位核心能力
	熟悉 IXIA/Smartbits 等测试仪表的使用，能够推断问题和错误的所在，以及对问题提出解决方案	岗位核心能力
	良好的沟通和解决问题的能力	岗位通用能力
	良好的文档撰写能力	岗位通用能力
	熟悉主流数据库系统安装、使用	岗位基本能力
	熟练使用办公软件	岗位基本能力
安全产品技术支持工程师	熟悉多种网络安全技术，对各种主流的安全产品（如防火墙、防病毒、入侵检测等）有较好的理论基础和实践经验	岗位核心能力
	了解各种安全产品（例如 FireWall、VPN、防病毒产品、IPS 等）的特点、使用方法及常用的调试技巧	岗位核心能力
	精通 Windows、Linux 等系统环境，能进行维护管理和故障分析	岗位核心能力
	熟练使用办公软件	岗位基本能力
产品销售工程师	熟悉主流的网络和安全产品，对主流网络厂商的数据通信设备有较深的认识	岗位核心能力
	熟悉防火墙、VPN、入侵检测系统、网闸等信息安全产品基础原理和应用环境	岗位核心能力
	分析、解决问题能力强，较强的适应能力	岗位通用能力
	较好的文档撰写能力	岗位通用能力
	较强的书面与口头表达能力	岗位通用能力
	良好的英文阅读能力	岗位通用能力
	掌握信息安全等方面的基础知识	岗位核心能力
	具有扎实的网络基础知识	岗位基本能力
	熟练使用办公软件	岗位基本能力

职业教育
理实一体化课程开发与教学

表2-7(续)

岗位	岗位能力	能力类型
数据恢复工程师	熟悉使用PC3000、HRT等硬盘修复工具,掌握硬盘原理及电路维修技能	岗位核心能力
	掌握数据库的管理如备份、安全、灾难恢复及Standby技术	岗位核心能力
	掌握硬盘数据恢复方法	岗位核心能力
	熟悉各类文件系统、硬盘的分区结构	岗位核心能力
	熟练使用办公软件	岗位基本能力
信息安全风险评估工程师	有Windows系统知识经验,能熟练使用Unix、Windows系统平台下各种应用系统	岗位核心能力
	精通网络及网络设备软硬件配置	岗位核心能力
	能够独立完成对用户的现场培训	岗位核心能力
	具备较强的动手能力	岗位通用能力
	精通多种安全技术,掌握或熟悉各种攻击与防护技术	岗位通用能力
	精通网络及网络设备软硬件配置	岗位基本能力
	精通Windows系列、Linux、Unix等主流操作系统的相关配置	岗位核心能力
	熟悉风险评估、等级保护、BS7799等安全标准	岗位核心能力
	熟练使用办公软件	岗位基本能力
信息安全产品测评工程师	熟悉TCP/IP协议基本原理	岗位基本能力
	熟悉防火墙、IDS等相关网络安全产品的技术原理及工作方式	岗位核心能力
	熟悉信息安全产品的测评标准	岗位核心能力
	熟悉安全产品的各种常见攻击的原理及攻击方式	岗位通用能力
	熟悉计算机病毒、木马攻击原理,了解主流网络防病毒产品及防病毒技术	岗位核心能力
	能够熟练安装、配置并使用各种安全扫描和检测工具	岗位核心能力
	熟练掌握路由器、交换机、VPN、网络审计等技术	岗位核心能力
	具备较强的沟通能力	岗位通用能力
	文档编写能力	岗位通用能力
	熟练使用办公软件	岗位基本能力

第二章 理实一体化课程体系构建与课程开发

表2-7(续)

岗位	岗位能力	能力类型
信息安全应急响应工程师	精通多种安全技术，掌握或熟悉各种攻击与防护技术	岗位核心能力
	熟悉防火墙、IDS 等相关网络安全产品的技术原理及工作方式	岗位核心能力
	能够独立完成各种系统（主机、网络、数据库等系统）的安全加固	岗位核心能力
	能够独立完成对用户的现场培训	岗位核心能力
	有 Unix、Windows 系统知识经验，能熟练使用 Unix、Windows系统平台下各种应用系统	岗位核心能力
	良好的文档撰写能力	岗位通用能力
	具备较强的沟通能力	岗位通用能力
	熟练使用办公软件	岗位基本能力
网络信息安全工程师	熟悉各种网络服务及其原理	岗位基本能力
	熟悉 Linux/Unix 等操作系统	岗位核心能力
	具备网络安全基础，能够分析各种网络攻击行为以及危害网络的相关安全脆弱点	岗位核心能力
	能够熟练阅读和理解英文资料	岗位通用能力
	对于 TCP/IP 协议有着深入的理解，了解 Firewall, VPN, IDS, IPS 等技术，熟悉市场主流网络及安全产品	岗位核心能力
	熟练使用办公软件	岗位基本能力
信息安全审计工程师	熟悉网络原理、常见安全产品、熟悉密码学，精通防火墙、入侵检测、漏洞扫描等原理	岗位核心能力
	熟悉 UNIX、LINUX 和 NT 操作系统、TCP/IP 等网络协议及 WWW、FTP、TELNET 等服务	岗位核心能力
	熟悉信息安全管理体系法规和标准，熟悉风险评估、等级保护、系统安全测评等方面的内容	岗位核心能力
	熟悉安全漏洞检测和修补，有丰富的黑客入侵分析和防范经验	岗位通用能力
	精通安全产品和技术，包括防火墙、防病毒、IDS、PKI、攻防技术等	岗位核心能力
	流利的中英文书写及语言交流能力	岗位通用能力
	熟练使用办公软件	岗位基本能力
信息系统安全方案设计工程师	对于 TCP/IP 协议有着深入的理解，了解 Firewall, VPN, IDS, IPS 等技术、熟悉市场主流网络及安全产品	岗位核心能力
	熟悉 UNIX、LINUX 和 NT 操作系统、TCP/IP 等网络协议及 WWW、FTP、TELNET 等服务	岗位核心能力
	熟悉安全漏洞检测和修补，有丰富的黑客入侵分析和防范经验	岗位通用能力
	良好的文档撰写能力	岗位通用能力
	具备较强的沟通能力	岗位通用能力

表2-7(续)

岗位	岗位能力	能力类型
信息安全系统集成工程师	能够正确安装、配置和使用各种 WWW 服务器	岗位核心能力
	能够在各种平台（Windows、Linux、Unix）下配置 FTP 服务器	岗位核心能力
	能够在各种平台（Windows、Linux、Unix）下配置 Mail 服务器	岗位核心能力
	能够在各种平台（Windows、Linux、Unix）下配置 DNS 服务器	岗位核心能力
	了解综合布线、门禁、监控、智能建筑等基本概念，熟练制作各种网络线缆	岗位核心能力
	理解高可用性的概念，能够安装配置 IBM HACMP、Rose、Sun Cluster 的安装、配置和维护	岗位核心能力
	了解网络管理的作用和网络管理协议（SNMP、RMON 等），能够使用 Cisco Ciscoworks、Nortel Optivity、HP OpenView 等产品，能够用 Sniffer 等软件对网络进行监控和排错	岗位核心能力
安全系统维护工程师	对服务器、路由器、防火墙能够熟练操作及维护，具备故障诊断和处理能力	岗位核心能力
	有较强的防范及反病毒能力，熟练使用过防病毒软件或网络安全管理软件	岗位通用能力
	熟悉主流操作系统的安装、配置、维护、管理，对计算机系统软硬件故障有丰富的处理经验	岗位核心能力
	熟悉网络技术、互联网技术，熟悉 TCP/IP 协议	岗位基本能力
	熟悉 MS SQL Server 和 Oracle 等主流数据库服务的假设与部署	岗位核心能力
	具有 Windows 环境下常用办公软件的设置与维护的经验，能够迅速判断问题原因并加以解决	岗位基本能力
	熟悉各种周边设备及电子产品，如打印机、复印机、传真机的使用与维护	岗位基本能力
	能够熟练阅读相关英文技术资料	岗位通用能力

（二）信息安全技术应用专业典型工作任务分析

信息安全技术应用专业典型工作任务分析，如表2-8 所示。

表 2-8　信息安全技术应用专业典型工作任务分析表

编号	典型工作任务名称	知识点	技能点
1	分析网络拓扑结构	网络交换理论	网络交换机
		网络路由理论	网络路由器
		服务器及系统	服务器
		备份种类	存储设备
		安全理论	安全设备
		强电设计	供电保证
		备用电源设计	备用电源
2	安装调试产品	防火墙原理	防火墙安装配置
		入侵检测原理	入侵检测安装调试
		防病毒系统原理	防病毒系统安装调试
		入侵防护系统原理	入侵防护安装调试
		网闸系统原理	网闸系统安装调试
		VPN 系统原理	VPN 系统安装调试
3	网络调试	网络交换理论	交换机
		路由理论	路由器
		服务器及产品	服务器
		备份种类	有储
		安全理论	安全设备
		强电设计	供电
		备用电源设计	备用电源
4	分析安全结构分析	网络基础	网络调试
		软件基础	扫描技巧
		微软 Windows 内核基础	安全配置
		攻防基础知识	漏洞发现方法
		安全产品了解	产品的配置
5	用户培训	沟通能力	制作 PPT 能力

表2-8(续)

编号	典型工作任务名称	知识点	技能点
6	系统运行维护	常见系统安全原理	系统策略管理
		常见攻防原理及分析	系统及日志分析及监控
		常见扫描器原理及使用	安全扫描
		常见系统、应用、网络故障分析能力及处理能力	异常事件处理
		对行业或用户或国家的相关法规有一定了解	合规判断（检查）
		对安全业内动态有一定了解，能将业内动态与用户现场情况结合分析	
7	数据备份与恢复	硬盘工作原理	硬盘数据恢复
		硬盘阵列技术原理	安装调试
		备份功能	数据备份
		容灾功能	数据容灾
		重复数据删除技术	运用重复数据删除技术
8	资产分类与赋值体系构架评估	资产分类与赋值原理	方法与工具
		IT 体系架构知识	架构调研
		IT 管理概念	了解 ISO27000
	漏洞评估威胁评估	漏洞原理	漏洞扫描
		威胁原理	威胁文件检测与评估
	风险评估与报告机制	风险原理	风险确认与计算
		Office 软件	报告输出机制
	项目管理	PWI	项目定义
		项目管理原理	项目启动
			项目计划
			项目执行与控制
			项目结果
9	辅助应急响应	常见病毒原理及相关检测工具的使用	病毒查杀
		常见攻击及防护原理的利用手法	入侵分析
		常见的操作及安全原理	系统异常处理
		常见应用的使用及原理	应用异常处理
		常见网络设备调试 TCP/IP 原理，常见网络分析工具	网络异常处理

表2-8(续)

编号	典型工作任务名称	知识点	技能点
10	安全产品测试	网络通信技术	熟练使用主流交换机路由器
		操作系统应用	Windows/Linux系统安装应用
		文档整理	熟练使用 Office 软件
		攻防方法	主要攻击工具使用
		测试方法	熟练使用 Smartbits 等工具
11	需求分析与初步解决方案设计	市场营销知识	推广、营销、调研
		文档制作	Word、PPT、数据库
		沟通技巧	拟重点沟通
		网络安全基础知识	专业术语、专业基础知识
		产品知识	每个产品的特点及优势
12	辅助开发	了解开发工具	配置开发环境
		熟悉编程语言	代码编写
		软件测试工具	掌握黑、白等方法
		文本剪辑工具	编写开发文档
13	计算机病毒防治	计算机系统结构	程序分析
		熟悉编程语言	代码编写
		操作系统知识	掌握流行病毒查杀

(三) 信息安全技术应用理实一体化课程的导出

根据分析出的典型工作任务进行归并，形成了信息安全技术应用专业7个理实一体化核心模块课程，并对典型工作任务所涉及的知识点和技术能点进行归纳，形成了专业基础课程和单项技能课程（整周实训课程），如图2-13所示。

二、中职城市轨道交通运营管理专业核心课程开发

(一) 城市轨道交通运营管理专业岗位描述

城市轨道交通运营管理专业岗位及岗位描述，如表2-9所示。

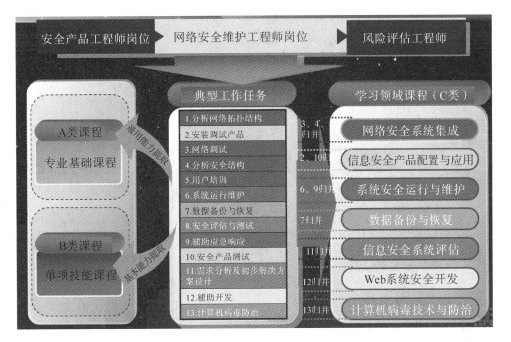

图 2-13　基于典型工作任务的课程开发体系图

表 2-9　城市轨道交通运营管理专业岗位及岗位描述

职业领域	岗位分类	岗位描述
运管初始岗位	站务员	售票、检票、疏导乘客、巡查车站、为乘客提供需要的相关服务
	调车员	在车站值班员的领导下，组织调车人员正确及时地完成调车工作任务
运管发展岗位群	客运值班员	在值班站长的领导下，主管车站客运工作，组织站务员从事客运工作
	行车值班员	执行分公司、部、中心、车站的有关规章制度，做到有令必行，有禁必止。 在值班站长的领导下，主管车站行车工作
	值班站长	掌握列车运行情况，安排车站行车组织工、搞好车站综合治理管理，并积极配合和协调各兄弟部门的关系
	站长	在站务中心（副）主任领导下，组织领导站内员工开展车站各项工作；负责车站员工的日常管理，定期进行员工教育，掌握员工思想状况
	调车长	接受、传达调车作业计划，制定作业方法，变更计划表按规定传达
	车场调度员	接发列车、施工组织协调、突发事件的应急处置
	行车调度员	负责日常行车调度及突发情况下的应急指挥；与电调、环调配合，共同完成运营组织工作，确保班组运营安全；监控设备运作，做好故障记录与通报

（二）城市轨道交通运营管理专业岗位能力分析

1. 城市轨道交通运营管理专业岗位能力分析，如表 2-10 所示。

表 2-10　城市轨道交通运营管理专业岗位能力分析

岗位	岗位能力	能力类型
站务员	具备城轨客运服务技能与技巧	岗位核心能力
	具备城轨票务运作和管理能力	岗位核心能力
	具有良好的沟通和解决问题的能力，能够疏导乘客、巡查车站、为乘客提供需要的相关服务	岗位通用能力
调车员	能在车站值班员的领导下，组织调车人员正确及时地完成调车工作任务	岗位核心能力
	熟悉调车作业计划，能够制定调车作业办法并做好分工，作业前亲自派人检查线路、车辆，做好有关准备工作	岗位基本能力
	能正确及时显示信号，加强与司机的联系配合准确指挥机车的行动，确保计划圆满完成	岗位基本能力
	能坚持调车工作单一指挥，严禁接受他人指挥机车作业	岗位基本能力
客运值班员	能够在值班站长的领导下，主管车站客运管理，组织站务员从事客运工作	岗位核心能力
	能够负责车票的收发、回收和保管工作	岗位核心能力
	熟悉本班组售票组织及车站营收统计工作，各种票务收益单据填写及保管	岗位核心能力
	能够协助值班站长组织管理安全员、售票员，处理乘客问题，提供优质服务	岗位基本能力
	需要监督售票员、安全员在岗行为	岗位基本能力
	能够在非运营时间值守车站，统计汇总当日的客运量和营收情况报行调	岗位基本能力
行车值班员	能够执行分公司、部、中心、车站的有关规章制度，做到有令必行，有禁必止	岗位核心能力
	能够在值班站长的领导下，主管车站行车工作	岗位基本能力
	需要服从行调指挥，执行行调命令，严格按列车运行图组织行车	岗位核心能力
	熟悉行车设备的性能，掌握操作方法	岗位核心能力
	保管、使用行车设备备品，能够正确填写各种行车日志，字迹清楚	岗位基本能力
	值班站长不在车控室时代理其职责	岗位通用能力

表2-10(续)

岗位	岗位能力	能力类型
值班站长	执行分公司、部、中心、车站的有关规章制度，做到有令必行，有禁必止	岗位核心能力
	能够有效进行班组管理	岗位核心能力
	认真接待乘客的来访来电，能够做好车站客运服务工作，妥善处理各类服务纠纷	岗位通用能力
	能够及时组织全站员工处理事故，恢复车站正常运作	岗位通用能力
	能正确规范填写车站的各类台账资料并及时上报	岗位核心能力
	能够搞好车站综合治理管理，并积极配合和协调各兄弟部门的关系	岗位核心能力
	较强的领悟力和逻辑分析能力	岗位基本能力
	较好的团队协作精神	岗位通用能力
	较好的分析、解决问题的能力	岗位通用能力
	具备较强的沟通能力	岗位通用能力
站长	能负责车站员工的日常管理，定期进行员工教育，掌握员工思想状况	岗位核心能力
	在站务中心（副）主任领导下，组织领导站内员工开展车站各项工作	岗位核心能力
	监督车站乘客服务工作，处理乘客投诉、来信、来访、纠纷	岗位核心能力
	对执法案件审批、监督，并负责执法人员、文书的管理	岗位核心能力
	制定车站员工培训计划，定期检查培训效果，进行培训总结	岗位核心能力
	搞好车站综合治理管理，并积极配合和协调各兄弟部门的关系	岗位核心能力
调车长	掌握计算机基础知识，能正确使用计算机；具有一定语言、文字表达能力，能拟写工作计划和总结	岗位基本能力
	能够背画车站（区）线路平面示意图，标明有关内容	岗位基本能力
	熟悉接受、传达调车作业计划，制定作业方法，按规定传达变更计划表	岗位核心能力
	能够显示、识别各种信号	岗位核心能力
	能进行车辆、道岔常见故障处理	岗位核心能力
	做到观速、观距基本准确，按技术标准掌握调车作业速度	岗位核心能力
	较强的领悟力和逻辑分析能力	岗位基本能力
	较好的团队协作精神	岗位通用能力
	较好的分析、解决问题的能力	岗位通用能力
	具备较强的沟通能力	岗位通用能力

表2-10(续)

岗位	岗位能力	能力类型
车场调度员	能够进行接发列车、施工组织协调、突发事件的应急处置	岗位核心能力
	较好地分析、解决问题的能力	岗位通用能力
行车调度员	能够进行日常行车调度及突发情况下的应急指挥	岗位核心能力
	能够与电调、环调配合，共同完成运营组织工作，确保班组运营安全	岗位核心能力
	熟悉指挥和协调行车各岗位的运作，组织实施各种行车工作计划，确保行车系统的正常运转及行车安全、正点	岗位核心能力
	熟练布置、检查、落实行车工作计划，确保行车工作顺利进行	岗位核心能力
	能够组织调试车、工程车的开行，合理安排施工作业，监督施工作业和人员的安全	岗位核心能力
	能够合理处置运营中的紧急事件，及时调整列车服务，尽快恢复正常运营	岗位核心能力
	能够监控设备运作，做好故障记录与通报	岗位核心能力
	具备较强的沟通能力	岗位通用能力

2. 城市轨道交通运营管理专业岗位核心能力描述，如表 2-11 所示。

表 2-11　城市轨道交通运营管理专业岗位核心能力整合表

编号	岗位综合核心能力（整合后的岗位能力）	核心岗位能力（不分岗位，不重复）
1	具备城轨运营管理能力与技巧	备城轨客运服务技能与技巧
		具备城轨票务操作和管理能力
2	具备正确使用城轨运输各项设备的能力	能在车站值班员的领导下，组织调车人员正确及时的完成调车工作任务
		需要服从行调指挥，执行行调命令，严格按列车运行图组织行车
		熟悉行车设备的性能，掌握操作方法
3	具备城轨行车作业基本操作及行车指挥能力	熟悉接受、传达调车作业计划，制定作业方法，变更计划表按规定传达
		能够显示、识别各种信号
		能进行车辆、道岔常见故障处理

（三）城市轨道交通运营管理专业理实一体化课程

岗位综合核心能力构建核心及专业核心课程，如表 2-12 所示。

表 2-12　城市轨道交通运营管理专业岗位综合核心能力构建及核心课程表

编号	岗位综合核心能力	专业核心课程名称
1	具备城轨运营管理能力与技巧	城市轨道交通客运组织

表2-12(续)

编号	岗位综合核心能力	专业核心课程名称
2	具备正确使用城轨运输各项设备的能力	城市轨道交通车站行车工作
3	具备城轨行车作业基本操作及行车指挥能力	城市轨道交通运营调度
		城市轨道交通安全与应急处理

【实践·反思·探究】

1. 简述理实一体化课程开发的定义及基本思路。

2. 简述行动领域和学习领域在理实一体化课程开发中的角色及其相互关系。

3. 简述学习情境的定义和设计原则，并讨论它们如何塑造学生的学习经验。

4. 简述学习情境设计的主要任务，并阐明这些任务如何推动实现理实一体化课程的目标。

5. 简述理实一体化课程开发的整体流程以及这个流程如何有效地整合理论知识与实践技能。

6. 谈谈实施理实一体化课程思政的设计思路。

7. 自己找一个专业，尝试构建开发该专业的理实一体化课程体系。

第二章 理实一体化课程体系构建与课程开发

第三章 理实一体化教材开发与云教学资源建设

【内容摘要】理实一体化教材是依据行业职业资格标准、专业教学标准和理实一体化课程标准编制并系统反映岗位技术知识、职业工作标准内容的专业教学与学生学习的书籍，是课程标准的具体化，它是课程教学的主要依据，是学生获得科学文化知识、技术理论知识和技术实践知识的重要来源。理实一体化教材的开发，要基于理实一体化课程内容中技术理论知识和技术实践知识的特征分析；要基于对典型工作任务的分析提炼和学习型工作任务的设计；要基于我国职业教育改革发展和现代信息技术条件下云教育资源开发与建设，以及理实一体化实训室的设计建设。本章节依据上述内容依次展开论述。

第一节　理实一体化课程内容及特征分析

长期以来，职业院校的专业课程教学大多是按照专业基础理论、专业技术理论、技能实训、企业实践的逻辑展开，其指导思想是技术理论的应用。只有掌握了专业技术理论，才能进行专业技术技能实践。实践证明，实施这样的先理论后实践的教育教学割裂了理论与实践在职业能力形成中的紧密关系，不利于提高学生职业能力和教学质量。随着职业教育教学改革的不断深入，理实一体化教学被认为是培养学生职业能力较为有效的教育教学模式。

一、理实一体化课程内容构成

在实际的教学实践中，"理实一体化"教学的基本方法是以实践为中心，理论围绕实践而展开。理论依托具体教学情境贯穿在实践过程中，与实践有机渗透融合，理论的组织逻辑是融合在工作过程体系中。可能有人会认为这样的理论过于碎片化、不成体系，会影响学生认知的建构，其实仅是专业理论知识的组织形式不同罢了，按这样的逻辑习得的理论更易于理解、记忆和掌握。以实践为主轴来组织专业理论知识是一种以职业能力提升发展的逻辑思路，随着理论学习和实践练习的不断深入，学生会自然形成属于他自己的专业理论和实践知识的结构。那么从实际的教学情况看，就要认真梳理理实一体化课程内容构成。

职业教育理实一体化课程内容应针对职业岗位标准，选择与工作过程密切相关的技术知识。技术知识是指在技术生产、专项服务和一线管理工作中所需要的知识，既包括用于生产、服务和一线管理过程的技术实践知识，也包括用于支撑理解这一过程的技术理论知识。

（一）技术知识的构成

技术知识不仅体现在技术实践的行动过程中，也体现在行动者对技术理论知识的内化理解和判断之中，技术实践知识和技术理论知识构成了理实一体化课程的内容。

1. 技术实践知识

直接用于控制技术过程的技术实践知识由与职业工作过程紧密相关的技术规则、技术情境和判断性知识三部分构成。技术实践知识具有实践性、情境性和默会性的特点，属于程序性知识和默会性知识，程序性知识是关于职业行动过程中操作步骤和技术规范的知识，是关于"如何做""如何做得好"的知识；默会性知识是关于职业行动过程中的判断与实践结果的知识，具有不明确的特征。

（1）技术规则

技术规则是对技术行为方式、过程的规定，是按操作程序实施的一系列规范性行动而达到预定技术目标的知识[①]，包括技术实践方法、程序、技术要求等，强调的是"如何做"，具有程序性知识和默会性知识的特征。

按照技术规则的表象形式可把技术规则分为三类：一是以技术理论为基础的理论技术规则，它是根据技术目标，基于技术理论指导提出的技术标准和要求；二是以经验为基础的经验技术规则，它是依据技术目标中的标准和要求，在充分吸收已有技术操作经验的前提下提出的较高标准和要求；三是以难以言明的默会技术规则，是基于前两类的更高标准和要求，由于无法明确，它需要在操作实施过程中不断实践探索，而判断实施的结果。

（2）技术情境知识

技术情境知识是关于技术实践活动的场地、对象、所使用设施设备、工具等技术实施情境中的要素结构与关系的知识，是技术规则实施的载体。比如项目、任务、现象、设备、活动、产品、零部件、材料、工具、仪器、场地、设施、对象、生产或服务过程等要素，其核心内容是明确各要素之间的结构关系，是回答在怎样的情境条件下，如何应用技术规则去具体实施，达成技术目标要求。所以，技术实践过程是技术规则与技术情境相融合的过程，在具体的技术实践中，需要根据现有的情境灵活地应用技术规则，完成技术目标。

（3）判断性知识

判断性知识属于"默会性知识"，但不是没有表达的默会知识，它可以通过实践活动、讨论、意见等形式表征。判断性知识是关于在技术实践过程中，既是对技术情境本身的结构与关系、性质与特征的需求判断，也是对技术规则在技术情境中的合理运

---

① 汤百智. 职业教育课程与教学论［M］. 北京：科学出版社，2015：134.

用的需求判断，它是技术实践知识的重要组成部分。

2. 技术理论知识

技术理论知识是技术实践知识的重要支撑，辅助其在技术实践过程中对技术规则的熟悉理解、对技术情境结构元素的合理运用和准确判断，是用于解释技术实践知识的知识。一般包括原理、材料、结构、性能、工序、工艺规范、服务规范、注意事项、标准等内容，一般回答"是什么""为什么要这样做"等问题。对于学习者而言，技术理论知识必须在与技术实践情境的过程中才能得到理解和掌握。

技术理论知识与科学理论在性质上有着本质的区别，虽然都属于理论知识，但它们的知识形态的表征方式不一样。一般用于解释技术实践知识的知识都可称为技术理论知识，不管它来源于科学理论等应用，还是由实践经验等提炼。所以，技术理论知识重在对技术实践知识的解释、理解，是"实践化了的理论知识"，它与技术实践过程的各个要素紧密相关。而科学理论是对某一科学领域所作的系统解释的知识体系，由系列性的概念、判断和推理所组成。科学理论是人类认识长期发展的总结，是在实践经验的基础上经过思维加工而形成的、具有严密逻辑结构的学说体系。

（二）技术知识与技术操作的关系

每个职业岗位工作过程都由无数个基本单元任务组成，每一个基本单元任务的技术操作都是按照技术规则，在技术情境知识的配合下，通过对其合理有效的判断来完成工作任务。技术操作能否顺利完成，关键要看实施者对其所使用的设施设备结构和各部分的功能性能及关系等熟悉清楚，并运用技术规则，在操作过程中进行合理的判断。因此，技术操作的完成需要操作者同时掌握技术规则、技术情境知识，并通过技术操作中的合理判断，才能完成工作任务。工作过程基本单位任务结构关系由技术规则、技术情境通过合理的判断而进行的单元技术操作组成，如图3-1所示。

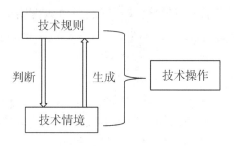

图 3-1　工作过程的基本单元①

而技术操作结果的优劣，需要操作者在技术规则的指导下，结合具体的技术情境作出正确、合理的判断。比如在焊接技术操作中，操作者需熟悉焊机的性能、操作方法，焊接材料的机械性能、焊接性能，焊条（焊丝）的成分组成、性能，焊接的操作工艺等技术理论知识；在具体操作中，操作者能够根据焊接技术规范对实际焊接材料的厚度、位置及质量标准要求，焊机的性能和场地环境等作出合理判断；按照焊接技术操作规则调整好焊接电流和焊接角度及操作规范进行技术操作。在这个过程中技术理论知识是对操作者技术实践过程的解释和指导，对操作者完成技术操作起到重要的作用。

① 汤百智. 职业教育课程与教学论 [M]. 北京：科学出版社，2015：130.

二、理实一体化教学中"理论"和"实践"整合运行

（一）学习型工作任务是"理论"和"实践"整合的载体

在理实一体化教学实践中，要实现"理论"和"实践"的整合运行，教师需要根据工作过程中技术知识与技术操作的关系，把结构完整的典型工作任务转化为学习任务，这样才能实现"理论"和"实践"等有效整合。教师通过对典型工作任务的开发，把具有教学和学习实际应用价值的，以典型产品（或服务）为目的的外在性活动任务，将技术实践知识和技术理论知识及职业素养内容有机整合，形成学习型工作任务，这样才能使之成为理实一体化教学的重要载体。

学习型工作任务既是学生行动和学习的对象，它规定着学生做什么和学什么的问题，产品（或服务）是完成任务的结果。技术实践知识和技术理论知识是完成工作任务所需要的条件，它们不是作为独立的教学内容而存在，而是以学习型工作任务为载体，按照典型任务、系列问题和解决方法等路径，引领技术实践知识和技术实践过程的展开和运行。

理实一体化的教学内容和方式是学生通过学习型工作任务的学习实践，在特定的技术情境关系中完成产品制作（或服务），学习和掌握技术实践知识和技术理论知识。因此，通过设计系列化的实践性问题，从中引出技术理论知识，引导学生去建构知识和技能，实现"技术实践知识"和"技术理论知识""技术实践过程"和"技术认识过程"的整合①。

所以，学习型工作任务既是学生学习技术知识的出发点，也是引领推动理实一体化教学的主线，它具有以下基本特征：

一是主轴性。工作任务在理实一体化教学中居于中心位置，在教学实践中根据任务描述、教学目标、工作流程、情境条件、教学组织和生产（服务）结果等要求统筹实施，彰显着聚合性和条理性，成为理实一体化教学各环节联结和推进的主线，主导着教学的展开和推进，从而实现理实一体化教学目标。

二是载体性。学习型工作任务是一个蕴含着理论和实践相融合的学习载体，超越了传统教学中理论和实践二元分离的局面，为理实一体化教学创设前提条件。

三是实践性。学习型工作任务与典型工作任务相联系，突出以工作过程系为导向，强调学生在具体技术情境下的实践活动，显示学习过程的实践性。

（二）"理论"和"实践"整合的特性

学习型工作任务为职业教育理实一体化教学中，"理论"和"实践"的整合提供了应有的载体②，在理实一体化教学中，"理论"和"实践"存在于一个统一的教学系统中，既相互联系、相互作用、相互结合，又相互分离、相互支撑，共同构建一个互融、互释、互补、互动的有机体系。

1. 互融性

在理实一体化教学中，互融式整合是一种"我中有你，你中有我"的融通关系，

---

① 张建国. 论职业教育"理实一体化"教学的内涵及其特征［J］. 中国职业技术教育，2018（14）：50.
② 同①.

理论和实践在内容、形式和方法等方面是相互融通的。在教学内容上，技术实践知识的学习一定会涉及相关技术理论知识，包括原理、材料、设备性能、工艺流程（或服务方式）的分析与阐述，技术理论知识的学习同样也离不开对实践环境、技术实践过程情况的描述。在教学形式和方法上，开展技术实践活动需要理论知识的指导，在技术实践操作过程中需要相关理论的科学解释结果；同样，在理论讲解过程中需要根据具体情况，利用演示、观察、亲身动手体验等实践方式来理解和掌握理论知识。

2. 互释性

在理实一体化教学实践环节中需要学习者，一是通过实践来解释、验证和内化应有的技术理论知识；二是通过技术理论知识来指导具体的技术实践活动；三是由于在教学实践中具有较大的随机性和确定性，更需要相关技术理论知识指导其可行性，促进技术实践活动的顺利实施。

3. 互补性

在理实一体化教学中，"理论"和"实践"之间存在的差异性，促使技术实践知识与技术理论知识，在实施学习型工作任务的过程中，通过融合互补的方式实现"理论"和"实践"的整合。

4. 互动性

理实一体化教学是一个动态包容的系统，在学习型工作任务中，伴随着项目、任务的驱动和展开，技术实践知识和技术理论知识、技术认识过程和技术实践过程之间形成相互作用、相互影响的内在机制，推动教学系统的发展。

（三）"理论"和"实践"整合的过程

"理论"和"实践"整合的过程是知识与方法、问题序化的有机统一。序化是指知识结构组成由简到繁、由易到难、由具体到抽象、由浅入深、由表及里，形成完整而有机的循序渐进序列。目的在于使教育内容的逻辑序列、学生身心发展序列及不同教育内容的相辅序列之间协调统一。

我国职教著名学者姜大源提出："在职业教育课程中需要将技术理论知识和技术实践知识有机融合，需要一个能将其进行排列组合的参照系，以便能以此为基础对知识实施序化。知识只有在被序化的情况下才能被提供"，"序化意味着知识的组织框架和顺序""序化的概念建立在反思的基础之上，序化建立了事物间的关系并指明了其间内在的关联"。在理实一体化教学中，所谓知识序化，是指教学中以学习型工作任务为引领，以序列化问题为核，引导学生围绕问题建构知识，实现不同类型、层次和形态知识的整合。通过知识内容的重构序化，使学生在动态学习过程中，通过观察发现冲突、通过思考辨识问题、通过行动寻求方案、通过认知确定结构、通过创造重构序列，使知识序化与学生观察、行动、认知、反思和创造等学习过程及机制紧密联系在一起，通过序化实现着教学的有效展开。

在理实一体化教学中，不仅存在着知识序化，还包括问题序化和方法序化。所谓问题序化，是指围绕学习型工作任务，设计不同类型、层次和形式的问题，让学生沿着问题的台阶，实现理论和实践的整合；所谓方法序化，就是指针对序列化问题形成序列化的方法以解决问题的过程，通过问题序化、方法序化和知识序化的有机统一，使"理论"和"实践"整合的"波动"达到有序性，形成了理实一体化教学中"问题链""方法链"和"知识链"的相互交融和内在统一，从而促进基于实践情境的以工作过程逻辑为中心的行动教学体系的形成①。

三、理实一体化教学遵循"实中蕴理"的行动逻辑

在以往的职业教育专业教学中，总是先进行专业理论知识的讲解，再进行实践操作，强调"实践是理论的运用"，在次序上是"先理后实"的教学次序。而理实一体化教学往往是在实践教学中将理论知识有序地融入实践教学中，并不十分强调"先理后实或"先实后理"的教学逻辑，而是根据学习型工作任务在理实一体化教学中的具体情况而定。关键是要以实践为主轴，在实践中学习掌握技术理论知识。可能在实践之前教师需要对技术理论知识点作一定的说明，有利于学生进行实践操作和学习；可能在一开始教师就让学生带着问题进行实践，然后在问题导向下寻找理论知识的支撑点，这样也许对学生的学习操作有利；教师有可能在整个项目教学中不断变换理论和实践的教学次序，让学生反复在实践中去熟悉技术理论知识的要点，做到学会学习、学会思考。

所以，理实一体化教学内容强调行动是学习的逻辑起点，技术知识的学习掌握要突出"实中蕴理"的"行动"逻辑，注重"做"与"学""动手"和"动脑""实践"与"理论"的统一。行动逻辑就是要求职业教育教学组织不应按照从理论到实践的演绎模式进行构建，而要按照行动本身的逻辑结构进行构建。理实一体化教学"实中蕴理"的行动逻辑表现：一是主次性，在理实一体化教学中实践过程是核心，围绕着学生职业能力的培养，实践既是教学的出发点，也是教学展开的逻辑主线，技术理论知识和技术认识过程内含于实践过程中并始终服务于实践；二是共生性，即理论和实践合二为一。在理实一体化教学中，实践和理论的主次性并不意味着实践和理论的分离，相反，实践和理论之间具有相互生成作用的需要和可能，实践和理论之间具有共生性。实践教学过程中必然蕴含着理论知识的学习，两者相互交融。实践是教学的出发点和落脚点，理论是为了更好的实践，是为实践服务。实践和理论的相互交融，使得教学呈现一种螺旋式推进的态势。理实一体化教学的"实中蕴理"的行动逻辑，切合了学生认知的心理顺序、从易到难的学习过程和职业能力的发展规律，有利于实现学生技术技能的有效学习。

四、理实一体化教学的特征

（一）教学目标的导向性和学习成果性的统一

理实一体化教学在目标上体现着导向性和结果性的统一。由于理实一体化教学目标与其他课堂教学目标的规定性不同，理实一体化教学目标导向主要是专业实践能力与专业理论知识、教学实施过程和方法、职业道德与态度的综合达成等几个方面。针对学生职业能力的培养来开发和设计学习型工作任务，让学生在工作任务完成的过程中学习掌握技术实践知识和技术理论知识，以及必要的职业综合素养和能力。而学生的学习"成果"主要体现在产品、（服务或管理）的质量、体现在专业技术能力的掌

① 张建国. 论职业教育"理实一体化"教学的内涵及其特征 ［J］. 中国职业技术教育，2018（14）：51.

握和职业素养养成情况等方面。因此，在理实一体化教学中，学习成果是对教学目标设计导向性的结果评价，教学目标的导向是导致学生学习取得成果的前提条件，这也充分体现了两者之间的高度统一。理实一体化教学要紧紧围绕学习成果与学习目标的导向关系，设计好学习型工作任务，强调学生在与情境互动中学习知识、解决实际存在的问题，培养学生在行动中利用理论知识和实践经验去发现问题、分析问题和解决问题的能力。

（二）教学内容的多元性与系统性的统一

教学内容的多元性与系统性的统一，使得理实一体化教学在内容上更加丰富，更有利于实现专业理论知识与技术实践知识、职业技能与职业态度、情感的有机整合。在理实一体化教学中，教学内容的多元性主要体现在：一是工作领域与学习领域的融合；二是多专业学科知识的交叉，不同类型、性质、层次的知识的融入；三是学习过程、工作过程与质量管理、安全管理和成本管理的整合。所谓系统性，就是指为完成一项具体的学习任务，所有关联要素之间按照理实一体化教学特定的教学目标要求，有选择地将原来分属不同领域、学科和专业的知识内容有机组合成一个新的组织系统。主要体现在：一是形成多元机制，教学内容和工作内容融合在多元、异质的系统中，形成多元融合机制；二是形成协调共融机制，不同性质的多元异质领域通过有效整合达到协调共融的机制；三是形成同源机制，所有多元领域围绕同一教学目标，在理实一体化教学模式中，共同协作完成教学任务；四是形成开放机制，要形成高效的学习工作系统，在具有多元异质领域的系统中，只有加强对外部有益元素的兼收并蓄，不断优化系统结构，提高理实一体化课程教学结构，以达到最佳的学习成果。比如在教学过程中借鉴高效的管理制度、融入现代先进的企业文化，建立一个多元性融合和富有创新型的组织系统，都将有效地促进教学质量的提高，达成教学目标的实现。

（三）教学过程的探索性和问题性的统一

探索性和问题性的统一是理实一体化教学的基本特征。理实一体化教学过程不是让学生简单的照着操作，而是要坚持探索性的教学思路，要教会学生怎样去思考、怎样去获取资讯、怎样去制订计划、怎样去决策、怎样去实施。探索是指对未知领域和世界的探究与求索①，而这个过程就是要坚持问题导向，让学生带着一个个问题去探索思考、去完成工作任务，达成学习工作目标。在理实一体化教学中，要有效设计学习任务中的引导性问题，使"问题"按照教学主线展开。教师要努力设计学习任务中的"问题"，从而在理论与实践之间、目标与成果之间架设一座桥梁，让学生在"问题"的引导下，顺利地完成学习任务。

（四）教学实施空间的一体化和情境化的统一

教学实施空间的一体化和情境化的统一是理实一体化教学的主要特征。教学实施的一体化主要体现在教学实施空间场地的一体化，要改变传统教室、生产车间、专业教室的功能局限，建立集教学、学习、生产（服务）和科研为一体的场地，实现生产（服务）工机具和学习（服务）工机具的高度一体化，将工作过程和教学过程紧密结合，努力实现"教、学、做"的有机统一。教学实施的情境化就是要充分体现真实工

---

① 张建国. 论职业教育"理实一体化"教学的内涵及其特征［J］. 中国职业技术教育, 2018 (14)：53.

作情境与学生学习实践相协调一致的特性，它对激发学生学习积极性，引导学生建构知识体系具有重要的促进作用。而在理实一体化教学过程中，工作情境始终是学习型工作任务的重要载体，只有将学习工作任务置于具有真实情境的一体化空间场地中，置于由实践情境建构的以过程逻辑为中心的系统之中，才能有效引导学生去主动思考、主动学习、主动体验、主动操作和实践，进而达成学习目标。

第二节　理实一体化学习任务的设计

学习型任务的设计是理实一体化教材开发的基础，而对典型工作任务的分析和学习情境的设计，更是学习型任务设计的前提。怎样把一项典型工作任务转换为学习型任务，进行学习任务的设计，要做好以下方面的工作：

一、进行典型工作任务分析，描述工作内容

一般典型工作任务的提取，需要召开技术实践专家访谈会，并对每一项典型工作任务的过程主线进行梳理，详细描述工作过程，访谈的主要内容有：

（一）工作任务的教学价值和基本内容分析

1. 企业这项工作任务是否具有教学价值？

看工作任务是否具备教学价值，重点要看此项工作是否具备一项完整的工作行动内容，包括计划、实施、产品（服务）和评估整个行动过程，能够较为完整地反映职业工作的内容和形式，以及具有在该职业中具有代表性的意义、功能和作用，所以它具有完整性、系统化工作特征。

2. 这项工作任务完成的过程是怎样的？

工作任务的完成是在一定的工作环境中进行的，要看是怎样遵照工作要求，按照一定的工作过程与操作（服务或管理）规范，针对不同的工作对象，使用必要的设备、工具和材料，采用相应的工作方法，通过团队成员的相互配合协作完成的一件产品或一项服务。通过对工作任务的概略性描述，能够明白这是什么样的工作，是否具有教学开发的实际价值。如果此项工作任务符合教学使用价值，就要对此项工作的目标、过程工序、设备工料具、劳动组织及技术技能要求等内容做进一步的分析。

（二）对工作任务完成过程相关要素的具体分析

1. 完成这些工作需要具体做哪些事？

在工作中要做哪些具体事情，也就是要说明工作的对象是什么，重点要说明此项工作的技术要求、目标和达成目标要做的具体事，包括工作任务目标分析，编制工作计划、工作实施方案、阶段性工作目标、工作注意事项和要求，最后完成的产品或服务、管理任务是什么，这对学习型任务设计和教材开发具有重要的作用。

2. 需要哪些实施设备、仪器、工具、材料等工作情境条件？

明确与工作任务相关的工作环境、设施设备、工具和材料等因素是进行工作分析的重要任务，应梳理出完成此项工作任务所需的设施设备、工具和材料，以及操作使用的规程和与之相关的联系。所以，需要列出完成此项工作任务的设备、仪器、工具

和材料清单和场地环境条件，如表 3-1 所示。

表 3-1　典型工作任务设施设备及工具和材料清单

序号	名称	型号或规格	数量	功能	备注
1	氩弧电焊机	WS 系列 IGBT 逆变式	2 台	焊接	
2	台钻	Z4165	1 台	钻孔	
3	钢板	δ = 10mm	2 000kg	平台结构	
…	…	…			

3. 采用什么工作方法，每道工序的技术操作工艺（服务方式或管理方式）要求是什么？

这个环节是工作任务分析的重点，在梳理分析过程中要明确每一道工序的技术操作（服务方式或管理方式）的质量规格标准，应达到的程度、效果等，以及实施的工艺方法、措施等。

4. 在完成这些工作任务的过程中，劳动组织方式是怎样的？

劳动组织方式不仅涉及岗位间的关系，还包括岗位间内部的工作分工和责任。明确技术负责人、岗位操作人员及管理人员之间的工作职责，有利于在学习任务设计中的教学与学习情境创设和教材开发。

5. 对操作人员（服务或管理人员）的要求有哪些？

此项主要是指对人员的综合能力要求，主要包括应具备的专业理论知识、专业技术操作能力、管理能力、协调能力和沟通能力及职业素养要求等。

6. 可能遇到的重点和难度是什么？需要具备怎样的认识判断能力？

每一项工作的完成有可能是很顺利地进行，也有可能在工作过程中遇到难点问题，这与操作人员的综合能力、实践经验、专业知识和创新精神有很大的关系，属正常现象。一般在具体的工作任务分析中要有预估，对出现的问题要能够根据技术理论、技术规则、技术情境等进行综合判断。

（三）工作任务分析的方法

工作任务分析常用的方法有访谈法、观察法、问卷调查法、资料收集法等，下面就常用的访谈法作简要介绍。

1. 会前准备

一是确定遴选技术实践专家条件和范围；二是组织选好技术实践专家，一般 10 名左右；三是做好访谈会的资料和会务准备，包括地点、使用的器材、会议流程等；四是选好主持人，一般选择既懂专业课程，也熟悉岗位工作标准、表达能力强、应变能力强的专业教师作为主持人；五是召开准备会，对相关的工作进行培训，包括前期有关工作任务资料的收集、整理，应提出的基本问题，如何进行主题导入和讨论等。

2. 会中组织

第一个环节：由主持人介绍到会人员，对重要的技术实践专家也可由他们自我介绍，以便在会议过程中的交流。

第二个环节：由主持人介绍访谈会的目的、议程、步骤、方法和基本要求，介绍前期工作分析的基本内容、案例情况等。

第三个环节：由技术实践专家填写"企业技能人才资源发展历程自我分析表"，如表3-2所示。

表3-2　企业技能人才职业发展历程自我分析表

将本人从事本职业工作到成为实践专家的职业发展历程划分成若干阶段（最多5个）		为每一阶段举出3~4个实际从事过的、有代表性的工作任务实例 这些任务一般都是有挑战性的，而且完成工作的过程能够提高工作能力
起止年份	职业发展阶段	列举具有代表性的工作任务
		任务1：
		任务2：
		任务3：
		任务4：
		任务1：
		任务2：
		任务3：
		任务4：

第四个环节：由技术实践专家分别简述个人职业发展阶段和每个阶段中具有代表性工作任务，与大家分享个人所经历的工作任务。在这个环节主持人要启发其他技术实践专家思考：该任务应该与本人的实际工作是否相符，有哪些不一样。

第五个环节：确定代表性工作任务，由主持人引导每个技术实践专家将每个职业发展阶段的四个代表性工作任务填写在预制的卡片上，并张贴在展示板上。主持人采用"头脑风暴法"引导技术实践专家按职业发展阶段，共同确定每一个具有代表性的工作任务。

第六个环节：提炼典型工作任务。主持人组织技术实践专家将展板上张贴各类代表性工作任务进行汇总协商，按"名词+动词词组"的表达形式，表述这一类工作典型任务，如"网络综合布线""汽车发动机维修"等。

第七个环节：排列典型工作任务。主持人引导技术实践专家对选择出的典型工作任务，按照技术知识难易程度进行序化，分清各个典型工作任务之间的逻辑关系，包括平行关系、递进关系、包容关系等并进行排序，如表3-3所示。

表3-3　典型工作任务列表

职业发展阶段	典型工作任务	代表性工作任务

表3-3（续）

职业发展阶段	典型工作任务	代表性工作任务

　　在多个典型工作任务分析的基础进行归纳、总结，然后对典型工作任务的内涵及其工作过程进行描述。以计算机网络技术专业所提取的"网络综合布线"典型工作任务为例说明，如表3-4所示。

表 3-4　典型工作任务描述表

典型工作任务	网络综合布线（工作任务名称）
典型工作任务描述	在网络搭建过程中，需要把网络线路敷设到建筑物的各个地点，这些工作需要网络布线在工程主管的安排下，按图样完成网络线路敷设工作。此项工作完成的过程是： 　　从工程主管处接受网络布线任务，明确布线图样的任务要求，到现场勘察，核实现场与图样是否吻合，将不符合要求的情况汇报给工程主管，以确定修改图样。施工图样确定后采购清单采购或领取所需的工具、设备及材料，根据施工图样完成网络布线，包括网络布设、综合布线接插件安装、端接和测试等，完成综合布线后，进行系统测试，报工程验收，并在竣工文档上签字确认。在操作过程中所使用的工具和设备要符合安全规范要求，并将工作完成情况进行记录，遵循"6S"管理的工作要求。 　　（要点：典型工作任务是在"实践专家访谈会"的基础上提炼而成，体现了完整、真实的工作过程，其描述是确定一体化课程目标、学习内容、选取具体学习任务和考评的重要依据，包括这类工作的名称含义、在实际工作中存在的价值、工作流程和工作规范四个要素。（1）典型工作任务的主要内容是什么，完成任务的意义是什么？（2）企业为什么存在这类工作？这类工作存在的价值是什么？（3）完成该任务的工作过程是怎样的？（4）完成该任务的工作规范要求是怎样的？）

表 3-4（续）

工作内容分析		
工作对象：1. 编写系统使用说明书；2. 了解系统使用者的反馈情况；3. 制定项目验收方案；4. 程序的维护。（指工作情境和工作过程中人的职业活动内容。——在这项工作中，要做什么事，工作过程不能遗漏。）	工具、材料、设备及资料： 工具：万用表、卷尺、打线工具、字旋具、十字旋具，剪刀、镊子.尖嘴钳、斜口钳、光纤熔接工具、网线制作工具（如剥线钳、压线钳等）.网线测试仪、二层交换机、路由器等； 材料：双绞线、水晶头、8 对多模光纤、PVC 线槽、跳线、剪刀、25 对语音线缆等； 资料：楼宇自动化布线标准、施工图样绘制学习手册、布线工具使用手册、机房管理条例、综合布线安全操作规程等。（指具体工作情境和工作过程中的各种物质化准备。其中资料包括说明书、制度、规程。） 工作方法： （1）利用互联网查阅综合布线资料及标准；（2）使用工具制作线缆；（3）使用光纤熔接工具；（4）验收并填写验收报告。 （工作层面、组织层面、技术层面的方法。——主要完成这项工作使用到的专业方面的方法。通用的工作方法。） 劳动组织方式： 以小组合作形式实施，建立工程主管负责制。 （涉及的工作岗位分工、岗位间的关系和相关责任。——写出完成这项工作中以合作形式还是独立形式去完成，写出与上级、同级、与下级等部门和人员之间的关系。）	工作要求：（1）接受任务，明确工作任务；（2）在接受任务及图样后进行实地勘察；（3）标注图样，对图样和现场不相符的地方进行标注并修改；（4）对于图样需修改的地方要上报工程主管，经同意后再进行修改；（5）根据材料清单采购所需材料及工具；（6）进行现场施工，完成网络线缆布设、综合布线接插件安装、端接；（7）完成综合布线后，进行系统测试；（8）报工程主管验收，并在竣工文档上签字确认；（9）在操作过程中所使用的工具和设备要符合安全规范要求，并将工作完成情况进行记录，遵循6S"管理的工作要求。（明确每个工作环节中要做的事情应该达到的标准。——在完成这项工作中，怎样才算做对了？要达到什么要求，什么标准、什么规程。）

二、理实一体化课程描述与学习任务设计

一体化课程框架由相应专业的人才培养目标、典型工作任务、职业能力要求、一体化课程名称、专业技术学习内容、基准学时、实训学时、学习任务名称等构成。该框架来源于典型工作任务分析，依据国家职业资格标准、专业教学标准和工作任务分析确定。

（一）开展教学分析，实施一体化课程转化

原则上，一个典型工作任务转化为一门一体化课程。在企业技术专家、职教课程专家和骨干教师的指导下，遵循高等职业教育人才培养规律和途径，借助"一体化课程转化表"将典型工作任务转化为一体化课程，如表 3-5 所示。

表 3-5　一体化课程转化表

一体化课程名称	网络综合布线		
教学安排	第 3 学期	基准学时	20 学时

表3-5（续）

典型工作任务描述		
此项描述与之前的描述要求一致		
工作分析		
工作对象：与之前描述一致	工具、材料、设备与资料：与之前描述一致 工作方法：与之前描述一致 劳动组织方式：与之前描述一致	工作要求：与之前描述一致
职业能力要求		
（1）工程识图能力；（2）施工计划制定与工程准备工作，具备计划统筹与管理综合能力；（3）工程实施中的技术技能操作能力，包括网线接头制作、配线架连接工艺和方法、综合布线方法；（4）综合布线施工完成后的测试能力和工程质量检测能力。		
教学分析		
该典型工作任务具有完整的工作系统过程，能够使学生从识图、制定计划、工程准备，施工和检测考评的系统工程的学习和工作，能够有效促进学生技术技能的提高，以及工程施工管理、工作协调和管理等，具备应有的教学价值和课程开发价值		
专业技术学习内容		
（1）网络线路识图与施工计划制定；（2）网络接头制作；（3）配线架连接工艺和方法；（4）网络综合布线方法；（5）网络测试与工程质量检测		
参考性学习任务		

学习任务名称	学时	学习任务描述
1. 网络线路识图与施工计划制定	4	能够根据网络施工工程图，识读工程结构、线路布局，所用材料和所需工机具及辅材等，并制订施工计划
2. 网络接头制作	4	按照网络线的基本接发要求，用一一对应接法、"1-3、2-6"交叉接法、标准接法等3种接线方法，完成网络线路全部接头的制作
3. 配线架连接工艺和方法	4	根据网络布线施工图，按施工工艺规范标准，完成1100配线架模块的连接方法
4. 网络综合布线方法	4	根据网络布线施工图，按施工工艺规范标准，分段完成线管布线和导线槽布线任务
5. 网络测试与工程质量检测	4	完成综合网络布线任务后，逐条检测接头和配线连接质量，检查无误后进行网络测试，并依据质量管理标准进行工程质量评价
合计	20	

1. 确定提取的典型工作任务作为专业教学中的一体化课程

表中一体化课程名称一般与典型工作任务名称一致，其他如典型工作任务描述、工作对象、工具材料设备与资料、工作要求、工作方法、劳动组织等基本与所对应的典型工作任务描述表中内容一致。

2. 进行职业能力分析

职业能力分析是进行课程转化的关键，分析团队要通过对本专业确定的典型工作任务中职业能力指标的分析，确定其一体化课程对应的职业能力培养目标。

3. 进行教学分析

教学分析是按照教育教学自身的规律和要求，对典型工作任务中职业能力目标达成所要采取的教学方法、组织、管理和评价的全面梳理，分析判断此项典型工作任务在课程教学中的可行性，以及是否具有教学价值。

4. 一体化课程描述

专业技术学习内容是设计学习任务的基础，分析团队要根据以上职业能力分析和教学分析结果，明确技术实践知识点、技术理论知识点以及职业态度、精神和操守等内容，确定一体化课程学习目标和学习内容，完成一体化课程描述，如表3-6所示。

表3-6　一体化课程描述表

一体化课程名称	网络综合布线		
教学安排	第3学期	课时	建议20学时
典型工作任务描述			
此项描述与之前的描述要求一致			
一体化课程学习目标			
(1) 能够识别网络线路图；(2) 能够熟悉《商务建筑电信布线标准》和国际标准化组织/国际电工委员会标准《信息技术——用户房屋综合布线》等；(3) 能够制定工程施工计划，做好施工设备和工料具准备；(4) 能够按标准完成网络线头制作、配线架连接工艺和方法、网络综合布线方法、网络测试与工程质量检测等工作；(5) 能够在老师等引导下，学会怎样去做好工程施工准备和工程施工，有效地锻炼小组团队的管理能力和协调能力；(6) 在工程施工中培养自己严谨的工作作风、一丝不苟的工作态度和作为职业人、现代公民应有的职业品质和专业精神，并形成良好的职业道德。 (学完本课程后，获得哪些资源、哪些方法和手段；按照说明工作标准规范，达成怎样的工作成果，即学生应达成的专业理论知识、专业技术知识与能力，学习与工作方法，职业道德与素养等。)			
一体化课程学习内容			
(1) 网络线路识图的方法与施工计划制定；(2) 网络接头制作工艺与方法；(3) 配线架连接工艺质量标准、规范和方法；(4) 网络综合布线的规范要求和布线的基本方法；(5) 网络测试标准和方法，网络安装工程质量标准与检测方法。 (依照课程学习目标逐条梳理技术理论知识、技术实践知识及职业道德与素养要求等内容，原则上与课程学习目标数量相对应，这既是从学习型任务中确定具体学习任务的依据，也是课程综合评价的依据。)			
工作内容			
工作学习对象：同上表	工具、材料、设备与资料：同上表 工作学习方法：同上表 劳动组织方式：同上表		工作学习要求：同上表
学习任务（描述同上表）			
学习任务名称	学时	学习任务描述	
1.			
2.			
……			

梳理专业一体化课程。通过专家访谈分析，对专业对应岗位典型工作任务进行综合分析，对具有教学价值、教学实施可行性的典型工作任务进行一体化课程转化，并

按技术知识逻辑结构和难易程度进行序化，不能人为地分割成几个课程板块，要注重工作任务的完整性、系统性。下面以计算机应用技术专业一体化课程表为例，说明专业一体化课程结构情况，如表3-7所示。

表3-7 计算机应用技术专业一体化课程结构表

序号	职业发展阶段	一体化课程
1	初级阶段	计算机硬件、装配与维护
2		计算机图像、图形处理
3		计算机程序设计
4		计算机网络布线
5	中级阶段	小型网络架构设计
6		计算机设备维护与调校
7		计算机系统管理
8		网站建设与维护
9	高级阶段	网络管理
10		中大型网络架构设计
11		网络综合设计
12		产品营销与技术支持

从表中分析，每一门一体化课程都是一项具有完整过程的相对完整的工作任务，具有明确的教学价值和教学可行性。

（二）学习任务设计的思路和方法

1. 学习任务设计分析思路

学习型工作任务是实施理实一体化教学的载体，是理实一体化课程教学的基本单元。专家团队要根据以上分析，设计开发一体化课程对应的每一个学习任务的名称和任务目标描述。原则上，一门一体化课程可以对应开发若干学习任务，若干学习任务的目标总和大于或等于该门一体化课程的学习目标。学习性任务不能将团队能力、沟通交流能力及操作中的质量标准管理和成本管理等作为单独的学习任务出现，一般是将其融合到学习任务内容之中，如表3-8所示。

表3-8 学习任务设计分析表

一体化课程	学习任务	学习任务描述
	……	

表3-8(续)

一体化课程	学习任务	学习任务描述
……	……	

教师在设计理实一体化课程所对应的学习任务情境时要把握好以下几点：

（1）一门理实一体化课程所包含的几个学习任务情境来自同一个典型工作任务之中，它们之间形成结构逻辑关系，共同为课程教学服务。

（2）能够真实反映职业工作情境，与企业实际生产或服务活动有密切的联系，具有一定应用价值。

（3）学习任务既可以是一个项目任务，也可以是典型职业环境中的案例，具有清晰的任务轮廓和明确而具体的成果，包括产品或服务内容。

（4）任务完成需要经历结构完整的工作过程，能够促进形成综合职业能力的发展。

（5）能将教学中的理论问题和实践问题结合在一起，能够帮助学生对知识、技能和态度等进行整体化的思考，去解决可能遇到的实际问题。

（6）能够对学习成果进行评价。

2. 学习任务设计方法

通过"鱼骨分析法"梳理出每一项工作任务的要求、成果、步骤及每个步骤中的知识点、技能点，如图3-2所示。

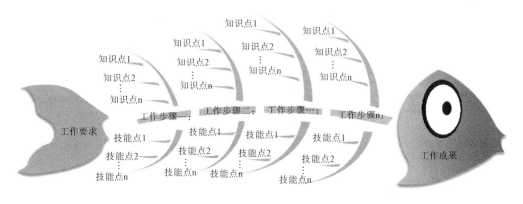

图3-2　鱼骨分析法

"鱼骨图"原用于企业的质量管理分析，对于分析工作任务中明确任务、制订计划、审定计划、实施计划、过程控制、验收总结六个步骤环节，进行学习型任务设计很有帮助。其分析方法是组织企业技术专家、课程专家和职业院校专业骨干教师召开"鱼骨图"分析会，共同参与分析工作要求、工作成果以及每个实施步骤的技术理论知识点和技术实践知识点，为学习任务的设计打下基础。

以《汽修一体化课程——电气设备构造与检修》中的学习任务《起动机的拆装与检查》为例，说明学习工作任务的设计，如图3-3所示。

（1）资讯，根据下发的工作任务单进行起动机的拆装与检测相关知识资讯，包括起动机结构知识、起动机工作原理知识以及起动机拆检的安全规范及起动机拆检的技术等。

（2）计划，根据起动机的拆装与检测相关资讯，制定出多个拆装检修方案，并根据起动机的零件识别、起动机的检测原理，起动机拆装步骤、起动机检测步骤等资源，完善方案并完成相关工作页填写等。

（3）决策，依据理论上的起动机拆装方法、起动机的检测方法对制定出的多个拆检方案进行讨论，并选出最佳拆检方案，同时列出材料准备、设备选择。

（4）实施，依据选出的拆检方案，进行实际拆检，包括万用表的正确使用，起动机的空转实验，起动机电磁开关的识别等相关内容。

（5）控制，根据起动机拆检工作页对起动机进行检测，并填写工作页，完成对应的工作任务题库。

（6）评价，依据起动机拆检工作任务完成的情况进行多元评价，包括学生自评表、互评表及教师评价表。

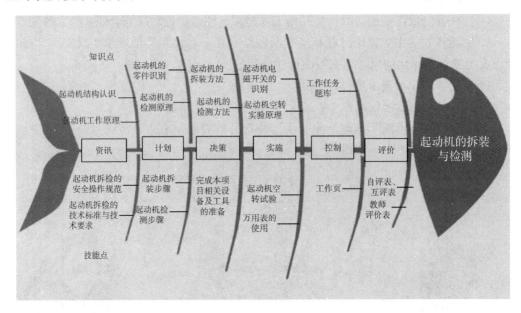

图 3-3 起动机的拆装与检测

3. 理实一体化学习任务方案设计

设计学习任务是根据特定条件对学习任务进行情境描述、学习过程的流程把握和教学建议，设计者应对学习目标和主要内容有基本的认识，清楚其学习资源、途径和操作步骤与程序，在具体设计时应满足以下要求：

（1）为学习情境设计具体的学习任务。

（2）确认其与其他学习情境的界限。

（3）详细描述学习任务。

（4）确定教学时间。

（5）确定学习目标及评价标准。

（6）确定具体的学习内容。

（7）确认教学条件和环境要求，如场地、人员、设备和学习资源等。

（8）设计教学方案，确定每一个具体的教学环节，采取流程的形式描述整个教学过程，内容包括专业能力和关键能力、教学方法和组织形式、可能出现的突发事件和可供选择的教学媒体和学习资源。

下面以汽车检测与维修专业的汽车维护一体化课程——汽车首次保养①学习任务来说明编制学习任务设计方案的方法，如表3-9所示。

表3-9 学习任务设计方案

专业	汽车检测与维修	一体化课程 N	汽车维护
学习任务 X	汽车首次保养	学时	20学时
工作情境描述	（编一个"故事"，让学生真实地感受工作任务的存在，重在培养学生的职业认同感）某客户新购置的车辆已行驶 8 000 千米，按规定应当到汽修厂进行首次保养。维修人员在与客户确定首保信息后，向客户承诺 50 分钟后完成交车。维修人员按工作程序对车辆进行保养维护作业。		
学习任务描述	学生接到维护工单后，在教师的指导下，将学习作业工单信息与车辆维修手册关于首次保养规定的内容对接，确定保养规定流程，准备相关设备、工具和材料，独立或协同其他人员，在规定时间内对车辆进行首次保养，记录结果并签字，将填写的作业工单反馈汽修厂管理人员。维护保养过程严格遵循安全操作规程，完成工作要求标准，将车辆保养完成后交付客户。		
与其他学习任务的关系	（分析本学习任务与前后学习任务之间的关系，重在其技术知识中技术实践知识和技术理论知识的关联，以便系统地学习和掌握知识和技能）在整车认知与新车检查学习任务的基础上进行本次学习，同时为 15 000 千米二次保养做准备。		
学生基础	（关注学生学习情况，包括学生对知识、技能的掌握程度，学习态度和方法的情况，学生团队形成的学习风格等）学生在整车学习时完成情况良好，对知识技能有较好的知识和掌握，具有良好的学习风气和团队精神。		
学习目标	（分析一体化课程学习目标与此项学习工作任务关系，在达成工作成果目标的同时，说明具体的学习目标，包括对知识、能力，过程与方法，情感、态度与价值观目标等） ——知识与能力目标 能查阅维修手册，列举车辆首次保养项目和工作流程描述。 能介绍说明设立各系统组成与功能。 能描述车用机油、滤清器等用品的名称、种类、牌号，能够正确选择。 能描述保养常用的工量具及相关设备的名称、种类、用途和使用方法等。 能描述维护相关部件的拆除、测量、装配方法，能够熟练完成首保作业。 能确认维护项目的完成情况及车辆检测信息，包括维护工单签字等。 能描述过程检测与竣工检测的内容与方法。 能描述维护服务流程、与客户进行良好沟通，确认新增维护项目。 能描述车辆交付条件及注意事项，并按规定交付作业。 ——过程与方法目标 学生能够在教师的引导下，根据技术手册，按照工艺过程要求进行维护操作，培养其规范性技术操作方法。 ——情感、态度与价值目标 培养学生严谨的工作态度和精益求精的工作作风，培养学生具备良好的职业道德和工作态度。		

<hr>

① 引自：广州市工贸技师学院汽车检测与维修专业一体化课程案例。

表3-9（续）

专业	汽车检测与维修	一体化课程 N	汽车维护
学习内容	（对应学习目标，明确在学习任务实施过程中要达成的知识点、技能点、学习工作方法、职业素养等） 车辆各系统组成与功能。 车辆维修手册的检索方法。 车用油（机油、压力油、变速箱油等）、液（电解液、冷却液、清洗液等）、滤清器等的名称、牌号、种类和选择方法。 首次保养单、派工单的识读与填写方法。 首次保养项目和作业流程。 首次保养用工料具及设备名称、种类、用途及使用方法。 首次保养项目的规范操作。 竣工检验及车辆交付规范。		
教学条件	（完成此项学习任务所需的设备、工具、材料、量具、资料、场地等） 专用工具：拆装工具、火花塞套筒、机油接收机、风动工具等。 通用工具：套筒、梅花扳手、活扳手、手钳等。 测量工作：轮胎气压测量及加注表、轮胎花纹深度尺等。 设备：车辆、举升机、多媒体设备等。 防护用品：垫脚布、翼子板布、座椅套、车轮挡板等。 配件和材料：机油、压力油、机油滤清器、防冻液、汽油滤清器、空气滤清器等。 资料：派工单、维修手册、安全操作规程等。		
教学组织形式	（教学组织既要考虑工作任务的顺利实施，也要遵循教学规律和学生在实际学习中基本情况，以及安全操作的保障等。） 以情境模拟的形式，老师安排学生扮演角色，完成整改工作任务流程。		
教学流程与活动	可按鱼骨分析图步骤执行 获取信息：汽车各系统说明及派工单填写 制订计划：制订保养计划及设备工量具准备 作出决策：确定维修保养流程 实施计划：车辆就位、进行 车辆检查、举升车辆，进行维护保养、保养完成 检查控制：检查保养情况，对设备进行二次记录检查。 评价反馈：对首次保养情况的评价。		
预测问题与解决思路	充分考虑学生在实施学习任务过程中可能会存在的问题，设计出如何引导学生发现问题、分析问题、解决问题的方法，注重培养学生的综合判断能力和技术实践能力。		
评价内容与标准	（对照学习任务目标，其评价指标综合考虑技术理论知识点、技术实践知识点、工作态度、工作方法、团队协作等） 能否规范选择汽车保养项目用品及耗材。 能否规范使用汽车保养工具及设备。 能够正确使用维修手册作业。 能够规范进行汽车保养工作。 能否在操作中遵循安全操作规程和6S管理规范。 能否与客户进行有效沟通，并在操作中充分体现应有对职业精神、专业精神和工作态度。 对学习任务完成情况进行展示汇报。		

（三）完成理实一体化课程框架

1. 理实一体化课程学习任务的序化

一般职业能力的发展基本遵循从初学者到技术专家5个发展阶段，即初学者、高级初学者、有能力者、熟练者和技术专家。而工作页式教材的设计应根据学习任务的

职业教育
理实一体化课程开发与教学

难易程度进行划分，把处于低能力发展阶段的人引领到高能力发展阶段。根据学习任务的难度，可分为定向性任务、程序性任务、蕴含问题的任务和无法预测结果的任务，如表3-10所示。

表3-10　学习任务难点排序表

难度等级	学习任务类型	学习任务的特点	主要内容	学习任务举例
1	定向性任务	学生在老师的指导下完成任务	行业企业和职业岗位工作的基本情况（是什么）	日常性工作、常规服务性工作等，如汽修整车认知
2	程序性任务	学生根据技术操作规程和工作流程独立完成任务	工艺技术性知识及其原因（怎么样）	技术保养、构件制作、产品制造、技术服务等
3	蕴含问题的任务	学生在专业技术理论知识的指导下完成开放性任务	功能描述与专业解释（为什么）	故障诊断与维修，复杂产品的制作与生产
4	无法预测结果的任务	学生在专业技术理论知识和经验的指导下完成创新型任务	职业工作发展的极限（科学解释）	复杂故障的原因分析和排除，技术难题的分析和解决，技术服务系统的改进和优化等

（1）职业定向性任务一般要解决"是什么"的问题，属于陈述性知识内容，问题的设计以定向和概括性知识为主。

（2）程序性任务一般要解决"怎么做"的问题，属于程序性知识内容。

（3）蕴含问题的特殊任务一般根据所积累的经验与技巧，解决工作实施中"怎样才能做好"的问题，也属于程序性知识内容，要求学生在技术理论知识的指导下，在已有的经验基础上，通过老师少量的提示完成学习工作任务。

（4）无法预测结果的任务是特殊工作情境下出现的创新性工作任务，无法预测结果，是要解决"如何做出来"的问题，同样属于程序性知识内容。

根据对学习任务难易程度的分析，将分析出的课程对应的学习任务，按以下表格进行序化，如表3-11所示。

表3-11　学习任务内容序化表

一体化课程名称：　　　　　　　　　　学时：

序号	学习任务名称	学时	学习目标	知识点	技能点
1					
2					
……					

2. 形成理实一体化课程体系框架

根据理实一体化课程转化，对专业对应的一体化课程按难易、高低程度进行序化，形成一体化课程框架，如图3-4、表3-12所示。

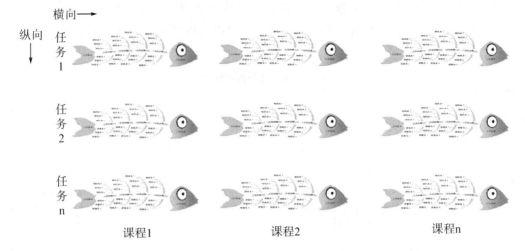

图 3-4　一体化课程体系组成结构

表 3-12　一体化课程框架表

	初级阶段			中级阶段			高级阶段		
	第 1 学期	…	第 n 学期	第 1 学期	…	第 n 学期	第 1 学期	…	第 n 学期
人才培养目标									
典型工作任务									
职业能力要求									
一体化课程名称									
专业技术学习内容									
基准学时									
实训学时									
列举可选择的学习任务名称	学习任务 1： … 学习任务 n：		学习任务 1： … 学习任务 n：	学习任务 1： … 学习任务 n：		学习任务 1： … 学习任务 n：	学习任务 1： … 学习任务 n：		学习任务 1： … 学习任务 n：

第三节　工作页式教材与工作手册的开发

学材是构架教师教学与学生学习之间的桥梁，按照理实一体化学习任务设计方案，需要设计编制一套以学习任务为载体，引导学生在工作实施过程中学习和掌握专业技术知识，培养综合职业能力和良好的职业道德的学材，帮助学生在完成工作任务的过程中学会思考和解决实际问题，以获得技术知识，实现有效学习。现有的理实一体化教材大多以任务模块、引导课文、案例文形式呈现，以及相关指导类教材如工作手册、技术手册等。而作为引导课文形式的工作页式教材在实施一体化教学过程中，通过配合使用技术指导手册等资源材料，成为理实一体化课程教学中使用较多的一类学材，以下重点介绍工作页式教材的开发和技术指导手册的编制。

一、工作页式教材的开发

工作页原是企业员工在工作中常用的作业任务书或工作任务单，一般针对一项工作任务，内容主要有任务目标描述、工作流程说明、安全操作规程及注意事项等。按照以学习型工作任务为载体的理实一体化课程教学模式，借鉴企业员工工作页的形式编制工作活页式教材，能更好地指导学生在工作任务实施过程中，掌握技术知识和提升职业素养，对于提高教师教学效能和学生综合职业能力具有重要的作用。

（一）工作页式教材开发的思路

工作页式教材的开发要从学生技术知识掌握的心理特征方面来思考教材结构，要遵循职业技能形成的定向映像、模仿、整合、熟练的阶段过程，心智技能学习中的原型定向、原型操作和原型内化的阶段过程，技术理论知识学习过程中的习得、巩固与转化、迁移与应用的阶段过程；将这些学习阶段过程与工作实施过程相融合，统筹设计好学生学习的思考路径、如何分析与解决问题、如何判断、决策和评价等；结合行动导向教学方法，做好学习情境创设、学习共同体建立、表达与反思的促进，引领学生学会信息资讯、制定计划、实施计划、启发思考等提供必要的学习过程支撑。

为了使学生通过工作页式教材中预先设计的引导性问题，明确工作学习任务，进行系统思考和行动，工作页式教材的开发主要应注重以下方面的问题：

（1）明确学习任务目标，教材的开发要围绕学习任务目标的达成，教材的体例结构能够有效地支撑目标的达成。

（2）在引导完成的各个实施步骤过程中，一般不提供完整的专业知识、现成结论和完整的计划，而是设置一系列引导性问题，引导学生学会思考、学会计划、学会学习、学会实践，使学生在不同的工作情境，围绕技术实践知识的学习，加深理解技术理论知识要点，并借助使用技术指导手册、工作手册等各种教学资源获得问题的解决方法。

（3）引导问题的设计可以有问答、选择、填空、陈述、说明、解释等，配备必要的文字、图表、示例等。一般教材可采取多种形式的引导问题方式，问答是提出疑问，引导与行为活动有关联知识信息的获取方向；选择与填空是引导出需要通过判断、计算和比较得出信息；陈述、说明和解释是直接与行为活动有关的信息内容。

（4）学习任务一般按由易到难分为职业定向性任务、程序性任务、蕴含问题的特殊任务和无法预测结果的任务四个等级，应针对不同的学习任务难度等级设计不同类型的引导问题：

①职业定向性任务问题的设计以定向和概括性知识为主，要有详细的指导和提示，一般问题设计应以选择题、判断题和填空题及识图题为主，辅以少量的简答题，方便

学生尽快掌握职业的性质、内容等。

②程序性任务在设计引导问题时，要以关联性知识为主，给出概略性指导提示，引导学生依据操作规程独立完成。一般问题的设计应为简答题和问答题，促进学生对技术知识的学习理解。

③蕴含问题的特殊任务，一般问题的设计以问答题、讨论题为主，培养学生通过学会思考解决实践问题的能力。

④无法预测结果的任务要求学生在掌握技术理论知识，熟练掌握基本技术技能操作的基础上，自行完成创新型工作任务，老师不作问题提示。一般问题的设计以综合问题为主，需要引导学生进行深入分析、合作探索才能完成，有利于培养学生发现问题、解决问题的能力和创新能力，促进学生综合职业能力的提升。

一般学习任务设计越容易，设计的引导性问题就越简单，题目就越多，封闭性越强；学习任务设计越复杂，设计的引导性问题就越难，题目就少，开放性和综合性就越强。

（二）工作页方案的设计

工作页是学生在老师的指导下自主进行学习实践的，具有明确学习工作任务的引导性学习教材。从设计结构上围绕学习任务目标和学习逻辑过程，要明确工作任务描述、学习任务描述、学习内容、教学资源条件、教学组织方式、教学方法、学习实施流程和方法、学习成果评价以及引导性问题等。

工作页的编写一般以一个典型工作任务对应一门一体化课程为单位进行编写，其内容结构包括一体化课程结构说明和学习任务两大部分。

工作页中一体化课程结构说明内容，如表 3-13 所示。

表 3-13　一体化课程结构说明表

一体化课程名称		建议课时	
课程性质描述	描述本课程在专业课程体系的作用、地位，是一门什么性质的课程		
典型工作任务描述	典型工作任务来源于实际工程施工任务，在描述中要充分体现企业典型工作任务特征、任务工作要求和安全文明施工要求等		
课程学习目标	课程学习目标要体现综合职业能力培养，反映企业真实的工作实践；要体现学习与工作之间的紧密联系，做到在工作中学习，在学习中工作，促进学生职业能力的提高		
学习组织形式和教学方法	组建学习小组是开展理实一体化教学的基本组织形式，在小组划分时要注意考虑学生的个体差异，让不同性格特征的学生组成一个小组。学生是学习的主体，教师的角色任务是策划、引导、辅导、评估和激励，是用工作中的问题引导学生主动思考、主动学习、主动行动		
学习任务设计	一般用表格或图的形式列出本课程要开展的全部学习任务		
学业评价	学业评价主要是教师对学生完成每个学习任务情况的综合评价，多采用表格形式设计，在表中每个学习任务要标明各自权重比		

2. 工作页中一体化课程学习任务结构内容

学习任务工作页是对每个学习任务的学习情境进行的整体描述，其内容结构，如表 3-14 所示。

表 3-14　一体化课程学习任务结构内容表

学习任务名称	与课程结构说明中某个学习任务设计一致
学习情境描述	学习情境描述要能体现工作过程的各项要素，能够反映它们之间的关系，具有结构完整的工作过程，学生能够在工作学习过程中获得技术理论知识和技术实践知识及相应的职业道德与素养
学习目标	知识点和能力描述要准确、具体，不要超出本工作页学习的范围内容，是可以观察到的行为特征与变化，其表示可分为三个步骤：一是明确可界定观察的学习工作结果；二是说明预期需要的学习工作条件；三是确定预期能达成的行为水平质量。 （1）知识与能力目标描述 ·知识点目标一般由低到高，从了解、理解和迁移判断的角度去描述，比如"了解、表述、说出、理解、解释、识别、概述、分析、判断、总结、推断"。 ·技能目标的表述一般由三种方式表达； ·行为、结果两要素，比如"学生应能制作完成产品（服务）"； ·行为、标准、结果三要素，比如"学生能依据工作页和工作技术手册中的要求完成制作产品（服务）"； ·行为、条件、标准、结果四个要素，比如"学生能够在老师的指导下，根据操作实施标准完成产品（服务）"。 （2）过程与方法目标描述 说明教学过程目标与学习过程目标，从教学过程的角度说明通过怎样的组织与引导，采用怎样的教学方法，引导学生怎样学习、怎样实践，用怎样的学习方法去解决学习过程中的实际问题的目标情况。 （3）情感、态度和价值观目标描述 说明在这个学习工作过程中应该具备怎样的学习态度、工作态度，具备怎样的专业精神、工匠精神，应该培养怎样的职业品质、职业素养和职业道德等
学习任务书	清楚说明学校任务的对象、过程和要达到的基本要求，可以是产品、服务和管理事项等
任务分组	根据学习任务性质，实施操作情况及场地大小、学生人数进行合理化分组，确保每个学员都要有明确的工作任务
建议课时	根据一体化课程总课时进行合理分配
学习地点	学习地点的选择一般在一体化实训室或工作现场，具有良好的学习工作场地、设施设备等。
常用工料量具	用表格列出此项学习任务所需要的工具、量具和材料
获取资讯	熟悉学习任务书，梳理清楚工作实施流程、工作标准要求、技术指标要求，所用工机具，工作中存在的主要难点和问题等做好前期的各项准备工作。做好理论准备、技术技能准备、工机具准备和安全注意事项等。在编制时一般通过问题引导，帮助学员完成资讯及准备工作
工作计划	编制工作实施计划，明确每一个工作实施环节的方法、步骤、技术要求和评价方法等。一般也采用问题导向，通过设计填空题、问答题等方式，引导学生学会制定工作计划，培养学生的组织策划能力
进行决策	一般要组织小组成员对计划进行讨论，或各个小组之间进行学习任务计划讨论，一般同样采取问题引导的方式，解决学生对工作计划实施中可能存在问题的预见，培养学生分析问题和解决问题的能力
工作实施	在具体实施过程中要清楚技术实践知识中的技术规则、技术情境知识和判断间的关系，要在技术理论知识的指导下，知道该怎样去做，用什么做，清晰"鱼骨分析法"中关于每个程序中知识要点、技术要点的关系，把握好质量控制，达成工作要求。可以设计工料具计划表、工序施工计划表等

表3-14(续)

评价反馈	对学习过程结果的质量进行评价，包括产品（服务、管理）质量、安全质量、成本控制、完成时间效益、技术技能熟练程度、设备工机具使用等进行综合评价，得出通过此项学习任务学生的职业能力达成的情况。一般通过自我评价、小组评价、教师评价等。
相关知识点	列出学习任务相关的知识点，包括设备原理、性能、安全操作规程，材料种类、性能，质量标准等。

（三）工作页式教材的体例构成

工作页式教材应反映在真实的工作任务过程中，在教师的指导下满足学生建构技术知识，训练专业技能，掌握工作方法、学会沟通交流，形成质量意识、环保意识和专业精神、职业精神的基本要求。

按照一个典型工作任务为一门理实一体化课程为单位进行编写，工作页教材在结构上主要分为课程结构说明和学习任务项目两个部分，下面以建筑施工技术专业砌体工程施工①课程进行说明，如表 3-15 所示。

表 3-15　工作页式教材的结构示例

砌体工程施工（课程名称）
一、课程结构说明 （一）课程性质描述 　　砌体工程施工是建筑施工技术专业的一门专业核心课程，是培养该专业学生掌握建筑工程技术专业实践知识的重要课程。 （二）典型工作任务描述 　　砌体工程施工是工程建设的重要环节，施工员按照工程进度计划要求，制定施工方案，组织建筑技术人员施工，在施工过程中注重控制成本、质量管理，在施工组织施工计划时间内完成预期砌体工程，其工程质量符合国家质量标准要求、在施工过程中严格遵守安全操作规程，做到文明安全施工。 （三）课程学习目标 1. 正确识读砌体工程施工图。 2. 制定符合预期要求的砌体工程施工方案。 3. 独立完成砌体结构施工放样。 4. 进行材料和设备进场检验与报审，确定施工方案，进行砖、石砌体基础的砌筑，并做好质量控制、检验、记录等。 5. 选择脚手架类型、完成脚手架的设计，组织脚手架施工，做好质量控制、检验和记录等。 6. 按照施工规范进行砖（石、砌块）砌体墙体砌筑，构造柱、圈梁的施工，做好施工过程的质量控制、检验和记录等。 7. 按照施工标准对砌体工程主体结构施工质量及子分部工程施工质量进行验收。 8. 协调处理施工中出现的工程质量问题。 （四）学习组织形式与方法 　　本课程倡导行动导向的理实一体化教学，通过问题引导，促使学生能够主动学习思考，主动开展工作和学习。请根据学习情境任务所需的工作要求，组建学生学习小组。引导学生在协助合作的条件下完成工作任务。在分组中要注意兼顾学生的性格、态度和学习能力及团队合作精神等，充分发挥团队的工作效能。 　　（五）组建学习小组是开展理实一体化教学的基本组织形式，在小组划分时要注意考虑学生中的个体差异，让不同性格特征的学生组成一个小组。学生是学习的主体，教师的角色任务是策划、引导、辅导、评估和激励，是用工作中的问题引导学生主动思考、主动学习、主动行动。

---

① 侯东君. 砌体工程施工工作页［M］. 厦门：厦门大学出版社，2010.

表3-15（续）

（六）学习任务设计

砌筑工程施工学习任务设计

序号	学习任务	学习任务简介	学时
1	实心砖墙砌筑	学会L型（一顺一丁、三顺一丁、梅花丁）实心砖墙的砌筑。	4
2	构造柱旁墙体砌筑	学会构造柱与墙体间如何砌筑马牙槎。	4
3	砌块墙砌筑	熟悉混凝土小型砌块常见的规格尺寸，掌握其砌筑的方法。	4
4	框架填充墙砌筑	熟悉框架填充墙的一般规定，能砌完一简单填充墙。	4
5	斜槎砌筑	楚留槎的原因、要求，能正确进行斜槎、直槎的砌筑和质量检测。	6
6	直槎砌筑		
7	门窗洞口的砌筑	熟悉门窗的材质及类型；熟悉门窗洞口的砌筑方法和技巧；能对其进行正确的质量检测与评价。	4
8	砖过梁的砌筑	理解过梁的相关概念；熟悉砖过梁的砌筑方法及技巧；能对砖过梁的质量进行检测和评价。	4
9	空心砖墙的砌筑	理解空心砖和空心砖墙的概念；熟悉空心砖墙的砌筑工艺流程；熟悉空心砖墙的质量检测和评价。	4

二、学业评价

学号	姓名	学习任务1		学习任务2		学习任务3		学习任务4		学习任务n		总分
		分值	%	分值	%	分值	%	分值	%	分值	%	

三、学习任务

学习任务1	实心砖墙砌筑施工	建议课时	
学习地点	××××工厂制造车间		

☆学习情境描述

如图3-5、图3-6所示，某厂为了改造制造车间保管室，需要在一空房间外增加一间房屋，有一片实心砖墙需要砌筑，请组织小组学生依照施工规范要求完成该项工作。

表3-15(续)

图 3-5　实心墙图例

图 3-6　实心墙示意图

☆学习目标

1. 知识与能力目标：能够依照施工图和技术操作规范要求，学会使用砌墙工具，学会实心砖墙 L 型墙的砌筑。

2. 过程与方法目标：能够在学习过程中学会运用技术手册、专业参考书和施工标准，制定施工计划、把握施工质量和安全操作规程。

3. 情感、态度和价值目标：能够在施工过程中学会养成严谨的工作作风、团结协作精神，具有良好的职业道德、精益求精的工作态度和质量保障意识。

☆学习任务

工程施工学习任务单

班组		班长		组长			日期	
施工任务：在老师的指导下，通过小组成员的内容，按照施工规范，砌筑 L 型实心砖墙								
检查意见：								
建议意见：								

表 3-15（续）

☆任务分组

学生任务分配表

班级		组号		指导老师	
组长		学号			
组员	姓名		学号	姓名	学号

☆所用工料具

设备	水泥砂浆搅拌机、脚手架、木板
工具	砖刀、铁铲、水桶、塑料小桶、小推车等。
量具	水平仪、水平尺、线坠、卷尺、粉线等
主要材料	实心砖、水泥、河沙、水

☆获取资讯

引导问题1：实心砖墙在砌筑前的准备工作有哪些？

_____

_____

_____

_____

引导问题2：请按照图3-7，画出图3-8L型实心砖墙的一顺一丁式的摆放图。

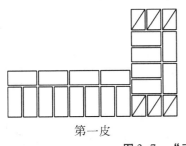
第一皮

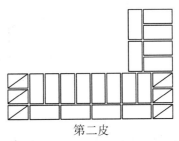
第二皮

图3-7 "三七"墙砌法（基础）

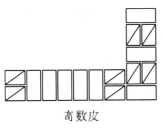
奇数皮

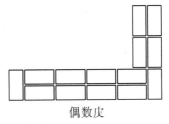
偶数皮

图3-8 "二四"墙砌法（墙身）

表3-15(续)

引导问题3：请按照图3-9，画出图3-10L型实心砖墙的三顺一丁式摆放图。

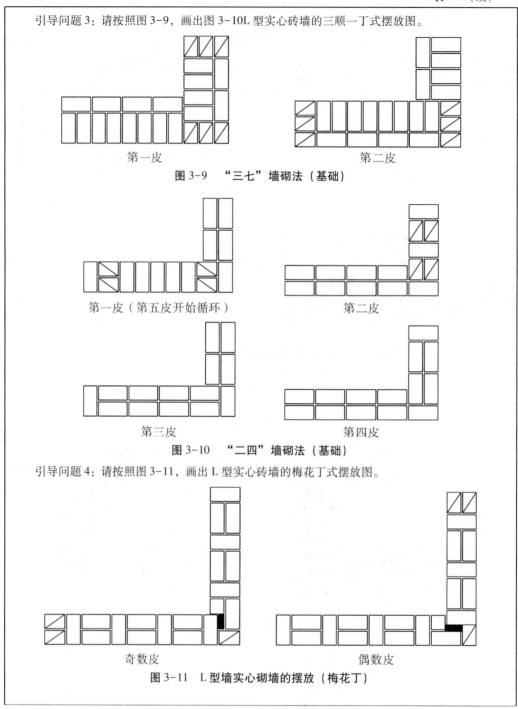

第一皮　　　　　　　　　　　　　　第二皮

图3-9　"三七"墙砌法（基础）

第一皮（第五皮开始循环）　　　　　　第二皮

第三皮　　　　　　　　　　　　第四皮

图3-10　"二四"墙砌法（基础）

引导问题4：请按照图3-11，画出L型实心砖墙的梅花丁式摆放图。

奇数皮　　　　　　　　　　　　偶数皮

图3-11　L型墙实心砌墙的摆放（梅花丁）

表3-15(续)

引导问题5：实心砖墙砌筑时要用哪些材料和工具？请列出。

（1）材料

_____

_____

（2）工具

_____

_____

☆制定计划

按照收集资讯和决策过程，制定砌筑实心墙的施工计划，包括砌筑计划、施工流程及安全规范、质量标准要求等。

实心砖墙砌筑施工计划表

步骤	施工内容	施工人员
1		
2		
3		
4		
5		
6		
7		
8		

实心砖墙施工工具、耗材和器材清单

序号	名称	型号规格	单位	数量	备注
1					
2					
3					
4					
5					
6					
7					

表3-15（续）

☆进行决策

检查施工前任务准备，决定施工时间，砌筑的施工流程及质量保障措施与安全注意事项等。

☆工作实施

引导问题6：实心砖墙砌筑时砌筑形式有哪些？请按自己的理解描述出来。

_____

_____

_____

_____

小提示

三种组砌筑形式

一顺一丁：一皮全部顺砖与一皮全部丁砖间隔砌筑。上下皮竖缝相互错开1/4砖长。这种砌法效率高，适用于砌一砖、一砖半及二砖墙。

三顺一丁：三皮全部顺砖与一皮全部丁砖间隔砌筑。上下皮顺砖间竖缝错开1/2砖长；上下皮顺砖与丁砖间竖缝间互错开1/4砖长。这种砌法因顺砖较多效率较高，适用于砌一砖、一砖半墙。

梅花丁：每皮丁砖与顺砖间隔，上皮丁砖坐中于下皮顺砖，上下皮间竖缝相互错开1/4砖长。这种砌法内外竖缝每皮都能避开，所以整体性好，灰缝整齐，美观，但砌筑效率较低。适用于砌一砖、一砖半墙。

引导问题7：砌筑施工操作工艺及要求有哪些？

_____

_____

_____

_____

小提示

砌筑操作工艺主要有抄平放线、摆砖、选砖、立皮数杆、砂浆的拌制、砌筑、勾缝、清扫墙面。

☆评价反馈

实心砖墙砌筑施工学习任务评价表

序号	检测项目	偏差（mm）	评价标准	分值	自评	综合评定	得分
1							
2							
3							
4							
5							
6							

表3-15(续)

☆砖墙砌筑相关知识点

1. 砖墙的组砌方法

为提高砌体的整体性、稳定性和承载力，砖块排列应遵循上下错缝的原则，避免垂直通缝出现，错缝或搭砌长度一般不小于60mm。实心墙体的组砌方法有"一顺一丁""三顺一丁""梅花丁"等方法。

2. 一般规定

（1）砖的品种、强度等级必须符合设计要求，砖应提前1天浇水湿润，避免砖过多吸收砂浆中的水分而影响粘结力，烧结普通砖、空心砖含水率宜为10%~15%，灰砂砖、粉煤灰砖含水率宜为5%~8%（现场用"断砖法"检查，砖截面四周浸水深度15~20mm时为符合要求的含水率）。

（2）在有冻胀环境和条件的地区，地面或防潮层以下不宜采用多孔砖。

（3）在墙上留置临时洞口，其侧边离交接处墙面不应小于500mm，洞口净宽不应超过1m。

（4）不允许留设脚手眼的墙体或部位：

① 120mm厚的墙体、独立柱；

② 宽度小于1m的窗间墙；

③ 门窗洞口两侧200mm和转角处450mm范围内；

④ 梁或梁垫下及其左右500mm范围内；

⑤ 过梁上与过梁成600角的三角形范围及过梁净跨度1/2的高度范围内。

（5）尚未施工楼板或屋面的墙或柱，当可能遇到大风时，其允许自由高度见下表，超过表中限值时，应采取临时支撑等有效措施。

（6）240mm厚承重墙的每层墙的最上一皮砖、砖砌台阶的上水平面及挑出层，应整砖丁砌。

（7）搁置预制梁板的砌体顶面应找平，安装时应再座浆。

（8）多孔砖的孔洞应垂直于受压面砌筑。

（9）墙厚370mm及以上的砌体宜双面挂线砌筑。

（10）竖向灰缝不得出现透明缝、瞎缝和假缝。

（11）框架梁的填充墙砌至梁底应预留18~20cm，间隔一周左右时间后再用实心砖斜砌挤紧，砂浆饱满。间隔一周让新砌砌体完成墙体自身沉缩，斜砌可减少灰缝收缩，以防止梁底由于墙体沉缩造成开裂。

3. 质量要求

砌筑工程质量的基本要求是：

横平竖直、砂浆饱满、灰缝均匀、上下错缝、内外搭砌、接槎牢固。

横平竖直、砂浆饱满——指灰缝要横平竖直，实心砖砌体水平灰缝的砂浆饱满度不得低于80%。水平缝厚度和竖缝宽度要符合规定标准。

上下错缝——指砖砌体上下两皮砖的竖缝应当错开，以避免上下通缝。

"接槎"——指相邻砌体不能同时砌筑而设置的临时间断，它可便于先砌砌体与后砌砌体之间的接合。

（1）水平灰缝的砂浆饱满度不得小于80%，用百格网检查砖底面与砂浆的粘结痕迹面积，每检验批抽查不少于5处，每处检测3块，取其平均值。

（2）砖砌体的转角处和纵横墙交接处应同时砌筑，严禁无可靠措施的内外墙分砌施工，对不能同时砌筑而又必须留置的临时间断处应砌成斜槎，斜槎水平投影长度不小于高度的2/3。

（3）非抗震设防及抗震设防烈度为6、7度地区的临时间断处，当不能留斜槎时，除转角处外，可留直槎，但直槎必须做成凸槎，并加设拉结钢筋。拉结钢筋沿墙高每500mm留设一道，数量为每120mm墙厚放置1φ6拉结钢筋（120mm厚墙放置2φ6）；埋入长度从留槎处算起，每边均不应小于500mm，抗震设防烈度6~7度的地区，不应小于1 000mm；末端应有900度弯钩。

（4）砖砌体轴线位置偏移不得大于10mm；砖砌体的垂直度允许偏差，每层楼为5mm，建筑物全高10m时为10mm，全高大于10m时为20mm。

（5）砖砌体组砌方法应上下错缝、内外搭砌，砖柱不得采用"包心砌法"。要求清水墙、窗间墙无通缝，混水墙大于或等于300mm的通缝每间房不超过3处，且不得位于同一面墙上。

（6）砖砌体的灰缝应横平竖直、厚薄均匀，水平灰缝厚度宜为10mm，但不应小于8mm，也不应大于12mm。一步架的砖砌体，每20m抽查一处，用尺量10皮砖砌体高度折算。

二、工作手册式教材的编制方法

（一）工作手册式教材的内涵和功能

工作手册是指企业为了提高工作效率和质量的一种指导性文件，主要包括组织机构图、业务部门工作职责、岗位工作职责、工作标准、工作流程等条目。工作手册的基本功能主要表现在，一是工作指导功能，通过工作技术要求、标准及工作经验技巧的展现和共享，引导员工更好地完成工作任务，提高工作能力；二是质量保障功能，通过工作质量标准和技术操作规范标准，引导员工按照标准履行职责，确保工作质量，提高质量保障意识；三是文化管理功能，让新入职的员工迅速适应企业文化，熟悉工作要求和制度管理规程，提升员工的工作规范意识。

工作手册式教材是一种指导学生技术实践活动的，以工学结合为主要特征的职业院校教学用书，具有教材和企业工作手册的共同特征，是指参照企业的技术工作手册设计教材结构、编写教材内容。其主要功能有：

一是知识查询功能。主要用于查询某一个学习任务中的概念、原理、公式、图示图例、标准符号、加工参数、各种标准等，呈现技术系统化知识的组织方式，并按照学习任务相应的知识点进行序化，说明与学习任务课程内容的关联，便于学习者知识学习的查询。

二是工序逻辑功能。工作手册比较系统地介绍了从工作第一个步骤到最后一个步骤的工作流程与技术规范，包括实施工作中的工作环节、步骤和程序，呈现了工作流程中组织系统各项工作之间的逻辑关系，便于学习者清晰各步骤之间的工作逻辑关系和技术标准要求。

三是技术说明功能。一般工作手册要具有技术实践知识、技术理论知识内容，包括设备安全操作规程、技术操作方法、专业理论知识概念、技术原理知识、各类操作说明、注意事项、技术问题及故障处理等内容。介绍每一操作的具体步骤和要求，有的按操作时间顺序编排，有的按逻辑顺序或操作的重要程度编排。操作说明写作要求准确、具体、形象，学习者读起来清晰易懂。

所以，工作手册式教材对于学生学会工作、学会学习、学会怎样查询专业知识是非常有帮助的。

（二）工作手册式教材编写的主要内容

手册的编写内容一般包括本教育职业的数学基础、自然科学基础（包括物理和化学基础）、劳动保护与环境保护等每个专业的共性基础。同样还包括从事本教育职业必备的专业知识，包括力学、材料、图纸等，还有体现每个教育职业特有的一些职业技能，如建筑工程技术图表手册中会出现钢筋混凝土、钢结构、岩土工程、木结构等专门化方向技术。一般一本工作手册式教材还会包括本教育职业相关的一些国家标准和行业标准等。

以《建筑工程技术施工手册》为例，其目录主要按照"理科基础学科知识、建筑材料、建筑基本理论知识静力学与强度、技术图纸、建筑施工标准、建筑防护措施、测量放样技术、道路建设、劳动与环境保护、建筑设备、建筑法规、建筑风格、建筑标准与法规"等技术知识点作为一级标题，以具体概念等技术理论知识点作为二级标题。这些技术知识基本与建筑工程技术教育职业的框架教学计划中的学习领域的具体学习内容一致，基本涵盖了所有的学习任务中的能力要求。

（三）工作手册式教材编写的方法

将企业工作手册作为教材直接用于教学，不便于学习者学习吸收，需要对操作手册进行教学设计和加工，吸取手册的操作专业性、规范性、标准化等岗位元素，将其转化为具有普遍性、科学性和教育性的技术技能知识和方法知识的教学内容，拉近岗位与学习者之间的距离，实现学习任务与岗位工作任务、学习标准与岗位工作标准、学习过程与岗位工作过程的有机结合。这样设计开发的教材才能提升学生的工作规范水平，进而提升就业适应能力。

工作手册式教材内容重在满足学生在工作现场学习的需要，提供简明易懂的"应知""应会"等现场指导信息，帮助学生顺利完成学习工作任务，达成学习目标。工作手册式教材的结构内容基本与工作页中学习任务的结构序化相一致，技术知识的指导内容与工作过程中工序相吻合，要做到恰到好处，能够准确说明需要明确的概念、参数、原理及技术实践知识与技术理论知识，以及技术情境知识中需要解答的问题等。工作手册式教材的结构编写因专业性质而异，不同的专业、不同的教学模式应有不一样的结构体例，以下以"汽车维修钣金理实一体化课程"中"汽车钢板焊接"学习任务为例，说明工作手册式教材内容编写的基本方法（仅供参考），如表3-16所示。

表3-16　汽车维修钣金理实一体化课程技术指导手册（结构体例）

汽车维修钣金理实一体化课程技术指导手册（结构体例）	
学习任务 N	汽车钢板焊接
一、焊接基本技术知识 （一）常见点焊机的种类、结构和工作原理 1. 焊接的种类。 2. 水冷式点焊机结构、性能和工作原理。 3. 风冷式点焊机结构、性能和工作原理。 （二）焊接设备的主要部件结构 1. 气压调节表的结构。 2. 送丝轮机构。 3. 焊枪组成。 4. 焊接保护气体。 5. 焊接防护用品。 （三）焊接材料的机械与工艺性能 1. 焊接材料的机械性能。 2. 焊接材料的焊接工艺性能。 （四）电阻点焊原理与工艺规范 1. 电阻点焊及焊接原理。 2. 电阻点焊焊接三要素及焊接规范。 3. 焊臂与电极头。 4. 焊接位置、距离与顺序。 5. 焊接前的防腐处理。	

表3-16(续)

（五）焊接质量检测

1. 焊接质量标准。

2. 焊接质量检测方法。

3. 常见的焊接质量缺陷。

（六）焊接安全注意事项

二、机械加工技术操作

1. 铲削工具与操作方法。

2. 锯割工具与锯割的操作方法。

3. 常见钻孔设备与操作方法。

4. 工具刃磨工艺方法。

5. 攻套丝工艺方法。

三、任务工序操作工艺和要求

（一）工作任务准备

场地、设备、材料、工具准备要求，包括焊接电气安装、焊接工位、材料摆放等安全操作规范中的基本准工作要求。

（二）材料划线、切割与机械加工

1. 划线工具和基本的划线方法。

2. 常见切割设备、工具的结构和使用方法。

3. 构件的机械加工方法。

4. 板材、型材的切割工艺和安全注意事项。

（三）焊接件结构组装与机械加工

1. 常见不同厚度板材结构的拼装工艺和技术要求。

2. 常见不同规格型材结构的拼装工艺和技术要求。

3. 焊接变形中的预处理工艺方法。

4. 焊接后的构件机械加工。

（四）结构焊接工艺

1. 钢结构焊接工艺制定方法。

2. 焊接质量标准和焊接中如何防止焊接缺陷。

3. 焊接变形的种类和处理方法。

（五）焊接质量检测标准

1. 切割件质量检测。

2. 焊接质量检测。

3. 机械加工质量检测。

4. 安全操作规范情况检测。

四、技术操作中常见问题的处理方法和技巧

1. 常见在焊接材料切割中出现的问题及处理方法和技巧。

2. 常见在焊接过程中出现的焊接变形问题及处理方法和技巧。

3. 常见在焊接过程中出现的焊接缺乏问题及处理方法和技巧。

五、焊接技术规范指标和质量标准查询

与传统教材相比，工作页和工作手册式教材的最大特点是，在引导学生完成学习型工作任务的同时，通过与之对应的工作技术手册中指导性技术知识内容，拉近了产教之间的距离，做到工作过程与学习过程对接，工作内容与学习内容对接、工作能力与学习能力对接、工作评价与学习评价对接，融合了理论和实践的学习过程，能够有效地调动学生学习积极性，促进学生职业综合能力的提高。

第四节　云教材和微课碎片的设计与制作

数字时代正在改变着学习者的学习行为，人们越来越多地喜欢电子书籍，因为电子阅读具有多功能交互功能、丰富的媒体形式、便捷高效等特点。曾经我们一度以为电子阅读会代替纸质阅读，但是调查发现传统的纸质书籍仍然有着自己的优势，那就是阅读的个性体验、阅读的舒适度等。如果教材能实现"电纸同步"，集齐电子书籍与纸质书籍的优势，将会极大地提高教材的使用价值。

云教材采用混合媒体一体化编排设计。通过减少冗长、晦涩的文字叙述，采用更直观易懂的图片、音视频、动画、交互游戏等形式，集聚全媒体数字教学资源，实现在一个场景里沉浸式学习。重点文字可以通过"气泡"或直接索引百度百科进行学习。大数据技术的应用，使得用户的每一个学习行为都将被详细记录并生成学习报告。方便准确掌握每一个用户的学习情况，同时，精准的海量数据采集和大数据分析可以更好地服务于用户。

一、云教材的内涵和特征

（一）云教材的内涵

云教材又称移动交互式云教材，它不同于纸质教材，也区别于普通电子教材，它集成了媒体数字出版、移动学习、云服务和大数据四大领域的前沿技术，依据情景化、动态化、形象化的学习需求，将传统教学内容进行富媒体编排设计和交互设计，面向智能手机、平板电脑进行全新设计呈现（兼容 PC），为学习者提供丰富的、可扩展的、精致化的、社交化的全新学习体验，如图 3-12 所示。

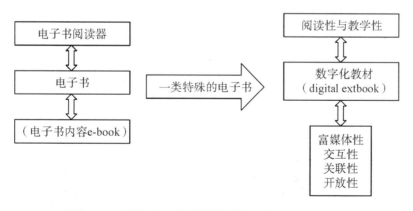

图 3-12　云教材的内涵示意图

（二）云教材的基本特征

1. 富媒体性

云教材是具有移动泛在、富媒体、学习行为跟踪的智能教学内容，它将课本上静态的教学内容通过混合媒体一体化编排设计，建构集文字、图片、画廊、语音、视频、3D 为场景的沉浸式学习方式，将丰富的网络多媒体信息融入教学和学习之中，含丰富的媒体互动要素，兼具与终端互动、平台互动的功能，适应所有移动智能终端设备，如图 3-13 所示。

图 3-13　云教材的特征（富媒体性）

2. 关联性

云教材将教学目标、内容关联及知识结构体现进行重组，融合了动画、音视频、3D 等多媒体资源辅助学习，重新设计未来教学和学习资源形态。

3. 交互性

交互性是指学生不是一个人在孤单学习，可以随时发起讨论和笔记分享，与教师和同学互动、与全国学习本教材的学生分享交流。独有的学习互动、交互测试、交互游戏内容让自主学习更轻松有趣，笔记、百科、朗读、字典等辅助支持功能与学习场景无缝融合，更能实现笔记社交、知识点讨论问答的社交化学习。学生每一次学习行为都会被详细记录，包括学习进度和时长，帮助老师开展教学分析与评价。它是在一种情境中，具有环境、个人、行为方式之间立体交互、相互作用特质的社交化学习，如图 3-14 所示。

图 3-14　社交化学习示意图

4. 开放性

在多元化的信息技术教学模式下，学生可以见其形、闻其声，调动多种感官共同参与学习过程，学生在链接或教师指导下可冲破书本的局限，轻松自如地在知识的海洋中冲浪，使教学内容更为形象、生动，使学生对所学内容理解透彻、记忆深刻。云教材充分利用信息智能技术和知识资源平台，将知识扩展补充、学具和服务与沟通发挥到极致。

二、云教材的结构设计内容

（一）云教材的结构体例

表 3-17 为云教材的结构体例。

表 3-17　云教材内容结构整体规划

结构	云教材内容结构	说明
章标题	以纸质教材为准	可以是学习型任务
正　文	①正文文字不做修改。 ②直接在相关文字中添加与正文相关的文字、图片、视频、动画、音频、表格、组合媒体等。 ③添加合适的模块：知识拓展、知识链接、案例分析、课堂互动	以直接添加方式为主
章　后	添加合适的模块：知识拓展、知识链接、案例分析、课堂互动、本章小结、同步练习、教学课件、推荐阅读	"本章小结"和"同步练习"为必设模块
作者署名	作者文字简介	文字简介 300 字以内

（二）云教材编写的基本原则

（1）云教材在原纸质教材基础上增加的内容主要包括视频（3 分钟内视频为宜，微视频）、动画（微动画）、音频、图片、文字和试题。

（2）对编写内容合理筹划，根据学科特点和教材内容量，确定云教材编写内容的类型和数量。

（3）云教材增加的内容要与文字教材内容严格匹配。

（4）文字内容按纸质教材编写要求编写，多媒体内容按多媒体素材制作要求制作。

（5）云教材可以实现多种多媒体展现效果，建议作者对展现效果有所了解，并按效果要求组织内容编写制作。

（三）云教材增加内容的类型和要求

1. 文字

在教材中添加文字内容、链接地址，添加的文字不宜过多，如图 3-15 所示。

图 3-15　云教材增加的文字形式

2. 图片

在教材中添加图片素材，包括影像图片、模式图、流程图以及其他具有参考价值的图片，如图 3-16 所示。

图 3-16　云教材增加的图片形式

（1）图片的基本要求。根据来源不同，图片可以分为示意图片、实拍照片。示意图片一般指公式图、流程图、结构图等，用来描述特定事务或过程信息等。图片一般由手工或计算机绘制成，它的特征是以线条为主。

示意图片应清晰，图片上的文字字号在"五号"（12 磅）以上，图像尺寸的长或宽在 500px 以上，解析度 96DPI 以上。传统出版物中的图片是黑白的，需要重新上色才可以使用。实拍照片是指在实验现场、操作现场、实物展示现场等地方，使用数字照相设备拍摄的真实照片。此类图片对清晰度要求较高，尺寸 1 920×1 080（像素200 万）以上，解析度 96DPI 以上。以上两种图片都可以通过扫描获取。但扫描图片需要注意底纹，一般需经过处理才能应用。

（2）图片格式的要求。按照计算机运算影像呈现的方式，图片可为位图和向量图两种。位图以像素作为最小单位，由一个一个点组合而成，所以位图放大过后会出现原来像素的点状。常用的格式有 BMP、JPG、GIF、PNG。

BMP 格式支持全彩色（1 677 万色），它是非压缩格式，因此文件较大。JPG 格式支持全彩色（1 677 万色），它属于一种破坏性的压缩格式，压缩比例过大时，会造成图形的破坏。但其文件较小，是使用率最高的图片格式。GIF 格式只支持 256 色，不适用于复杂照片的储存，适合制作简单的图标，应用于网页设计。PNG 格式支持全彩色（1 677 万色），也支持 256 阶的透明度储存（GIF 只有 2 阶），是一种非破坏性的储存方式。文件大小介于 BMP 和 JPG 之间。在云教材制作中，图片一般采用 JPG、PNG 格式。向量图在云教材中很少用到。

3. 视频

在教材中添加视频素材的形式，可以分为单个视频和多个视频。多个视频形式时，作者提供视频时按播放顺序命名，实现时即按预定顺序展示，如图 3-17 所示。

图 3-17　云教材增加的视频形式

云教材中用到的视频，一般是使用高清摄像机拍摄得到，也有少数情况下用到计算机屏幕录像视频。

（1）拍摄视频。根据教学活动的不同，其可以分为教学视频和操作视频。

教学视频是教师在课堂上进行授课时的影像记录。有时为了保证视频质量，视频拍摄会安排在特定的演播室里进行。由于当前很多学校都已经采用高清大屏进行授课，视频教学片越来越多地使用高清大屏幕加讲课 PPT 的形式来进行拍摄。通常情况下采用单机位拍摄即可满足云教材的要求。此类视频对环境要求较高，在录像时，需要保证光线充足，场所安静。讲演者要求衣着整洁，讲话清晰，使用普通话。

操作视频是实验现场、操作现场、实物展示现场的影像记录，它可以将设备、操作步骤直观地展现给读者，使不能到达现场、不能使用设备的学员了解设备的操作流程、关键点，在技能培训中有着十分重要的作用。

为了清晰地展示操作，往往需要使用远景镜头和近景镜头，因此至少需要双机位拍摄。受拍摄环境的影响，视频在后期编辑时，往往需要统一配音、加字幕。视频拍摄时，需要配备高清摄像设备，即达到每秒 30 帧，最低分辨率 1 080P。视频类素材中的音频与视频图像有良好的同步。音视频播放流畅。存储格式可以采用 MP4、AVI、MPEG 或常用流式媒体格式。云教材中视频采用的格式为 MP4 H264，由视频编辑加工后通过格式转换获得。

（2）屏幕录像视频。其是在计算机屏幕上捕捉到的同步操作视频，它保留原屏幕的分辨率，将屏幕操作保存下来，并记录同步输入的音频。此类视频也要转换为 MP4 H264 格式才能在云教材中使用。

4. 音频

在教材中添加音频素材，音频素材的形式可以为单个音频和多个音频。多个音频形式时，作者提供音频时按播放顺序命名，实现时即按预定顺序展示，如图 3-18 所示。

音频有音乐、音效、配音三类。

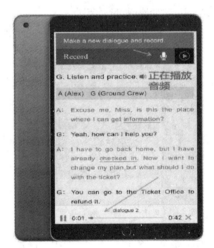

图 3-18　云教材增加的音频形式

音乐可以令人感受到各种情境，具有很强的感染力，音乐的选择必须配合教学内容的主题。音效是指特定事件发生时所出现的声音，如笑声、脚步声、钟表的滴答声、相机快门声、啄木鸟啄木声等。适当使用音效可以起到画龙点睛的效果。配音是指与画面或页面相配合的声音，一般用于对画面进行解释，或对文字内容朗读。旁白的使用可以弥补文字叙述的不足。

录制音频时，最好使用指向式麦克风，这样可以降低杂音，提高声音质量。虽然声音编辑软件有去杂音的功能，但直接录制质量良好的声音才是最根本的方法。录制时，教师应使用普通话，讲话清晰。

音频采集时，采样频率不低于 22~44kHz，量化位数大于 8 位，采用双声道。文件存储格式为 WAV、MP3、MIDI 或流式音频格式，在云教材中使用时统一转换为 MP3 格式①。

5. 动画

动画是利用人眼视觉暂留的特点，在较短的时间内，连续并快速播放多个单张的画面，从而产生连贯性动作的效果。目前动画制作都是在计算机中进行，有 GIF 动画、Flash 动画、Shockwave 动画或 3D 动画。

---

① 唐圣平. 云教材资源开发的技术标准和规范［J］. 职业（下旬），2014（10）：35.

在教材中添加动画素材，包括成像原理演示、操作演示、情境动画（利用影像技术）等2D、3D动画；动画素材的形式可以为单个动画和多个动画。多个动画形式时，作者提供动画时按播放顺序命名，实现时即按预定顺序展示。依据其功能，动画可分为三类：

（1）效果动画。效果动画和云教材内容关联不大，多用来增加视听效果，吸引使用者的注意，引发学习动机。例如，片头动画、过场动画、选单动画、按钮动画、操作界面动画等。效果动画只是用来提升教材的娱乐效果，因此不可喧宾夺主。

（2）导引人物动画。很多教学软件都会以一个或数个角色作为软件的导引人物，导引人物能够提升教材的亲和力。

（3）教学内容动画。教学内容动画主要是针对教学内容的需要而制作的动画，例如，汽车发动机汽缸的活塞运动动画、植物成长动画、胳膊屈伸的肌肉和骨骼变化动画、月亮圆缺动画等。动画进行的节奏应符合观看者的接受能力；动画传达的概念应正确、清晰，易于理解。

制作时，动画的长或宽要在500px以上。由于ipad无法播放Flash动画，如果要在云教材中使用Flash动画，就必须将其转换成为ipad可以支持的格式，如HTML5动画。

6. 表格

在教材中添加各种表格。表格可以仍以三线表的形式展现，也可以以柱形图、折线图、饼图、条形图等形式展现。需要设计效样式的表格，作者提供原始三线表和希望做成的表格样式。

7. 组合媒体

集中设置几种媒体形式用于说明问题，各部分内容之间有一定的交互效果。例如心脏听诊部位图片、心音和注释文字的组合，实现点击听诊部位出现对应的心音和注释。作者提供各媒体内容以及交互效果的说明文档，如图3-19所示。

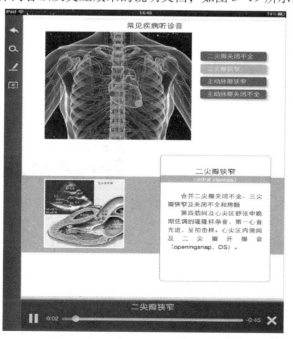

图 3-19　云教材增加的组合媒体的形式

8. 章节后模块

在每个章节后根据教材教学情况，可增加知识拓展、知识链接、案例分析、课堂互动、本章小结、同步练习、教学课件、推荐阅读等模块，如图 3-20、图 3-21 所示。

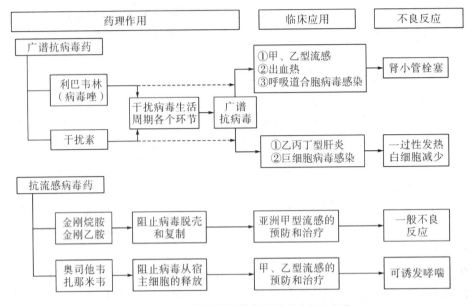

图 3-20　云教材增加的章节后"本周小结"

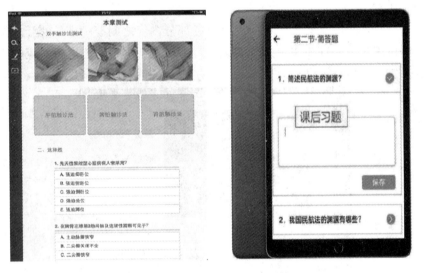

图 3-21　云教材增加的章节后"本周测试、课后习题"

三、云教材的设计制作方法

（一）云教材编制流程

（1）确定主编、副主编，及编写团队；确定教材名称。

（2）主编完成"教材出版立项申请书"，交由院校教材指导委员会审定。

（3）确定教材编写详细时间节点，以备绩效考核；完成样章编写、质检、定版。

（4）根据进度要求完成各章节内容编写、修改、审核、质检。

（5）提交教材上架/出版所需资料（著作权协议、肖像权协议等）。

（二）策划稿编写流程

（1）确定教材目录及大纲；提交教材封面图。

（2）根据进度要求按章编写教材策划；收集、整理、制作多媒体素材。

（3）主编/副主编、院校对每一章节策划和多媒体素材的内容、格式等进行全面审核。

（4）提交学院教材指导委员会审定。

（三）云教材编制规范

1. 文件夹命名规范

一级文件夹以教材命名。

一级文件下存放各章文件夹、目录、本书信息、教材封面图。

一级文件下按教材目录建立章文件夹，命名为第一章、第二章、第二章。

章文件夹下存放本章所有编写内容，包括：图片、音视频、策划稿。

策划稿以章节序号命名，如第一章第一节、第一章第二节。

2. 图片命名

章节内容编写需要提供三类图片：章头图（用于章名的设计）；正文图片；视频封面图（用于美化视频）。

图片按照在章节内容中出现的顺序命名。

命名规则：C+章序号+节序号-图片序号。

章头图：命名为C0x00-000，例如：第二章章头图命名为C0200-000。

正文图片：第一章第一节第一张图片：C0101-001；第一章第二节第十张图片：C0102-010，以此类推。

视频封面图：如果教材中有视频，每本教材需至少提供一张视频图，命名为：video01

注意：不要手动输入文件后缀！

3. 音/视频命名

音/视频命名规则与图片命名规则一致：C+章序号+节序号-音/视频序号。

音频，例如第4章第2节第3个音频命名：C0402-003。

视频，例如第一章第三节第一个视频命名：C0103-001。

4. 多媒体素材质量规范

①格式要求

图片：jpg、png、gif。

视频：MP4。

音频：MP3。

②质量要求

图片：像素1 000＊1 000及以上，不能自行拖拽放大；角度正常，高清原图，横版优先。

视频：以自行拍摄视频为主，网络视频为辅，避免版权纠纷。

音频：音质清晰，无杂音；可以自行录制。

③注意事项

所有多媒体文件涉及人物出镜，都需要签订肖像协议书！无水印、无 logo、无第三方台标，不能使用截图或去水印方式消除。注意多媒体文件的非商业用途。

5. 文字内容规范

标点符号：全书标点状态统一；多余的标点符号须删除；标题后一般不加标点符号。

空格：删除多余的空格、空白行，请打开 word 的全部格式标记。

其他：字体颜色、字号、字体全书统一；各级别标题与正文区分格式；注意正文中各级标题序号规范：

一级标题：一、

二级标题：（一）

三级标题：1.

四级标题：（1）

五级标题：①

六级标题：a.

（四）策划编写技巧

云教材策划案包含：目录、本书信息、策划稿。

（1）目录。目录不设置编写规范，只需按教材框架罗列完整、准确即可。

（2）本书信息。按照提供的标准模板书写，只需填写文档中标黄的教材名、编写人员信息和教材简介。

（3）批注规范。批注共有六种类型：气泡、扩展阅读、音频/视频、图片/画廊、外部跳转、交互练习。

四、微课碎片的制作方法

快节奏的生活，激烈的社会竞争使得人们的学习也呈现出碎片化和泛在化的特点。随着微课碎片的兴起，碎片化与泛在化的学习方式必将与以微课为代表的新教育方式相互影响，最终在教育界引发更具时代意义的变革。微课碎片针对某一知识点学习时间短的特征，正好迎合了当前人们生活和学习的特点，使得人们可以提高学习效率，更便于人们随时随地进行学习。

（一）微课碎片的内涵和特征

在 2008 年，美国新墨西哥州圣胡安学院的高级教学设计师戴维·彭罗斯（David Penrose）首先对微课进行了定义。他认为微课是对一些微型知识点（knowledge burst）的讲解，在微课中能取得与长时间传统教学一致的教学效果。我国教育界对微课这个概念最早定义的是赵海峰老师，他指出，所谓微课就是按照新课程标准和教学实践要求，以视频为载体，在微课中要针对某个具体知识点或者教学环节而展开的，能够自成一体的教学活动。最理想的微课时间长度一般为 3～5 分钟，碎片时间长度在 1 分钟左右，它们具有以下特征：

1. 短，指的是时间短

研究表明，在观看视频时，人的注意力一般在 5～6 分钟后就会迅速下降，所以微课时间一定要短，要在学习者还来不及走神的时候就把知识输送完毕了。每个微课碎片都是相对独立的知识点学习，不受时间和地点的限制，学习者可以自由地把握学习的进程。标准的线上微课时长 5~8 分钟最佳，碎片时长 1~3 分钟最佳。

2. 小，指的是知识容量有限、颗粒度小

一门微课只能聚焦一个教学任务，并且是在微课的合理时长内能够讲完整、讲清楚的。这个教学任务可以是一个重点、难点、问题点或者是变化点。在移动互联网的大时代背景下，微课具备的移动化和碎片化的特点，相比传统课程就会非常灵活，方便大家按需学习。

3. 精，指的是内容精选、设计精心、制作精良

微课碎片时长短，想要快速的激发学习者的学习欲望，还要让他觉得很有价值，你就必须要讲干货，做到内容既有量又有效。有了好的内容，再加上精良的教学设计，和优质的视觉体验，就可以让学习者感觉像在享受一对一的服务一样。

4. 活，指的是形式活

微课产品表现形式琳琅满目，有视频、音频、图文、直播、漫画、互动网页等，大家可以根据自己的学习习惯来灵活地选择微课的形式。

（二）微课碎片评价标准

表 3-18 为微课碎片评价标准。

表 3-18　微课碎片评价标准

考核标准	A 级标准	B 级标准
知识点结构	完整性：应包括知识点导入、知识点讲解、知识点测评。 条理性：思路清晰，层次分明，有较强逻辑性	知识点结构基本完整，条理基本清楚
知识点导入	知识点导入特色鲜明，知识点引导目标明确。突出趣味性和启发性方面的要求，展示形式多样化	知识点导入设计。
知识点讲解	讲解内容科学合理，重点难点突出，能保证知识点学习目标的实现。 讲解内容有所创新，特色明显，符合学生学习发展规律，能调动学生学习积极性。 讲解内容紧跟行业发展和技术发展	积极探索碎片知识点讲解新模式，基本保证知识点讲解任务的实现，并具有一定先进性
知识点测评	知识点测评改革力度较大，注重过关性测评设计，尤其突出对学生能力的提升和考核，对改变学生死记硬背习惯起到较大促进作用	积极探索知识点测评制度改革，基本改变学生死记硬背的习惯
教学效果	教学目标达成，教学效果好，学生线上线下互动氛围好，学生学习积极性高	教学形式多样，教学效果较好，学生开始自主学习

1. 微课碎片的制作模式

（1）录屏：制作方式最简单，提前准备好课件，利用录屏软件录制讲解。

（2）动画：动画制作技术要求较高，需要熟悉相关制作软件，有一定难度，但其展现方式更有趣味性，形象生动，能激发学生的学习兴趣。

（3）真人出镜：形式多样，可直接用摄像机、相机和手机录制，后期制作需要剪辑，对编制技术有要求，有一定难度。

2. 微课碎片的制作所需软件工具

微课碎片制作的软件有录屏软件、办公软件、动画软件、视频剪辑软件等，如表3-19所示。

表3-19　常用制作软件

录屏软件有 EV、Gamtasia Studio、芦笋	EV录屏	Gamtasia Studio（喀秋莎）	
办公软件有 PowerPoint、希沃白板		EN	
动画制作软件有如来画、万彩大师	万彩动画大师		
视频剪辑软件有剪映、Premiere Pro		Pr	

（三）微课碎片的制作流程

1. 选择知识点

微课碎片是对某个知识点单独着重讲解，要将知识点按照一定逻辑分割成多个小知识点，根据知识点难易程度选择1~2个知识点最佳，过多容易讲解不清楚或导致时间太长，不能激发学生兴趣。知识点要准确无误，不允许有文字、语言、图片上的知识性错误或误导性的描述。

（1）以《民航服务礼仪》的碎片资源库建设方案梳理微课碎片知识点，如表3-20所示。

表3-20　微课碎片知识点举例

教学内容		小类/项目	碎片名
章	节（课程模块）		
礼节	见面礼节	项目一：问候致意	1. 有声语言 2. 无声语言 3. 注意中外文化差异
		项目二：称呼礼仪	1. 称呼的重要性 2. 社交中的称呼 3. 生活中的称呼 4. 工作中的称呼 5. 称呼的禁忌
		项目三：鞠躬礼	1. 鞠躬礼 2. 鞠躬礼的分类和使用场合
	民航服务用语		

（2）绘制"知识图谱"（或"碎片导图"）

"知识图谱"的绘制方法："知识图谱"用于表示碎片知识体系。"知识图谱"是一种网状结构，每个节点由教材所对应的章、节构成，末端是碎片名。通过"知识图谱"可以展示知识体系和碎片架构。粗边框表示该节点是其知识体系的重点章、节，粗体字表示该碎片是重点知识点碎片。

在《民航服务礼仪》教材中，若假定"礼节"等是重点章，"见面礼节"等是重点节，"项目二"等是重点类，"无声语言、称呼的重要性、生活中的称呼、工作中的称呼"等是重点碎片（重要知识点）等，则对应的上面图二的知识图谱局部，如图3-22所示。

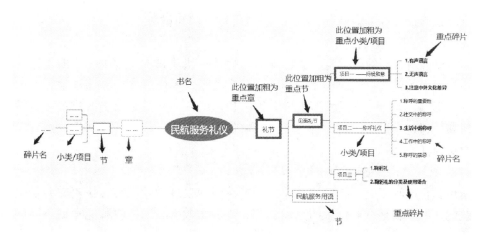

图3-22　知识图片案例

2. 编写脚本

与平时备课教案类似，微课碎片的脚本更加精细，可精确到每一句话。这样录制时才能减少紧张、口误。理清逻辑，微课碎片的整体逻辑最为关键，逻辑清晰的微课更有利于学生对知识点的吸收，知识原理型的微课碎片可以从"是什么""为什么""怎样做"三步入手，引导学生一步步深入了解每一个知识点。操作技能型微课可用一个错误操作作为引入点，分析错误原因，讲解正确的操作方式，最后总结。微课碎片有一定的娱乐性，编写脚本时可加入当下流行积极向上的元素，可多用诙谐的语言，增加课堂趣味性。

3. 录制并剪辑

使用录屏软件，将讲解知识点的过程进行录制，要求环境安静无杂音、声音清晰、发音标准，语速适当；真人出镜，背景要求简洁，着装得体。拍好的视频进行剪辑，并加入片头、片尾。

（四）注意事项

微课短小精悍的特点，既是其优点，也是其缺点。单个的、孤立的微课将知识进行切割，形成信息孤岛，无法达到知识连通和整合创新的目的，无法解决让学生将知识融会贯通的问题。微课导致的知识碎片化现象比较严重。

教师通过科学地、有意识地规划运用，不仅能发挥微课的优势，也能保证学生所学知识不被碎片化。

1. 精准切割，分解课程知识点

在开展教学前进行知识点分类，将某个专题、某个单元的核心知识点依次列出，围绕这些核心知识点创作一个专题、一门课程的系列微课，那么孤立的微课就能被关联化和体系化，即由一个专题、一个单元的微课组成微课程。

2. 及时梳理，构建完整知识网

知识由两部分组成：一是知识点，二是联系。知识点就如一张网上的一个个结点，联系则是把这些结点连接起的线。它们所构成的网络，就是我们的知识结构。每单元教学结束后，教师要组织学生对所学内容进行梳理，以便明确单元知识点间的联系，构建知识框架结构。在操作上，可用思维导图或树状图等工具，指导学生进行整理，将每个知识碎片变成一个网点，结成一张彼此联系的知识网。

3. 综合运用，融会贯通知识点

每节微课所传授的知识点，就像交给学生的一块块积木，学生能不能将这些积木搭成一个美丽的建筑，微课碎片的趣味性非常关键。不能只停留在让学生了解手中每一块积木的形状、颜色，要激发学生搭建手中积木的欲望并搭建出美丽建筑才是教学的目的所在。通过布置有趣的综合性任务，可促进学生综合运用所学知识，达到知识片断的融会贯通。

4. 因材施教，灵活选用教学手段

微课目标比较明确，指向比较单一，能清晰地呈现教学内容，快速教会学生某一知识技能，减轻教师重复机械的劳动负担，高教学效率。如果教师能根据不同的场合和需要，恰当地混合使用微课与课堂实录等教学方法，就能扬长避短，获得统合综效的结果。

第五节　理实一体化实训室的设计与建设

在理实一体化教学实践中，学生需要在必要的技术情境条件下，开展和实施技术知识的实践学习，满足学生学习知识、练习技能、完成产品、验证成效的实际需求。而创建一种教与学互动的职业情境——理实一体化实训室以及虚拟仿真实训室是支撑理实一体化教学的客观条件要求，不仅在培养学生综合职业能力、创新实践能力和良好职业素养等方面发挥重要作用，同时在服务社会需求，开展职业培训与鉴定、职业技能大赛与训练，增强其使用功能上也具有重要的现实意义。

一、理实一体化实训室设计的思路

（一）满足教和学需要是实训室设计的基本依据

实训室是高职院校学生专业实践学习和技术技能形成的重要场所，如何最大效能地满足教师教学和学生学习的综合实际需要是进行实训室设计的基本依据。

1. 理实一体化教学模式下的教师需求

一体化教学是高职院校教学的常用模式，教师在教学实施中的教学组织、教学安排和具体实施，都需要根据现有的教学情境条件来进行。包括场地容纳学生人数、项目教学组织、教学过程管理、教学安全管理、教学考评等一系列问题，其空间和设计结构更要满足学生观摩感受、学习练习、独立操作、查询资料、工料具和作品摆放等。所以，满足教师一体化教学需求是实训室设计建设的重要考量。

2. 理实一体化教学模式下的学生需求

技术知识的习得需要学生在特定的情境条件下，通过技能学习的定向映像、动作模仿、动作整合，反复练习，才能使技术技能达到熟练的程度。从学习任务实施过程分析，实训室场所的设计、设施设备的合理布局，是学生制定任务计划、了解工作情境关系、开展技术资讯、实施工作步骤、进行成果评价，完成一体化学习任务的基本依据。所以，是否满足学生学习需求是一体化实训室设计建设的主要依据。

（二）专业教学标准是实训室设计建设的根本依据

专业教学标准不仅是高职院校实施教学的指导性文件，而且是一体化实训室设计建设的指导性文件。每个专业需要建设什么样的实训室？建设标准是什么？一般都要依据专业人才培养方案和专业课程标准来进行建设。实训室场地大小、设施设备、工料具及技术资讯资料摆放、学生操作空间等都要依照专业教学标准中教学和学生学习的功能要求设计。同时在专业课程序化排列的结构中，专业课程之间知识结构的逻辑关系也决定实训室结构、数量和设施设备设计等要素间的关系。每个实训室的教学内容划分与实训室建设模块的划分相吻合，防止重复建设。在专业实训室总体设计上既要满足课程标准需求，也要注重模块划分和功能使用，这样利于提高实训室设计的功效，避免不必要的重复和浪费。

（三）学校文化与企业文化的融合是实训室设计建设的重要特色

学校文化是学校办学思想、办学理念和办学目标的重要标志，而企业文化也是企业核心价值理念、企业行为标准和企业发展目标的重要体现。实训室作为培养祖国未来建设者、现代公民和企业职业人的重要场所，在满足教学和学习的基本功能的同时，要将学校文化与企业文化有机融合，既要突出文化育人的功能，也要将企业价值观、产业文化、行业标准和职业理念等融入其中，使学生的学习环境更加贴近真实的工作环境，让富有特色的学校与企业文化不断产生良好的熏陶作用，成为促进学生综合素质提升的重要保证。

（四）多种功能融贯是实训室设计建设的功能加持

高等职业院校在人才培养、教学科研和文化传承功能的同时，具有社会服务的功能。促进地区经济和社会发展，面向企业单位和社会人员，积极开展各项技能培训、技术服务，组织各类技能大赛训练和竞赛活动，是高职院校应尽的社会责任和担当。而设计和建设具有多种功能的理实一体化实训室，正是实实在在地支撑这些功能的关键。

1. 组织技能培训与鉴定

技能培训与鉴定是设计建设理实一体化实训室的必备功能。一方面要考虑专业对应的实训室建设项目，同时要通过专业市场调研，分析和了解地区经济和社会发展情况，特别是大中型企业员工培训需求、社会人员培训需求，以及面向农村的助力乡村振兴战略的各类技术人才的培训需求，形成调研报告，设置相关职业工种要求的培训实训项目，完善一体化实训室建设，满足社会的培训需求。另一方面，职业院校积极开展 1+X 技能培训与鉴定，与第三方技能鉴定机构建立合作关系，积极开展面向校内的职业技能鉴定培训与鉴定，同时要做好面向社会企业单位的技能培训与鉴定工作。所以，在设计建设一体化实训室时，要考虑满足各类职业技能鉴定的基本条件和要求。

2. 与企业合作开展技术研发与应用

产教融合、校企合作是职业院校基本的办学模式，职业院校在与社会各界建立紧密合作关系的基础上，一方面与企业合作进行技术研发，这不仅能促进企业技术进步和发展，而且能不断创新现代学徒制人才培养模式，完善校企共育机制；另一方面与地方政府合作共建融产、教、研、创为一体的孵化园，做到引企入园、引技入校，职业院校可充分利用孵化园优质企业资源、技术资源和设备资源条件，积极与企业共同开展技术发明活动，将技术发明专利应用于市场，同时能够促进职业院校项目课程与教学模式改革，丰富课程教学资源，提升专业教师实践能力和学生职业能力。

3. 组织开展各类技能大赛训练与竞赛活动

组织开展各类技术技能大赛能够有效地达到"以赛促教、以赛促学、以赛促训"的目的，从中央到地方各级政府、各企事业单位和职业院校都在组织各类职业技能比赛活动。职业院校一体化实训室理应承担这一社会综合服务功能，这对促进高职院校与政府、企业单位建立良好的合作关系具有现实意义。职业院校在设计建设一体化实训室过程中应充分考虑国家、省市对技能竞赛活动的需求，完善实训室功能设置，这不仅能够更好地服务社会，服务政府行业企业职业需求，也能促进职业院校的发展。

二、理实一体化实训室建设原则

理实一体化实训室的特殊性，使得理实一体化实训室在设计建设时必须遵循以下原则，才能更好地发挥其在教育教学、技能培训及鉴定、竞赛训练与举办等方面的综合功能。

一是坚持系统性原则。依据理实一体化课程标准和工作页中的教学要求，规划设计做到基地设置系统化、设备仪器配置系统化，不同专业、不同课程、不同实训项目系统化。能够涵盖各门各类课程，满足学生的实训室框架整体布局，包括教学区、设备操作区、材料区、工具区、资讯区、生产（服务）区等。

二是坚持先进性原则。要以行业科技发展和社会发展先进水平为标准，在技术、设备、管理、教学手段方面体现先进性。建设伊始就要把握技术发展前沿，运用现代集成先进设备，做到适当超前并留有发展空间。

三是坚持适应性原则。要求实训室要紧扣就业岗位、工作任务，适应工作岗位所对应的知识、能力结构体系；适应社会进步与发展需求，适应学生、学校实际需要，适应人才成长需求。

四是坚持开放性原则。做到校内实训基地的设备配置、技术水平不仅能满足学生技能训练要求，还可以为行业、企业在岗及转岗人员提供培训，为技能大赛比赛或参赛选手提供场地，也与企业合作开展技术研发，实现教学、实训、培训、生产、技术研发、大赛比赛等多项功能。同时校内实训基地要与校外实训基地有效衔接。

三、理实一体化实训室的建设布局

（一）理实一体化实训室空间的合理布局

理实一体化实训室的设计建设，在充分考虑综合使用功能的前提下，要进行充分论证，制定周密详细的设计建设方案，才能推进实施。其建设方案中首要考虑的是实训室功能区的合理布局，通过科学的功能区布局，满足师生、生生之间的学习活动需求，有利于有效地开展理实一体化课程教学，以下重点阐述理实一体化实训室功能区的合理布局。

1. 理实一体化实训室功能区设计方向

理实一体化实训室的环境布局设计，要充分体现项目课程任务中的学习工作任务目标、工作对象、设备与工料具、学习工作方法、意见交流、学习工作组织、工作要求、操作规范、工作质量标准、工作成果和学习工作评价等过程要素。根据一体化课程中学习任务的六个实施步骤，结合学习工作过程要素需求，设计出其对应的功能区域，如表3-21所示。

表3-21　一体化实训室功能区域设计方向

工作步骤	工作要素	区域设置	主要功能
明确任务	工作任务、工作对象、工作人员和工作要求	教学区	讲授示范、演示
获取信息	行业企业标准、质量标准、安全操作规范	资讯区	网络查询及工具书、技术手册、工作方案等资讯资源
制订计划	工作方法、学习工作组织	教学区	计划、文案编写
作出决策	意见交流、讨论、决议	教学区	交流讨论，计划决策
实施计划	工作对象、工作人员、设备工料具	设备工具区工作区	设备工具材料操作实施
评价反馈	工作成果、评价反馈	展示区	评价对比

学校按以上设计方向可以规划出一体化实训室设置，其有教学区、资讯区、设备工具区、工作区和展示区五个区域。

2. 各功能区域的设计建设规范

（1）教学区。教学区是整个理实一体化实训室建设的重要空间，是教学与学习实施过程中的重要功能要素。其空间设计要满足教师的理实一体化教学，教师在这个区域内，要系统完成学习任务讲解、专业理论教学、示范操作和学习交流等内容，帮助学生建立对技术知识的映像。一般区域内要配置电子白板或投影仪、课桌、示范用设备和工料具等。建议采用小班教学，以达到更好的讲解示范效果。

（2）资讯区。资讯区主要是方便学生自主学习，在该区域设置一定数量的电脑与网络、书柜、书桌以及工作手册、行业操作规范、专业教材、企业工作方案等，让学生在了解学习工作任务后，能够在其教学资源的帮助下完成工作任务计划的制订等。

（3）设备工具区。学习任务的实施必然要使用一定的仪器、工具和材料，一体化实训室要有能够放置的区域。作为教学学习的配套区域，一般设备工具区要设置较为独立的空间，要有一定数量的工具架、工具箱、工具柜、工具台、工具车及材料堆放处，方便师生的领用和保管。

（4）工作区。工作区是理实一体化实训室的核心区域，是学生进行学习任务实施、教师巡视指导的重要场所，在整个课程教学占据时间最多的区域。在设计建设中要留足能够满足一定规模数量的学生进行操作的空间，一般该区域在整个一体化实训室中占据的空间最大，主要设置有实训用设施设备、工作台、工具箱等。

（5）展示区。展示区主要是对专业教学成果、文化建设等的渲染和氛围营造，多方位展示一体化教学的成果，包括展示学生产品、作品、标本及教学与学习活动图片、技能竞赛图片和企业与学校文化等。有条件的学校可以采用现代智能信息技术，进行3D立体展示，充分展现学校的办学与教学成果、专业教学特色等。该区域一般设置活动展板、展示柜、展示台、陈列柜、视频播放与显示设备等。

以上各区域不是绝对孤立的，而是根据整个学习任务过程统筹设计的，各区域之间有着内在的必然联系和规律组合，集中反映了理实一体化教学和学习的基本要求。但一体化实训室功能区域设计中的工作步骤、工作要素与区域设计关系不是一成不变的，可根据学习任务特点进行调整。

（二）理实一体化实训室设计样例

理实一体化实训室要根据专业学习任务实施的特点来合理进行设计和建设。按照理实一体化实训室设计建设要求，汽修、烹饪、机械制造、服装设计、空乘等专业，由于其实训设备与操作的特点，教学区、资讯区和工作区的功能无法重叠，为了便于开展教学和学习，各功能区设计要相对独立，才能完成学习任务。而像计算机、信息技术类专业，由于其实训设备的特殊性，在设计一体化实训室时，可以将教学区、资讯区和工作区融为一体，不需要设置彼此独立的学习实训场地和空间，这样既方便教学和学习，也节省场地空间。下面举例说明理实一体化实训室设计和建设。

1. 功能区重叠一体化实训室设计布局

以下三种类型的空间布局比较适合计算机类、信息电子技术专业实训室开展专业理论教学、理实一体化教学和集中实训及生产制作等。其具体布局可根据专业教学特点综合设计。

讲台可设计电子白板或投影仪，工作台可放置实训生产用设备，工料区可放置实训用工具箱、货架、工具台；展示区可放置学生作品、企业和学校专业文化等。资讯区既可与教学和工作区重叠，也可与展示区重叠，还可单独设置。学校有专门保管工具材料的房间，就不用在实训室设置工料区，总之要根据实际情况而定。比较适合的专业实训有计算机专业实训室、电工电子实训室、钳工实训室等。图3-23、图3-24、图3-25，是三种方式的实训室设计案例，各学校在设计理实一体化实训室时可视具体情况确定方案。

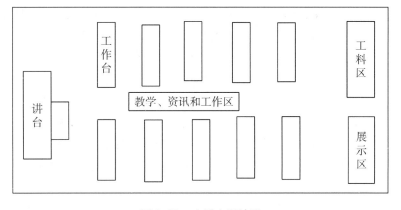

图 3-23　实训室设计图

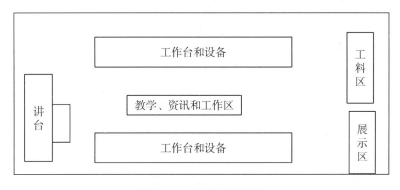

图 3-24　实训室设计图

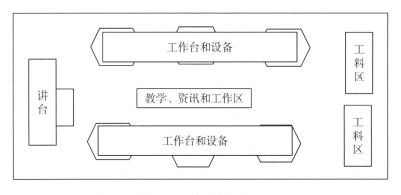

图 3-25　实训室设计图

2. 功能区独立的一体化实训室设计布局

一般根据场地大小、设备占地面积综合考虑可容纳学生实训人数，首先确定工作区面积，满足一定规模学生的安全操作和管理；其次设计教学区的面积，考虑设置课桌或带工作板的靠椅，满足教师的教和学生的学；最后再总体考虑展示区、资讯区和工料区的布局和大小。如图 3-26 所示，一般紧靠实训室大门的位置考虑设置展示区或工作区，方便专业特色展示、教学管理和学习参观；教学区靠里设置利于在教学时不受外界影响；资讯区尽量与教学区连在一起，方便学生在制定计划和工作前的准备；工料区尽量靠里设置便于工机具堆放和管理。教学区和工作区要设置隔离墙，避免同时开展教学和工作时互相之间所产生的干扰和影响，总之功能区独立的一体化实训室的设计，还是要充分考虑各学校实训室具体情况，建议新设计建设的实训室要尽量考虑场地空间大一些，特别是工科类专业实训室层高要高，最好能设计成大车间形式，便于设计布局和产教融合。建议不要按教室的规格修建功能独立的实训室，一般面积小于200平方米的实训室是不利于独立功能区的设计，基础设施条件好的学校尽可能设计宽敞明亮、层高较高的一体化实训室，这样既能满足理实一体化教学，也能满足开展产教融合、技能培训和大赛活动以及研学，发挥一体化实训室多样的功能。

（1）展示区的设计要充分体现学校产教融合的办学理念、专业建设、工学结合人才培养模式、教学模式特色、教学与学习成果及产品等，整体设计体现学校的文化风格。

（2）资讯区的设计重点是方便学生得到必要的资讯，包括技术手册、企业施工标准与方案、技术检测标准及相关的指导书籍，电脑与网络，也可以将实训仿真系统兼并到资讯区，方便学生学习练习，发挥资讯区多样的功能作用。

（3）教学区的设计要有电子白板或投影仪、座椅，条件允许可将示范演示设备设置在教学区，比如烹饪专业可在讲台设置厨房设施，方便一体化教学。

（4）工作区的设计根据专业实训特征，按照工作岗位标准要求安装实训生产设备，比如焊接技术专业需要设计安装通风设备。

（5）工料区设计要满足学习任务和生产所需的工具、量具和材料的摆放，建议其空间尽量设计成封闭的独立房间，便于规范管理。

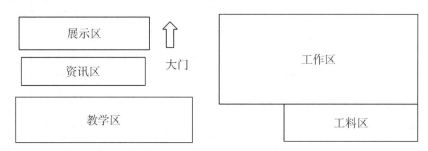

图 3-26　功能区独立的一体化实训室设计图

（三）理实一体化实训室设计图例

理实一体化实训室设计图例如图 3-27~图 3-38 所示。

图 3-27　学前教育专业幼儿活动实训室

图 3-28　空中乘务专业实训室

图 3-29　汽修专业发动机实训室

图 3-30　电工实训室

图 3-31　化工技术专业实训室图

图 3-32　钳工技能实训室

图 3-33　信息技术类专业实训室

图 3-34　电气自动化专业实训室

图 3-35　会计一体化专业实训室

图 3-36　工业互联网实训室

图 3-37　数控实训室生产实习板块　　　　图 3-38　数控实训室教学板块

四、虚拟仿真实训系统的建设思路

（一）什么是虚拟仿真实训系统

虚拟仿真实训系统针对特定学科的真实课件内容进行 3D 数字内容的模拟开发，并借助 3D 虚拟环境或 3D 立体显示设备模拟该学科的训练环境、条件和流程，使教师和学生能够获得和真实世界中一样或者相近的实训体验。它借助于多媒体、仿真和虚拟现实等技术在计算机上营造可辅助、部分替代甚至全部替代传统实训各操作环节的相关软硬件操作环境，实训者可以像在真实的环境中一样完成各种实训项目，所取得的实训效果等价于甚至优于在真实环境中所取得的效果。通过参与者与虚拟仿真环境的相互作用，并借助人本身对所接触事物的感知和认知能力，帮助启发参与者的思维，以全方位地获取虚拟环境所蕴涵的各种空间信息和逻辑信息。

虚拟实训建立在一个虚拟的实训环境（仿真）之上，它利用计算机技术生成一个逼真的、具有视、听、触等多种感知的虚拟环境，用户通过使用各种交互设备，同虚拟环境中的实体相互作用，使之产生身临其境感觉的交互式视景仿真和信息交流，是一种先进的数字化人机接口技术。与传统的模拟技术相比，虚拟现实技术的主要特征是：操作者能够真正进入一个由计算机生成的交互式三维虚拟现实环境中，与之产生互动，进行交流。

（二）虚拟仿真实训系统建设的重要意义

随着职业教育教学实训基地建设的不断推进，虚拟仿真实训系统的建设对于学院人才培养具有重要的现实意义，主要体现在以下几个方面：

（1）创造实训环境。虚拟仿真实训系统可以逼真地模拟操作的流程，如搭设脚手架、护理过程、机械维修、起重机操作；逼真地模拟对工具设备使用，如对工具摆放环境的模拟、工具外形的模拟、对工具操作方式的模拟以及对工具操作效果的模拟。高度逼真的训练环境，使得学生能够获得生动直观的感性认识，增进对抽象的原理的理解。

（2）提高实训效率：传统的实训通常需要在特定的时间、地点和条件下进行，受到时间、人力、场地等因素的限制，而虚拟仿真实训系统则可以随时随地进行，无需考虑以上限制，大大提高了实训的效率。

（3）降低实训成本：传统实训需要耗费大量的人力、物力和财力，而虚拟仿真实训系统可以节省实训所需的成本，特别是对于一些需要大量资源的实训，如化学实训、飞行模拟等，虚拟仿真实训系统可以极大地降低实训成本，有效缓解很多高校在经费、场地、器材等方面普遍面临的困难和压力。

（4）提高实训安全性：一些实训活动存在一定的危险性，如高空作业、深海潜水等，而虚拟仿真实训系统可以在真实场景的基础上进行模拟实训，降低实训过程中的危险系数，提高实训安全性。

（5）增强实训体验：虚拟仿真实训系统可以通过技术手段实现沉浸式的实训体验，使学生能够更好地理解和掌握实际技能，提高实训效果。

（6）提高实训质量：虚拟仿真实训系统可以精确地模拟实际场景，提供更多的细节和反馈，使学生能够更深入地了解和掌握技能，提高实训质量。

（三）虚拟仿真实训的技术系统种类

（1）虚拟现实（virtual reality，VR）：通过佩戴头戴式显示器或其他显示设备，让用户感受到身临其境的虚拟环境。

（2）增强现实（augmented reality，AR）：通过计算机图像合成技术，将虚拟图像叠加到现实世界中，使用户可以在真实环境中看到虚拟对象。

（3）模拟（simulation）：利用计算机技术对真实环境进行模拟，模拟真实环境下的运行状态和行为。

（4）交互式可视化（interactive visualization）：利用图形学技术和计算机模拟技术，将数据可视化为图形、图像或动画等形式，并允许用户与其进行交互。

（5）人机交互（human-computer interaction，HCI）：利用计算机技术和人机交互技术，模拟真实环境下人与计算机之间的交互，以实现某种应用目标。

（6）游戏引擎（game engine）：游戏引擎是一种综合性的虚拟仿真技术，可以创建各种类型的游戏，并模拟各种真实环境下的物理规律和行为。

（四）虚拟仿真实训室建设要求

虚拟仿真实训室的建设本着建成集"教、学、做"于一体的教学环境和专业综合性实训基地的理念，采用业界先进的物联网设备、智慧显示终端、LED拼接屏等硬件设备与领先的3D渲染、VR虚拟仿真、全息、投影、AI等数字化技术相结合，实现全方位、立体化、形象化的实践教学和展示，人机智能互通，带来全新化、真实化教学体验。所以，虚拟仿真实训室建设需满足以下基本要求，如图3-39所示。

1. 满足于综合性实践教学的要求

采用模拟仿真的实训手段，实现由单一基础技术的虚拟仿真实训训练到各种技术综合应用的虚拟仿真实训训练。力求体现虚拟化、仿真化、一体化方面的技术特色和行业应用及发展的趋势，力求体现先进性、前瞻性、实用性、可操作性及示范性。切实提高学生的实际操作能力和分析解决问题的综合能力，使得纯知识性的教学与培训变得更加生动和形象，从而真正掌握现代生产、服务和管理技术。

2. 布局符合职业教育的特点，贴近企业

教学互动区能满足虚拟仿真课程的理论与实际相结合的教学要求，满足老师与学生互动式教学的需要，以达到提高学生实训效率及效果、节约实训耗材的目的。

学生的虚拟终端操作环境与生产实践接近，有利于行动导向的教学的实施，在这样的虚拟实训环境中学生的职业意识得到了提高，能够更快地融入企业的生产中去。

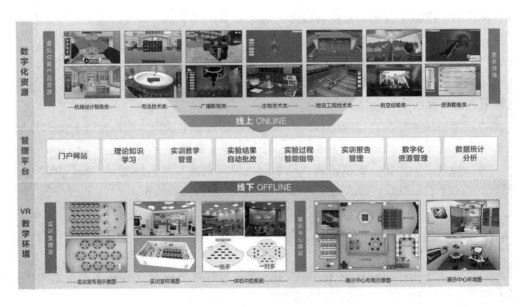

图 3-39　虚拟仿真实训建设体系

3. 兼顾社会培训的要求

虚拟仿真实训室既可满足学校相关专业虚拟仿真实训教学的需求，也可以作为社会培训的场所。

（五）VR 虚拟仿真实训室几种主要类型与特征

VR 虚拟仿真实训室是综合多媒体技术、大数据技术、人机交互、传感器技术、三维建模技术以及云计算等多种技术手段于一身的实验、实训空间，如图 3-40 所示。

图 3-40　VR 虚拟仿真实训室基本布局图

1. VR 虚拟仿真实训室的硬件环境建设类型

（1）数字化技能教室：采用实物设备+计算机系统控制，支持演示、训练和计算机考核。

（2）虚拟仿真实训室：配备计算机+附属硬件设备，学习者通过键盘、鼠标、操纵杆、手柄实现对操作对象的交互操作。

（3）大场景虚拟仿真实训：配备多通道视景系统+实操设备+软件系统，营造强烈的沉浸感与实物介入，适合大面积观摩实训与多人技能训练。

（4）情景化互动实验实训室：采用虚拟现实技术，真实场景虚拟化，学生以角色扮演方式参与互动。

（5）强交互虚拟实验实训室：高性能计算机系统+头盔+手套+数据衣，组建由视觉、听觉、触觉、运动反馈系统构成的支持原理验证、职业培训和技能训练的交互虚拟实验实训系统。

2. 几种常见虚拟仿真实训室的主要特征

虚拟现实平台配备了当今先进的 VR 设备，包括 VR 头盔、MR 头盔等，集平台展示体验、教学实践、开发于一体。可以利用 VR 一体机、AR 平台、LED 等 VR 设备向外界展示 VR 的新技术，内部结合配套的 VR 教学软件，让学生快速掌握抽象的知识原理，在课堂上进行虚拟仿真训练，培养学生自主学习和探索性学习的习惯。

（1）虚拟现实（VR）创新教学实验实训室

虚拟现实（VR）创新教学实验室为实践教学提供了一个大视野的立体化教学环境，通过 3D 建模技术 1:1 真实还原场景，教师采用 VR 交互设备进行互动教学，学生佩戴眼镜观看，师生如同置身于真实的学习环境中，具有直观、立体、生动、体验式教学的特点。该实验室可适用于大型工程施工现场的工况运作模拟，复杂设备内部立体显示，虚拟工厂实训等，如图 3-41 所示。

图 3-41　VR 创新教学实验实训室

（2）全息教学实验实训室

全息教学实验实训室主要由多套桌面级 VR 交互系统组成，系统利用全息成像技术能将抽象、晦涩难懂的知识以更生动、直观、立体的方式呈现在受众眼前，并呈现虚拟与现实的融合。系统适合大型、贵重设备仪器的展示与微观世界原理的认知，学习方式新颖有趣，加深学习者的印象与学习理解，如图 3-42 所示。

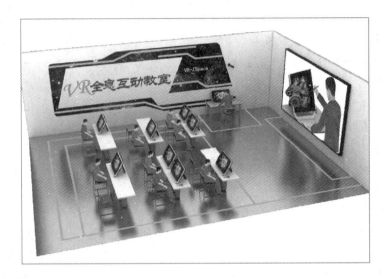

图 3-42　全息教学实验实训室

（3）沉浸式 VR 教学实验实训室

如图 3-43 所示，沉浸式 VR 教学实验实训室主要由 HTC、Occuls 等知名行业企业的头戴式 VR 设备和图形工作站组成，能够给学习者提供一个完全沉浸其中的世界，通过视觉、听觉、触觉等全方位环境的营造，给学习者带来一种身临其境的现场感，增强现场带入感和学习专注度，大幅提升学习兴趣和效果！

图 3-43　沉浸式 VR 教学实验实训室

（六）　虚拟仿真实训室的功能

虚拟仿真实训室将各学科虚拟仿真实训软件、相关理论学习资源需要集中统一管理，形成数字化资源库体系。针对不同的角色（学生、教师和管理员），管理平台提供对应的登录访问、应用、管理等功能及权限，如图 3-44 所示。

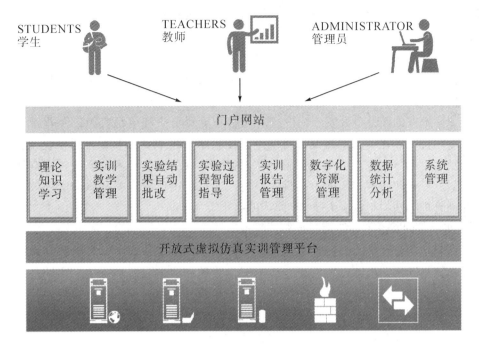

图 3-44 虚拟仿真实训室管理功能

老师端：教师可以进行实训课程管理、实训项目维护、答案规则制定、任务安排、结果跟踪、自动批改、成绩管理。

学生端：学生可以进行理论知识学习、在线实训操作、系统提供智能指导、学生完成实验结果及报告提交、成绩查看。

管理人员：管理人员可以对学生、教师进行管理工作量和成果统计保障实验（实训）教学顺利开展。

五、理实一体化实训室的运作与管理

（一）成立校企合作下的实训管理机构

理实一体化实训室的建设与运行管理，会涉及基建、后勤、系部和教学管理部门以及校企合作单位，需要成立一个独立的实训管理机构，全面负责高职院校实训室建设和管理工作。

1. 制定和实施实训室建设规划方案

一是实训管理机构要协同各系部与校企合作单位一起，由专业带头人牵头共同制订专业实训建设标准、专业实训室建设规划，包括场地、空间、区域布局和设备工具清单及建设计划等；二是注重实训室建设标准和建设规划的专业论证，特别是设备采购要充分考虑现代科学技术和信息技术的快速发展，防止实训设施设备滞后于时代的发展。

2. 制定和完善实训室各项管理制度

一是制定和完善实训基地建设管理制度，包括场地、设施设备和工料具管理制度，设备采购、保养、保管制度以及实训基地岗位职责等；二是制定和完善实训教学系列管理制度，包括教务管理、实训教学过程与质量管理等；三是实训基地安全管理制度，包括设备安全操作规程、实训安全管理制度、实训安全检查与隐患排查制度、实训安全事故处理应急预案等。

3. 做好实训基地建设和教学运行管理

为科学合理地建好用好理实一体化实训室，成立一个专门的实训指导机构，由校领导直接分管，成员由实训中心、各系部负责人及专业教研室主任、专业带头人组成，统一负责实训室的设计、开发、建设，实训中心负责牵头和组织实施；专业带头人负责本专业理实一体化实训室建设标准制定，在制定过程中要对本专业课程设置、教学模式以及学生学习能力有相当的了解，作出科学的计划，经专家论证后付诸实施批准后由系部、专业教研室和实训中心具体建设。该机构还负责理实一体化实训效果的评估、各种管理办法的制定、人员培训等相关工作。

4. 明确实训基地管理职责和综合性管理

实训基地的管理要明确实训基地管理中心和系部的工作职责，教学系部系统做好实训教学计划管理、教学过程管理、教学安全管理和教学质量管理等，实训基地管理中心要做好实训室设备维护维修、场地维护、工料具保障与保管、教学常规管理和设施设备安全管理。

（二）加强"双师型"教师的综合能力培养

理实一体化实训室建设和运行，除了要有先进的操作平台或设备外，还需要具有专业理论和实践能力的双师素质的教师队伍，熟悉专业与课程建设，能够针对专业对应岗位进行分析研究和课程开发，能够根据现代科学技术发展趋势，设计出针对项目学习任务的设施设备；能够结合岗位能力标准，对课程教学内容进行二次重新分解，引进教学项目，设置工作情境，在理实一体化教学过程中，引导学生提高专业技能，实现实训教学目标。

同时要注重引进行业企业有专业技术能力和丰富工作经验的技术技能专家做兼职教师，让他们在理实一体化教学实践中充分发挥其应有的专业技术和工作经验，提高应有的教学效能。

（三）建立富有成效和自身特色的多功能实训基地

在高职院校实训基地建设过程中，为了实现实训室多功能目标，必须坚持对外开放，不断加强与其他高职院校、本科院校、行业企业、科研机构的合作，打造富有特色的能够承担社会服务、技术研发与应用、技能竞赛等项目的多功能实训基地。与此同时，引导专业教师紧盯行业发展前沿，扩大视野，学习先进的技术文化，不断优化实训教学，着力提高实训教学质量、社会服务能力和社会综合效益，扩大学校的影响力，形成富有特色的教学品牌。

【实践·反思·探究】

1. 理实一体化课程内容构成有哪些？结合企业或职业院校调研，说明你在自身教学实践中对工作过程中技术知识与技术操作的关系的理解。

2. 工作页式教材、工作手册式教材和云教材的结构特征有哪些？

3. 结合自身教学，谈谈你所教课程云微课碎片的设计制作方法。

第四章

理实一体化课程教学模式构建

【内容摘要】党的二十大报告指出，"统筹职业教育、高等教育、继续教育协同创新，推进职普融通、产教融合、科教融汇，优化职业教育类型定位"，再次明确了职业教育的发展方向。"理实一体化"课程教学模式是一种以实践为导向，将理论教学、实践教学融于一体的复合型教学模式。它是最能体现职业教育人才培养特色的一种教学模式。因此，构建理实一体化课程教学模式是职业教育课程开发的核心问题。本章首先分析了理实一体化教学主要问题并进行归因，在对理实一体化课程教学模式进行深入思考后，提出了理实一体化课程教学模式建构的必要性和思路；其次结合理论研究和教学实践提出了理实一体化教学模式建构的四大原则，并梳理了理实一体化课程教学模式设计的基本流程、评价与改进方法；最后引入四个理实一体化课程教学模式典型运用案例，分析了理实一体化课程教学模式在职业院校、应用型本科院校的不同专业、不同课程中的运用情况，为职业教育理实一体化课程教学模式的推广和应用提供思路。通过本章的学习，初步掌握职业教育理实一体化课程教学模式问题归因、理实一体化教学模式建构原则、理实一体化课程教学模式设计及应用方法。

第一节 理实一体化课程教学问题归因与模式构建

"理实一体化"教学模式从理论上讲，可以追溯到近代著名教育家约翰·杜威（John Dewey）的以"做中学"为基本原则的实用主义教学理论体系。从实践上讲，则可看做当前德国"双元制"职教模式的一种改进①。受学科教育模式的影响，目前大部分高职教学中主要采用的理实一体化教学模式是将理论教学和实践教学分开实施。通过文献研究发现它们主要分为两种类型：一种是理论教学主要是为实践教学服务的，大多强调知识的应用性；一种是实践教学是为理论教学服务的，大多强调知识的验证性。这两种教学模式可以统称为传统的理实一体化教学模式，这种教学模式存在明显

---

① 何先应. 略论高职"理实一体化"教学面临的七大问题 [J]. 高等职业教育（天津职业大学学报），2010（3）：71-73.

的缺陷，即将理论教学体系与实践教学体系进行人为地割裂，教学效果不是很理想，不利于高职学生的专业融通学习，也不利于理论教学与实践教学的有机融合①。

一、理实一体化课程教学主要问题及归因

近年来，我国不断研究和引进发达国家的职业教育理念和人才培养模式，职业教育界在理实一体化领域做了大量的研究与实践，其目的就是培养适应我国当代产业升级转型发展的高端技术型应用人才。在这种背景下，新的理实一体化教学模式应运而生，它强调"教、学、做"过程的有机融合，与传统的教学模式有很大的区别。比较有代表性的有项目式教学、任务驱动式教学、工学结合等，这种新型的理实一体化课程教学模式，将专业知识、实践技能、职业素养等的教与学有机融合，体现了职业教育以就业为导向的鲜明特色。但遗憾的是，这些优秀的理念和范式在落实的过程中面临很多问题。因此，厘清理实一体化教学过程中的主要问题并进行归因，对推动职业教育理实一体化课程教学改革具有重要意义②。

（一）理实一体化课程教学中的主要问题

1. 理论学习与实践操作脱节

当前我国大部分职业教育及应用型本科教育的专业课程，主要分为专业基础课、专业核心课、专业技能课及单独组织的实践课。其中，专业课和专业核心课大多是以理论课为主，占总学时的 3/4 到 4/5 左右，实践课一般占总学时的 1/6 到 1/4 左右；专业技能课实践学时占比也不是很高，单独组织的实践课一般是在相应课程结束后，单独组织学生集中时间在校内或校外实习基地进行专门的实践操作技能训练。虽然上述几种课程的实践和理论学时占比有所不同，但相同之处是它们大多都是在理论教学完成后再进行实践操作技能训练。职业院校学生大多不擅长抽象逻辑思维且基础理论知识较薄弱，再加上学习兴趣不高和自驱力不强，导致学习效率不高。学生在理论知识学习的过程中本就困难重重，理论教学和实践教学又相对独立，没有及时融合互通，导致后面的实践技能的学习效果也不佳。这种教学模式限制了学生综合职业能力的提高，降低了专业课程教学质量，严重影响了高素质应用型人才的培养。

高职教育肩负着培养大国工匠、能工巧匠的重大责任，以及为区域发展输送急需的高素质技术技能人才的重要使命。2020 年 9 月，教育部等九部门发布的《职业教育提质培优行动计划（2020—2023 年）》指出，职业教育提质培优行动计划的主要目标是"通过建设，职业教育与经济社会发展需求对接更加紧密、同人民群众期待更加契合、同我国综合国力和国际地位更加匹配……"这就是对人才的综合素质提出了更高的要求，要想实现培养高素质技术技能人才的目标，必须将理论学习和实践操作能力的发展作为一个有机整体来看待，让学生在学习过程中获得职业实践中相关联的综合素养。

① 冯文成. 关于高职院校理实一体化课改中面临的问题及其对策 [J]. 兰州石化职业技术学院学报，2012（3）：43-47.

② 李雄杰. 职业教育理实一体化课程研究 [M]. 北京：北京师范大学出版社，2011.

2. 教师主导作用与学生主体作用发挥失衡

现代生产力的发展，对高素质技术技能人才提出了新的要求，要以培养人的综合职业能力为目标，以职业实践活动为导向，强调理论与实践的高度统一；要尊重学生的个性和价值，引导学生主动学习，让学生学会学习。在职业教育中，理实一体化课程教学目标明确，不是完成某项具体的工作任务，便是掌握某一具体的岗位技能。在整个教学过程中，教师扮演着引导者角色，学生才是真正的主体。这就意味着要建立以学生学习为中心，教师为主导，突出学生主体学习活动的教学模式。在教学方法上，应立足于引导学生、启发学生、调动学生的学习积极性，使学生在学习过程中由被动学习变为主动学习；在教学手段上则强调多种教学媒体的综合运用，让学生在形象、仿真的环境中，主动去思考和探索，培养学生分析和解决实际问题的能力。教师的作用发生了根本的变化，从知识的传授者，转变为一个咨询者、指导者和主持者。与传统教学模式相比，教师从教学过程的主要讲授者角色位移，但这并不影响教师教育主导作用的发挥，相反对教师的要求提高了，教师需要具备高超的组织能力、协调能力、沟通能力及教育教学技能才能引导学生高质量地达成学习目标。但是目前职业教育大多是还是传统教学模式，讲授式、示范操作式、案例式等传统教学方法仍旧处于主导地位，虽然也有部分教师选择采取任务驱动式、项目教学式、头脑风暴等教学法，但应用的次数并不多①。通过课堂观察发现，传统教学模式中一堂课中以教师讲授知识为主，学生以听讲为主，教师处于教学过程的中心，学生一般都是按照教师的安排按部就班的学习，被动的学习，即使教学过程中有讨论、答问的环节，也很难看到批判质疑、思想碰撞等象征着深层次学习的现象发生②。这就导致了教师主导作用与学生主体作用发挥失衡，学生主体性没有得到充分尊重和发挥，教学效果难以显著提高，学生的学习能力、思维能力等也难以得到很好的历练，教师的教育教学能力难以得到质的飞跃。

3. 课堂教学重安排轻有效组织

当前理实一体化职业教育课程教学改革在各职业院校轰轰烈烈地开展，也取得了一些成果，但在很多职业学校教学一线却没有产生足够大的影响，学生的学习积极性和学习效果并没有显著提高。其主要原因在于理实一体化教学的组织实施存在重安排轻有效组织的问题。教学活动的展开离不开一定的组织形式。狭义地讲，教学组织形式是指为完成特定的教学任务，教师和学生按一定要求组合起来进行活动的教学结构。在教学史上先后出现的影响较大的教学组织形式，有个别教学、班级授课、分组教学、设计教学法等。目前在职业教育中广泛运用的是班级授课和分组教学。广义地讲，教学组织指的是为完成一定的课程目标和学习任务，围绕一定的教育内容或学习经验，建构一定时空环境，采取一定的方法，应用一定的媒体，教师与学生之间相互作用的方式、结构与程序。前者常被称为教学的社会组织，而后者则应称为教学的整体组织，可简称为教学组织③。无论哪种组织形式，最终的目的都是对整个教学活动进行组织和

① 徐卫东，吴彩君，沈阳. 行动导向视野下理实一体化教学环境的构建［J］. 中国职业技术教育，2010（29）：55-56.

② 姚祖福. 理实一体化教学中存在的问题分析与对策研究［J］. 中国校外教育. 2015（6）：28.

③ 姜大源. 职业教育要义［M］. 北京：北京师范大学出版社，2017.

协调，使教学更加科学化、高效化。根据研究发现，无论是班级授课还是分组教学，一些职业学校的理实一体化课程教学的教学组织实施仍以传统方式为主，围绕知识本位组织教学内容、围绕工作任务流程机械地实施教学过程，这种教学组织方式使得教师在本质上就偏离了理实一体化教学的核心目标。在实际教学中，教师根据知识点和实践任务流程安排学生学习，或集中讲授、示范操作，或学生分组演练。在这个过程中学生仍然是被动的知识接收者，没有激发学生的积极性、主动探索愿望和求知欲。有效的理实一体化课程教学组织，需要针对学生在学校完成学习性工作任务并获得工作成果之间的整个学习和工作过程所应解决的问题，从工作任务的性质定位、工作任务的目标、工作任务的完成过程和工作任务的组织结构四个方面来通盘考虑。

4. 注重教学过程轻教学反馈评价

理实一体化教学注重知识的应用，强调学习主体在实践体验中展开反思性学习。教学反馈实际上也是一种学习的即时反思，能够促进教学双方在教与学的过程中及时纠错，动态调整。即时的反馈能够激发学生参与教学活动的积极性，也能提高教师的教学效率，对师生双方是良好的教学相长的机会。然而，在学生学习能动性普遍不高的学情下，职业教育学校教师往往只注重教学过程的实施，而忽视教学反馈评价，且缺乏有效的工具去监控整个教学过程，这样就做不到有理有据有针对性地根据学生的学习情况实时调整教学内容、方法和策略[1]。少部分自驱力强、学习积极性较高的学生，可以根据教师的指导和安排自觉完成学习并能达到很好的学习效果，而部分自驱力不足、学习习惯不好的学生，可能就难以达到良好的学习效果。另外，注重教学过程而轻教学反馈评价，往往使得理实一体化教学对学生思想认知、学习动机、学习行为的动态调整失去基础，学生得不到即时反馈，难以对自身学习情况形成准确认知，也无法获得持续性的教育引导和学习刺激[2]。

（二）理实一体化课程教学问题的归因分析

1. 职教教师理念认识有偏差

受中小学学科教育模式的影响，职业教育教师一直以来大多也是延续知识本位的教学观念，学科教育是以学科知识为基础，强调系统学习理论知识，然后通过实践获得相应的专业能力。学科教育具有结构性、系统性、逻辑性等特点，有利于学生学习和巩固知识同时也便于设计和管理，但是它忽视学生的学习动机和已有经验，既容易脱离学生的兴趣和生活实际，也容易造成知识的填鸭式灌输。这种教学观念深刻影响着职业学校教学的专业课程体系，并制约着理实一体化教学在课程教学中的正确运用。

理实一体化教学强调建构主义学习理论，对职业教育具有深远的影响和积极意义，实施理实一体化教学必然成为职业教育教学发展的重大趋势。而教师只有在正确的教学理念的引导下，才能更好地开展教学工作。理实一体化教学具有丰富的内涵，部分职教教师对理实一体化教学理念的认知不到位，并未真正地透彻理解理实一体化教学的内在精髓，单纯地认为理实一体化教学就是理论教学与实践教学机械组合。由此，

---

① 陈艳玲，靳荣利. 基于互联网+理实一体化的课程教学模式改革与实践［J］. 物流科技，2021（9）：165-167.

② 金好. 应用型高校理论教学与实践教学一体化模式初构［J］. 贵州师范学院学报，2022（2）：33-38.

导致大部分教师对理实一体化教学设计往往是流于形式，进而导致培养出的学生所掌握的技能与岗位实际情况脱节。所以，职业教育学校应积极倡导并树立正确的理实一体化教学理念，努力引导教师由传统的教学观念向理实一体化教学理念转变，使其真正理解理实一体化教学的内涵，并将这一理念贯穿于整个教学实施过程中，让理实一体化教学得以真正推进落实。

2. "双师型"师资缺乏

教师是推进职业教育改革发展的原动力，双师型师资队伍建设是理实一体化课程开发与实施的保证。没有一支适应于理实一体化课程建设的师资队伍，不仅开发不出优秀的理实一体化课程，也实施不了。理实一体化课程教学要求教师必须具备较强的综合职业能力，既要有扎实的专业理论和职业教育理论基本功，又要具备过硬的专业实践和职业教育实践能力。这样才能有效地组织教学，既能成体系地有针对性地传授专业理论知识，又能很好地指导学生的职业实践，使学生能够事半功倍地掌握专业知识、职业技能，锻炼综合素养。当前随着国家对职业教育的大力扶持，师资不足的境况有所改善，但双师型队伍依然匮乏。一方面学校师资的来源大多数来自普通高等学校培养的本科、硕士甚至是博士研究生，他们拥有较为系统的理论知识，虽然具有相应的教师资格，但是大多没有企业生产实践的经历，其实训能力、现场指导教学能力相对较差，对行业生产一线现状也并不是特别熟悉；另一方面虽然也有些学校从企业聘请技术人员担任教职，但常常又缺乏系统的教育理论知识和规范的教学技能。由此可见，"双师型"师资的缺乏也制约着理实一体化课程改革的实施与发展。

3. 教学场地制约

理实一体化教学模式要求理论与实践教学深度融合，从而实现"做中学、学中做、边做边学"。因此相比于传统教学，它对教学环境提出了更高的要求。首先，要求教学场地能够容纳至少30人的教学班，并且要有配套的实验实训设备。其次，理实一体化教学需要同时进行理论讲授和实践操作，因此教学场所中要设有理论讲授区、小组讨论区、实践操作区等。教学场地建设和实训设备的资金投入较高，当前极少数学校具有建设条件，大多数学校所面临的现实是学生班级多，其教学场地面积、设施都无法满足理实一体化教学模式的环境要求，其理实一体化教学仍是理论课与实践课分开，或开展模块化实训教学。为了保证教学效果，使学生的知识素养和职业素养得到提高，最大限度地缩小校内情景教学与企业真实岗位之间的差距，建设与一体化教学相适应的一体化教学场所和配备最先进的设施设备显得尤为重要。

4. 教学资源不足

教学资源是为教学的有效开展提供的各种可被利用的素材和条件，通常包括文献资料、视频资料、图片、案例、课件、程序等，教学资源可以理解为一切可以利用于教育教学的物质条件、自然条件、社会条件以及媒体条件，是教学材料与信息的来源。要达到很好的理实一体化教学效果，就要求尽量创设和职业实际相似的教学情景，因此，在理实一体化教学中，某些专业课程就要配置大量与企业生产设备水平相当的实践教学设施，而且有些课程所对应的实践设备价格较为昂贵且随着科学技术的发展更新换代较快，学校建设成本高且难以避免资源的浪费①。目前，大多数职业学校教学设施不足以很好地支撑理实一体化教学，受到教学资源总量限制，在现实中时常存在学生扎堆等候使用某些设备设施，这就需要合理配置和充分调度教学资源，协调好资源供给和学生需求之间的关系。另外，很多职业院校缺少供学生查阅文献资料、寻找学习素材的网络和场所，同时目前针对职业学校学生使用的教材和学材，大多是本科教材的缩减版或者实践性较强而理论深度不足。

5. 教学方式变革不够

职业院校课程教学采用理实一体化模式是由职业教育的特点所决定的，从学情来看，学生学习基础差、抽象思维能力弱，且部分学生学习习惯差、学习兴趣不高，如果教师教学方法单一，尤其是延续学科教育的满堂灌式授课，绝大部分学生会难以接受，甚至打消学习积极性和学习信心。从能力本位的职业教育教学观来看，必须突出实践在教学中的主体地位，从而让学生在"做中学、边做边学"。目前大部分职业院校课堂教学的方式仍然没有大的改变，由于做好理实一体化教学需要花费教师大量的时间和精力，再加上这样那样的条件制约，大多数教师力不从心，依然选择省心不出错的传统教学方式，教学方法较为单一，当然也有部分教师尝试任务驱动、情景教学等理实一体化教学方法，但应用次数有限，运用范围也有限。长此以往学生的学习现状也难以根本改变。因此，教学方式的变革在职业院校的课程教学中显得尤为迫切。

二、理实一体化课程教学模式的思考与建构

（一）理实一体化课程教学模式的思考

纵观国内现阶段职业教育理实一体化课程改革实施情况，真正系统化的研究指导措施还不多见，在现实条件不具备的前提下，缺乏科学理论指导和科学筹划的理性思考，往往会导致有限的人力物力上的大量浪费。真正意义上的理实一体化课程改革，是一项高难度、高水平的教学系统工程，需要科学的态度、冷静的思考和谨慎的推进。根据前述职业教育理实一体化课程教学主要问题及归因分析，作者认为职业院校有效开展理实一体化教学，应从以下几方面着手：

1. 分析现实境遇，找准问题

梳理实一体化教学实际问题并对其进行归因分析，正是为了更好地促进理实一体化课程的开发和理实一体化教学模式的运用。全国职业院校众多，根据办学层次不同分为中职学校和高职学校；根据地域经济不同，有发展较快的东部及沿海地区职业院校和发展较慢的西部及偏远地区职业学校。不同学校由于其发展境况不同，办学条件、师资力量、先进教学理念的普及情况等都有所不同，因此各职业院校首先应分析自身现实境况，找准制约理实一体化教学实施和发展的因素，才能从源头上解决问题，为理实一体化教学的有效开展扫清障碍。

2. 针对实际情况，精准对策

针对各职业院校的校情、专业实际情况和课程实际情况等，根据科学的教育理念和系统性的思考对理实一体化教学中实际问题制定精准对策。如对于职教教师教学理

① 刘晓川. 基于 CDIO 高职课程"教学做一体化"的构建与实施 [J]. 职教论坛，2013（14）：64-67.

念的偏差问题，应着力于教师的职后培训、树立优秀教学改革的榜样效应等。再如针对教学资源的缺乏问题，应着力于符合专业人才培养目标和课程目标，以及适应教学内容和教学实施要求的教学资源的开发，并应紧密结合学科、专业的调整，实时进行教材、文献资料资源、视频影像资源、网络资源等资源的更新，保证教学资源的实践性与前沿性。

3. 开展校企合作，产教融合

实施理实一体化课改的核心目的，在于打破传统的课堂式知识传授和技能训练模式，营造工厂化、车间化的教学氛围，形成学徒式的培养指导机制，塑造高端技能型的现代化建设者。即使职业院校教师通过不断地现场锻炼和业务能力提高，能够胜任理实一体化教学，但要使得各个专业都具备工厂化的培养环境，可以说在现阶段还无法实现。最好的方式莫过于校企合作，借助企业的生产条件现场开展教学。教育部2006年相关文件就已指明，高职院校要积极与行业企业合作，在课程开发、优质实训教材开发、工学结合、实训实习基地、师资队伍建设等方面开展产教融合，校企双方互惠互利、优势互补、资源互用。时任教育部职业教育发展中心党总支书记、主任彭斌柏认为，从20世纪80年代开始，职业教育产教融合积累了许多弥足珍贵的理论成果与实践成果，形成了许多可复制、可推广的基本经验和融合模式，中国特色职业教育产教融合正在逐步定型与完善，这是我们推进职业教育产教融合的基础。但同时也应看到，产教融合仍存在融而不合、合而不作，对接不紧密、合作不持续等问题。从地区发展看，经济发达地区的职业教育产教融合发展得比较好，对经济支撑作用比较明显，而一些欠发达地区的职业教育发展不充分，产教融合还难以形成气候。从产业发展看，一产方面，涉农职教资源总体偏少，有的涉农职业院校已转向、特色在淡化；二产方面，制造业所需的技术技能人才培养的针对性、适应性亟待提高，产教匹配亟须由专业与产业的宽泛对接向以专业为基础聚焦制造、装调、操作和运维四个环节的精准对接调整；三产方面，产教融合比较泛化，一定程度上存在脱实向虚的现象。从学校发展看，行业背景比较明显的学校，产教融合做得好一些；缺少行业背景、文科类的职业院校，产教融合相对较弱，职教特点不突出，普教化痕迹较重。从"一带一路"的实施看，已有部分职业院校正在配合中国企业"走出去"，建设鲁班工坊、"中文+职业技能"等项目，但总体规模较小，还不能有力、有效地支撑中国企业、中国项目在海外的持续发展。我们应努力学习、贯彻党的二十大精神，我们要以"知重负重、苦干实干、攻坚克难"的精神状态，因地、因产、因校制宜，务必做实产教融合载体，创新产教融合内容，优化产教融合体制，毫不动摇深化产教融合，坚定不移走产教融合之路。

4. 整合现代技术，资源共享

高质量教学资源，不仅可以积极促进课堂教学的有效实施，也为学生的自主学习提供了便利的条件，不断缩小学校育人与企业用人间的距离。随着现代信息技术的不断发展和进步，教学资源的种类更加丰富，获取更加方便。应充分利用现代技术整合优秀的教学资源，从而实现资源的共享，达到提高教学质量的根本目的。

5. 推进教学改革，加大投入

职业教育与普通教育的本质区别在于，职业教育跨越了传统学校的界域，以就业导向为核心目标。因此，职业教育既要遵从教育规律、认知规律，还要遵循职业发展、职业成长的规律。理实一体化教学正是基于职业教育的特殊要求应运而生的。培养学生解决复杂工作情境中综合问题的能力，必须设法让学生通过工作中的学习来建构自身的知识体系。不断加大师资队伍建设、教学资源建设等方面的投入，持续推进理实一体化改革是当前职业教育改革的重要任务。

（二）理实一体化课程教学模式的建构

1. 理实一体化课程教学模式建构的必要性

随着科学技术的高速发展和经济的高质量发展，行业企业对人才的质量要求越来越高，对高素质复合型技术人才的需求量非常大。企业迫切需要大批职业素养高、实践技能强的技术人才，特别强调职业综合能力。而高等教育传统的教学模式是以学科为中心，秉承基础课、专业基础课、专业课的三段做法，理论教学与技能训练分阶段进行，导致理论与实践联系不紧密，课程教学不能做到真正的"教、学、做"融会贯通，按此模式培养的学生职业素养和综合能力难以达到企业的需求。"理实一体化"课程教学模式突破理论知识讲授与实验、实训课的界限，集理论讲解、现场演示、实践操作、技能训练于一体，以典型项目或工作任务为载体，注重工作过程的完整性，使学生获得结构完整的相关职业技能和职业体验，从而促进学生职业素养的养成。构建理实一体化教学模式是提高职业学校人才培养质量、解决行业企业用人难问题的有效途径。无论是国家职业教育政策的引导、社会市场的需求，还是学校专业的发展，都要求我们必须加快教学模式改革，实行理实一体化教学模式，培养合格的高素质技术、技能型人才。

2. 理实一体化课程教学模式建构的思路

理实一体化教学模式改革，从教学目标的定位到教学内容的整合，从传统单一的评价方式转变到多元评价机制，从而对教师自身队伍进行提升，实现一脉相承的变革。倡导项目式教学、模块式教学、任务驱动化教学、案例教学、情境教学等，注重"学中做、做中学"，提高专业人才培养质量，以满足市场发展的需求，有效建构理实一体化模式：一是要更新专业一线教师的教学理念，通过各种培训、讲座等形式学习理实一体化教学模式建构方法；二是要密切关注行业企业、国家政策的动态，实施调整专业课程结构和内容，使理实一体化教学目标、人才培养目标与国家需要和社会需求高度匹配；三是要积极开展校企合作，开发优秀的理实一体化课程，借助企业优势资源弥补学校教学场地、教学资源等的不足；四是完善理实一体化教学管理，确保理实一体化教学模式的高效开展。

第二节　理实一体化课程教学模式建构原则

由于教学内容丰富、教学方法灵活、涉及面广，理实一体化教学模式的构建要比传统教学模式构建复杂得多，教师在构建理实一体化教学模式时应遵循以下四个基本原则：一是理论与实践相结合的原则；二是教师主导与学生主体相结合的原则；三是校企合作的原则；四是教-学-评相统一的原则。

一、理论与实践相结合的原则

理实一体化课程是指理论与实践通过一个个特定的载体（项目、任务、学习情境等）有机地融合在一起，通过手脑并用的项目驱动、任务引领、做中学、行动导向等手段来实施教学。

（一）理论与实践相统一，是马克思主义哲学的基本原则

理实一体化教学必须将理论教学与实践教学相结合，这也符合马克思主义哲学"理论与实践相统一"的基本原则。著名的教育学家杜威提出"教育即生活"的观点，认为教育应该是让学生亲自动手实践，在"做中学"的过程中感悟到知识的本质和精髓。学生应该从社会生活生产中的实际问题出发分析问题、解决问题，在这个过程中培养了自身的综合能力。理实一体化课程教学是将理论知识与实践应用相结合、理论联系实际的典型应用。

（二）理论与实践相结合，是"情境学习理论"的充分体现

著名的美国学者 Jean Lave 和 Etienne Wenger 提出的情境学习理论认为，要学习的知识将实际应用在什么情境中，就应该在什么样的情境中学习这些知识。情境学习理论强调知识的应用性和实践性，这和职业教育的特点相适应，理实一体化课程教学模式也是强调理论与实践相结合，知识和技能在实践中融会贯通、巩固和提高。理实一体化课程教学模式要求理论教学与实践教学形成良好的互动关系，要求从职业实际中提炼理论知识，并用其指导实践，运用知识解决实际问题，形成新的理论，从而实现理论与实践的相互相长。

二、教师主导与学生主体相结合的原则

著名的认知心理学家皮亚杰提出建构主义学习理论，认为知识是在学习主体内部自然形成的，他注重个体的个性化过程。建构主义学习理论主张教学应该"以学生为中心"，教师和学生之间应该进行真诚的情感交流，创设良好的学习氛围，帮助学生积极主动学习，成为学习的主人。理实一体化课程教学模式的建构要遵循教师主导与学生主体相结合的原则，就是在教学过程中，应该以学生为中心，教师为主导，为学生创设与知识应用相关的情境，引导学生动手实践、积极探索，在此过程中学会分析和解决问题，学会归纳总结。著名教育学家陶行知根据我国实际情况，在杜威的"做中学"理论基础上提出了"教学做合一"的教育理论，他强调教师要以学生为主体，时刻围绕学生开展相关教学活动，在边教、边学和边做的过程中充分锻炼教师和学生的综合素质。理实一体化教学模式就是要突出教师主导、学生主体的基本原则，在教学过程中的关键就是如何激发学生的主观能动性，让学生主动学习、乐于学习。

三、校企合作的原则

校企合作是"产教融合"与"产学结合"指导思想在职业教育实践中的具体生动的表现形式。对于企业而言，职业学校拥有充裕的智力资源和人力资源，校企合作既可以有效降低运营成本，也可以储备部分人才。对于高校而言，职业教育就是以就业为导向，为社会市场培养复合型高素质的技能人才。开展校企合作，学校就能知晓企

业的人才需求情况，实时调整专业人才培养方案，深化教学内容改革。因此，校企合作是职业教育培养合格技术人才的关键。对于理实一体化课程教学模式而言，学校通过校企合作，可以围绕专业岗位需求有效建构教学体系、教学目标和教学内容，开发合适的理实一体化教材，创设理实一体化教学环境，提高理实一体化课程教学质量。因此，校企合作是落实"教、学、做理实一体化"课程教学模式的必然选择。

四、教-学-评相统一的原则

教学评价是课程教学的重要环节。理实一体化课程教学模式改变了传统课程教学的形式结构和实质结构，其教学评价也应和传统评价方式不同。传统教学评价方式主要评价学生的考试成绩或者实践作品成绩，评价方式较为片面和单一。在职业教育培养学生的综合职业能力的人才培养目标背景下，理实一体化课程教学模式下的教学评价，更加注重考察学生的全面发展能力，是一种更加全面、多元维度的评价要求，因此，要将教学评价与教学活动紧密结合，实现教、学、评相统一。

（一）理实一体化课程教学模式应重视形成性评价

就理实一体化课程教学模式的适应情况来看，它主要适用于实践操作要求高、职业导向鲜明的应用型专业，即主要适用于实践性强、应用性强的专业课程。在理实一体化教学过程中，学生的学习效果和综合能力、教师的教学水平都能在教学工作中得到充分体现。因此，理实一体化课程教学模式的教学评价应重视形成性评价，在平时教学过程中及时评价学生的学习效果和综合能力，并反馈给学生，使教、学、评形成闭环，这样，学生能根据评价及时反思、调整，从而提高学习效果和学习质量。教师也能实时动态调整教学状态和教学策略，不断提高教学质量和课程质量。

（二）教、学、评应紧密围绕理实一体化课程教学目标开展

理实一体化课程教学模式通常由若干个理实一体化教学单元组成，围绕某个项目或工作任务引导学生进行主动探索，从而提高综合职业能力。不同的教学单元内容和形式不同，其评价方式也应不同，但它们有一个共同点就是都是围绕同一个课程教学目标而进行的。因此，教师的教学、学生的学习及教学评价必须围绕教学目标和人才培养目标展开，体现出协调一致性，做到教、学、评的统一。

第三节　理实一体化课程教学模式应用设计

理实一体化教学模式适用于实践性较强的课程，通常是以专业教学质量国家标准、国家职业标准为依据，教师主导、学生为主体，以项目任务为载体，以达到培养学生综合职业能力的目标。理实一体化课程教学模式设计的基本流程一般为六个方面。

一、理实一体化课程教学模式设计的基本流程

（一）确立理实一体化教学理念

能力导向型职业教育是职业教育的发展方向，运用理实一体化教学模式首先要摒弃传统教学束缚，以学生为主体，以教师为主导，树立"以人为本"的理实一体化教

学新理念。理实一体化课程教学模式既不是"先理论后实践"，也不是"先实践后理论"，而是将理论和实践有机结合。教学理念的树立使得教师的"教"围绕学生的知识能力基础、个性特征、职业能力培养等合理设计教学目标、内容和教学活动策略；同时使得学生的"学"由被动学习、重视知识的识记转变为主动探索，在"教、学、做"一体化探索中巩固知识、提升能力。

（二）配置"双师型"师资

"双师型"师资的配置是理实一体化课程教学模式实施的保证。适应理实一体化课程教学的教师，应该是一名既具有专业理论和职业教育理论，又具备专业实践和职业教育实践能力的"双师型"教师。在实际课程教学中，双师型教师一般由一名具有双师型素质的教师承担教学任务，或者由 1 名主讲教师和 1 名辅助教师共同承担。

（三）建构理实一体化教学环境

理实一体化课程教学需要以理实一体化教学环境为支撑，理实一体化教学环境主要包括硬件环境、软件环境及与此相适应的实施方式。理实一体化教学环境的建构应围绕"以人为本""知行合一"的理念，利用现有实践条件进行精心设计、巧妙布置。

1. 硬件环境

理实一体化课程教学的实施离不开一定的硬件环境，主要为理实一体化教室和校外实训基地。其中理实一体化教室是整个专业人才培养的重要基础设施，它和传统的理论教室及实训室不同，应同时满足理论教学和实践教学的需求，并充分考虑到教师和学生的需求。在实际教学中，应考虑到理实一体化教室要满足这几个功能：教师讲解、实验实训、学生小组讨论、资料查询、作品展示等，因此理实一体化教室不仅应配备多媒体、黑板、活动桌椅等理论教学所需的基础设备，还要配备与职业实际中相接近的专业实训设施、相关工具和材料等。

校外实训基地一般是由政府或企事业单位合作共建共享，是补充校内实践资源不足、弥补实践环境脱离职业实际不足的最经济的方式，现今职业学校基本达成"政校企研四方联动、产教融合共赢发展"的共识，如何有效地推动产教融合、校企合作，助推理实一体化教学改革，让学生受益，关键就是用好校外实训基地。学生通过校外企业实训基地完成实际工作岗位的技能实践学习，充分感受职业氛围，将理论知识、技能、职业素养相融合，在实干中学习、反思、调整，进而提高综合能力。这样培养出来的学生可以直接参加企业实际岗位工作。

2. 软件环境

软件环境是指在"理实一体化"教学理念指导下构建的，以工作过程为导向的职业教育课程体系、教学实施方案以及教师教学信息监控体系、学生状况掌握与管理体系、教学管理制度与组织体系。

3. 实施方式

实施方式是指与"理实一体化"教学相匹配的教学组织与管理形式——工学交替，理实并行，同时在教学实施和组织过程中，需营造浓厚的职业实践氛围，使学生所学和所做与工作岗位实际需求相适应。

（四）建设理实一体化教学资源

1. 理实一体化教材

教材是教学过程的桥梁，在教学过程中有重要的作用。传统教材大多是理论内容和实践内容完全分开的，不能满足理实一体化课程教学的理论和实践有机融合的要求。理实一体化教材不仅要包含理论学习内容，还要包含实践部分内容。另外，理实一体化教材的编制还要充分考虑职校学生的认知规律、结合专业情况密切联系企业生产实际。教学内容的安排最好是案例式、项目式，并且各项目的设立要遵循建构主义理论，灵活地将理论与实践融为一体。

2. 教学资料

理实一体化课程教学的教学资料，主要是网络平台上的共享的教学课件、图片、文档和视频资源等，其中，视频资源可以是理实一体化课程教学的重要的理论微课和关键的实操微课。

（五）设计理实一体化教学活动

"理实一体化"教学模式是以学生为中心、工作过程系统化、情境化的学习领域的教学模式。教学活动设计是教学模式构建的重要组成部分，教学活动的设计要遵循情境学习理论、建构主义学习理论及生活教育理论，注重职业导向和行动导向、教师主导和学生主体。典型的理实一体化课程教学设计流程，如图4-1所示。

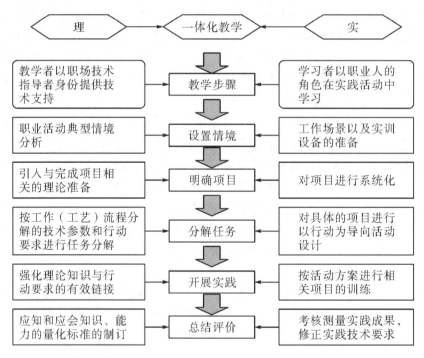

图4-1　理实一体化教学流程图[1]

---

① 徐健. 职业学校理实一体化教学设计探析 [J]. 当代职业教育，2012（1）：36-39.

1. 课程教学目标的分析

教学目标是服务于人才培养的，而专业人才培养方案是理实一体化课程教学实施过程中确定教学目标的基础，因此，首先要将人才培养目标贯彻到课程教学的所有环节。职业学校人才培养的目标是为国家和社会培养理论知识、实践能力、职业素养符合要求的复合型高素质技能型人才。理实一体化课程教学的目标应该是使学生掌握相关理论知识，并应用于实践，在实践中巩固理论知识，使理论与实践相融合，并对接实际工作岗位和社会需要求，培养学生的知识、能力和职业素养。

2. 课程教学内容的构建

经典教学论认为，知识的结构是人类认知的结果，科学性知识的结构是基本的知识结构。这是学科体系的知识结构说。现代职业教育教学论认为，职业行动性知识的结构是一种客观存在却需要经过探究去开发的秩序。这是行动体系的知识结构说①。姜大源提出的知识序化的结构说中指出，职业教育的课程教学内容关键在于将知识在学科体系中的存储性结构还原为知识在行动体系中的应用性结构。因此，以服务发展为宗旨、以促进就业为导向的职业教育，其课程教学的内容应将科学性知识与行动性知识相融合。对于理实一体化课程教学一般是以工作任务或项目为课程设置与内容选择的参照点，通常项目是指精心选择的典型产品或服务的活动，是由一个个典型工作任务组成的。

3. 教学策略的选择

教学策略是指在教学过程中教师与学生为完成一定的教学目标而使用的一切策略的总和。教学策略的运用是为了使学生的学习效果达到最好，应充分考虑职业学校学生的学习基础、心理状况、学习规律，在理实一体化教学实施过程中宜采用以下策略：

（1）理论与实践交替进行策略。理实一体化课程教学中既有理论知识的教学，又有实践操作的示范、练习，它们之间又要有机整合，相互融合。因此，一方面应根据项目、任务的复杂程度进行精简和梳理，化繁为简，化难为易；另一方面应合理安排理论讲解和实操示范及训练的实施时间和顺序。大量的教学实践证明，职校学生不适应长时间的理论教学，因此，宜在一学时的教学中进行理实交替教学，根据教学内容确定次序。

（2）工学结合、校企合作的策略。工学结合的主要特点是学习的内容是工作，通过工作实现学习。学生通过对技术（或服务）工作的任务、过程和环境所进行的整体化感悟和反思，实现知识与技能、过程与方法、情感态度与价值观学习的统一②。充分利用校企合作资源，使学生的学习内容与职业实际紧密结合，学习的积极性和效率提高。

（3）任务引领、项目式教学的策略。任务引领，即任务驱动，是指以工作任务为中心来组织教学内容，以工作任务驱动知识、技能的学习。而项目式教学是指以产品项目或技术服务项目为中心来组织教学内容，学生在完成项目的过程中学习相关知识和技能。学生在完成工作任务的过程中学习理论知识，实践技能，锻炼综合能力。

① 姜大源. 职业教育要义 [M]. 北京：北京师范大学出版社，2017.
② 赵志群. 职业教育工学结合一体化课程开发指南 [M]. 北京：清华大学出版社，2009.

（4）案例教学的策略。案例教学是一种典型的教学策略，是指以案例为基础的教学方法，通过具体的案例的分析，启发学生思考。案例教学策略可以使学生在学习时置身于一定的职业情境中讨论分析问题、解决问题，从而锻炼其知识、技能和综合职业素养。典型的教学案例一般来源于企业生产实际中，充分体现了理实一体化教学的理论联系实际的特点。

4. 教学组织

理实一体化课程教学模式应用的主要目的，是将实际岗位工作所需的理论基础教学和职业实际对应的专业技术实践进行综合应用。因此，在教学组织上关键是要充分利用现有教学条件，将理论教学和实践教学融为一体，充分调动学生的主观能动性，师生双方在边教、边学、边做中完成专业知识体系及专业技能、素质体系的全面构建。理实一体化课程教学组织一般从以下几方面切入：

（1）课前准备工作。充分的课前准备往往使得理实一体化课程教学事半功倍。理实一体化课程教学模式较传统模式课前准备而言更为繁琐，但教学效果更好。本着以学生为中心的指导思想，在课程之前首先要充分掌握学生学习情况、情感态度、能力情况等，在此基础上根据教学目标对教学材料资源、教学设计等进行动态调整。

（2）理论教学和实践教学。理实一体化课程教学模式中理论学习和实践能力发展是一个整体，在课程教学中要重视相关理论基础知识的教学，并善于将复杂的理论知识点通过各种教学策略变化为容易理解和接受的知识。在实践操作教学过程中要重视讲解和示范，将理论和实际紧密结合，对学生的实践操作要进行细致的指导，宽容失误、鼓励学生勇于质疑提问，激发学生对专业相关实践产生浓厚兴趣。

（3）学习效果检验和总结。理实一体化教学环节完成后，要及时组织学生对理论知识、实践操作过程及结果进行检验和评价，及时归纳总结，分析出现该结果的原因、理论依据，及时引导学生制定改进措施。通过有效的理实一体化教学，学生能将理论知识、实践技能内化为自己的经验、能力，循序渐进提高综合职业素养，学生在这个过程中深刻体会了理实一体化课程教学模式的核心价值。

（六）设计科学合理的教学评价

教学评价是促进学生学习、检查学生学习效果、反映教师教学水平的有效手段，是教学过程中的重要环节。教学评价是否科学、公正、合理对学生的学和教师的教都有影响。理实一体化课程教学评价，包括对教师的评价和对学生的评价，应重视过程性评价和学生实践能力的评价，应将理论教学评价和实践教学评价并重。

二、理实一体化课程教学模式设计的评价与改进

理实一体化课程教学模式的核心思想是理论教学与实践教学有机融合，职业教育的核心理念是能力本位的教育观、多元智能的人才观及以人为本、全面发展的能力观，因此，理实一体化课程教学模式设计的评价也应围绕理论教学与实践教学有机融合、能力本位、全面发展的人才培养观展开。

（一）确立教学模式设计的评价能效指标

理实一体化课程教学模式设计的科学性、合理性对教学实施和教学质量的提高至关重要。对教学模式设计的评价一般要确立评价能效指标，以此来衡量设计的科学性

和合理性。由于理实一体化课程主要是服务于社会生产实际的人才培养需要，可以将课程教学目标与行业企业人才需求是否吻合、教学内容与行业企业生产实际是否相符合作为评价能效指标；理实一体化教学需要双师型师资、必要的理实一体化教学环境为支撑，因此可将师资配置情况、足够的设备设施条件、丰富的理实一体化教学资源作为评价能效指标；另外，教学策略的有效运用、任务或项目的有效性、实践教学的成效、与职业资格证书的关联性等，都可以作为理实一体化课程教学模式设计的评价能效指标。

（二）理实一体化课程教学模式设计的改进

理实一体化课程教学模式设计的评价目的，是增强教学模式设计的有效性，推动教学模式设计的持续改进，进而提高教学质量，使教学参与者受益。首先，对理实一体化课程现状进行调查分析，通过针对教学参与者的调查问卷、相关人员的反馈找出存在的问题；其次，围绕评价能效指标对理实一体化课程教学模式设计的科学性、合理性进行检验；再次，通过研究确定改进和发展的目标并制定改进措施；最后，经过一定时间的改进和发展后，对改进的效果进行再次评价，从而保证理实一体化课程教学模式的有效实施。

第四节　理实一体化课程教学模式运用案例

职业教育学校很早就开始倡导理实一体化课程教学模式，前述由于双师型教师缺乏、教学资源不足等等多方面因素，目前依然有很多停留在形式上和口号上。虽然学校、教师普遍都认同理实一体化课程教学模式是职业教育课程教学的重要模式，但是很多一线教师对理实一体化教学模式的理念理解不是很深入，对如何有效运用理实一体化课程教学模式不是很清楚，因此，在实际专业建设和课程教学中实施起来困难重重。本节引入几个不同层次学校（主要是高职、职业本科和应用型本科）理实一体化课程教学模式运用的典型案例，分析理实一体化课程教学模式在实际专业、课程建设中的运用情况，为职业教育理实一体化课程教学模式的推广提供思路。

案例一：以电控发动机检测与维修课程教学为例

电控发动机检测与维修是职业院校汽车检测与维修专业的主干课程，该课程是典型的技术技能类课程，对应的职业工作岗位非常明确。目前该门课程在实际教学中存在理论和实践无法紧密融合，理论教学和实践教学分开进行，影响学生的学习效果，同时，还存在教材、实训设备等教学资源和教学基础设施更新慢等问题。汽车技术发展日新月异，教材知识内容较难赶上技术发展的脚步，汽修专业的实训设备价格昂贵，也无法保证跟上新技术的发展。基于此，课程教师进行了"案例教学+云实习"的理实一体化课程改革。

（一）教学方式与内容

1. 案例教学

电控发动机检测与维修课程主要采用案例教学的方式进行理实一体化教学。学习任务由电控发动机的故障案例引出，这些故障案例是来源于实际维修过程中的典型案例。要求学生和教师一起分析故障、排除故障，激发学生的学习兴趣，调动学生的积极性，驱动学生解决实际问题。学生课前自主查询资料，自主探索解决问题的方法，课堂中教师指导学生梳理知识脉络，引导学生发现问题的关键环节，进而一步步解决问题。课程教师将课堂与维修车间结合，教师和车间维修技术人员共同指导学生学习，主要是指导学生规范实践操作，及时将行业新技术、新工艺、新规范纳入教学标准和教学内容。通过案例教学，学生将理论和实践紧密联系起来，并在课程上直接将理论知识运用于解决实际问题，在解决问题过程中，学生既能巩固基础理论知识，又能锻炼实践操作能力，还能锻炼综合能力。另外，通过启发式教学，将学生作为学习的主体，教师仅作为引导者和协调者的身份存在，充分尊重了学生的个性。

2. 校企合作

电控发动机检测与维修课程充分利用校企合作资源，以此来弥补学校实训条件、资源的不足。主要是四个方面：一是校企合作为理实一体化课程提供实施条件，企业提供相关汽车故障与维修的真实案例供课程教学使用，学生切身体会真实职业情境，有利于教学效率的提高；二是学校为企业储备人才，企业则为学校提供汽修专业所需的实训设备及场所，解决实训设备更新慢等问题，为理实一体化教学模式创造条件；三是企业为学校提供实践指导师资，学校教师和企业技术人员共同合作进行理实一体化教学，解决课程"双师型"师资缺乏的问题；四是企业为学生提供实习岗位，学生学完基础理论知识和实践操作技能后，进一步深入企业工作岗位进行实习锻炼，将所学知识、技能及时运用在实际岗位中，既能深刻体会所学知识的重要性，也能通过有效的实践提高自己的专业认知、职业认知，在整个学习过程中锻炼分析思考能力、沟通协作能力等职业综合能力。总之，校企合作是职业院校提高人才培养质量的有效途径。

3. 云实习

电控发动机检测与维修课程将网络技术与课程教学结合创造了新颖的教学方式，即将案例教学法与云实习教学在理实一体化课堂上结合。该课程将教学案例与教学模块一一对应，将电控发动机检测与维修课程内容分解为传感器、燃油喷射系统、电子点火系统、排放控制系统四大模块，每一个模块选取维修企业的典型案例作为引导，以培养学生分析与解决问题能力为核心，坚持以学生为主体，设计任务工单，并利用网络直播手段连线实际企业维修车间，进行云实习和理实一体化教学。在实践操作过程中，通过云实习及时与维修技术人员沟通，教师和技术人员一起指导实操过程，并根据企业标准即时评价实训操作情况，利于学生及时反思改正，使学生的知识技能学习效果提高，获得感和成就感得到增强，教学质量得到提高。其理实一体化课程教学框图，如图4-2所示。

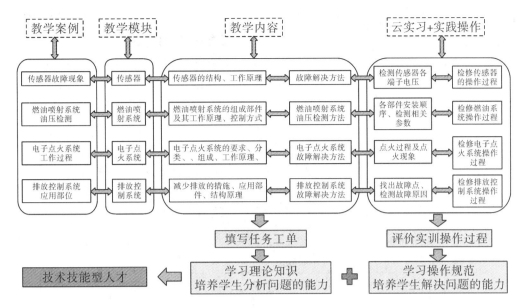

图 4-2　电控发动机检测与维修课程理实一体化教学模式

（二）教学组织

电控发动机检测与维修课程以实际维修工作中的典型故障车为例，引出学习内容，学生收集相关资料，在课程教学中通过教师指导和云实习方式共同进行故障分析和检修操作。在这个过程中企业充分参与课程教学，为理实一体化教学模式提供素材、情境和技术支持，电控发动机检测与维修课程理实一体化教学流程，如图 4-3 所示。

图 4-3　电控发动机检测与维修理实一体化教学流程①

该课程教师将教学过程分为课前准备、课中交互和课后巩固三个阶段，如图 4-4

---

① 邹慧. 基于"案例教学+云实习"的理实一体化课程改革：以电控发动机检测与维修为例［J］. 集宁师范学院学报，2021（2）：33-38.

所示。课前准备环节主要由教师和学生共同完成，教师主要负责教学内容、教学案例的选取、教学目标的指定，以及教学设计、教学资源和环境的准备工作等，还要与学生沟通学习任务的布置；学生主要完成学习小组的安排，根据学习任务结合学习资料进一步进行资料的收集，分组讨论及撰写小组汇报提纲。课中交互环节教师组织学生学习小组完成学习汇报，师生共同探索故障问题的解决方案，并通过实操验证解决方案是否正确。课中环节还充分利用云实习连线企业维修车间，在线学习维修技术人员现场维修工作。在此过程中，教师引导学生积极讨论、与技术人员探讨技术性问题。在理论知识和实际操作结束后，教师组织学生对学生探索出的解决方案与企业技术人员常规检修方案进行对比，从而将学习维度提高到更深层次。最后一个环节是课后巩固，教师组织学生进行归纳总结，进一步提高思维能力。

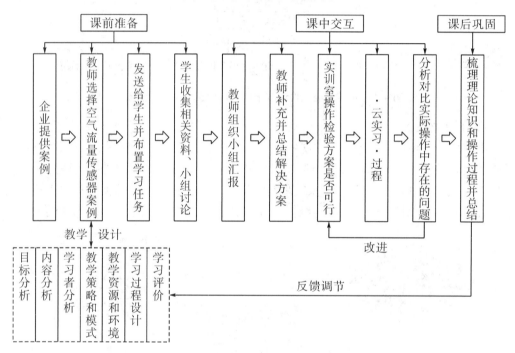

图4-4　电控发动机检测与维修理实一体化教学流程①

（三）教学启示

电控发动机检测与维修课程理实一体化教学模式的特点有：

（1）采用案例教学为学生创设情境，充分激发学生的好奇心和求知欲，调动学生的学习主动性，实践了以学生为中心的教学理念。

（2）合理利用校企合作资源提供教学环境、教学案例和师资力量，实现理论与实践教学的有机融合。

（3）充分利用网络技术，简化教学流程，实现学校教学与企业生产实际的有效对接，使学生身临其境，学以致用。

当然采用此种理实一体化教学模式，对教师的知识水平、教学能力、组织能力有

---

① 邹慧. 基于"案例教学+云实习"的理实一体化课程改革：以电控发动机检测与维修为例［J］. 集宁师范学院学报，2021（2）：33-38.

较大的考验，对学生的学习积极性和主动性也是很大的挑战。其次，还需考虑和企业现场的衔接，教师和技术人员的配合等问题。

案例二：以运动控制系统的设计与装调课程教学为例①

运动控制系统的设计与装调课程是机械类的一门应用型极强的专业技能课程，该课程将课程思政理念、线上线下混合教学模式与理实一体化课程教学模式相结合，着力培养学生关键能力、有效提高专业知识技能，潜移默化地培养学生的爱国情怀与职业素养，实现育德与修技的有机结合。

（一）课程整体设计分析

1. 教学内容设计

运动控制系统的设计与装调课程是职业院校机电一体化技术专业的专业核心课，是理论与实践紧密结合的一体化课程，该课程理论知识复杂抽象、设计工作较难，对教师和学生的综合能力要求较高。课程教师根据课程特点、地区经济发展特色等深入挖掘思政元素和实践项目，将该课程的主要内容梳理为 PLC 编程模块、变频控制模块、步进驱动模块、伺服驱动模块及网络通讯模块五个模块，每个模块选取一个理实一体化实践项目，实践项目也是选自工业实际产品。如 PLC 编程模块选取自动升降国旗装置并渗透爱国主义教育；变频控制模块选取传送带调速设计装调项目并培养认真严谨的职业素养；步进驱动模块根据学校所在地柳州当地的特色产业螺蛳粉生产，选取螺蛳粉产线设计装调；伺服驱动模块则根据当前社会实际需求现状，选取口罩生产线设计装调项目并渗透知识技术服务社会国家的家国情怀、社会责任意识；网络通讯模块则选取包装生产线设计装调项目，侧重培养学生的"精益求精"的大国工匠精神。整个课程内容的设置和项目的选择，充分贴合专业应用实际，着眼社会热点服务区域社会经济发展，能激发学生的学习兴趣，使学生在学习过程中体会到学习知识技能的价值。

2. 教学活动设计

该课程理实一体化教学主要采用项目式教学模式，通过上述自动升降国旗装置、传送带调速设计装调、螺蛳粉产线设计装调、口罩生产线设计装调四个项目、包装生产线设计装调五个项目的学习，驱动学生自主学习，将课程基础知识与实践操作技能的学习融入项目实施过程中，将理论和实践紧密结合起来，有利于提高课程教学质量。该课程教学根据教学内容选取的实践项目不同，但教学组织实施的模式基本相似。应用伺服系统实现口罩生产线的控制教学项目，其教学实施设计分为课前准备、课堂教学、课后学习三个环节。

（二）教学组织

1. 课前准备

该课程教师在课前通过学生前期专业课学习档案、调研、测试等方法，分析了学

① 刘方平. 课程思政背景下理实一体化课程线上线下混合教学模式的探索与实践：以"运动控制系统的设计与装调"课程为例 [J]. 柳州职业技术学院学报，2022 (3)：61-65.

生的学习情况，对专业能力、关键能力及职业素养等方面分析了已具备情况和存在的问题，总结出学生对课程知识难点、动手操作、编程能力、故障诊断及排除等方面的疑难问题作为重点加强，对归纳总结能力、表达能力、团队协作能力、学习习惯等方面的关键能力，对责任意识、职业行为习惯等职业素养方面要重点培养。教师准备了大量的原理讲解、操作方法与步骤等视频，供学生课前自主学习，还设置有辅助学生知识技能回顾及基础知识补充的拓展资源，给不同基础的学生根据需求自主学习。线上资源的恰当利用充分考虑了不同情况的学生需求，让基础较好的学生可以利用学习资源主动探索更深层次的问题，基础较差的学生可以利用资源随时随地学习，筑牢基础，避免步步掉队的现状；教师则因材施教，注重引导、督促不同学生完成自主学习，充分体现了以学生为中心的教育原则。

2. 课堂教学

学生课前自主学习应用伺服系统实现口罩生产线的控制项目，对伺服系统的基本概念和原理有一定基础，教师将课堂教学内容分为三个部分：伺服电机的结构原理教学、伺服驱动电路安装与面板操作教学、口罩生产线控制教学。伺服电机的结构原理教学，通过案例导入的方式引入伺服系统的概念，采用小组讨论、案例分析、虚实结合等教学方法和手段，学习伺服系统的应用领域、工作原理、常见产品品牌，再导入下一个部分实操内容的学习；在伺服驱动电路安装与面板操作部分，教师主要采用教师示范、小组讨论、研讨、学生动手实践、个别指导、教师点评等教学手段帮助学生完成伺服系统的接线、控制伺服电机等技能的学习；口罩生产线控制部分的教学，教师采用抢答赛、小组讨论、仿真运行等方式帮助学生完成位置控制方法学习、项目功能分析、设计编程、安装调试等任务。整个教学过程遵循运动控制系统的设计与装调课程的知识逻辑、职业中的工作流程采用线上线下结合、理实一体化的教学模式有效完成教学任务。学生在教学过程中不仅学到了专业知识和技能，还培养了自主学习、团队协作、责任担当、工匠精神等职业综合能力和素养。

3. 课后学习

完成项目学习后，学生分组整理完善设计图纸、实验报告、项目实施结果解说视频等学习成果，并提交到线上学习平台；教师及时批阅、反馈指导，并选取典型成果进行点评，让学生通过总结汇报及经验分享的形式培养学生的表达能力、集体荣誉意识，使学生学会学习、学会总结，不断进步；课程教师及时通过调查问卷的形式了解学生的知识、技能掌握情况，以便动态调整教学策略。

（三）教学启示

运动控制系统的设计与装调课程教学模式是较典型的理实一体化教学模式，从课程思政、能力导向的角度，聚焦社会热点、区域特色产业，着眼行业实际选取典型项目案例，实现课程教学内容与社会、产业和行业接轨，符合职业教育的定位。课程充分利用建设的线上教学资源的便捷性，运用项目驱动式教学，采用小组讨论、汇报、主动查阅资料等手段激发学生的学习兴趣和主动性，将枯燥复杂的理论知识与实践应用有效结合，使学生学习效果得到改善、课程教学质量得到提高。

案例三：以管理会计课程教学为例①

教师对管理会计课程进行具体分析后，根据理实一体化课程教学模式从教学理念、教学程序、教学内容、教学组织等方面进行教学设计和实践。

（一）课程教学目标与学情分析

管理会计课程是会计专业的专业核心课程，是一门将现代化管理与会计融为一体的综合性交叉学科。根据课程实际及其在实际岗位中的作用和要求，将教学目标设定为：使学生掌握一系列基本程序、操作技能和方法，并培养学生的判断、感知、超前思维等专业素养。随后分析课程的特点，该课程教学的优势在于有大量的案例可供借鉴分析，能丰富课堂教学的内容、调节课堂教学的氛围和拓展学生的视野。该课程的困境在于课程内容用大量的分析和计算，学生难于理解，畏难情绪严重。这也正符合大部分职业学校学生的现状，学生理论知识薄弱，大部分学生数学计算和逻辑推理能力较差，不擅长抽象思维。因此对于理论计算和分析类型的课程学习起来非常困难，影响学生的学习积极性，学生越是害怕学习就越是学不好，容易形成恶性循环，久而久之学习效果大打折扣，很多学生就不爱学习，甚至放弃学习。

（二）教学理念设计

课程教师基于课程特点和学情进行教学理念的重构。首先确认能力导向型职业教育的方向，管理会计课程应始终围绕能力导向开展教学。学生通过课程学习能够得到什么：学到什么知识？提高什么能力？哪些职业领域需要这些能力？梳理完成后认为，学生的职业行动能力和思考分析能力是关键。接下来确立在课程中如何实现培养学生的职业行动能力和思考分析能力。课程教师根据职业岗位生产实际选取相关任务单元实行理实一体化教学，其教学目标、能力分析片段，如表4-1所示。

表4-1　管理会计课程任务案例分析

生产经营决策中的产品是否深加工决策问题	
教学目标	通过计算分析企业是否深加工从而获取更多利润
学习结果	做出深加工之后再出售或者不深加工直接出售的决定，从而使企业利润更大
能力表现	选择正确的计算方法的分析能力和做出决策的能力

（三）教学活动设计

1. 教学内容设计

教师通过教材内容的优化整合、线上教学资源的优化运用等手段，对教学内容进行优化设计。

（1）对教材内容进行优化整合，实现知识的碎片化到模块化。

（2）对教学内容进行适当调整，理清重点内容。

① 席海英. 理实一体化课程远程教学设计与思考：以管理会计课程为例［J］. 湖北开放职业学院学报，2021，34（18）：123-129.

（3）借助线上教学资源丰富教学内容，通过校企合作、院校合作建设教学资源。

（4）通过理实一体化情境教学方式，设立教学情境，便于学生的职业认知和沉浸式学习。

2. 教学组织设计

课程教师以能力导向为主线，充分利用情境学习理论实施课程教学，其教学组织流程如下：

（1）设置情境。通过加强政府、行业、企业与学校的四方合作建设课程教学案例库，通过职业岗位实际案例搭设教学情境，让学生学习之前充分感受工作情境，了解要解决的实际问题，激发学生的好奇心和求知欲。

（2）理论教学和实践教学。理论基础知识采取教师引领或师生协同分析，搭建知识框架的方式学习；实践部分先建立实践教学模式的拓扑结构，再通过相关实践平台进行实操示范或师生互动，随后进行学生实践操作；教师通过选用典型的制造业企业为研究对象，让学生运用管理会计工具，完成一个周期的运营决策，并结合经营结果编制分析报告。在这个过程中，学生边学边做，在企业实际工作情境中学到专业知识，培养职业综合能力。

（3）总结归纳。情境教学工作任务完成后，教师组织学生总结分析在学习过程中的问题、发现的新方法和新知识，总结理实一体的知识建构框架，在这个过程中以学生为主体进行分析，教师只是起到引导的作用，充分体现了"以学生为中心"的指导思想。

案例四：以汽车服务工程专业为例①

（一）理实一体化教学模式的设定

汽车服务工程专业是在2004年开设汽车检测与维修技术、汽车技术服务与营销等普通专科专业的基础上经多年的发展起来的，2013年开始正式开办第一届普通本科。汽车服务工程专业开办之初就确立了应用型的定位，确定了课程教学内容与体系改革的方向，倡导理实一体化课程教学模式，通过优化校企合作建设双师型师资队伍、建设实践教学条件，不断完善理实一体化课程教学改革。

（二）理实一体化教学模式的课程系统

汽车服务工程专业主要是面向区域和汽车行业培养高素质的应用型本科人才，该专业重视学生的职业能力、实践能力的培养，通过理实一体化教学模式培养学生扎实的专业知识和技能，将汽车专业理论与行业岗位实际相融合。在汽车服务工程专业人才培养方案中，主要设置形成培养学生人文素养、工程素养、学习能力和发展能力等综合能力的理实一体化课程体系。课程结构主要分为通识教育课程、专业教育课程和单独实践教学课程，其中专业教育课程又分为学科基础课程、专业核心课程和专业发展课程。专业实践学时数约占总学时数的35%，理实一体化教学模式在专业教育课程和单独实践课程中广泛运用。采用理实一体化教学模式的专业核心课程主要有：汽车

① 资料来源：成都师范学院汽车服务工程专业人才培养方案。

构造、汽车理论、新能源汽车结构与原理、智能网联汽车技术、汽车营销学、汽车保险与理赔、汽车数据分析等，除此之外，还有汽车生产制造与新能源汽车综合实训、数据分析实战、智能网联汽车综合实训等单独实践教学课程。体现专业特色的专业核心课程与单独实践课程紧密衔接，进一步巩固学生专业核心知识和能力的提高，充分体现了专业人才培养对学生实践能力、应用能力的重视。

（三）教学成果及启示

经过不断发展和建设，汽车服务工程专业取得了较好的成效，在专业建设方面2019年汽车服务工程专业获批为省"第二批应用型示范专业"，2020年获批为"省一流建设专业"。在课程建设方面，1门课程被认定为省级应用型示范课程、1门课程被认定为省级创新创业示范课程，1门课程被认定为省一流本科课程，1门课程入选教育部产学研协同育人教学改革项目优秀案例。学生参加"挑战杯"等活动多次获得省级金奖，进入社会广受用人单位好评。汽车服务工程专业在运用理实一体化教学模式的过程中积累了一些经验，主要体现在以下几个方面：

1. 坚持专业标准与职业标准相结合

随着我国社会经济发展的转型升级，对劳动者的综合素质要求越来越高，不仅要熟练掌握工作岗位所需的知识技术技能，还要具备独立的思考能力、扎实的理论基础和良好的职业综合素养。汽车服务工程专业在人才培养方案的制定、修改过程中，专业教研室教师团队多次深入汽车行业、企业调研，了解汽车行业的发展状况和发展趋势，了解相关职业岗位的工作实际情况，学习行业专业最新技术，探讨行业需要什么样的人才、市场紧缺哪些类型的人才，并聘请行业专家论证人才培养方案是否与行业实际相符合、专业标准要求是否与职业标准要求相匹配。因此，汽车服务工程专业制定了面向行业紧缺汽车技术服务、智能网联、汽车数据分析等领域的专业方向，学生可以选择自己感兴趣的方向深入学习，专业发展能够紧随国家战略路径，与时俱进，不断发展壮大。

2. 重视双师型师资队伍的建设

双师型教师是理实一体化教学模式的重要部分，理实一体化教学模式对教师的专业理论、实践技术能力及教学组织能力，甚至是综合能力的要求都非常高。有了好的教学模式，没有能驾驭运用的教师，也无法达到培养目标。汽车服务工程专业从申办之初就重视双师型师资培养，一方面重视对现有教师队伍职后培训学习的支持，另一方面注重从职业院校、校企合作企业引进高级技师、工程师等专业人才补充师资的不足。通过不断深入行业、企业学习，不断加大师资队伍建设力度，汽车服务工程专业的双师型师资数量占比，从开办之初的不到80%到目前的专业教师双师型教师占比达到95%以上。

3. 重视理实一体化教学场地的建设

教学场所是理实一体化教学模式实施的重要基础，有了理实一体化教学理念和课程及双师型师资，没有相适应的教学条件，也是"巧妇难为无米之炊"。因此，汽车服务工程专业重视理实一体化环境的建设。由于汽车服务工程专业学生就业岗位主要是在汽车技术服务、汽车数据处理、汽车网络营销服务、汽车金融保险服务等领域，专业实训设施主要是各种汽车零部件、整车、汽车维修设备等，这些实训设备价格较高、体积较大，对理实一体化教学场所的要求，首先就是理实一体化教室面积大、实训设备齐全。这些实训设备随着汽车产业革新和技术的发展更新换代也较快，汽车服务工程专业从实际出发，通过与相关企业合作建设理实一体化教室；与硬件实力雄厚的中职院校合作，共享实践教学资源，以成本较低的方式丰富了实践教学资源。目前，汽车服务工程专业建成了汽车综合实训中心，场地较大且配备有理论教学使用的超大屏幕显示器、移动手写白板、不固定学习桌椅及实践操作使用的实验台板桌椅，还有教学用车若干台、较齐全的实训设备，可满足理实一体化教室的要求，供多门理实一体化课程教学使用。

（四）重视校企合作、产教融合

产教关系是职业教育（包括应用型本科）服务经济社会发展的客观表现。汽车服务工程专业重视校企合作、产教融合，充分利用企业资源为专业建设、学生发展提供保障，为理实一体化课程教学模式的实施创设条件。汽车服务工程专业成立之初，师资队伍、实训教学条件等都很薄弱，通过校企合作和财政资助建立了应用型人才协同育人机制，获得教育部产学协同育人项目十余项，不仅建成了功能较全的理实一体化教学场地，还建立了十余个校外实习就业基地，聘请企业、职业院校专家若干充实师资队伍。可以说，校企合作很大程度上解决了职业教育或应用型本科专业建设的投入问题，成为构建高水平双师型队伍、提升学生就业质量及社会服务能力的重要支撑。

【实践·反思·探究】

1. 结合实际分析当前职业教育理实一体化课程教学实施的主要问题有哪些？出现这些问题的原因主要是什么？

2. 建构理实一体化课程教学模式的基本原则有哪些？

3. 结合实际举例说明如何有效运用理实一体化课程教学模式。

第五章

理实一体化教学建设与教学设计

【内容摘要】党的二十大报告强调深入实施科教强国战略，坚持教育优先发展，建设教育强国、人才强国，推进职普融通、产教融合、科教融汇，优化职业教育类型定位，为我国新时代职业教育发展指明了方向。理实一体化教学使理论与实践融为一体，能有效消除"理实脱节"弊端。通过基于行业工作过程的教学内容，通过教师的"做中教"和学生的"做中学"，全程构建理论知识、专业（职业）技能和综合素质一体化培养框架，从而激发学生的学习热情，增强学生的学习兴趣，加深对理论知识的理解，牢固掌握专业（职业）技能，塑造正确的价值观。本章阐述理实一体化教学建设与教学设计。包含"理实一体化教学概述（教育理念、本质特点、适用课程及常见问题）""理实一体化教学准则与教学规范""理实一体化教学建设"和"理实一体化教学设计"四项内容。

第一节　理实一体化教学概述

一、理实一体化教育理念

教育理念是指教育主体在教学实践及教育思维活动中形成的对"教育应然"的理性认识和主观要求，包括教育宗旨、教育使命、教育目的、教育理想、教育目标、教育要求、教育原则等内容。教育理念建立在科学理论基础之上，是对教育理论集中的、生动的表达。教育理念作为一定历史时期人们对教育发展的理性认识，体现了教育的价值取向和理想追求，是教育改革发展的重要价值引领和实践导向。理实一体化教育理念主要源于建构主义学习理论和知行合一的教育思想。具体阐述如下：

（一）建构主义学习理论

最早提出建构主义（constructionism）学习理论的是认知发展领域最有影响的瑞士心理学家皮亚杰（J. Piaget），他所创立的关于儿童认知发展的学派被人们称为日内瓦派。皮亚杰坚持从内因和外因相互作用的观点研究儿童认知发展，认为儿童是在与周围环境相互作用的过程中，逐步建构起关于外部世界的知识，从而使自身认知结构得到发展。皮亚杰的理论充满唯物辩证法，利用建构主义能够较好地阐释人类的认知规律，既能较好地说明学习过程如何发生，意义如何建构，概念如何形成，也能清晰地表明理想的学习环境包括哪些主要因素等。

建构主义学习理论认为，学习不是知识简单传递（灌输）的过程，而是学生在特定的情景之下，借助学习资源以及与他人协作而实现的意义建构过程，这种建构必须由学生自主完成，任何他人（包括教师）都无法代替。按照建构主义学习理论，"情景""协作""会话"和"意义建构"是学习的四大要素。其中，创设情景要有利于新知识和新技能的意义建构，协作探究要贯穿于整个学习过程之中，互动交流（会话）是学习过程中不可或缺的环节，而意义建构才能加深学生对教学内容理解，能力获取也更加全面，从而最终达成教学目标。建构主义学习理论强调学生的主体地位，倡导在教师的指导下自主学习和合作探究，强调教师在学生意义建构过程中发挥引导、帮助、促进和评价作用。

（二）知行合一教育思想

"知行合一"是我国明朝著名思想家王守仁（王阳明）首创的哲学理论。即认识事物的道理与实行其事是密不可分的。知是指人的内心觉知，对事物的认识；行是指人的实际行为，知为行之始，行为知之成。"知行合一"既是我国古代哲学中认识论和实践论的命题，也是阳明文化的核心。人民教育家陶行知先生在我国古代"知行合一"哲学理论基础上，借鉴杜威"做中学"思想所提出的"教学做合一"教育思想，为理实一体化教学奠定了更加明确、更加坚实的理论基础。

陶行知先生"教学做合一"教育思想要点包括：其一，教学做三者应该"合一"，而不应该分离。即教学做是一件事（合一），而不是三件事（独立）。其二，必须以"做事"为出发点。教师应该为教学生会做事、肯做事而教，学生应该为学会做事而学，即事怎样做便怎样学，怎样学便怎样教。其三，教与学都要以"做"为中心。要想教得好，学得好，就必须做得好。

陶行知先生"教学做合一"教育思想把"做"置于教学的中心，"做"是教学过程的重点，教和学都必须体现在学生的"做"上，否则就不是真教学。陶行知先生所说的"做"，实际上是知与行的统一，是广泛意义上的生活实践、社会实践和科学实验活动，教学做合一是辩证唯物论的知行统一观在教学领域的具体运用，三者相互联系，相辅相成。

遵循陶行知先生"教学做合一"的教育思想，职业院校应该把传统教学中的以书本为中心，以课本知识为中心转变为以实践为中心，以实际生活为中心，注重克服传统教育中重教不重学，重知不重行，重教师主导作用而忽视学生主体地位，以及教与学脱节、学与用分离等弊端。

应该指出，理实一体化教学绝不是理论教学与实践教学的简单组合，更不是理论教学与实践教学形式上的结合。它遵循学生理论知识认知和技能技巧形成的规律，从理论知识与专业技能两者相互依赖、相互促进的现实需要出发，通过构建理论教学与实践教学紧密结合、理论知识与专业（职业）技能深度融合的全新教学模式，追求理论知识教学和专业（职业）技能训练"1+1>2"的效果。

二、理实一体化教学本质特点

理论联系实际是教育学重要的教学原则，"知行合一、理实一体"既是对职业院校学生素质的要求，也是提升职业院校学生素质的重要途径；既是培养目标理念，也是培养方法理念。应该在德育为先的基础上，强调"能力为重"，这里的能力包括动手能力、实践能力、适应能力、创新能力、创业能力等。

按照传统教学模式，教师一般先进行理论教学，再进行实验验证和实践训练。而理实一体化教学则实行理论教学和实践训练交替，直观与抽象交错，理中有实，实中寓理。理实一体化教学不仅有利于增强学生理论联系实际的意识，培养应用理论知识分析和解决实际问题的能力，强化专业能力和职业技能，而且有利于激发学生的学习兴趣，充分调动学生的学习积极性和创造性。其本质特点可以用"教学场所一体化""教学内容一体化""实践项目岗位化""课程构建模块化""师资队伍双师化"和"教学评价多维多元"加以概括。具体阐述如下：

（一）教学场所一体化

理实一体化教学强调工作过程系统化，强调时间与空间的统一性。通常以校内实验室、实训室或合作单位工作现场等实践基地为课堂（教学场所），要求在同一空间和时间之内开展理论与实践两种教学，并根据教学活动需要及时进行教学场景切换，实行理实相融，实现"教学做合一"。因此，实施理实一体化教学的场所，必须同时满足理论教学和实践教学两方面的要求，一般应设置知识讲授区域（配置黑板+电脑及投影仪等）、实践教学区域（配置相应实训设备、工量具及耗材等）、学习讨论区域、资料查阅区域（上网）等，以便于理实一体化课程各项教学活动的顺利开展。

（二）教学内容一体化

理实一体化教学强调理论与实践紧密结合，教学内容（教材）具有理论与实践融于一体的显著特点。高职院校理实一体化教学内容通常基于行业典型工作过程，以代表性工作任务为学习载体，将所属行业的工作过程转化为学习领域的学习过程，并据此设置一体化教学活动，以达成知识、能力（技能）和素养一体化发展目标。

（三）实践项目岗位化

理实一体化教学强调以"做（实践）"为中心。职业院校理实一体化教学通常围绕项目实践展开，不仅教学场所（实训室或实习场所）具备相应的实践教学条件（设备、场地、耗材、工量具等），而且实践项目源于行业岗位，相关理论知识学习围绕项目知识点展开，相关专业（职业）技能训练通过完成项目各项工作任务实现（任务驱动），符合"真题实做"要求，体现了行业岗位工作实践育人的职业教育特色。

（四）课程构建模块化

模块式教学是国际劳工组织在 20 世纪 70 年代开发出来的一种较为先进的培训模式，该模式在深入分析行业职业（工种）和技能的基础上，严格按照行业工作标准（岗位规范）开发出多种多样的培训教学模块，再根据行业岗位培训需要，采取类似积木组合方式构建特定的培训课程。高职院校理实一体化课程基于行业岗位典型工作，故应采用与行业岗位培训课程相类似的模块化课程构建方式，根据特定课程教学大纲（课程标准）规定的教学目标、教学内容以及学时要求等，选择相应的教学模块（学习单元）构建特定的理实一体化课程。

（五）师资队伍双师化

陶行知先生说：教学做是一件事，不是三件事。教师要在做上教，学生要在做上学。教师拿做来教，乃是真教，学生拿做来学，乃是实学。因此，理实一体化教学必须由"双师型"教师承担，任课教师既要拥有丰富的专业知识，能讲授相关理论知识（包括行业工艺原理、设备工作原理等），也应具有高超的专业技能，能进行设备操作等演示示范，并指导学生实践（技能）训练。同时，要求任课教师对整个课程的教学目标、教学重点、教学难点、技能要求等了然于胸，具有组织各环节教学、进行教学反馈和考核评价的能力。当然，师资一体化也可以通过组建课程教学团队（理论教师和实践教师优化组合）来实现，课程教学团队成员分工协作、密切配合，整体上达成一体化教学目标要求。

（六）教学评价多维多元

按照现代职业教育质量观，高职院校人才培养应同时满足社会需求、行业要求和学生发展需要。教学考核与评价是教学工作的指挥棒，因此，职业院校理实一体化教学考核与评价必须符合现代职业教育质量观，应充分体现评价标准多维度和评价主体多元化特点。所谓评价标准多维度，就是以多个符合度为衡量标准，科学构建多维度考核与评价体系，从知识获取、能力（技能）培养、综合素质提升、价值观塑造等多方面综合评定学生的学习成绩，综合评价理实一体化教学效果或教学质量；所谓评价主体多元化，就是改变传统的任课教师单一评价方式，根据理实一体化课程教学内容以及教学活动安排，确定教学评价主体，除任课教师之外，让学生（自评/互评）和行业（合作单位）教师都成为评价主体，发挥多元主体参与教学评价的积极性，给予多元主体相应的评价话语权，使理实一体化教学效果或教学质量评价更加全面、更加科学、更加客观。除此之外，还必须克服单纯结果评价方式的弊端，采用过程与结果相结合的考核评价方式，采用多样化的考核评价手段，如技能鉴定、模拟测试、实物制作、专题报告、口头与书面问答、直接观察、考察原始学习凭据等。充分体现以能力和专业（职业）技能培养为核心的职业教育特色。

三、理实一体化教学适用课程[①]

任何教学模式都有其适用范围和适用条件，理实一体化教学模式也不例外。总体而言，理实一体化教学模式不适合侧重于理论知识（基础知识、专业知识、技术知识）学习，尤其注重系统性学习理论知识或技术知识的课程（公共基础课程和专业基础课程等）。具体说明如下：

（一）注重综合能力培养的专业课程

在高职院校人才培养方案的教学进程表（课程序化表）中，这类课程通常排在专业基础课程完成之后，主要培养应用所学基础理论和专业理论（技术）知识，分析并解决相关专业领域实际问题的能力。由于不需要系统性学习理论知识，理实一体化教学围绕项目实践学习相关理论知识所造成的知识碎片化问题，非但不会影响学生获取知识，还

① 卢胜利. 应用型高校教学导引［M］. 北京：中国铁道出版社，2023：191.

有利于提高相关知识的学习效率，有利于多种知识的综合运用。例如，高职院校开设的数控编程与加工、电气控制与 PLC 应用、工业机器人应用等课程都属于此类。

（二）注重应用能力培养的专业课程

在高职院校人才培养方案的教学进程表中，这类课程不属于纯实践课程（实践环节），但又注重应用能力培养，注重在动手实践和实际体验中学习相关知识、增强相关能力。例如，高职院校各专业普遍开设的仿真技术类课程或软件技术类课程都属于此类。这类课程主要培养仿真系统或软件应用能力，理实一体化教学"边讲边演、边讲边练"的教学方式，不仅有利于学习相关技术知识，而且有利于培养应用能力或专项技能。

四、理实一体化教学常见问题

多年以来，高职院校推广理实一体化教学虽然取得了显著成效，但也暴露出很多问题，其中常见且带有普遍性的问题如下：

（一）理论与实践"两张皮"

课程教学仅仅在形式上实现了理实一体化（如仅仅把理论教学的场所改在实验室或实训室），理论与实践教学仍然分阶段进行，并未实现理论知识与专业（职业）技能的有效整合，课程教学目标，课程教学内容以及教学方式都不完全符合理实一体化课程认定标准。

（二）理论（技术）知识"碎片化"

高职院校理实一体化课程教学内容通常基于行业工作过程（工作过程导向），围绕真实项目实践学习相关知识（知识点）。由于项目所包含、所涉及的知识点之间联系不紧密，且缺乏系统性，容易造成理论或技术知识的"碎片化"现象，难以保证理论和技术知识学习的系统性，难以达成理论和技术知识学习目标。

（三）任课教师"双师"能力不足

理实一体化课程任课教师虽然属于学校认定的"双师型"教师（学历证书+职业资格证书等），但惯于理论教学的任课教师并不熟悉项目实践所涉及的设备仪器操作等，也不擅长专业（职业）技能训练指导，难以胜任其中的实践教学；惯于实践教学的任课教师并不熟悉项目所涉及的理论知识和技术知识，难以胜任其中的理论教学。总体上并未达到理实一体化教学对"双师"素质及能力的要求。

（四）教学场所一体化程度不达标

理实一体化课程教学场所未完全达到一体化要求。有的教学场所缺少理论教学设施设备和场地，不便于集中讲授和分组研讨；有的缺少上网条件，不便于查阅资料和远程交流；有的缺少必要的工量具和测试仪器，不便于教学过程中及时进行测量比对。总之，不完全满足根据教学内容进行教学场景切换和教学场所转移等要求。

（五）与行业岗位工作联系不紧密

理实一体化课程的教学内容基本属于校内实训项目与相关理论知识的简单叠加，并未与行业岗位工作建立紧密联系，更没有以行业岗位工作过程或代表性工作任务为载体，将培养行业岗位工作能力当作课程主要教学目标。

（六）评价标准与评价方法不成熟

理实一体化课程教学评价标准和评价方法涉及理论和实践两个方面，且强调理论与实践相融合，注重考查应用能力、实践能力和专业（职业）技能，针对理论课程（课堂教学）和纯实践课程（集中实践环节）教学的评价标准和评价办法，不完全适用于理实一体化课程教学评价。目前高职院校理实一体化课程教学评价标准尚不统一，现有评价标准和评价办法的科学性和有效性也有待检验，总体上处在探索阶段，尚不够成熟。

第二节 理实一体化教学准则与教学规范

高职院校理实一体化教学应遵循陶行知先生"教学做合一"教育思想，强调理论与实践紧密结合，强调理论知识学习与实践训练同步进行。理实一体化课程是高职院校独特的课程类型，在专业人才培养方案（教学进程表）中有独立的课程名称、单独分配的课程代码。高职院校专业教师只有对理实一体化课程的教学准则和教学规范有清晰的认识，才能够胜任理实一体化课程教学设计与教学实施各项工作，以达成理实一体化教学目标，并确保理实一体化课程教学质量。

一、理实一体化教学准则

理实一体化教学应具有理实融为一体的本质特点，应能够有效地消除"理实脱节"弊端，从而达成理论教学和实践教学双重目标。因此，高职院校理实一体化课程教学应该遵守以下六项教学准则。

（一）项目实践为引领

理实一体化课程教学必须以项目实践为引领，围绕源于所属行业工作实践，开展相关知识学习与能力培养或技能训练，认真贯彻知行合一、理实一体的教学理念、坚持以"做"为中心，坚持"真题实做"，凸显行业工作实践育人的职业教育特色。

（二）理论实践双目标

理实一体化课程教学必须明确设定知识学习和能力（技能）培养双目标，既不能仅有知识学习目标，也不能仅有技能训练目标，构建完整的课程教学目标体系，使知识学习与能力培养或技能训练紧密关联，相辅相成，相得益彰。

（三）突破理实之界限

理实一体化课程教学必须突破知识学习（理）与能力培养或技能训练（实）之界限，切实达到理论与实践紧密结合的要求，忌讳知识学习与能力培养或技能训练泾渭分明（两张皮），追求知识学习与能力培养或技能训练紧密衔接（无缝化）。

（四）突出理论指导实践

理实一体化课程教学必须突出理论指导实践，使项目实践或技能训练建立在相关理论或技术知识基础之上，让学生不仅知其然，而且知其所以然，以深化理解和感悟；让学生不仅获得专业能力和专项技能，而且有助于夯实相关基础，并能够"举一反三"。

（五）坚持理论融入实践

理实一体化课程教学必须把理论融于实践之中，使知识学习（理）与项目实践或技能训练（实）紧密联系在一起，让学生在项目实践和技能训练中加深对相关理论或技术知识的理解，让学生对理论蕴含于实践之中有切身体验。

（六）理论实践双考核

理实一体化课程教学必须实行双考核，既要考核知识学习成果，也要考核项目实践或技能训练成效，以发挥考核评价"指挥棒"作用，切实达成知识学习与能力培养或技能训练双重教学目标。

除了必须坚持以上六条教学准则，理实一体化教学还必须认真落实立德树人根本任务，实现育才与育人的统一，并结合理实一体化课程特点，深入挖掘理实一体化课程蕴含的思政元素，并将其巧妙地融入相应的教学环节之中，以取得潜移默化、润物无声的育人效果，塑造正确的世界观、人生观和价值观。

二、理实一体化教学规范

总体而言，我国高职院校目前还没形成成熟的理实一体化教学规范。加之高职院校各专业理实一体化课程的教学内容、教学场所、教学设备、师资条件等存在较大差异，也很难制定适用于全校所有专业的教学规范，需要高职院校（校方）和理实一体化课程教学团队及任课教师协同努力，在遵守理实一体化教学准则的前提下，根据学校办学特色，结合师资队伍状况以及教学条件（主要指实践教学），在理实一体化课程管理以及理实一体化教学建设、教学设计以及教学实施等方面进行积极探索，从而使高职院校理实一体化教学规范从无到有，不断完善，日趋成熟。高职院校理实一体化教学规范应该包括"教学管理规范""教学过程规范"和"教学环节规范"三方面内容。具体阐述如下：

（一）理实一体化教学管理规范

高职院校的课程大体可分为"理论""实践"和"理实一体化"三种类型。理论课程主要包括公共基础课程和专业基础课程（含实验环节），强调系统性学习理论知识和技术知识，所含实验环节的主要教学目的是加深学生对理论知识和技术知识的理解（通过亲自验证）；实践课程主要包括各类技能训练课程（实训课程）和实习课程（认识实习、专业实习、岗位实习等）。理实一体化课程既不是单纯地、系统地学习理论知识或技术知识，也不是单纯地、系统地培养和锻炼专业（职业）技能，而是为了贯彻"知行合一"教育理念和"教学做一体化"教育思想，培养学生"知行合一、理实一体"的素质和能力，为了体现高职院校培养应用型、技能型人才办学特色所设置的特殊课程类型，为了区分实践课程和理实一体化课程，有时还需特别强调某些实践课程为"纯实践课程"或"纯实践环节"。

如前所述，并不是高职院校的所有课程都适合采用理实一体化教学模式，学校各专业在制订（修订）人才培养方案时，应该根据专业人才能力和素质培养目标，结合现有师资队伍状况（切实能够承担理实一体化教学任务的双师型教师）以及实际教学资源条件（教学场所、仪器设备、工量具、耗材配件、产学合作关系等），谨慎确定若干门注重综合能力和应用能力培养的专业课程为理实一体化课程。

由于理实一体化课程对师资条件要求高，占用教学资源较多（场地、设备、水电气等），教学经费（购买耗材等）需求大，学校各级教学管理部门（教务处，二级学院、系或教研室）应该制定理实一体化教学管理规范（条例或办法）以及适合本校、本院或本系（教研室）的理实一体化课程认定标准。要求理实一体化课程教学团队和任课教师切实按照学校和二级学院颁布的理实一体化管理规范和理实一体化课程认定标准开展课程建设，精心编制教学大纲（课程标准）、规范编写教材（讲义）和教案，认真组织实施各环节教学活动。以确保理实一体化课程教学质量符合认定标准，切实达成"知行合一、理实一体"素质和能力培养目标。

学校层面的理实一体化教学管理规范通常根据学校实际，就理实一体化课程申报审批、课程建设、管理职责、资源调配、考核评价等做出原则性规定，提出适合本校各专业的理实一体化教学管理办法（宏观）和理实一体化课程认定标准（粗线条），二级学院根据学校层面的管理规范和认定标准，结合所属各专业特点以及专业师资队伍现状，以及现有教学资源条件（场地设备、耗材经费、产学合作等），制定并颁布相应的实施细则和质量标准体系。必要时还需要系或教研室，制定并颁布适用于本专业的实施细则和质量标准体系。应该充分认识到，高职院校各级教学管理部门制定并颁布实施的理实一体化课程管理规范及认定标准，为规范理实一体化课程建设、规范理实一体化课程教学设计与实施，保证理实一体化课程教学质量提供了根本遵循和基本保障。健全、完善、优化各层级理实一体化课程教学管理规范和质量标准，是提升职业院校理实一体化教学水平的基础性工程，应该引起各级教学管理部门和广大教师的高度重视。

（二）理实一体化教学过程规范

理实一体化教学应突出以"做"为中心，注重体现"知行合一、理实一体"的教育思想和教学理念，真正实行"做中教"和"做中学"。理实一体化教学的"做"不能简单地、狭隘地、单纯地理解为"动手"，而应该是全面系统的项目实践，即在相关专业（技术）理论的指导下，按照行业（产业）工作标准及其规范，高质量完成教学项目中的各项工作（任务），并取得预期成果。

理实一体化教学应围绕项目实践进行，教学内容以项目相关理论和技术知识为基础，以行业岗位工作过程以及代表性工作任务为载体，以校内实训基地（实训室）或合作单位（企业）工作现场等实践基地为课堂（教学场所），让学生在项目实践的过程中，获得相关专业（技术）理论知识，熟悉工艺流程和工作方法，学会设备操作和工具使用，进行所属行业岗位工作体验，增强专业（职业）技能，提升职业素养，从而实现知识学习、专业（职业）技能培养、专业（职业）素养提升以及价值观塑造等多重教学目标。

理实一体化教学主要涉及理论教学和实践教学两个方面，虽然教学内容较为繁杂、理实融合方式多种多样，但总体上可划分为"教学准备""教学实施"和"考核评价"三个阶段，与理论课程和实践课程（纯实践）别无二致。所不同的是，不同学校之间、不同专业之间、不同课程之间，理实一体化课程教学过程存在很大差异，教学过程规范无法统一（也无需统一），只能就教学过程各阶段制定大致的，粗线条的规范，本书权且称之为"总体规范"。具体阐述如下：

1. 教学准备阶段

此阶段，理实一体化课程教学团队或任课教师应主要完成以下各项任务。

（1）选择项目、确定目标：基于行业岗位典型工作，选择理实一体化项目（一个或多个）、确定每个项目的理论和技术知识学习目标、专业（职业）技能培养目标、综合素养（尤其职业素养）提升目标以及价值塑造（课程思政）目标。

（2）明确任务、分解任务：根据所选项目及其教学目标，确定每个项目的教学任务，并分解到"理论和技术知识学习""专业或职业技能训练"以及"综合素质提升"三个方面。

（3）选择教学方法：根据所选项目以及教学目标和教学任务，选择并匹配适切的教学方法。理论和技术知识学习主要采用讲授法和讨论法等；专业（职业）技能训练通常采用演示法、练习法和任务法等。

（4）创设环境、准备条件：选择适宜实施理实一体化教学的场所（通常为实训室、工作室以及合作单位工作现场），创设与项目相匹配的教学环境，准备相应的教学设备（教学设备、实训设备、仪器仪表、工量具、相关材料等）和教学资源（视频动画、实物教具等）。

2. 教学实施阶段

此阶段，理实一体化课程教学团队或任课教师，应按照"理实相融"和"教学做一体化"要求，基于教学建设创造的条件（教学场所、教学环境、实践平台、课程建设等），按照教学准备阶段的预设（教学设计），组织开展各项教学活动。根据教学活动内容及形式，适时进行教学场所转换、教学场景切换、教学方式转变和相应教学资源导入。充分发挥"双师型"教师优势，充分展示理实一体化教师"讲授、演示、示范、指导、评价"各个方面的教学能力。同时以任务驱动方式，推进项目各项工作，使各项教学活动顺利进行，最终全面达成理实一体化教学目标。

3. 考核评价阶段

此阶段，理实一体化课程教学团队或任课教师，应按照理实一体化课程教学大纲（课程标准）确定的考核方案［考核类型（考试/考查）和考核办法（理论知识考核/实践能力考核、结果考核/过程考核）］，分阶段分步骤进行考核与评价，科学合理地、客观公正地评定每位学生的学习成绩。并根据每个学习阶段以及每个方面（知识学习、技能训练、素质提升、价值观塑造）的教学效果，进行理实一体化教学反馈和教学反思，使理实一体化教学过程得以持续改进，理实一体化教学质量逐步得以提升。

（三）理实一体化教学环节规范

理实一体化教学不仅应该具有专业特色、行业特色和地域特色，而且应该体现学校的办学特色。因此，必须结合学校的办学定位和办学特色，结合行业和地域实际，分专业制定理实一体化教学过程规范。同时鼓励高职院校理实一体化课程教学团队及任课教师大胆探索、勇于创新。

高职院校各专业理实一体化教学过程大致包括七个环节，分别是：讲授讲解、演示示范、分组活动、巡回指导、安全教育、考核评价和课程思政。高职院校理实一体化课程应充分体现"课程构建模块化"的本质特点。课程教学团队或任课教师，在教学设计与实施过程中，应根据每个教学项目（模块）的教学目标、教学任务及其特点，选择相应的教学环节并灵活安排教学活动。

虽然理实一体化教学过程具体由哪些环节构成不能够统一，也不应该统一。但以上七个教学环节则应该遵从基本的教学规范（教学环节规范）。教学团队及任课教师对各教学环节规范应该了然于胸，并在理实一体化化教学设计与实施过程中切实遵守。具体阐述如下：

1. 讲授讲解

理实一体化课程以项目引领，以任务驱动。讲解项目相关理论和技术知识，布置学习和工作任务，介绍相关工艺过程、相关设备结构及工作原理、阐述设备操作要领，在巡回指导期间（个别指导和集中指导）答疑解惑，在考核评价期间进行点评和总结等，都离不开讲授讲解。因此，无论哪个专业、哪门课程、哪个模块（学习单元），讲授讲解都是必不可少的环节。熟练且规范地运用讲授法，不仅是对理论课任课教师的基本要求，也是对理实一体化课程任课教师的基本要求。讲授讲解环节的教学规范主要体现在"语言规范""内容规范"和"形式规范"三方面。

（1）语言规范：教师在教学中运用的语言被称为"教学语言"，规范而恰当、灵活而自如地运用教学语言，可达到生动、形象、幽默、机智的效果，令学生如见其形，如临其境，如闻其声，对于达成课程教学目标、保证教学质量至关重要。

教学语言由口头语言、体态语言和书面语言三方面构成。口头语言为主导，要求做到"发音准确、吐字清晰、富于变化"，要求做到"条理性强、层次分明、逻辑清晰"，还应善用激励语言启发引导学生，让学生产生良好的心理感受和积极向上的情感体验，从而以百倍的信心和饱满的热情参与到教学活动之中。当口头语言不足以表达思想感情时，正确恰当地运用体态语言将会对教学活动起到良好的促进作用。教学中的体态语言包括"服饰""表情""眼神"和"手势"四方面内容。教师服饰要得体、简洁大方，以展示良好的精神面貌和内在素质，并向学生传递积极向上的信息；教师应保持微笑，带给学生亲切感（亲和力）并起到融洽师生关系、营造和谐气氛的积极作用；教师不仅要学会用眼神传递信息，而且要能读懂学生眼神所表达的信息，善于与学生进行眼神交流。还要让学生从教师的眼神里体察和领悟到信任、激励、提醒，从而端正学习态度、积极参与教学活动；教师应正确得体地运用手势语言，以有效弥补口头语言之不足，增强吸引力和说服力，使讲授讲解更具艺术魅力。书面语言主要体现于多媒体课件（PPT）制作，还应体现在板书及板画（徒手绘图），应做到"工整规范、有形有意"。所谓工整规范，是指能够将教学内容准确清晰地呈现在学生眼前，要求 PPT 文字正确、字体字号搭配合理，公式图形表格规范，图片清晰、图文并茂，富有美感；要求板书布局合理，字迹工整，图形规范。所谓有形有意，是指把教学内容按照自己预设的方式呈现在学生面前，在内容选择、版面设计、字体字号搭配等方面充分展示出教师的创意和风格，以引起学生注意，加深学生印象，启示学生抓住重点，帮助学生化解难点。

（2）内容规范：理实一体化课程教学的讲授讲解内容应围绕实践项目（做）合理安排，一般应包括相关知识点（理论知识、技术知识、行业背景知识、工作岗位知识等）、设备组成、工作原理、操作流程、操作要领、安全事项、工作任务、活动指导、考核标准、评价方式方法、总结点评等。必须强调，与课堂教学（理论课程）的讲授讲解相比，在理实一体化课程教学中，讲授相关理论知识和技术知识应该突出如下特点：其一，既要围绕项目讲授理论知识和技术知识（知识点），又要注重系统地传授知识（与先前课程所学知识相联系），以避免知识过度碎片化，从而达到理实一体化课程理论知识和技术知识学习目标要求；其二，不仅要注重讲授讲解的条理性、逻辑性，还要注意理论与实践的关联性，突出理论指导实践，强调理论与实践相融合，以问题为导向、以任务来驱动，坚持做中教、做中学，通过项目实践加深认识和理解；其三，不仅要遵循理论知识和技术知识的学习（认知）规律（由浅入深，由易到难，由简至繁，先单再综），还要熟悉知识与技能之间相互作用关系，让学生在熟悉工艺过程、知晓设备组成原理、熟悉操作方法的基础之上，通过科学训练快速提升专业（职业）技能；其四，不仅要丰富学生理论知识和技术知识，丰富学生对于所处行业、相关产业、就业岗位以及职业素养、职业道德等方面的认知、还要注重培养学生应用这些知识分析问题和解决问题的能力。

（3）形式规范：理实一体化课程教学的讲授讲解环节，必须伴随着项目实践（做）的进展，分阶段分步骤地进行。在各项目（模块）实践过程中，哪个阶段或哪个步骤需要讲授讲解什么（内容），采取怎样的方式进行讲授讲解（边演示边讲、边示范边讲、边练习边讲、先讲后演、先讲后练、先师后学……），既没有一定之规，也不必立一定之规，理实一体化课程教学团队和任课教师，应该在认真遵循理实一体化教学准则的前提下，结合理实一体化课程中每个项目的具体情况，积极探索有效的讲授讲解形式，并根据理实一体化课程教学效果反馈，通过理实一体化课程教学反思，持续加以改进。

2. 演示示范

在理实一体化课程教学过程中，理实一体化课程任课教师，必须熟练地向学生展示设备工作原理、相关功能以及技术性能，进行专业（职业）技能示范。让学生通过观察获得具体、清晰、生动、形象的感性知识。促使学生把抽象的理论知识与实际事物及其现象联系起来，帮助学生形成正确的概念，掌握正确的操作方法。

演示示范要求正确规范，熟练到位，这就要求理实一体化课程任课教师必须熟悉相关设备和工艺流程、能够熟练操作相关设备，能够熟练使用相关测试仪器和工具量具、展示高超的专业（职业）技能，充分体现双师型教师的优势，充分展示双师型教师的风采，使学生折服并成为学生效仿的榜样。演示示范过程（动作及场景）还要求能够清晰地呈现，而且能够供学生反复观摩。因此，还要根据教学场所（现场）以及相关设备的具体情况，利用信息技术手段，使演示示范过程能够让所有在场的学生清晰地观看，并反复观摩。以数控加工相关课程为例，数控机床观察窗和编程面板都偏小，当学生人数较多时，任课教师操作示范以及数控加工过程演示都不能清晰地呈现在学生面前，更不能反复观摩。应该通过增加信息化装备（电脑+摄像头+大屏幕电视），让学生通过大屏幕电视观看演示示范过程，所录制的视频资料可供学生反复观摩（复习），这样的信息化装备能显著改善演示示范效果。

3. 分组活动

为有利于培养学生协同协作及沟通交流能力，同时也为了适应教学场地以及设备、工具、耗材等条件，分组（学习小组）活动成为理实一体化课程教学的重要环节。组建（划分）学习小组的原则是"组内异质、组际同质"。所谓"组内异质"，就是由不同特质、不同爱好、不通专长、不同性格的若干名（3~5 名）学生组成学习小组（学生自由结合或由任课教师安排），以便于在理实一体化课程教学过程，发挥各自特质和专长，协同协作完成项目各项工作。所谓"组际同质"，则是指各组之间人数相同，理论知识和技术知识学习力总体相当，专业（职业）技能水平基本等同，以利于各组之间展开公平竞争，分组考核评价也容易做到公正公平。

理实一体化教学以集中（全体）和分散（分组）两种方式交替进行，循着"集中—分组—再集中—再分组……"的路径不断向前推进。除集中讲授讲解（知识学习、安全教育、布置任务、集中指导、总结点评）和面向全体（班级）学生的演示示范之外，大部分或绝大部分教学活动都以分组方式进行。

理实一体化课程任课教师通常以学习小组为单位下达项目工作任务书（理实一体化课程重要教学文档之一），采用任务驱动法，引导和促进学生高质量完成各项工作任务。若理实一体化课程项目（学习单元）偏多，工作任务复杂，教学团队还应该编制若干"任务工单"，对任务书中提出的各项任务内容、各个工作步骤以及各方面的要求进行细化，同时还有必要编制"工作记录表"，详细记录合作小组以及每个成员的工作内容、工作进度、工作质量、阶段成果，以及遇到的各种问题，工作体会和感悟以及合理化建议等。"任务工单"和"工作记录表"既是推动理实一体化课程教学各阶段工作的重要抓手，也是理实一体化课程教学过程考核评价的重要支撑材料。

在理实一体化课程分组活动中，任课教师既要发挥学习小组每个成员的主观能动性，注重培养每一名学生的自主学习能力和独立工作能力，也要集中小组集体智慧，通过合作学习、合作探究、协同工作，培养学生的协同协作能力和沟通交流能力，引导和促进小组成员相互学习、取长补短，共同进步。

4. 巡回指导

巡回指导是高职院校理实一体化课程教学的重要环节，巡回指导环节是指分组活动期间，任课教师依照固定或非固定巡回路线，逐个小组检查工作情况，及时发现问题（安全隐患、违规操作、工作态度、工作表现）并及时给予指导（答疑解惑、示范纠错、评判评价、信息交流等）。在巡回指导教学环节，任课教师应善于发现并归纳总结所存在的共性问题，安排恰当的时间（通常在下次课开始时）进行集中讲解或演示示范。理实一体化课程教学巡回指导环节的教学规范如下：

（1）任课教师在巡回指导中，要做到"四多"，即"多转、多看、多问、多教"。多转是指多走动、勤走动、全覆盖，以便及时发现存在的各种问题；多看是指注意观察学生的实际操作，对正确规范的给予肯定和表扬，对错误的、不规范的及时予以纠正（纠偏）；多问是指多询问、勤测试，切实了解和把握学生专业（职业）技能实际掌握情况；多教是指针对学生训练中暴露的问题以及产生的疑问，及时给予有效指导，及时进行答疑解惑。

（2）任课教师在巡回指导中，应注重个别指导与集中指导相结合，对发现的共性问题（普遍存在）应适时安排集中指导，对个性问题（个别存在）则及时进行个别指导。

（3）任课教师在巡回指导中，应善于发现和培养各方面的优秀学生（知识学习优秀，工作表现优异，专业技能或职业技能优秀等），注重发挥这些优秀学生在项目工作中的"领头羊"作用，同时应该热情帮助遇到各种困难的学生，采取各种针对性措施和有效方法帮助他们克服困难，切实取得进步。

（4）任课教师在巡回指导中，还要有很强的安全意识，严格执行实践教学纪律，维持正常教学秩序，及时发现并排除各种安全隐患，及时制止违反安全防范规定的行为，确保理实一体化课程教学安全有序进行。

（5）任课教师在巡回指导中，应与学生加强沟通，虚心征求学生意见，深入了解学生诉求（意见建议），不断改进教学方法，持续提高教学质量。

5. 安全教育

高职院校理实一体化课程教学必须使知识学习与工作实践相互交融、相伴随行、齐头并进。由于教学场所与工作场所一体化，项目工作涉及设备操作、工量具使用以及水电气供应，应该参照相同教学条件下实践课程的安全教育规范，把安全教育作为必不可少的教学环节，并融入教学全过程。以确保环境安全、设备安全和人身安全。理实一体化课程教学中的安全教育的主要内容及要求如下：

（1）提高安全意识：理实一体化课程教学团队和任课教师不仅要有很强的安全意识，而且要通过安全教育，让全体学生提高安全意识。安全教育不能空洞，不能泛泛而谈，要有很强的针对性，让全体学生认识到特定课程教学过程中所存在的具体安全风险及其危害性。

（2）学习安全规范：组织学生学习理实一体化课程教学场所（实训室、工作室、生产车间、合作单位工作现场等）的安全制度（条例），学习相关设备或仪器操作安全规程（安全注意事项），使全体学生知晓相关安全规范、领会相关安全规范并能够自觉遵守。

（3）熟悉安全设施：组织全体学生认识教学场所的相关安全设施，介绍相关安全设施的组成和作用、说明相关安全设施的运行条件以及注意事项。让全体学生熟悉这些安全设施，确切了解它们在保障环境安全、设备安全和人身安全方面所发挥的重要作用。

（4）安全防护达标：学生进入理实一体化课程教学场所之前，应该对教学场所内的安全设施进行检查，确认其能够正常发挥作用，有效保障安全；教师上课前，应该对每位学生的个人防护状况（工作服、鞋帽、防护用具等）进行检查，确认其达到规定的防护标准方能进入教学场所；在教学过程中，尤其遇到场所转移、场景切换之时，还应密切关注每位学生个人防护状况是否发生变化并及时予以提醒和纠正。把各种安全隐患消除在萌芽之中。

与纯实践课程所不同的是，在理实一体化课程教学过程中，教师需要根据教学内容和教学进程，转移教学场所或切换教学场景，此期间很容易因疏忽造成安全事故。因此，要把转移和切换期间的安全作为安全教育、安全检查、安全防范的重点。

6. 考核评价

考核评价是任何课程教学都必须经历的阶段，也是必不可少的教学环节。目前，高等职业院校所有课程教学考核评价，都实行结果性考核评价与过程性考核评价相结合，各学校都制定了适于全校各专业和各类课程的教学考核评价规范。但就理实一体化课程而言，考核评价环节既应该遵守全校统一的教学考核评价规范，也应该在考核内容、考核形式、评价标准、评价主体、成绩评定等方面充分体现理实一体化教学的特点。具体阐述如下：

（1）考核内容：教学考核必须以目标为导向。理实一体化课程教学考核，不仅要考察获取相关理论或技术知识情况，也要考察相关专业（职业）技能水平，还要考察综合素质培养效果。因此，考核内容总体上须覆盖以上三个方面，具体考核内容则应根据特定课程的教学目标和教学内容确定，以确保考核内容覆盖率高，"知识、技能、素养"三方面考核内容所占比例合理。

（2）考核形式：理实一体化课程教学要达到多重目标，考核内容要覆盖"知识、技能、素养"三个方面。因此，必须采取多样化的考核形式，以适应多重目标达成度考核要求。例如，知识学习成效考核通常采取答卷（含填写工艺卡）形式；专业技能或职业技能考核可采用实操测验形式；职业素养考核（考查）则可采用做大作业、撰写工作报告、开展项目竞赛以及考查工作表现等形式。

（3）评价标准：所有课程教学考核评价，无论结果考核还是过程考核，都必须有明确具体的考核评价标准，理实一体化课程也不能例外。若以答卷形式考核（通常为结果考核），应该为每份试卷拟定相应的"参考答案与评分标准"（同时归入班级课程教学档案）；若以实操测验形式考核（专业技能或职业技能考核），则应该确定每项测试的评价标准（通常列于技能考核表中）。高职院校注重专业能力和专业（职业）技能培养，考核评价标准（尤其职业技能）应与相关国家标准或相关行业标准接轨。

（4）评价主体：实行多元主体评价是职业院校课程教学改革的重要方向。理实一体化课程教学环节多，开放度高，参与度高，应该在此方面进行有益探索。在任课教师评价的基础上，结合课程教学具体情况，适当引入学生自评、学生互评（合作小组成员之间）以及校外（合作单位）指导教师评价。

（5）成绩评定：依据课程教学大纲（课程标准）确定每个考核项目的评价成绩（分数）在总成绩中的占比（权重），由每个考核项目的评价成绩综合评定学生的课业成绩（总成绩）。具体成绩评定办法在课程教学大纲（课程标准）中规定，任课教师不得随意更改，确需修改必须履行相应的报批手续。理实一体化课程教学团队和任课教师，须注重发挥考核评价的导向作用，在制（修）订教学大纲（课程标准）过程中，科学规划每个考核项目的内容，合理确定每个考核项目评价成绩的权重，充分反映"过程"与"发展"的价值取向，体现促进评价过程和学习过程相融合的教育理念，通过考核评价促进学生持续努力，不断进步，使理实一体化课程多重教学目标能够顺利达成。

7. 课程思政

课程思政是我国新时代高等教育发展的一项重大战略举措，是落实立德树人根本任务的综合育人理念，也是职业院校所有课程必不可少的教学环节。高等职业院校每一位专业教师，都应该积极参与课程思政建设，切实把思政教育融入理实一体化课程专业教学之中。课程思政是潜移默化的育人过程，虽没有一定之规，却要在思政教育（育人）成效上见真章。具体要求如下：

（1）增强意识、提升水平：理实一体化课程教学团队和任课教师，应加深对课程思政内涵和特征的认识，树立课程思政理念，增强课程思政意识，将思政教育（育人）刚性要求转化为自觉行动，坚持以德立身、以德立学、以德施教，不断提高自己的思想道德修养，不断提升自己的思政理论水平，充分利用自己对学生潜移默化的影响。让学生信仰的教师首先要信仰，让学生做到的教师首先要做到，让学生受教育受感染的，教师首先要受教育受感染。

（2）熟悉规范、注重建设：理实一体化课程教学团队和任课教师，要认真学习教育部发布的《高等学校课程思政建设指导纲要》（以下简称《指导纲要》），尤其要熟悉针对"专业教育课程"和"专业实践课程"提出的教学设计原则，认真开展课程思政建设，按照"育人"与"育才"相结合的总体要求，进行系统化、再造性的课程教学设计和教学实践，以期达到"润物无声、育人无形"的思政教育效果。

（3）深入挖掘、有机融入：理实一体化课程教学团队和任课教师，应该深度挖掘和提炼理实一体化课程知识体系中蕴含的思想价值和精神内涵，以及实践体系中蕴含的工匠品格和工匠精神内涵，从所涉专业、行业、国家、国际、文化、历史等方面深入挖掘各类思政元素，以增加课程的知识性、人文性，提升引领性、时代性和开放性，引导学生锻造求真务实、精益求精的品格，形成踏实勤奋、吃苦耐劳的作风。尤其要通过所属行业中大国工匠、劳动模范以及技术能手等典型人物展现的工匠精神和工匠品格，通过所属行业典型人物的感人事迹，让学生增强对所属行业岗位的认同感，增强对职业素养和职业作风的价值判断力，为成为合格的"职业人"做好思想准备。思政元素融入教学过程，不能硬性塞入，不能形式化、不能伤害专业教育主线，不能出现《指导纲要》中提到的"两张皮"和"贴标签"现象。只有遵循育人规律，讲究艺术性、具有感染力和亲和力，适应职业院校学生特质，才能取得良好的育人成效，顺利达成课程思政目标。

第三节　理实一体化教学建设

理实一体化教学建设是理实一体化教学能否取得预期效果，能否达成知识学习、能力培养、综合素质提升以及价值观塑造等多重教学目标的关键所在。高职院校各专业必须在教学条件建设方面科学谋划、精心设计、全面落实，构建适宜理实一体化教学的教学场所，搭建适合理实一体化教学的实践平台，为开展理实一体化教学创造优越条件；高职院校各门理实一体化课程教学团队，必须依据相应专业人才培养方案确定的培养目标和课程设置方案（教学进程表），扎扎实实地开展课程建设，为高质量达成理实一体化课程教学目标奠定基础。

一、理实一体化教学建设概述

教学的核心问题是教师怎样教，学生怎样学。只要"教师教得好、学生学得好"，其他问题就会迎刃而解。然而，要想达到"教师教得好、学生学得好"这一目标，必须从多个方面开展教学建设。教学建设就像培育一棵大树，只有这棵大树枝繁叶茂，才可能结出丰硕的果实。因此，高职院校要想在理实一体化教学方面取得预期成效，就必须在理实一体化教学建设上付出努力。

广义的教学建设，涵盖教学的各个方面，主要包括硬件条件建设、师资队伍建设、课程建设、教学资源建设四个方面，理实一体化教学建设也不例外。关于理实一体化教学资源建设，本书已在第三章做了阐述；鉴于理实一体化师资队伍（教学团队）建设涉及面广，本书将在第七章专门阐述。因此，本节仅阐述"理实一体化教学环境建设""理实一体化实践平台建设"和"理实一体化课程建设"三项内容。

二、理实一体化教学环境建设[①] ├─────────────────

教学环境是由多种不同要素构成的复杂系统，广义的教学环境指影响教学活动的全部条件，并分为硬环境和软环境两大类。这两类环境可作为相对独立的子系统存在，并具有各自不同的构成要素。由此可见，理实一体化教学环境建设也应分为硬环境建设和软环境建设，这两项建设既独立又彼此关联、相互依赖、相互作用。理实一体化教学硬环境建设主要包括教学区域划分和设施设备布设；理实一体化教学软环境建设主要包括教学区域文化建设和行业合作关系建设。

（一）教学区域划分

理实一体化教学场所是实施理实一体化教学的基本条件。与理论课程的教学场所（普通教室）和纯实践课程的教学场所（实训室或生产车间）所不同的是，理实一体化教学场所必须能够满足理实一体化各种教学活动需要，充分体现理实一体化教学特点。因此，理实一体化教学场所应根据理实一体化教学要求进行活动区域划分。一般应划分出集中教学区、分组活动区和项目实践区。各区域开展的主要教学活动如下：

（1）集中教学区：任课教师在集中教学区组织开展讲授讲解、演示示范、集中指导和总结点评等教学活动。

（2）分组活动区：学生主要在分组活动区开展各项活动（包括虚拟仿真实践），自主完成工作任务，与同组人员合作探究、协同协作。

（3）项目实践区：任课教师在项目实践区进行真实设施设备功能和性能演示以及操作示范；学生在任课教师的指导下，围绕项目工作在项目实践区开展相关实践活动。

（二）设施设备布设

理实一体化教学场所上述三个区域的设施设备配置及布局如下：

（1）集中教学区：集中教学区固定设置讲台，配备黑板（白板）、投影设备和电脑（可运行虚拟仿真软件），为任课教师面向全体学生进行讲授、演示、指导、点评等提供必要条件。同时根据学生人数设置固定或移动座椅，方便学生集中听讲并开展集中讨论等。集中教学区还应配置教具柜和资料柜，为任课教师演示教学，为学生随时查阅工作手册提供便利。此外，集中教学区最好与实践活动区隔离开来，以防止干扰（尤其噪声干扰）。

（2）分组活动区：分组活动区固定设置若干工作位（工位），摆放相关工量具和仪器仪表等，并具备上网（无线最好）条件，便于学生自主开展项目工作。工作台布设

① 吕小莲，林植慧，吴卫明等. 应用型本科院校"理实一体化"教学模式的研究［J］. 大学教育，2016（07）：24.

应便于工量具和测试仪器共享以及小组成员交流协作和合作探究，多边形（工作岛）就是其中比较有效的布设方式。虚拟仿真实践区与集中教学区（电脑桌椅）往往合二为一，配置能够运行相应虚拟仿真软件的电脑或工作站（每人 1 台），为充分开展虚拟仿真实践提供便利条件。

（3）项目实践区：考虑到水电气供应以及安全防范等，项目实践区通常应独立于集中教学区和分组活动区，进入实践活动区必须遵守相关安全规范，并严格按照操作规程使用相关设备。校内项目实践区的设施设备（含安全防范设施）的配置与布设应符合相关行业（产业）规范，让学生在真实的环境中，使用真实设备（包括仿照真实设备开发的教学设备）开展项目实践活动。

（三）教学区域文化建设

理实一体化教学场所文化建设的总体要求是：贯彻"知行合一、理实一体"教育思想，营造潜心学习知识、专心项目工作、注重提升技能、勇于创新实践的氛围，让理实一体教学环境发挥潜移默化的激励作用，引导学生把"知行合一、理实一体"镌刻在心灵上，并自觉践行之。

理实一体化教学区域文化建设的具体举措须符合三个活动区域的功能特点。例如，张贴彰显一体化教学目标的励志标语口号，张贴所属行业模范人物照片与事迹介绍，布设所属行业（尤其相关岗位）工作场景和典型设备展板，张贴相关岗位工作流程、相关管理制度、相关操作规程和安全规范等。让进入理实一体化教学场所的学生能够强烈地感受到理实一体化教学氛围，产生进入行业相关工作岗位的心理暗示，以利于培育工匠精神、锻造工匠品格，陶冶高尚情操、促进全面发展。

（四）行业合作关系建设

高职院校理实一体化教学应该与所属行业相关岗位工作紧密联系，必须注重产教融合、必须实行校企合作。因此，行业合作关系建设就成为理实一体化软环境建设必不可少的重要内容之一。否则，理实一体化教学将会成为无源之水、无本之木。应通过理实一体化教学行业合作关系建设，与学校所处地域的行业企业（事业）单位建立合作关系，寻求行业合作单位对学校理实一体化教学的支持。主要合作内容如下：

（1）建立理实一体化教学建设行业专家咨询机构（行业专家委员会或行业专家小组），在理实一体化课程设置、实践平台建设、硬软环境建设等方面给予指导，提供帮助。

（2）在合作单位建立理实一体化教学场所，根据理实一体化教学内容，实行校内教学场所与行业工作现场双向转移，教学场景双向切换，以便更好地达成理实一体化教学目标。

（3）共建理实一体化课程教学团队，合作开发理实一体化教学项目，共同策划和编写理实一体化教材（讲义），合作完成理实一体化教学各项任务（合作单位教师主要承担在行业实际工作现场的教学工作）。

三、理实一体化实践平台建设

理实一体化教学离不开实践平台的支撑。因此，实践平台建设必然成为理实一体化教学建设的重要内容。随着虚拟仿真技术日臻成熟和广泛应用，其在实践教学中的作用越来越强，优势愈发突出，应该从真实传统实践平台建设、虚拟仿真实践平台建设以及虚实结合实践平台建设三方面，谋划理实一体化课程实践平台建设并付诸实施。

（一）真实传统实践平台

真实传统实践平台系指采用行业相关岗位真实设备（如车铣刨磨机床、数控加工中心、工业机器人等）或基于真实设备开发的各种教学设备（教学仪器）搭建的实践平台。其中的"真实"二字是为了与随后介绍的虚拟仿真实践平台相区分，强调实践平台的实体性和真实性；而"传统"二字则是强调这类实践平台与高职院校现有实训基地（实训室）所配置的设备几乎没有区别，是高职院校已经搭建完成且投入运行，高职院校教师业已熟悉的实践平台。高职院校各专业在设置理实一体化课程，教学团队在理实一体化课程建设以及教学设计中，都应该充分利用这些实践平台，并尽最大可能与其他相关课程实现共建共享。

（二）虚拟仿真实践平台

虚拟仿真技术（virtual simulation technology）是 20 世纪 90 年代逐渐兴起的，在计算机图形学、计算机模拟与仿真、传感器技术、显示技术等基础上发展起来的一种虚拟现实与仿真技术相结合的计算机技术。随着信息技术和仿真技术的快速发展，尤其 VR（虚拟现实）和 AR（增强现实）日益成熟及其广泛应用，虚拟仿真实践平台建设已经成为高校（包括高职）实践（实验实训等）平台建设的新方向。相比真实传统的实践平台，虚拟仿真实践平台可以在安全、高效、经济的条件下模拟各种真实场景，为学生提供更为广泛而充分的实践机会，达到沉浸式体验效果。下面以某软件技术开发有限公司面向高校（包括高职）开发的几种虚拟仿真实践教学系统（虚拟仿真实践平台）为例，具体阐述如下：

（1）变电站虚拟仿真实践平台：以 220kV/110kV 变电站为仿真对象，构建完整的变电站场景（如图 5-1 和图 5-2 所示）。包括主控室、高压室、变压器、断路器、隔离开关、互感器、电容器组等，可以使学生直观地了解变电站设备的布局、各种设备的作用以及相互之间的连接关系。

图 5-1　变电站虚拟仿真场景（1）　　　　图 5-2　变电站虚拟仿真场景（2）

其主要可支持以下实践教学活动：

·<u>厂区漫游</u>：变电站环境认知。

·<u>变配电设备认知</u>：变电站设备认知。

·<u>日常巡检</u>：变电站巡检岗位工作实践。

·<u>典型操作票</u>：变电站巡检操作岗位工作实践。

·<u>故障分析</u>：变电站维护岗位工作实践。

·<u>继电保护</u>：变电站继电保护岗位工作实践。

·<u>重点设备拆装</u>：变电站维护岗位工作实践。

·<u>备自投实验</u>：变电站维护岗位工作实践。

（2）发电站虚拟仿真实践平台：发电站虚拟仿真实践平台可对光伏发电和风力发电两种清洁能源发电系统组成以及发电过程进行仿真（如图5-3和图5-4所示）。该虚拟仿真实践平台采取模块化设计，各模块环环相扣，操作难度循序渐进，还可灵活选择学习侧重点，进行分阶段、分步骤仿真实践。

图5-3　光伏发电站虚拟仿真　　　　　　图5-4　风力发电机虚拟仿真

其主要可支持以下实践教学活动：

·<u>光伏和风力发电系统构成</u>：光伏和风力发电整体认知。

·<u>光伏和风力发电过程演示</u>：光伏和风力发电原理认知。

·<u>光伏和风力发电运行监控</u>：发电站运行岗位工作实践。

·<u>风力发电机安装</u>：风力发电站建设岗位工作实践。

·<u>风力发电机拆装</u>：风力发电站维护岗位工作实践。

·<u>风力发电机检修</u>：风力发电站维护岗位工作实践。

（3）电气控制虚拟仿真实践平台：电气控制虚拟仿真实践平台（如图5-5和图5-6所示）可为高校（含高职）电气类、机电类以及自动化类诸多专业理实一体化教学提供仿真实践支持。

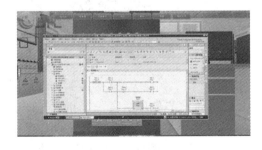
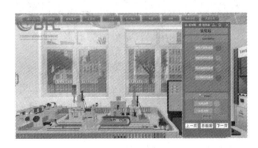

图5-5　电气控制虚拟仿真（PLC）　　　图5-6　电气控制虚拟仿真（自动线）

其主要可支持以下实践教学活动：

·<u>典型控制系统组成</u>：电气控制设备认知。

·<u>电气控制系统设计流程</u>：电气控制系统设计方法认知。

·<u>电气控制系统安装</u>：电气控制系统装调岗位工作实践。

·电气控制系统布线：电气控制系统装调岗位工作实践。

·电气控制系统调试运行：电气控制系统装调岗位工作实践。

·智能电气设备（变频器等）参数设置：电气控制系统运行与维护工作岗位实践。

·电气控制系统维护与故障排除：电气控制系统运行与维护工作岗位实践。

·电气控制系统 PLC 编程：电气控制系统设计工作岗位实践。

（4）电机拖动虚拟仿真实践平台：电机拖动虚拟仿真实践平台（如图 5-7 和图 5-8 所示）可为高校（含高职）电气类、机电类以及自动化类诸多专业电机拖动相关理实一体化教学提供仿真实践支持。助力学生深入了解各种典型电机的组成原理，进行充分的电动机和电力变压器拆装以及运行参数测试等技能训练。

 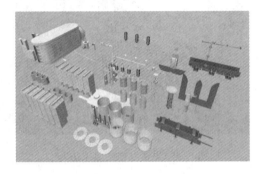

图 5-7　电动机拆装虚拟仿真　　　　　图 5-8　电力变压器拆装虚拟仿真

（5）电动汽车虚拟仿真实践平台：电动汽车虚拟仿真实践平台（如图 5-9 和图 5-10 所示）以 3D 形式模拟电动汽车电机及其控制操作流程，助力学生熟悉典型电动汽车构造，并在虚拟仿真环境下，进行电动汽车装配及各项性能测试。

图 5-9　电动汽车虚拟仿真之一　　　　　图 5-10　电动汽车虚拟仿真之二

（三）虚实结合实践平台

真实传统实践平台与虚拟仿真实践平台紧密结合（虚实结合），先虚后实、虚实交融，才能够全面而彻底地达成理实一体化教学目标。所谓"先虚后实"系指，先在虚拟实践平台支持下充分训练、沉浸式体验，在掌握所学相关知识，获得相关设备操作技能的基础之上，再到真实平台进行验证，获得真实感受。例如"数控编程与加工"理实一体化课程教学，应该让学生在虚拟仿真（CAM）环境下，学习数控加工工艺，练习数控加工编程，经过考核确认加工工艺知识和数控编程技能都达到要求之后，再安排学生在真实数控加工设备上进行实际加工训练或体验（校内教学工厂或合作单位加工车间）。所谓"虚实交融"则指，在理实一体化课程教学过程中，充分发挥虚拟仿真实践平台和真实传统实践平台两者的优势，从达成教学目标实际需要出发，灵活安排学生在两种实践平台上交替进行认知学习、技能训练和沉浸式体验。例如"工业机器人应用"理实一体化课程教学，应该根据实际教学需要，灵活安排学生利用虚拟仿真环境和各种典型工业机器工作站（焊接、装配、码垛等）教学设备（校内实训室）两种实践平台，熟悉工业机器人结构及原理，学习工业机器人应用技术，练习工业机器人应用编程，学习和体验工业机器人工作站装调以及自动生产线组成（连线）等。

石油化工、航空航天、核能利用等行业系统复杂，安全要求高，培训成本高昂，学生不方便到实际现场或在真实系统中进行技能训练和实际体验。在这种情况下，实践和体验可以在"半实物仿真实践平台"支持下进行。半实物仿真是指在虚拟仿真系统中接入部分实物（真实设备）的实时仿真。例如，化工反应过程半实物仿真实践平台，完整的化工反应过程（系统）采用虚拟仿真（三维），使学生如临其境，而控制装置（PLC）等真实设备则通过接口纳入仿真回路，学生可通过真实设备训练操控技能、感受控制效果；再如飞行器半实物仿真实践平台，飞行器驾驶舱及飞行场景采用虚拟仿真（三维），而舵机模拟器、GPS模拟器、飞行控制器、惯性组件等真实部件通过接口纳入仿真回路，学生（驾驶员）通过操控飞行控制器训练驾驶技能、通过各种模拟器状态变化、仿真驾驶舱仪表显示以及仿真飞行场景（飞行姿态）感受效果。

四、理实一体化课程建设

理实一体化课程建设的主要任务为理实一体化教学项目开发[①]、理实一体化教学课程教学大纲（课程标准）制定以及理实一体化教材（讲义）编写三项。具体阐述如下：

（一）理实一体化教学项目开发原则

高职院校理实一体化教学应围绕项目实践进行，因而开发适于理实一体化教学的项目就成为理实一体化课程建设的首要任务。为突出以"做"为中心，"做中教"和"做中学"的特点，全面达成高职院校人才培养目标要求，理实一体化教学项目开发应坚持以下六项原则：

（1）真实性原则：教学项目最好是所属行业真实案例，即使是模拟的，也应该接近实际工作过程，源于所属行业相关岗位典型工作。

（2）可实施原则：教学项目应具备实施条件，难度适中（跳一跳够得着），大多数学生在教师指导下通过努力能够完成。

（3）可评价原则：教学项目工作过程及其结果能够反映学生知识掌握情况和专业能力（职业技能）水平，能检验，易考核，可评价。

（4）趣味性原则：教学项目有趣味性，有吸引力，能够激发学生的学习兴趣与创造欲望。

（5）系统性原则：各教学项目所蕴含的理论和知识、技术知识、专业能力（职业技能）紧密关联，层次清晰、逻辑性强，有利于学生构建系统的知识体系和完整的能力体系。

① 陈巍，陈国军，郁汉琪. 建构主义理论的项目式教学体系构建［J］. 实验室研究与探索，2018，37（2）：183-187，206.

（6）发展性原则：教学项目既要体现行业当前工作，也要兼顾行业未来发展；既要培养学生适应当前职业（岗位）工作能力，也要兼顾学生职业发展，有助于挖掘发展潜能，夯实发展基础。

（二）理实一体化教学项目开发流程

高职院校各专业的理实一体化课程应该是基于工作过程的课程（工作过程导向课程），具体而言，课程的名称、目标、内容、体系都应该体现工作过程导向的特点①。其一，课程名称应直观体现工作关系内涵；其二，课程目标应以专业（职业）能力表述；其三，教学内容应以工作任务表述：任课教师应该把教学着力点放在教会学生如何完成工作任务，引导学生在完成工作任务的过程中学习知识和技能；其四，课程与课程之间、课程内各教学项目之间均应以工作任务为逻辑主线（工作体系），而不应以知识为逻辑主线（学科体系）。因此，理实一体化课程名称其实就是所属行业岗位（职业）特定工作过程或工作项目之名称，也就是理实一体化教学项目之名称。应按照"工作对象+动作+必要补充或扩展"句法命名。以高职院校"机电一体化"专业为例，理实一体化课程可以命名为"机电一体化设备调整与改装""机电一体化设备运行与维护""机电一体化设备故障检测与排除"等。

我国一体化课程教学改革发端于技工院校，人力资源与社会保障部（职业能力建设司）2013年1月颁布的《一体化课程规范开发技术规程》，要求以职业能力培养为目标，通过典型工作分析构建课程体系，并以代表性工作任务为学习载体，按照工作过程和学习者自主学习要求设计和安排教学活动，以体现理论教学与实践教学融通合一（理实一体化），专业学习和工作实践学做合一，能力培养和工作岗位对接合一的特征。鉴于目前缺少针对高职院校的理实一体化课程开发规程，面向全国技工院校的《一体化课程规范开发技术规程》值得高职院校各专业参考借鉴。

按照《一体化课程规范开发技术规程》，理实一体化教学项目开发的本质就是所属行业特定岗位（职业）工作（工作领域）向高职院校各专业课程（教学领域）的映射，就是将行业领域的真实工作项目（工作过程）转化为学习领域课程（教学项目）。因此，理实一体化教学项目开发过程也就是上述"映射"和"转化"的过程。行业岗位（职业）特定工作过程（工作项目），可分解为若干相对独立的子项目（工作步骤），相应地，理实一体化教学项目（与课程同名），也应该分解为若干相对独立的教学模块（学习单元），并对照行业岗位（职业）工作过程排序（序化）。

参照《一体化课程规范开发技术规程》，高职院校理实一体化教学项目开发可分为"典型工作分析""专业能力（职业技能）分析"和"学习任务分析"三个步骤（阶段）。

1. 典型工作分析

典型工作系指特定职业（岗位）的具体工作领域（具有完整工作过程的系列工作）。通常从一个职业（岗位）可以提炼若干项典型工作。典型工作是开发理实一体化教学项目的框架，一般应通过行业实践专家访谈会分析或行业职业（岗位）工作调研产生。专家访谈会分析过程及要求如表5-1所示。

① 姜大源. 论高等职业教育课程的系统化设计——关于工作过程系统化课程开发的解读 [J]. 中国高教研究，2009（4）：66-70.

表 5-1　典型工作分析过程及要求

工作过程	工作要求
实践专家选取	实践专家应来自不同类型的企业（事业）单位，具有较广泛的代表性
	实践专家中应包括一线工作经验丰富和有职业院校学习经历的企业（事业）员工
	实践专家中大部分仍从事一线工作
	选取人数以 10~15 人为宜
准备与交流	准备：展板，3 色卡片，彩色笔，粘贴用磁铁揿钉等（张贴、展示、讨论）
	开场：主持人介绍每位专家的单位、工作特长（彼此初步了解）
	介绍：主持人介绍会议目的及课程开发步骤，简述典型工作和职业发展案例
	填表：每位专家独立填写"职业发展历程自我分析表"
	交流：每位专家简述填表内容，彼此借鉴、互相启发
典型工作分析	张贴：每位专家按自己职业发展阶段将代表性工作填入彩色卡片并张贴在展示板
	归类：主持人任选工作卡，让实践专家找出同类型工作，粘贴在一起并命名
	完成：归类工作循环往复，直至所有工作卡全部被归类并得以命名
	描述：实践专家按特长分组，填写"典型工作描述表"
	列表：按典型工作描述，对各典型工作进行排序并填写"典型工作任务列表"
典型工作审定	组织行业专家（企业或事业单位）、课程开发专家、骨干教师三类人员共同审定

【说明 1】表 5-1 中的"典型工作描述表"对每项典型工作进行描述，明确每项典型工作的对象（工具、材料、设备与资料，工作方法，组织方式等）及要求，并列出所包含的代表性工作任务（任务名称及任务描述），为把职业（岗位）面对的每项典型工作转化为学习领域对应课程提供指导。

【说明 2】表 5-1 中所提"典型工作任务列表"对所针对职业（岗位）各个发展阶段所面对的若干项典型工作，以及每项典型工作所包含的若干代表性工作任务进行列表，为确定职业（岗位）所面对的若干项典型工作的序化关系提供指导。

2. 专业能力（职业技能）分析

就是对完成典型工作中各项代表性任务（工作任务）所须具备的专业能力（职业技能）进行分析，并对分析结果按学习领域规范进行描述和必要补充，从而确定理实一体化课程教学目标以及其中各学习单元的教学目标。专业能力（职业技能）分析同样需要邀请行业专家参与或在行业专家的指导下进行。由于分析结果的完整性和普适性直接关系到理实一体化课程建设质量，因此，所邀请的行业专家应该具有代表性和权威性。其分析过程及要求与典型工作分析相仿，具体包括：

（1）请每位受邀行业专家把分析意见写在纸板上（每张纸板写一项工作任务）。各项工作任务采用"名词+动词"书写格式，相关专业（岗位）专业知识采用"熟悉……"和"了解……"加以描述并区分重点和一般；专业能力（职业技能）则采用"掌握……""熟练操作（使用/运用）……""能（会）操作（使用）……""能

（会）分析（判断）……"和"基本能（会）……"加以描述并区分重点和一般。

（2）把所有受邀专家书写的分析意见（纸板）投影出来，进行合并及补充（行业专家）。

（3）引导受邀专家对合并及补充后的结果进行讨论，获得行业专家一致认可的分析意见予以保留并采用。

表 5-2 给出某高职院校应用电子技术专业"电子设备操作与维护"课程专业能力（职业能力）分析结果。

典型工作	代表性工作任务	专业能力（职业技能）
电子设备操作与维护（课程名）	设备参数设置、调整	能看懂设备说明书
		熟悉设备操作方法
		明确设备各参数作用与含义
		熟悉设备安全操作规程
	设备良好率确认	熟悉设备各状态下的外观、参数及指示（灯）
		熟悉仪表显示情况
	生产过程中设备运行状态控制	明确设备不同状态对产品质量的影响
		熟悉相应产品所需设备运行状态
		能根据环境、材料变化确定设备状态
		能对设备进行应急处理
		具有吃苦耐劳的工作作风
	设备维护保养	了解设备维护保养步骤
		熟知设备维护过程所需材料
		熟知设备各所需维护部分结构
		了解设备停止、保存时所需状态
		会编制设备管理卡片
		掌握设备精度的调整方法
	设备运行情况记录	了解设备运行记录方式
		熟悉设备各仪表显示的显示模式及数据
		熟悉设备各仪表所对应的记录参数

3. 学习任务分析

学习任务分析是将工作领域（项目）转化为学习领域（课程）的重要步骤。鱼骨分析法被认为是学习任务分析的有效工具（如本书第三章的图 3-2 所示）。具体过程及要求说明如下：

（1）从工作目标（要求）到工作结果（成果）构建完整工作过程，以工作要求为"鱼尾"，以工作成果为"鱼头"。

（2）典型工作中各项代表性任务（工作任务）应按照行业职业（岗位）实际工作过程序化为 1~n 个相应的工作阶段（工作步骤），每个工作步骤相当于一根"鱼骨"。

（3）结合专业能力（职业技能）分析结果，分析每个工作阶段（工作步骤）应该学习的若干项知识（知识点 1~n）和若干项技能（技能点 1~n）。

（4）将每个工作阶段（工作步骤）所包含的知识点和技能点作为理实一体化课程中相应学习单元的教学内容（知识学习与技能培养）。

（5）遵照系统性和发展性原则，对理实一体化课程中相应学习单元的教学内容进行必要补充（重点补充相关基础知识和基本技能），并按照知识认知规律和技能形成规律，对知识学习和技能培养进行序化，再遵照学习领域规范予以描述，从而完成理实一体化课程内容体系的构建。

（三）理实一体化教学大纲（课程标准）制定

目前，我国高职院校各专业普遍采用课程标准的提法和名称（校本标准），而本科院校各专业仍普遍沿用 20 世纪 50 年代初学习苏联模式时教学大纲的提法和名称。据有关专家分析，教学大纲与课程标准的区别主要体现在以下四个方面[①]：

其一，教学大纲强调掌握相关知识与技能，而课程标准强调三维目标（知识与技能、过程与方法、情感态度与价值观）达成。

其二，教学大纲注重教学结果，而课程标准注重教学过程及方法。

其三，教学大纲强调学科自身的系统性、逻辑性，而课程标准强调学生终身发展所必备的基础知识和基本技能（注重综合能力）。

其四，教学大纲侧重于结果性评价以及考核评价的筛选功能，而课程标准侧重于过程性评价以及考核评价的教育发展功能。

比较而言，教学大纲着重于让教师知晓应该教什么以及如何教，要让学生达到怎样的要求（侧重于知识），而课程标准着重于让教师和学生知晓经过一段时间的学习，要知道什么以及能干什么（侧重于能力）。虽然我国本科各专业仍沿用教学大纲的提法和名称，但已经汲取了课程标准的科学内涵。因此，教学大纲与课程标准的内涵几乎已没有差别，只是提法和名称不同而已。

理实一体化课程教学大纲（课程标准）作为理实一体化课程教学最直接的指导性文件，应该让任课教师和学生从中了解该课程所属类型、教学目标、先修课程（反映所应具备的知识和能力基础）、主要教学内容及其逻辑构架（序化关系）；了解各模块（单元）的教学内容及教学要求（熟悉、了解、掌握、熟练、能、会……）；了解教学条件（场地设备），知晓课程总学时（学分）以及各模块（单元）的学时分配；明确考核方案及成绩评定办法，明确指定（选用）教材和参考资料等。需要强调的是，任课教师必须按照教学大纲（课程标准）组织考核评价，因而在教学大纲（课程标准）中，应该制定完善的、可操作的考核评价方案。就考核方式、考核项目、成绩评定方式以及各考核项目成绩占比等做出明确规定。

理实一体化课程教学大纲（课程标准），应该是理实一体化课程建设成果，尤其理实一体化教学项目开发成果的集中呈现。制定理实一体化课程教学大纲（课程标准）

① 钟建珍，李桂霞. 从教学大纲到课程标准转变的思考 [J]. 职教通讯，2012（3）：8.

一要注重规范性，即符合学校制定课程教学大纲（课程标准）规范（采用学校相应课程类型统一模板）；二要注重反映理实一体化课程的本质特点，即能够明显区别于理论课程和纯实践课程的教学大纲（课程标准）。

理实一体化课程教学大纲（课程标准）制定，应该在课程教学团队负责人的主持下进行，应该依靠教学团队集体的力量，注重集中团队群体的智慧。制定完成之后，还应该征求行业专家意见，尤其应征求受邀参加典型工作分析和专业能力（职业技能）分析工作的行业专家的意见，并根据行业专家的意见进行认真修改和补充；然后履行审批备案手续，正式成为理实一体化课程教学设计与实施的指导性文件。随后，还要根据理实一体化课程教学效果适时修订，持续改进、不断优化。

（四）理实一体化教材（讲义）编写

编写理实一体化教材既是理实一体化课程建设的重要环节，也是理实一体化课程建设走向成熟的重要标志，同时还是理实一体化课程建设过程中任务最为艰巨、挑战性最强的环节。不仅要认真遵循理论知识认知规律与实践技能形成规律，而且要把握好理论与实践相互依赖和相互促进的关系，让每个单元（模块）都充分体现理论知识学习与实践技能训练相融合的特点，既有理论知识学习目标，也有专业（职业）技能训练目标；既有理论知识学习内容，也有专业（职业）技能训练内容；既有理论知识学习效果考核评价办法，也有专业（职业）技能考核评价办法。

编写理实一体化教材要打破传统专业教材的桎梏，充分体现"知行合一、理实一体"教育思想，充分反映工作过程导向课程之特点，充分反映理实一体化教学项目开发的成果，围绕行业岗位（职业）典型工作，妥善安排学习单元（教学模块），科学分解知识学习和实践训练任务，不仅要组织学生有计划地开展项目实践活动，助力学生完成各项工作任务，而且要让学生在项目实践中学到相关知识、获得专业（职业）技能，提升职业素养。为保证理实一体化教材内容真实反映所属行业岗位工作过程以及职业能力和职业素养要求，学校教学团队应积极寻求与行业专家合作，注重征询行业专家的意见和建议，若能够与行业专家或一线工作者（工程师）共同编写，则更为理想。

编写理实一体化教材不能一蹴而就，更不能急于出版发行。由于各个学校课程设置以及实践平台存在较大差异，加之所处地域不同，行业合作关系也不相同，在同类院校相关专业推广应用将会面临很多困难。课程教学团队应该熟悉教材编写规范，熟悉理实一体化教材特点及编写要求，并对同类院校相关专业所开设课程、实践平台状况以及行业合作关系等认真进行调研。通常应该先编写讲义或校本教材并在本校试用，经过持续改进并得到同类院校相关专业同行认可之后，再寻求正式出版发行、进而推广应用。当然，若能够与同类院校相关专业同行共同编写，发挥各自优势，则不仅能加快编写速度、提高教材质量，也更有利于推广应用。

编写理实一体化教材应该在课程教学团队负责人主持下进行，依靠教学团队集体的力量，集中团队群体的智慧，发挥教学团队成员各自的优势和特长，加快编写速度、提高编写质量，并根据每个团队成员在课程教学实践中发现的问题，依赖教学团队积累的经验，使之得以持续改进、不断完善。

第四节　理实一体化教学设计

高职院校承担理实一体化课程教学任务的教师（团队成员）必须依据课程教学大纲（课程标准）和教材（讲义）认真开展教学设计，在遵守相关规范的前提下，创造性地开展理实一体化课程教学各个阶段、各个环节的教学设计工作。理实一体化教学设计的成果集中体现于课程教学团队或任课教师个人编写的教案之中。下面分"教学设计的概念与特征""教学设计的八种意识""理实一体化教学准备"以及"理实一体化教案编写"四个专题具体阐述。

一、教学设计的概念与特征

教学设计是指课程教学团队或任课教师个人运用系统方法，依据教学理论、学习理论和传播理论，对教学内容、教学目标、学生学情、学习行为目标、学习特征，学习环境等进行分析，并选择适当的教学媒体、教学策略、制定教学流程、教学效果评价等，编制（设计）最优化教学预案的过程。教学设计具有以下五个特征：

（一）系统性

教学是学习者、教学目标、教学内容、教学方法、教学资源（多媒体）、教学策略、教学评价等多种要素构成的复杂系统。教学设计应研究和探讨这个系统中教与学各要素之间以及每个要素与整体之间的联系，通过对学习过程和学习环境的系统规划和设计，构建有效的教学系统，以指导和促进学习者的学习。

（二）操作性

教学设计的落脚点应该是教学实施，因此必须具有可操作性。只有具有可操作性的规划设计方案，才可以成为教师组织教学的基础和依据。

（三）创造性

教学本身具有复杂性，面对不同教学情境和问题，面对不同学习主体和需要，应该创设有针对性的、有意义、切实有效的解决方案和实施策略，以满足不同学习者学习和发展的需要。

（四）动态性

仅靠上课之前进行系统规划，将会使教学设计变成僵硬的行动步骤。因此，在预设性设计的基础上，还须辅以动态生成性设计，以便根据教学情境和实际教学状况灵活调控。

（五）改进性

教学设计需要在教学实施中经受检验，并根据教学过程的反馈进行改进，使之不断完善、持续优化。

二、教学设计的八种意识

高职院校课程教学团队（尤其任课教师）要高质量地完成理实一体化教学设计工作（备好课），必须牢固树立以下八种意识：

（一）大纲（课标）意识

课程教学大纲（课程标准）是课程教学工作的纲领，在备课过程中应该认真贯彻执行。尤其要熟悉其中的教学目标、各模块（单元）的教学要求以及学时分配、考核办法等重要内容。只有将教学大纲（课程标准）烂熟于心，才能保证备课不走样，从而为达成课程教学目标奠定基础。

（二）教材分析意识

课程教学大纲或课程标准中指定教材（包含讲义和实践指导书），是课程教学内容体系的主要依据。因此，备课工作应该从通读和分析教材入手，了解教材的编排意图，弄清各模块（单元）的地位和作用，把握新旧知识和技能的联接点以及学生认知结构和技能结构的生长点，从而能够驾驭课程教学内容，使课程教学过程顺畅。

（三）交流共享意识

在备课过程中经常会遇到仅凭课程教学团队的知识与能力难以解决的困难，对于任课教师个人来说更是如此，应该善于与同行交流，在信息化背景下还可通过网络与全国各地的同行对话，把自己的教学设计思路及备课中遇到的困惑与各位同行网友进行交流共享。

（四）熟悉学情意识

教师应当把学习者原有的知识和技能作为新知识和新技能的生长点，把学生的真实状态作为课程教学活动的出发点。特别是面对职业院校学生，教师只有熟悉学情，才能更好地做到有的放矢，因材施教，提高教学效率和有效性。

（五）学生主体意识

在备课和教学实施过程中，都应该树立学生主体意识。按照学生的年龄特点，认知规律和思维特点，把教学内容转化为学生有兴趣参加，也有能力参与其中的各种教学活动，给学生多一点思考时间，多一点表现机会，多一点成功愉快体验。尽最大可能让学生感受到学习的快乐、有趣和充实。

（六）预设与生成意识

教学实施过程具有"不确定性"，备课应追求课前"精心预设"和课中"动态生成"的辩证统一。只有这样，才能根据教学实施中学生的实际状况，做出相应的动态调整。

（七）质量效率意识

保障课程教学质量、提高教学效率是备课目的之所在。因此，应该通过科学匹配教学方法以及多种教学方法优化组合，通过精心设计适合学生特点的教学活动，合理安排练习和训练等，力求每次课都能达成教学大纲（课程目标）预设的教学目标。

（八）资源引入意识

除有效地挖掘利用教材资源之外，还要注意创造性地开发和利用其他教学资源。尤其是网络资源、科研资源和企业资源。在网络化时代、信息化社会，应该注重从网上收集与教学相关的题材来丰富、拓展课程教学内容，尤其是相关的图片、视频、动画素材和真实案例，让课程教学内容更加生动、形象、直观，以利于吸引学生注意力，帮助学生理解教学内容。此外，还应把相关科技前沿动态以及相关领域的新知识、新技术、新成果及时介绍给学生、实现科研反哺教学；对于高职院校而言，开发利用行业企业资源可以让学生及时了解行业企业的新技术、新装备、新工艺，对于培养岗位或职业工作能力至关重要。

三、理实一体化教学准备

教学准备系指开课之前为课程教学所做的各项准备工作，也就是人们通常所说的备课。按照课程与教学论的观点，课程准备属于中观层面和微观层面的教学设计，是在人才培养方案和教学大纲（课程标准）确定之后，针对某一门课程、某一章节（项目）甚至某一次课程教学活动（微观层面）所进行的规划设计活动。随着教学手段日益多样化、数字化、网络化，教学准备的项目及内容也在不断增加。就高职院校理实一体化课程教学而言，教学准备主要涉及以下十一项内容。

（一）备大纲（课标）

教学大纲或课程标准是课程教学必须遵循的教学指导文件，教学准备（备课）时应该首先阅读并熟悉它。备大纲首先要明确课程教学目标，了解该课程的基本信息（总学时/学分、课堂教学学时和实验实训学时及其分配）；备大纲要了解课程所针对的教学对象（专业/年级）以及先修课程，弄清楚课程在整个课程体系（查阅人才培养方案）的地位和作用；备大纲要明确课程的教学内容，尤其要明确重点内容（教学重点），通常从教学大纲或课程标准所列教学要求用词加以判断，要求"熟悉"和"掌握"的内容一般就是重点内容；备大纲要弄清课程考核类型（考试/考查）、明确考核方式（尤其考查课）和成绩评定办法；备大纲还要明确课程指定教材、参考资料以及实践环节（实验实训）指导书。

（二）备学生

备学生就是有效进行学情分析。表面看学情分析并不复杂，从教学班级名称即可获得年级和专业信息。然而，仅仅知道年级和专业是远远不够的。认真进行学情分析，找准学生的起点（知识和技能）、熟悉各类学生的思维特点和学习习惯，对于上好课非常重要。高职院校教师应该牢记：有的放矢是成功施教的基础，因材施教是教育教学的灵魂。备学生需要做深入细致的工作，一般主要从"评估特点""分析能力""调研爱好""观察习惯"几方面进行。不仅要在课前做足功课，还要在课程进行中不断加深与矫正。

（三）备内容

课程教学团队（尤其任课教师）应依据教学大纲（课程标准），认真研读指定教材（讲义和实践指导书），不仅应该熟悉课程教学内容（知识与技能），而且要把自己的理解和体会融入其中，并以生动、直观、有趣的方式予以呈现，使之适于学情，让学生乐于接受。

（四）备重点

"突出重点"既是课程教学的重要任务，也是备课的重点项目。备教学重点不仅要通过研读大纲（课标）和教材（讲义和实践指导书），分析确定整门课程、每个模块（单元）以及每次课的教学重点，而且要设计突出教学重点的途径和方法（学时安排、教学方法、教学手段、练习作业、测验考核等）。只有让学生掌握了重点内容，才能够有效达成教学目标。

（五）备难点

教学难点是指教学内容中难以理解的概念、定理、公式以及难以掌握的方法或技能等。有些教学难点是内容体系所决定的，即在整门课程、每个模块（单元）以及每次课的教学内容之中，有些教学内容本身较难理解和掌握（针对任何教学对象）；另一些教学难点则是教学对象所决定的，即由于教学对象缺乏理解和掌握这些教学内容相关基础（知识和技能），或者不擅长理解和掌握这些教学内容的思维方式，造成理解和掌握困难。备教学难点不仅要通过研读大纲（课标）和教材（讲义和实践指导书），分析确定内容体系所决定的教学难点，而且要结合全面透彻的学情分析，把握不同教学对象将会遇到的教学难点。然后从教学内容体系和教学对象两个方面分析造成困难的缘由，研究设计课程教学过程中突破教学难点的途径和具体办法，制定帮助学生克服困难的预案，力求使所有学生都顺利达成课程学习目标。

（六）备过程

备课须以课次为单位进行。分散实施的课程，一般每课次 2 学时；集中实施的课程（若干周集中实施），每次课半天（4 学时）。备过程就是对每课次教学活动的内容及形式进行预设（详见本书第六章第一节理实一体化教学过程）。

（七）备教法

教学效果优劣很大程度上取决于教学方法是否适切。备教学方法主要就是为整门课程教学以及不同模块（单元）教学，选配适切的教学方法并实现多种教学方法的优化组合，以尽可能达到科学性和艺术性的完美统一。选配教学方法应该结合课程和学生实际，切不可生搬硬套。鼓励任课教师在教学方法上大胆探索，不断创新，逐渐形成自己独特的教学风格。

（八）备习题

对于理实一体化课程而言，习题不仅指理论知识自主学习内容，也包括专业（职业）技能自主训练项目。备习题不仅要考虑课上，而且要考虑课后（含预习）。备习题最省事也最费脑筋。所谓最省事，是指可以直接选用教材（讲义和实践指导书）上的习题，轻松完成备习题；所谓最费脑筋，则指教材（讲义和实践指导书）上的习题不是为所教学生专门设计的（有些并不适合），课程教学团队（尤其任课教师）应该依据所教学生实际情况认真筛选习题，或者针对教学内容和学生实际情况专门设计原创性习题。一般而言，应该少选（设计）测试学生记忆的习题，多选用或设计能够激发学生思考、激发学生兴趣、锻炼考察学生分析问题和解决问题能力的习题，多选用或设计与工程应用结合紧密，与社会需求结合紧密的习题，注重锻炼学生的实际应用能力。

（九）备板书

尽管目前高职院校各类教学场所普遍配置了电脑和投影设备，但黑板和粉笔仍然是最基本的教学工具。板书是教师的门面，也是教师树立威信的良好基础之一。教师的板书应该追求"工整流利、字体美观、布局合理"，不仅要练好粉笔字和徒手绘图（教学基本功之一），还要注重板书的布局。因此，备板书主要就是板书布局设计。面对一整块黑板（白板），哪个区域记录教学过程（书写标题和要点），哪个区域随意书写解释说明可随写随擦，必须认真规划并在教案中予以标注。而板书布局设计应该追求发挥板书优势，并与多媒体课件合理配合。应该认识到，虽然多媒体课件 PPT 具有呈现内容丰富、清晰，引入资源多样化（文字、图片、视频、动画、仿真等）等优势，但板书至少在以下两方面具有明显优势：一是板书可以让学生了解本次课程教学内容的完整体系和思路（教学过程记录优势）；二是板书便于强调教学重点，便于随时解释和说明问题（问题解释说明优势）。课程教学团队（尤其任课教师）不仅要精心制作PPT，也应该热爱板书、善用板书，充分发挥 PPT 和板书两者的优势，并努力做到两者优势互补、合理配合。

（十）备资源

准备哪些教学资源（素材）并没有标准答案，也很难框定范围。凡是有助于教学活动，有利于达成教学目标的素材（图片、视频片段、动画、仿真、学生代表性作品等），都应该列入备资源之列。备资源"没有最多，只有更多；没有最好，只有更好"，需要任课教师长期坚持，不断积累，持续优化；备资源的过程也是教师自我充电、自我丰富、自我提升的过程。当今"信息大爆炸""知识更新快"，任课教师要给学生"活水"，就绝不能吃老本；备资源不能仅限于搜集整理和熟悉各类教学资源，还应考虑如何吸引学生注意力、如何调动学生积极性、如何增强课程教学的有效性，如何高质量地达成课程教学目标，进行合理编排和科学利用，让它们在教学中发挥独特作用。

（十一）备课程思政

备课程思政就是对理实一体化教学过程中融入哪些思政元素最为贴切（元素挖掘），以怎样的方式融入最为合理（融入方式），进行到哪里融入最为有效（融入时机），进行认真研究和精心预设。

四、理实一体化教案编写

理实一体化课程教学方案（教案）是教学准备（备课）成果的集中体现，也是任课教师实施课程教学的具体方案，既要符合规范化要求，也要充分体现个性化。所谓规范化，就是按照学校或二级学院统一制定的规范编写（模板）；所谓个性化，就是充分体现课程类型和教学特点，展现任课教师独特的教学风格。理实一体化教学设计前期工作应由课程教学团队集体承担，以汇聚集体智慧，凝聚团体力量；但编写教案则提倡由任课教师独自完成，以便形成任课教师独特的教学风格。

（一）课程教案与课程信息

完整的课程教案由封面、课程基本信息页和若干课次教案（教案内容）构成。教案封面一般填写课程教学对象信息、课程代码、课程名称、开课单位部门（负责部门）、授课教师姓名与职称以及开课时间（学年学期）。课程基本信息页（如表5-3所示）填写该课程的基本信息，主要内容包括：

（1）课程代码、课程名称、开课部门。

（2）授课班级/人数、课程学分、考核方式（考试/考查）。

（3）新开课程/已有课程（勾选）。

（4）课程类型——理论/实训/理实一体化（勾选）。

（5）课程类别——高职课程细分为"职业基础课程""职业能力课程""职业拓展课程""职业技能实训课程"和"其他课程"五类（勾选）。

（6）课时总学时、理论学时和实践学时分配，以及实践教学场所（名称、地点）。

（7）授课教师和教辅人员信息——姓名、职称、学历/学位、所属部门，是否新教师（勾选），本校教师还是外聘教师（勾选）。

（8）学生年龄特征和学习特点——概要说明学情分析结果。

（9）选用教材和参考资料情况——选用教材类型属于统编、非统编、自编、讲义或其他（勾选），列出选用教材和参考资料明细（名称、作者、出版社、出版时间）。

表5-3　课程基本信息页

课程代码		课程名称					
开课部门				授课班级/人数			
课程学分		考核方式					
开设情况	□新开课程 □已有课程	课程类型		□理论课程　□实训课程　□理实一体化课程			
课程类别	本科						
	高职/技工	□职业基础课程　　□职业能力课程　　　□职业拓展课程 □职业技能实训课程　□其他课程_____					
课程总学时		理论学时		实践教学场地			
		实践学时					
授课教师		职称		学历/学位			
是否新教师	□是 □否	来源	□本校 □外聘	所在部门			
教辅人员		职称		学历/学位			
是否新教师	□是 □否	来源	□本校 □外聘	所在部门			
学生年龄特征和学习特点							
教材类型	□统编教材　　□非统编教材　　□自编教材或讲义　　□其他：_____						
选用教材	名称		作者	出版社	出版时间		
参考资料							

（二）课次教案内容及规范

课程教案（如表5-4所示）以课次为单位编写，分散实施每课次一般为2学时，集中实施（集中若干周）每课次半天（4学时）。课次教案由课次信息栏和课次教案内容页（若干页）两部分构成。要求填写的课次信息如下：

表 5-4　第_____次课程教学方案

备课时间			备课教师			
教学时间		教学地点		周次		课时数	
教学内容（章节）模块/单元						
教学目标和要求						
教学重点						
教学难点						
教学方法						
使用媒体资源	□纸质资料　□多媒体课件　□网络资源　□其他资源：_____					
使用教具和设备设施等						
作业练习						
课后记						

教学内容	教学步骤、方法及教学活动安排	时间分配

（1）备课时间（时段）、备课教师姓名（一般应该为任课教师本人）。

（2）教学时间、教学地点、周次（第几周）、课时数（本次课学时数）。

（3）教学内容（参照教材/讲义和实践指导书、填写本次课项目及模块（单元）名称及序号）。

（4）教学目标和要求（简要阐述本次课的教学目标和要求）。

（5）教学重点（列出本次课教学重点）。

（6）教学难点（列出本次课教学难点）。

（7）教学方法（规范填写本次课所采用的教学方法，多种教学方法则应按主次依次列写）。

（8）使用媒体资源（可勾选多项，其他资源需加以说明）。

（9）使用教具和设备设施等（详细列出本次课所用设备设施）。

（10）作业练习（分别填写课上练习题和课下作业题，如选用教材习题，列出页码和题号即可，自行设计习题则需注明并给出相应题号）。

（11）"课后记"，由任课教师在每次上课之后填写，记录本次课有价值的事件，并撰写课后教学反思（经验教训和改进措施等）。

（三）课次教案内容

课次教案内容模板（表5-4中的"课后记"以下的部分）与传统"教案纸"类似，左侧书写教学内容（宽），右侧书写相应标记。课次教案应全面呈现备课成果，教学内容不能简单拷贝教材或课件相关内容（此问题较为普遍），右侧标记也不能简单敷衍。具体要求如下：

（1）课次教案内容应包含本次课的所有教学环节，符合所谓完整性要求。

（2）右侧标注的"教学步骤、方法及教学活动安排"和"时间分配"必须与左侧书写的"教学内容"严格对应，符合所谓对应性要求。

（3）左侧书写的"教学内容"应该是经过任课教师认真梳理、消化和编排的教学内容，主题鲜明，条理清晰，重点突出，内容简练，突破难点的措施具体适切，问题（设问、提问、讨论）针对性强，课上练习题和训练项目清晰，课后作业（含预习）要求明确。

（4）右侧标注的教学步骤清晰规范，教学方法合理有效，教学活动合理适切，时间安排精准科学。所安排的教学步骤、所匹配的教学方法，所设计的教学活动应该充分体现任课教师的风格特点，彰显任课教师的魅力和风采。

（5）为突出理实一体化教学理论与实践融通合一的特点，课次教案应围绕项目实践，标明理论和技术知识学习（知识点）和专业（职业）技能训练两类活动，充分展示理论与实践交替交融的教学过程。

（6）为突出理实一体化教学"自主学习和实践为主"的特点，课次教案应围绕项目实践，标明教师活动（讲解讲授、演示示范、巡回指导、点评等）和学生活动（课上练习、自主学习与训练、分组活动等），充分展示以学生自主学习与实践为主，以教师引导、组织、点拨、评价为辅教学过程。

（7）为突出理实一体化教学"项目引领、任务驱动"的特点，任课教师应为理实一体化教学编制"工作页""任务书"和"任务工单"等教学资料。这些教学资料作为教案的附件（命名并编号），并在课次教案中相应处标明（附件编号），充分体现项目工作过程、展示项目工作成果。

应该指出，任课教师课上的精彩表演和有效教学，离不开课下的精心准备和辛勤付出；任课教师对教学的热爱，对教学的敬畏，应该从对备课的热爱、对备课的敬畏开始。即使有了一定的教学经验，也不能轻视备课，敷衍备课，"只有备好课才能上好课"应该成为高职院校每一位教师的座右铭。

【实践·反思·探究】

1. 怎样理解"知行合一、理实一体"既是培养目标理念，也是培养方法理念？

2. 为什么理实一体化教学模式主要适用于注重综合能力和应用能力培养的专业课程？

3. 理实一体化教学为什么更强调教学区域文化建设和行业合作关系建设？

4. 如何理解理实一体化课程是工作过程导向课程？怎样将工作领域的项目转化为学习领域的课程？

5. 为何要树立大纲或课标意识？您认为理实一体化教学准备（备课）的着重点应该放在何处？

第六章

理实一体化教学实施与教学案例

【内容摘要】课程是人才培养的核心单元。贯彻"知行合一、理实一体"教学理念，不仅要体现在教学建设和教学设计各个方面，而且必须落实在教学实施过程之中。本章主要阐述理实一体化教学实施，介绍五个理实一体化教学案例并进行点评分析。理实一体化教学建设强调学校、二级教学单位（二级学院）、系或教研室各级组织综合施策，理实一体化教学设计需要课程教学团队协同努力。而理实一体化教学实施则需要任课教师个人努力，强调任课教师的执行力和创造力，注重形成任课教师独特的教学风格，注重展现任课教师的风采和魅力。

第一节　理实一体化教学实施

理实一体化教学实施即在教学建设和教学设计（备课）基础上，任课教师依照课程教学团队集体编写或自己独自编写的教学方案（教案）实施有效教学（上课）、在每次课以及整门课程教学完成之后进行教学反思，在所有教学环节（尤其考核评价）完成之后，按学校和教学部门（二级学院等）规定整理教学档案等一系列工作。以下分"理实一体化教学实施步骤""理实一体化教学方法""理实一体化教学评价""理实一体化教学反思"和"理实一体化课程教学档案"五个专题具体阐述。

一、理实一体化教学实施步骤

我国技工院校一体化教学"六步法"可视为一体化教学实施过程规范，其具体内容如下：

第1步：明确任务、获取信息。

教师通过讲授并以下达任务书和派工单等方式（仿照岗位工作流程），让学生明确干什么（任务），并获取与完成该任务直接关联的信息（工作页、参考教材、技术手册及相关规程），通过描绘工作目标，工作条件、方法步骤等培养学生的学习管理能力、信息处理能力和归纳分析能力。

第 2 步：制订计划。

引导学生根据工作任务内容、步骤以及所用设备、耗材等，制定具体工作计划，以培养其计划能力、设计能力和方法能力。

第 3 步：做出决定。

引导学生通过小组讨论确定最佳方案（既定方案），以锻炼和培养其择优淘劣、优化方案能力。

第 4 步：实施计划。

指导学生按既定方案开展工作，在工作过程中学习知识，以提高其方法能力、规范作业能力并提升专业（职业）技能。

第 5 步：检查控制。

指导学生及时观察和记录实施结果与决策结果的偏差，并做出合理调整，以培养其专业（职业）技能、方法能力、规范作业、数据处理等多方面能力。

第 6 步：评价与反馈。

学生通过展示和演说（介绍）等方式汇报任务完成情况（结果），接受同学和老师多角度多方面（技术、经济、社会、思维）评价，寻找缺陷及其原因并做出修正，以培养和锻炼自身表达、演讲、沟通、信息处理、客观评价以及抗挫折能力。

高职院校应充分借鉴"六步法"，结合高职院校人才培养规格以及就业岗位特点，进行相应拓展、完善和创新。在对我国技工院校一体化教学"六步法"进行认真分析的基础上，结合本书第五章所述理实一体化教学规范，提出适合我国高职院校理实一体化教学的"四步"法，即将我国技工院校一体化教学"六步法"合并为"明确工作"（第 1 步）、"制定方案"（第 2～第 3 步）、"具体实施"（第 4～第 5 步）和"总结评价"（第 6 步）四个步骤。这四个教学步骤其实就是将行业岗位（职业）工作领域的"工作流程"转化为职业院校相关专业学习领域的"学习过程"。具体说明如下：

（一）明确工作

理实一体化教学应从明确工作开始，这个阶段的教学活动应采用集中方式，由任课教师通过讲授讲解、演示示范和安全教育等教学环节，让学生明确项目工作以及各项具体任务及要求，通过回顾（复习）、补充（新学），让学生具备开展项目工作，完成各项任务所须的知识和能力，或者明确相关知识学习和能力培养要求。任课教师在此期间还应该指导学生查阅相关资料，或者熟悉和掌握查找相关资料的渠道和方法。在明确任务及要求的基础上，任课教师还须主持合作小组划分（分组）并确定各组组长（推选或指定），并尽量达到"同组异质、组际同质"要求。任课教师在讲授讲解等环节中，应注重采用案例法开展思政教育（介绍行业典型工程项目、相关模范人物事迹等），并紧密结合项目工作，就价值观塑造、提升职业素养、弘扬科学精神、锤炼工匠品格等育人目标，向学生提出要求，把理实一体化教学的"育才"目标与"育人"目标紧密结合起来。

（二）制定方案

在明确项目工作及要求之后，学生主要采用分组活动方式讨论制定具体工作方案，编制实施计划。任课教师在巡回指导环节，应首先围绕制定和优化项目实施方案给予指导并解答各种疑问。必要时可切换为集中方式，进行集中指导或大范围交流，让学生切实明白"磨刀不误砍柴工"的道理，引导各组学生认真扎实地进行工作方案优化以及实施计划细化。此期间的思政教育应注重引导学生关注工程伦理，掌握辩证思维方法，增强质量意识和效率意识。

（三）具体实施

在工作方案确定之后，仍主要采用分组活动方式，按照实施计划予以具体实施。任课教师主要通过巡回指导，帮助各小组确定小组成员分工，引导学生围绕项目工作，自主学习、自主训练，培养其自主学习和独立工作能力，同时引导各小组成员围绕项目实施过程中出现的问题，开展合作探究以及协同协作，培养学生的合作交流能力。与此同时，及时发现项目实施过程中遇到的各种问题（尤其安全隐患或安全漏洞），给予指导并解疑解惑。必要时（通常遇到共性问题）可切换为集中方式，进行集中指导或主题讨论。在此期间的思政教育应注重引导学生通过项目工作实际体验，锤炼吃苦耐劳和精益求精的工匠品格，培养创新意识和创新能力，全面提升职业素养。

（四）总结评价

在各项工作任务基本完成，工作成果基本成型之后，应先进行个人总结（撰写报告）和小组总结（组长主持讨论并归纳总结），然后在任课教师主持下，进行班级总结（各组汇报交流形式）与集中点评。鉴于理实一体化教学工作方案制定与实施都以合作小组为单位进行，分组汇报和集中点评非常必要。集中点评应该建立在对各个小组总结乃至每位学生个人总结认真阅读与分析的基础之上，注重发现表现优秀者、方案独特者、成果优异者，注重发现共性问题、典型问题，通过集中点评深化学生对项目工作的认识，积累有益经验，相互学习、取长补短，共同进步。在集中点评环节中，任课教师应注重融入思政教育，不仅要点评专业教学成效和不足，也要点评思政教育成效。引导学生在塑造正确的价值观，弘扬科学精神和工匠精神，锤炼工匠品格等方面持续努力。

需要说明的是，任课教师应该按照教学大纲（课程标准）组织实施理实一体化教学考核，评定每位学生的课业成绩。考核评价可以在项目工作完成之后（结果考核），也可安排在项目工作实施过程之中（过程考核）。由于这部分内容在本章"理实一体化教学评价"专题将详加讨论，此处不再赘述。

二、理实一体化教学方法

教学模式是在特定教学思想指导下，依照一定程序形成的相对稳定、系统性强、可操作性强的范式，而教学方法则是为了达成教学目标，完成教学任务，在教学过程中运用的方法和手段的总称，教学方法包含在教学模式之中。理实一体化教学模式既反映了"知行合一、理实一体"教育思想（理论），也给出了理实一体教学的基本框架（程序），但在理实一体化课程教学的各个阶段和各个环节，都需要选配适宜的教学方法，且需要进行多种教学方法的优化组合，才能取得良好的教学效果、顺利达成各阶段和各个环节的教学目标。因此，教学方法选配对于理实一体化教学非常重要，也非常考验理实一体化课程任课教师的功力。在理实一体化教学中主要采用的 13 种教学方法阐述如下：

（一）讲授法

讲授法是最基本，也是运用最广的教学方法，讲授能力更是教师最基本的教学能力，因而也成为各级各类教学基本功竞赛的基本内容和主要形式。在理实一体化课程教学的各个阶段和各个环节中，讲授法都将相伴相随（其他教学法都离不开讲授法的配合）。不仅讲授讲解环节应主要运用讲授法实施教学，而且演示示范环节的解说，巡回指导环节的答疑解惑，考核评价环节的点评，以及思政教育和安全教育等，都必须规范、熟练地运用讲授法。

所谓讲授，就是正确规范地运用"教学语言"，传授相关知识，传递各种信息，表达思想、交流情感，既要讲究科学性，还要讲究艺术性。讲究科学性主要指讲授的内容（传递的信息以及表达的思想）必须正确规范，而且要逻辑清晰、条理分明，简明扼要；讲究艺术性则指能够灵活自如地运用教学语言，使教学内容具有生动性和直观性，使讲授过程充满亲和力和感染力，从而激发学生兴趣，加深学生记忆，促进学生理解。讲究艺术性还指善于用幽默语言活跃教学气氛，融洽师生关系，拉近心理距离，从而促进教学目标达成。

运用讲授法，既要注重讲（发声），也要注重写（板书），还要注重板书与多媒体课件（PPT）之间的合理配合，充分发挥两种教学手段各自的优势，让知识传授、信息传递、思想表达和情感交流都能取得最佳效果。

（二）演绎法

顾名思义，演绎教学法就是采用演绎推理思维的教学方法，该方法以反映客观规律的理论认知为依据，从事物的已知部分推知事物的未知部分，从这一事例的已知推知另一事例的未知，是"由一般到个别"的认知方法，也是一种传统的教学方法。在理实一体化课程教学中，任课教师应该注重采用演绎教学法引导和帮助学生建立基本概念，学习一般原理、相关法则和行业规范，并在项目实践中运用这些概念、原理、法则和规范解决实际问题，从而顺利完成项目工作任务，并在此过程中获取相关知识、增强专业能力、提升职业技能水平。

（三）归纳法

归纳教学法与传统的演绎教学法采用截然不同的归纳推理思维，是"由个别到一般"的认知方法。归纳法由特殊事例推导出一般原理，由关于个别事物的观点过渡到普遍适用的观点，探寻事物发生发展的规律。任课教师在理实一体化课程教学中，应该擅长于归纳推理（观察现象、分析问题、总结经验等），引导和帮助学生透过现象看本质，从局部观察全局，认真分析、积极探寻，不断总结经验，注重把握规律，不断完善自己的认知结构，不断丰富工作经验，持续提升专业能力和职业技能。

（四）演示法

演示法系指教师通过实物展示、实际操作（示范）以及虚拟仿真等，使学生获得感性认识的教学方法。在理实一体化教学过程中（尤其演示示范和巡回指导环节），任课教师应该适时地采用演示法，不仅能够向学生展示相关工具、仪器、设备的功能，让学生直观地了解它们的性能以及用途等，还能够向学生有效地传授相关专业（职业）技能。

（五）练习法

练习教学法系指学生在任课教师指导下，依靠自主控制和自我校正，反复地完成规定动作或工作任务，借以形成技能、技巧或行为习惯的教学方法。在理实一体化课程教学过程中，任课教师必须熟练运用练习法组织学生进行实际操作（动手）练习，通过自主练习，加深对相关理论知识和技术知识的理解，巩固和提升相应的专业（职业）技能。在学生练习阶段（通常分组进行），任课教师应该像实验实训课那样，强调掌握正确的操作方法，强调操作安全，认真巡回指导，耐心答疑解惑，及时发现误操作并立即予以纠正。

（六）任务法

任务法也称任务驱动法，是基于建构主义学习理论的教学方法。采用该方法，必须组织和引导学生带着真实任务进入特定的学习状态（学习情境）之中，并在完成工作任务的要求之下（任务驱动），通过自主学习和协作学习，获取相关知识，培养相关能力，提升相关技能。在理实一体化教学过程中（尤其分组活动环节），任课教师采用任务驱动法，不仅能够充分调动学生的积极性，促进学生主动学习、积极工作，密切协作，还能够促进项目（模块）各项任务的完成，从而保证教学进度，顺利达成教学目标。理实一体化教学团队在教学设计（备课）阶段编制任务书、任务工单和工作记录表等，将为规范实施任务驱动创造良好条件。

（七）讨论法

讨论法系指在任课教师主持或指导下，学生围绕某个或某几个主题开展讨论的教学方法。在理实一体化教学过程中，讨论法主要在分组活动、集体答疑、总结点评等环节采用。分组活动讨论的主题通常围绕工作方案（前期）以及遇到的问题（中期），通过讨论激活思路、统一认识，寻求解决问题的办法；集体答疑时讨论的主题应该围绕共性问题，通过讨论深化认识和理解，达成共识；总结点评时讨论的主题应该围绕典型经验和共性问题，交流互鉴，取长补短，寻找差距，从而明确进一步努力的方向。

（八）头脑风暴法

头脑风暴（brain-storming）法是发挥群体决策优势（集思广益），激励创新思维和设想的教学方法。在理实一体化教学过程中，为培养学生的创新意识，激励学生创新思维，锻炼锤炼学生的决策能力，可以在小组活动等环节（尤其在制定工作方案阶段）采用头脑风暴法。头脑风暴法一般分四个步骤：其一，确定中心议题（主题）；其二，展开头脑风暴（不设限制地自由发言）；其三，对所发表的观点（意见）进行分类与合并（相近观点）；其四，制定评价标准，对各类观点进行评价，从而确定合理（最优）方案。

（九）问题导向法

该方法将相关知识点和专业（职业）技能等教学内容以问题形式呈现在学生的面前，引导学生在寻求解决问题的思维活动和工作实践中，掌握知识、发展智力、培养技能，着重培养发现问题、分析问题以及解决问题的能力。在理实一体化课程教学过程中，任课教师应善于创设问题情境，并从学生的认知规律和实际状况出发，科学地设计问题，巧妙地提出问题，通过师生互动，鼓励和启发学生提问，并通过解决问题顺利达成预定教学目标。采用问题导向教学法，理实一体化课程的各种教学活动将以问题为线索，并为学生提供了一个交流、合作、探索、发展的平台，让学生基于问题情境学习知识，掌握技能，学会学习、学会思考、学会创造，促进学生创造思维的发展和综合素质的提升。从而有利于理实一体化教学多重目标的达成。

（十）目标教学法

目标教学法也称目标导向教学法。该方法围绕教学目标（核心和主线）组织开展一系列教学活动，并以教学目标为导向，激发学生的学习兴趣与积极性，激励学生为实现教学目标而努力学习。在理实一体化课程教学中，任课教师应在各个阶段、各个环节正确采用目标教学法，善于把课程教学总目标分解到各个阶段、各个环节，并让学生知晓和理解这些目标，以充分发挥目标教学法的激励引导作用，让学生不仅明确知识学习目标，也要明确项目实践目标，从而自始至终都能够保持旺盛的学习和工作热情，并在各个阶段都能够获得学习成功和任务完成的喜悦感和成就感。

（十一）谈话法

谈话法又称问答法。任课教师在理实一体化课程教学过程中，应适时采用谈话法，引导学生运用先前获取的知识、积累的经验回答所提出的问题，借以巩固旧知识、获得新知识、积累新经验、启发深入思考，激发创新思维。谈话法尤其适用于分组活动期间巡回指导中，采用谈话法有助于任课教师与小组成员之间进行深入交流，有助于了解实际工作进度以及所存在的问题，有助于任课教师针对不同小组和组内不同成员的实际情况，因材施教，因势利导，使巡回指导切实取得成效。

（十二）探究法

探究法又称发现法或研究法，系指引导和帮助学生通过阅读、观察、实验、思考、讨论、听讲等途径去主动探究，自行发现并掌握相关知识，得出相关结论的教学方法。任课教师在理实一体化课程教学的各个环节都应该注重采用探究法，认真贯彻学生中心理念，积极引导学生自觉地、主动地探索，掌握分析问题和解决问题的方法，通过观察事物发生发展过程，探寻事物内部以及各事物之间的联系，找出相关规律，形成相关概念，建立自己的认知模型和学习方法架构。

（十三）案例法

顾名思义，案例法就是基于案例的教学法。采用案例教学法，学生可以通过教师讲授的案例习得相关知识和经验，并通过案例研究与分析，加深对相关知识的理解和感悟。案例教学法适合于培养分析、综合及评估能力等高级智力技能。任课教师在理实一体化课程教学各个阶段和各个环节，都可以引入恰当的案例（包含思政教育），帮助学生获取知识，积累经验，加深理解和感悟。

三、理实一体化教学评价

考核评价是任何课程教学的必经阶段。如前所述，理实一体化教学考核评价应该依据教学大纲（课程标准）相关规定（考核评价条款）进行。一般而言，如果理实一体化课程被确定为考查课（教学进程表），可以采用过程性考核方式，也可以采用过程与结果相结合的考核方式；而如果被确定为考试课，一般必须采用过程性和结果性相结合的考核方式（过程考核构成平时成绩，结果考核构成期末成绩）。具体说明如下：

（一）过程性考核评价及其要求

过程性考核评价是面向教学过程的考核评价方式，是在课程教学过程中实施的考核评价，反映了"过程"与"发展"的价值取向，体现了促进评价过程和学习过程融合的教育理念。过程评价的最大特点是伴随学习过程持续进行，符合知识与能力渐进建构的特点。过程性考核评价的内容及方式多种多样，任课教师应该伴随教学过程，适时启动各个阶段、不同形式和内容的考核评价，及时公布考核评价结果（成绩），直至教学过程全部结束，再根据各项考核成绩及其占比，核定学生的最终成绩（总成绩）。对过程性考核评价，任课教师不仅要给出分数，还要撰写恰当的评语，指出存在的问题，指明努力方向，给予鼓励和鞭策。让每次考核评价都起到总结经验、汲取教训、加油鼓劲的作用。

（二）结果性考核评价及其要求

结果性考核评价最大的特点就是"只看结果，不注重过程"。仅依据学生结课时所掌握的知识（能力和技能）以及工作结果评定学习成绩，通常在结课（期末）时进行。结果性考核评价的最大优势在于考核内容覆盖面广，考核评价过程严谨、高效。鉴于理实一体化课程须达到知识学习（理）和能力或技能培养（实）两方面的教学目标，应该采用答卷和能力（技能）测试相结合的方式。

采用答卷方式，任课教师或教学团队需要拟试卷和相应的"参考答案与评分标准"。所拟试卷（出卷）应该达到以下要求：

1. 内容覆盖面广

试卷内容应覆盖教学大纲（课程标准）所规定的教学内容（尤其应知应会的内容）。

2. 试卷规范清晰

试卷格式须符合学校或学院相关规范要求，且卷面清晰（字迹和图形）。

3. 无差错、无歧义

无差错容易理解，需谨慎对待，尽最大努力杜绝差错；无歧义主要指题意不能有歧义，以防学生解读题意出现偏差，影响考核成绩，引起麻烦甚至纠纷。

4. 参考答案及评分标准科学合理

参考答案及评分标准必须与试卷配套。客观题答案不仅要正确，而且要唯一；主观题不仅要有最终结果，而且要有解题步骤以及每个步骤、每个部分的评分标准。对其他解题方法及其结果要有所预设，并给出相应的评分标准。采用能力（技能）测试方式，任课教师或教学团队应根据相关标准（如相关工种及等级的职业资格标准）拟定测试项目和评判指标。

5. 题型丰富、结构合理

试卷不仅要有客观题和主观题两大类题型，而且客观题和主观题的种类还应该多样化。客观题通常包括"选择""判断""连线"等学生熟悉的题型；主观题不仅应该包括"填空""简答""分析计算"等常见题型，还应该针对理实一体化课程特点，设置"绘图""编程""设计""实验""实操"等考核专业能力和技能的主观题型。

6. 难度适中

试卷中不仅要有普遍认为容易作答的题型（如选择、判断），也要有普遍感觉较为困难的题型（如分析计算、设计、编程）；每种题型既要包含基本内容（比较浅显）和应知应会的内容（覆盖重点内容），还要有部分容易混淆、容易忽视，对能力（分析能力、设计能力、计算能力、实验能力、实操能力等）要求较高的内容。试卷难度适中，不仅有利于达成课程考核目标，而且有利于达到理想的区分度。学生成绩分布如果偏离正态曲线（理想分布），问题往往就出在难度偏大或者偏小。

7. 题量适宜

题量适宜是指在限定时间之内能够从容思考并完成答卷。由于学生的学习状况、能力水平，尤其是答题速度存在较大差异，通常应按照中等水平学生能够从容地思考作答为题量适宜标准（前提是试卷内容覆盖率、题型结构、难度均符合质量标准要求）。

四、理实一体化教学反思

所谓教学反思，是指任课教师对过往教学实践的再认识、再思考。教学反思既是改进教学方式、提高教学质量的重要手段，也是教师提高教学水平的有效途径。任课教师应该注重并擅于利用教学反馈信息（尤其考核评价结果）进行及时而持续、全面而深刻的教学反思。就高职院校理实一体化课程而言，教学反思既应该在每次课结束之后或每个学习单元教学完成之后及时进行（课后反思），更要在课程考核评价完成之后集中进行（结课反思）。具体说明如下：

（一）课后教学反思

课后教学反思的主要反思方式为撰写（填写）教案中的"课后记"，以及时总结此次课的教学经验，记录自己的体会和感悟，查找存在的问题和不足，提出改进意见和具体措施。课后反思时效性强，针对性强，但反思建立在任课教师自省之上，没有充足的反馈信息支持，因而在全面性和科学性方面存在一定缺憾，应该与依据考核评价结果的教学反思相结合。

（二）依据考核评价结果的教学反思

结课教学反思不仅依靠任课教师的自省，而且有充足的反馈信息支持，因而更加科学，更加全面。主要反思方式为学生成绩分析、试卷质量分析和撰写课程教学总结（课程小结）。具体说明如下：

1. 学生成绩分析

学生成绩分析以班级为单位进行，主要针对期末考试成绩或总成绩进行（教务系统均提供支持），通常借助教务系统进行统计分析（学校统一制定"学生成绩分析表"），给出平均班级平均分、最高分、最低分，并绘制成绩分布直方图。任课教师应该充分利用这些数据和图形，反思教学效果。如果成绩接近正态分布，表明考核评价方式适宜，考核难度适中（区分度较理想），教学效果较好；如果成绩严重偏离正态分布，则应从考核评价方式、考核难度（试卷等）、学生状况等方面查找原因，提出相应的改进措施。

2. 试卷质量分析

试卷质量分析系指任课教师根据学生答卷考核成绩，反馈对所拟试卷质量分析，并就内容覆盖面、题量、难度等进行客观评价，审视暴露的问题，不断积累拟卷经验，持续改进试卷质量。

3. 撰写课程教学总结

课程教学总结（简称课程小结）是在获得学生成绩分析结果之后，任课教师结合教学过程所掌握的情况以及个人感悟，对课程教学进行全面总结和集中反思。这是班级课程教学档案必不可少的重要内容。学校教学系统通常会统一制定表格，教师应认真撰写该表格各项内容，切实总结教学经验，深刻进行教学反思，对该课程下一轮教学提出改进意见和建议。

从根本上讲，教学反思建立在教师自觉自省的基础之上。因而，任课教师应不断提高对教学反思重要意义的认识，增强教学反思意识，增强教学反思的自觉性、主动性和积极性，不断提高运用教学考核评价反馈信息的能力水平，通过教学反思持续提升教学质量、增强教学能力。

五、理实一体化课程教学档案

与其他类型课程一样，理实一体化课程教学档案也应该按"班级课程教学档案"规范整理并归档保存。因此，完整规范地建立（整理）理实一体化课程教学档案既是任课教师的重要职责，也是理实一体化教学最后阶段的重要工作。班级课程教学档案是以班级和课程为单位建立的教学档案，建立课程教学档案应坚持完整性（全部归档）、真实性（记载真实情况）、准确性（信息准确无误）和学期性（以学期为时间单位）四项原则。下面简要阐述理实一体化课程班级教学档案各项内容及要求。

（一）开课通知单（教学任务书）

开课通知单（教学任务书）是任课教师承担理实一体化课程教学任务的凭证。由课程隶属单位教务人员或任课教师填写（采用学校统一模板），并经各级领导（系或教研室主任、教学院长）审核签字。

（二）课程教学大纲（课程标准）

课程教学大纲（课程标准）是教学设计（编写教案）、教学实施，特别是考核评价的重要依据，应该打印一份放入班级课程档案（合班仅在其中一份档案放入即可），为教学督导人员等进行档案检查以及质量评价提供便利。

（三）授课计划表

授课计划表由任课教师依据课程安排表（课表），采用学校统一格式（模板）编制，每课次一栏，顺序标明上课时间（日期、周次）、教学项目（模块）及工作任务、课后作业（标明题号）、学时数等。任课教师应严格按授课计划实施教学，每次上课都应携带，以便教学督导人员依据授课计划检查课程教学进度与计划是否相符。

（四）教材（讲义）

高职院校一般都会制定教材选用规范（管理办法），任课教师应该把教材放入班级课程档案（合班仅在其中一份档案放入即可），以便教学督导人员检查。考虑到档案内容繁多，正式出版教材只复印封面、标明出版日期页、前言和目录即可。

（五）实践指导书

理实一体化课程教学不仅要有教材（讲义），还必须有实践指导书。实践指导书内容应该包含课程所含实践内容。实践指导书通常为自编，可纳入校本教材范畴（符合校本教材相应规范）。

（六）实践报告

撰写实践报告对于深化学生对实践项目认识，培养学生总结归纳能力，提升学生综合素养非常重要。因此，每项工作任务（模块）完成之后，应要求学生规范撰写实践报告（采用学校统一模板或参照学校统一模板自行设计）。实践报告评价成绩占比由教学大纲（课程标准）规定，任课教师不仅要打分并签名，还应书写评语。此外，"工作页"和"任务工单"应作为相应实践报告的附件装订在一起。

（七）平时记分册

平时记分册是班级每位学生的平时成绩记录表（每生1行）。考核项目由教学大纲（课程标准）规定（所有考核项目都应得以体现），一般包括考勤及表现、课后作业、实践报告、特定单项考核以及结课考核（答卷和测验）等。考勤及表现按课次考核，若课次偏多，可专门设计"考勤及表现记录表"，据此核定考勤及表现成绩并填入平时记分册内。

（八）过程性考核材料

过程性考核材料系指过程考核的全部支撑材料。应按教学大纲（课程标准）规定的考核项目分项整理（按学号排列），依照平时记分册上（表头）考核项目次序放入档案盒（袋）内，以便教学督导人员检查与评价。对于全部采用过程性考核方式的课程（不设结课考核），过程性考核材料必须全部归档保存；对于采用过程与结果相结合考核方式的课程（通常为考试课），过程性考核材料主要用于核定平时成绩，每个考核项目仅放入部分考核材料（5~10份）即可（见各学校具体规定）。

（九）结果考核材料

对于理实一体化课程而言，结果性考核材料主要指"结课试卷"和"技能考核表"（期末）两类，以及与结课试卷相对应的"参考答案与评分标准"、与技能考核表相对应的"技能考核评分标准"。两类结果性考核材料都必须齐全，按学号排列并加封面（学校统一模板或统一印制）之后装订成册。并严格履行学校统一规定的审核签字手续（封面）。

（十）学生成绩登记表

学生成绩登记表是班级每位学生课业成绩的登记表，由任课教师在各项成绩（平时+期末）核定之后通过教务系统录入，然后导出打印并履行签字及审核手续。

（十一）成绩分析表

成绩分析表通常由教务系统自动生成，任课教师应该登录教务系统查阅，并针对分析数据及成绩分布直方图（教学反馈信息），填写意见（教学反思）。

（十二）试卷质量分析表

试卷质量分析表由任课教师登录教务系统填写，依据成绩分析表生成的教学反馈信息，对所拟试卷的质量进行分析和自我评价（教学反思）。

（十三）课程教学小结

课程教学小结由任课教师登录教务系统填写，依据成绩分析表生成的教学反馈信息，结合自身教学过程中的体验和感悟（每次课后记），对课程教学进行全面深刻的反思。

第二节　理实一体化教学案例及点评分析

理实一体化教学已在我国应用型高校（尤其是高职院校）全面推广，教学案例丰富且各具特色。下面仅介绍天津中德应用技术大学（以下简称天津中德）一线教师提供的 4 个教学案例（先进制造类、电气控制类、机电一体化类、智能制造类）和天津职业技术师范大学一线教师提供的 1 个教学案例（艺术设计类），并进行点评分析，以期达到抛砖引玉之效果。

一、先进制造类专业教学案例

（一）课程简介

课程名称：数控编程与加工。

总学时数：160 学时。

教学对象：数控技术专业（企业订单班），高职三年级第 1 学期（24 人）。

学生基础：通过先前专业基础课和专业课（含实训课）学习，已掌握零件图识图方法，具备钳工、普通车工和普通铣工等基本操作技能。

教学场所：校内教学场所与其他理实一体化课程和实训课程共享。

（1）校内场所：数控仿真实训室和数控加工实训车间。

（2）校外场所：力士乐（北京）有限公司培训车间（订单企业）。

（3）校内布局：数控仿真实训室前部为教学区，后部为工作区（电脑工作台）。

（4）校内设施：数控仿真实训室教学区设置讲台和黑板，安装投影设备及教师电脑；工作区安置电脑工作台及座椅（30 个工位），还安置资料柜并摆放相关参考资料（含电子资料）；数控加工实训车间安置各种生产用数控加工设备，每台设备附近安置刀具柜、材料柜和图纸文件柜。

（5）校内环境：数控仿真实训室仿照数控编程与仿真加工工作室环境，张贴"科技领先、数控领航"等标语，张贴数控编程及仿真加工软件操作方法介绍以及实训室管理规章；数控加工实训车间仿照生产车间环境，张贴"精雕细刻、追求完美"等标语以及车间管理规章（安全管理、刀具管理、材料管理等）。

实践平台：校内数控仿真实训室配置 30 台电脑（安装宇龙数控加工仿真软件），可由教师集中控制（演示示范），也可让学生自行操作（编程及仿真练习），其操作界面如图 6-1 所示。学校数控加工实训车间和力士乐（北京）培训车间设备均为生产型数控机床如图 6-2 所示，具备开展双元制教学活动的条件，并可将企业生产要素融入教学之中。

图 6-1　数控加工仿真软件　　　　图 6-2　数控加工实训车间

教学目标：知识学习、专业（职业）技能和专业（职业）素养培养目标如下：

（1）知识学习：熟悉典型零件加工工艺；熟悉机床结构与工作原理；熟悉常见夹具、常用刀具、常用工量具和切削量等基本概念；熟悉数控加工工艺路线等。

（2）专业（职业）技能：具备安装中等复杂程度零件、数控车削加工编程和加工中心加工编程能力；具备数控机床操作能力；能够独立解决加工过程中出现的一般问题；具备一般决策能力以及制定和实施工作计划能力。

（3）专业综合素质和职业素养：培养爱岗敬业、吃苦耐劳、严肃认真的工作作风；具备设计总结、整理归纳能力，提升书面及口头表达能力；提升独立学习和获取新知识能力；增强团队合作意识，提升协同协作能力，养成科学思维习惯，培养创新意识和创新精神。

教学内容：该课程基于数控编程与加工岗位典型工作，按照实际生产流程以及知识学习和技能形成规律，设置以下 20 项代表性工作任务（学习单元），如表 6-1 所示。

表 6-1　"数控编程与加工"课程学习内容一览表

序号	学习单元名称	课时	序号	学习单元名称	课时
1	数控铣削手动加工	8	11	数控车床基本操作	8
2	廓轨迹模拟及平面铣削	8	12	数控车削基本程序编制	8
3	外形轮廓铣削编程及加工	8	13	轴类零件的编程与加工	8
4	型腔轮廓铣削编程及加工	8	14	盘类零件的编程与加工	8
5	孔铣削编程及加工	8	15	成形类零件的编程与加工	8
6	模板编程及加工综合训练一	8	16	套类零件的编程与加工	8
7	模板编程及加工综合训练二	8	17	轴套类零件的编程与加工	8
8	模板编程及加工综合训练三	8	18	车削综合训练一	8
9	槽形法兰编程及加工综合训练	8	19	车削综合训练二	8
10	数控铣削加工技能考核	8	20	数控车削加工技能考核	8

考核评价：该课程为考试课，采用过程考核与结果考核相结合的方式，按照天津中德考试课统一规定，过程考核成绩（平时成绩）占 40%，结果考核成绩占 60%。过

程考核按学习单元进行，考核项目包括出勤、项目"自我评价""小组评价"和"教师评价"。考核评价表如表6-2所示。结果考核分两次进行（学习单元10和学习单元20），通过"制定工艺文件"（填写工艺卡）考查相关知识掌握情况；通过"数控程序编写与仿真验证"和"真实零件数控加工"考查数控能力和加工设备操作技能。

表6-2 "数控编程与加工"课程过程考核评价表

学习单元名称				总分：
学生姓名		小组成员		
指导教师		使用设备		
评价内容	分值	学生自评	小组评价	教师评价
【计划】				
是否制定了工作计划？	5			
工作计划是否合理？	10			
【决策】				
是否确定了工作步骤及分工？	5			
是否考虑到安全性？	10			
【实施】				
刀具选择是否正确？	10			
切削参数设置是否合理？	10			
工艺文件编写是否正确？	10			
刀具测量是否准确？	10			
机床操作是否规范？	10			
【检查】				
程序能否正确执行？	10			
零件粗糙度和尺寸精度合格吗？	10			
【评价】				
自我评语：		学生签字		时间
教师评语：		教师签字		时间

（二）教学过程

以该课程第9学习单元（槽形法兰编程及加工综合训练）为例阐述如下：

1. 单元教学目标

知识、能力（技能）和素养教学目标如下：

（1）知识学习：熟悉刀具半径补偿的概念及意义；熟悉刀具半径补偿指令编程格式；掌握应用刀具半径补偿指令完成轮廓铣削的方法。

（2）专业能力（职业技能）培养：能应用刀具半径补偿控制零件尺寸精度；掌握零件二次装夹方法；能够解决零件加工过程中出现的实际问题。

（3）专业综合素养和职业素养提升：培养团队合作精神；培养发现问题和解决问题的能力；培养总结归纳以及反思能力；培养工程意识和质量意识；培养认真踏实、吃苦耐劳、精益求精的工匠品格。

2. 学生分组

每组 3 名学生，注意基础不同、特长各异学生的搭配，努力达到"同组异质、组际同质"要求。重点关注基础较差学生，引导小组给予分配适合的工作任务，以保证任务的完成以及知识及技能的快速提升。

3. 过程分解

该学习单元教学过程分为"零件尺寸分析""零件加工工艺设计""数控加工程序编制与仿真验证"和"数控加工训练"四个阶段（微单元）。前三个阶段在数控仿真实训室进行，借助宇龙数控加工仿真软件对所设计的加工工艺进行仿真验证，最后一个阶段在数控实训车间进行实际加工训练，通过"虚实结合"的学习训练过程，完成规定零件（表6-3中零件图）的数控加工任务。

4. 教学活动

该学习单元教学实施主要分为确定任务、制定计划、项目决策、组织实施、项目检查和项目评价六个阶段。各小组成员根据工作任务，并通过内部协商确定具体分工。教师在整个过程中，除讲解新知识点、技能点采用集中教学之外，其他时间均为分组活动。为保证工作任务顺利完成，课程教学团队或任课教师预先设计了三个阶段的任务工单（如表6-3、表6-4、表6-5所示），并提前发给学生，供学生预习，要求学生弄清本学习单元的任务及要求。在学生分组活动期间，教师进行巡回指导，及时答疑解惑，及时发现并解决各种问题。在完成三个阶段工作任务的过程中，达成知识学习、能力（技能）培养和素质提升教学目标，并充分体现"做中教"和"做中学"的理实一体化教学特点。

表6-3　槽形法兰编程及加工综合训练单元任务工单一

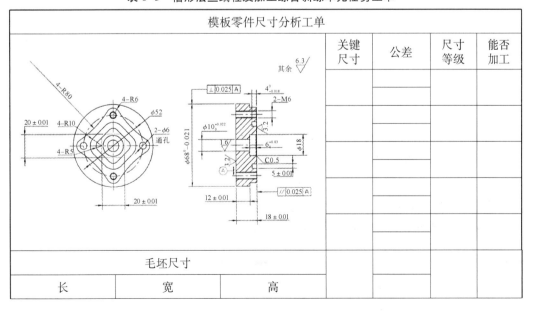

模板零件尺寸分析工单			
关键尺寸	公差	尺寸等级	能否加工

毛坯尺寸					
长	宽	高			

表6-3（续）

工件材料					
设计基准					
未标注尺寸等级					
完成人			完成时间		

表6-4　槽形法兰编程及加工综合训练单元任务工单二（空行减少）

零件加工工艺过程卡					
工序号	工序名称	工序简要内容	设备型号	工艺装备	工时
编制		审核		批准	
小组成员			完成时间		

表6-5　槽形法兰编程及加工综合训练单元任务工单三（空行减少）

零件数控加工刀具选配						
工序号	程序编号		夹具名称	设备型号	车间	
工步号	刀具号	刀具名称	刀具长度	刀具		刀具半径补偿值	备注
				直径（mm）	长度补偿值		
完成人				完成时间			

5. 总结点评

各组全部完成规定零件数控加工之后，进行总结交流和集中点评。总结点评建立在学生个人总结、自我评价的基础之上，通过组内互评和组间互评以及成果展示，引导学生之间取长补短，交流互鉴。最后由教师进行点评，评出优秀作品（加工零件、加工程序）、表现优异者，树立标杆；指出存在的问题、分析产生问题的缘由，引导学生深化认识，寻找差距，为后续学习训练指明方向。

6. 考核评价

该学习单元采用过程性考核评价，通过填写预先设计的过程考核表实施各项考核和多方面评价（本人自评、同组互评、教师评价）。此外，通过三个阶段任务工单完成质量，则可以考查学生的知识和能力水平。

7. 课程思政

该学习单元主要在集中讲授讲解环节，介绍数控加工岗位大国工匠的先进事迹（秦世俊、郑志明、何小虎、孟维等），激励学生向先进模范学习，弘扬工匠精神，锤炼工匠品格。同时，针对数控系统大都为国外品牌（SIEMENS、FAUAC等），阐述我国目前在这个领域尚存在一定差距，激励学生发扬"两弹一星"精神，立志为实现"中国智造"宏伟目标努力学习、争做贡献。

8. 教学反思

该学习单元教学活动全部结束之后及时进行反思，根据学生表现以及实际掌握情况，根据规定零件加工质量（尺寸精度、粗糙度）以及编程质量（正确性及加工效率等），对各个教学阶段的教学目标、教学内容、教学方法、学习方法、分组情况等进行全面反思并提出改进措施。

（三）点评分析

数控加工类专业是职业院校普遍开设的专业（装备制造大类-机械设计制造类）。天津中德应用技术大学面向高职（企业订单班）开设的"数控编程与加工"课程，是该专业课程体系中的核心课程，也是该专业人才培养的"重头戏"。该课程除了前期集中讲授数控加工基础知识、后期集中进行结果考核（知识和技能）之外，绝大部分学习单元都采用理实一体化教学模式，充分体现以"做"（数控编程与仿真加工、数控编程与实际加工）为中心，"做中学"和"做中教"的特点。

该课程采用过程考核与结果考核相结合的方式，将课程教学着眼点落在数控加工能力培养，分别安排一次数控铣削加工考核和一次数控车削加工技能考核。过程考核则按学习单元进行，且采用多元主体评价（自评、互评、师评），与高职院校课程考核评价方式改革方向相契合。任课教师（教学团队）所设计的"过程考核评价表"适用于所有学习单元的过程考核与多元评价，不仅有效规范了过程考核，也有利于课程教学文档（过程性材料）规范化。

第9学习单元教学过程建立在前面8个学习单元基础之上，以培养数控加工岗位职业能力为核心，以工作实践为主线，以工作过程为导向，通过岗位典型工作过程以及技能集成的教学内容，建立了以行动体系（工作过程系统）为框架的系统化学习单元结构框架。教学活动采取集中与分组相结合的方法，最终使学生能够根据图纸制定合理的加工工艺过程，能够正确编制数控铣削和车削程序，能够正确选择刀具并操作真实数控机床加工出合格产品，全面达到行业企业数控加工岗位对知识、能力（技能）以及素质的要求。

第9学习单元教学过程全面采用任务教学法（任务驱动），根据每个阶段（微单元）的工作任务，预先设计了相应的任务工单，且提前送达学生预习，让学生明确工作任务及要求，从而在进入教学场所之前做好知识、技能以及心理准备，非常有利于提高教学效率。

任课教师（教学团队）课程思政意识较强，课程思政元素与专业课程内容契合度高，在集中讲授环节融入该领域大国工匠事迹能够起到很好的思政教育效果。

【致谢】该教学案例提供者：天津中德应用技术大学王启祥老师（副教授、高级技师、硕士、全国技术能手）。

二、电气控制类专业教学案例

（一）课程简介

课程名称：电气控制与 PLC 应用。

总学时数：56 学时。

教学对象：电气自动化技术/机电一体化技术专业，高职二年级第 2 学期（30 人）。

学生基础：先修电工电子技术基础、工程制图、程序设计基础、传感器技术和电机拖动技术等课程，已拥有电路、传感器、编程以及电机拖动等方面的基础知识，已具备电气绘图、电路接线、测试装调以及软件编程等基本技能。

教学场所：与相关实训课程及其他理实一体化课程共享。

（1）地点：机电综合技术实训中心（校内）。

（2）布局：划分为三个相对独立的空间。教学区和基础实践区在同一个房间（前部为教学区，后部为基础实践区）；综合实践区在邻近独立房间。

（3）设施：教学区设置讲台和黑板，安装投影设备及电脑桌椅；基础实践区安置实训台及常用电气元件展示柜；综合实践区安置自动生产线（教学仪器）。

（4）环境：仿照电气控制行业工作场所环境，张贴"电气融匠心、电控汇智能"等标语，布置"典型电气设备展板"（室内及走廊），实践区张贴"设备操作安全守则"。

实践平台：教学区配置 10 台电脑（安装 Eplan 电气绘图软件和西门子 TIA 博途软件）；基础实践区配置 10 套电气控制与 PLC 实训台；综合实践区配置自动生产线实训设备（天津肯拓）。

教学目标：知识学习、专业（职业）技能和专业（职业）素养培养目标如下：

（1）知识学习：熟悉常用低压电器结构原理、电路符号及选用原则；熟悉电气控制线路图标准与规范；熟悉继电接触器控制线路（传统）；熟悉 PLC 组成原理以及西门子 S7-1200PLC 结构、接口、指令系统以及系统配置，熟悉西门子人机界面（触摸屏）及组态软件，熟悉西门子 TIA 博途软件；熟悉三相异步电动机控制原理、功能特点以及典型应用；熟悉 PROFINET 通信规约及相应通信功能模块；了解典型自动生产线以及相应 PLC 电气控制系统的结构与功能。

（2）专业（职业）技能：能熟练应用电气 CAD 软件规范绘制电气线路图（主回路、继电接触器控制线路、PLC 控制线路）；会 PLC 端口连线，会编制并调试 PLC 控制程序；会人机界面（触摸屏）接线与组态，能正确使用 PLC 通信模块并完成多 PLC 通信线路连接以及参数设置和调试等；能完成三相异步电动机传统控制系统和 PLC 控制系统设计与装调；能完成自动生产线典型工作站电气控制柜设计与装调；能完成整条生产线电气控制系统（含总控台）设计与装调。

（3）专业（职业）素养：工程意识、质量意识、效率意识、效益意识、环保意识以及协作意识，良好的抗挫折心理素质，认真踏实（工作态度），精益求精（工作作风），善于沟通交流和合作探究，注重弘扬工匠精神、自觉锤炼工匠品格。

教学内容：该课程基于电气控制岗位（岗位群）典型工作，围绕最基本的自动生产线开展 PLC 控制系统设计与装调，根据实际工作流程以及知识认知和能力（技能）形成规律，设置以下 6 项代表性工作任务（学习单元）。

（1）学习单元 1：S7-1200PLC 及其应用基础（10 学时）。

（2）学习单元 2：三相异步电机 PLC 控制系统设计与装调（12 学时）。

（3）学习单元 3：物料出库工作站 PLC 控制系统设计与装调（8 学时）。

（4）学习单元 4：传输与分拣工作站 PLC 控制柜设计与装调（8 学时）。

（5）学习单元 5：仓储工作站 PLC 控制柜设计与装调（8 学时）。

（6）学习单元 6：自动生产线电气控制系统集成（10 学时）。

考核评价：考查课，采取学习单元实施过程与结果相结合的考核评价方式。既注重工作表现，也注重考察知识和技能水平，还注重综合能力与职业素养。各学习单元成绩在总成绩中的占比依照教学大纲（课程标准）确定。

（二）教学过程

以该课程第 2 学习单元（三相异步电机 PLC 控制系统设计与装调）为例，具体阐述如下：

1. 单元教学目标

完成第 1 学习单元之后，确定本学习单元三维教学目标。

（1）知识学习：熟悉常用低压电器结构原理、电路符号以及选用原则；熟悉电气控制线路图标准与规范；熟悉继电接触器控制线路（传统）；掌握三相异步电动机传统控制技术（继电接触控制线路），熟悉三相异步电动机 PLC 控制技术（电气线路与接口、PLC 编程、人机界面接线与组态）等；深刻认识传统电气控制与 PLC 控制的差别以及 PLC 控制的优势。

（2）专业能力（职业技能）培养：能正确选择低压电器元件；能应用电气 CAD 软件绘制电气控制线路图，能完成三相异步电动机正反转主回路接线；能设计并装调三相异步电动机传统控制线路和 PLC 控制线路；能设计并实现三相异步电动机启动、正反转控制；能完成三相异步电动 PLC 控制软件编程及调试；能完成相应的人机界面（触摸屏）接线与软件组态。

（3）综合素养与职业素养提升：增强工程意识、质量意识、效率意识、协作意识、创新意识；能自觉遵守行业标准与规范，善于开展团队合作，认真踏实、坚持不懈、追求卓越。

2. 学生分组

根据学生人数和实践条件，确定每组 3 人，共 10 组（共享电气控制与 PLC 实训台）。先自由组合，然后按照"同组异质、组际同质"要求适当调换，同时兼顾学生个人意愿。3 人之中，1 人接线能力较强，1 人编程能力较强，1 人组织协调和归纳总结能力较强（担任组长）。

3. 教学过程

该学习单元教学过程分 7 个步骤进行。具体说明如下：

（1）创建任务（step1）——0.5 学时：创设情境（播放啤酒罐装自动生产线运行视频，把特写镜头对准多处传送带、理瓶机、罐装机、包装机……），然后提问"啤酒罐装自动生产线各环节设备的动力来自何处？"引导讨论得出一致答案"电动机"，随后引出本学习单元的工作任务（代表性工作任务）——三相异步电动机控制（启停/正反转）。

（2）明确任务（step2）——0.5 学时：鉴于学生需要通过本学习单元熟悉常用低压电器以及继电接触器控制线路，故设计了两项工作（学习）任务。其一，设计并装调三相异步电动机继电接触器控制柜；其二，采用 S7-1200 PLC 设计并装调三相交流异步电机 PLC 控制柜（触摸屏）。控制功能为"星-三角降压启动"和"正反转"。要求星形启动时间 20s、星形-三角形转换过渡时间 1s。

（3）讲解演示（step3）——1 学时：讲解演示采用集中方式，围绕以上两项任务讲授相关知识并进行相应演示。知识讲授主要涉及常用电气元件实物结构与工作原理（通过实物样品和 PPT 图片展示了解外观与内部结构）和电路符号及相关参数等；讲授三相异步电机主回路（建立电气主回路和控制回路）并通过多种电气原理图让学生正确辨认主回路和控制回路；PPT 展示三相异步电机继电接触器控制线路（见图 6-3）并进行工作原理分析，随后在实训台展示电机控制柜（见图 6-4）并演示实际控制效果。在学生对常用低压电气元件以及继电接触器控制线路有了全面系统认识的基础上，PPT 展示三相异步电机 PLC 控制线路（见图 6-5）并进行工作原理分析，包括 PLC 接口分配、接口连线、触摸屏接线等（着重阐述与继电接触控制线路的差别）。接着讲授三相异步电机 PLC 控制软件，随后在实训台展示 PLC 电机控制柜（见图 6-6）并演示实际效果。通过讲授和演示，不仅要通过三相异步电动机控制线路分析，让学生熟悉常用低压电气元件，系统学习继电接触器控制线路及其控制原理，还要让学生充分认识 PLC 控制系统的先进性和比较优势（可靠性、扩展性、操作方式、数据通信等）。

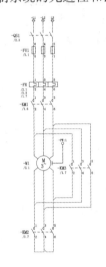
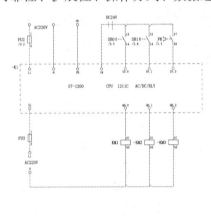

图 6-3　电机控制线路（继电接触器）

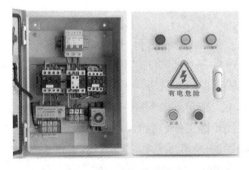

图 6-4　电机控制柜（继电接触器）

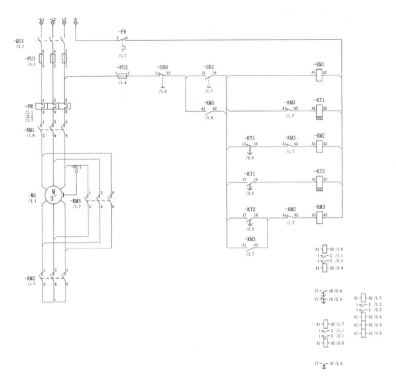

图 6-5 电机控制线路（PLC）

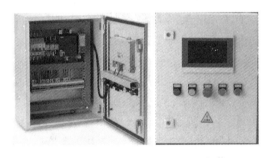

图 6-6 PLC 电机控制柜（PLC+触摸屏）

（4）绘图编程（step4）——4学时：在讲授演示完成之后，进行分组活动。首先完成两种电气控制线路设计与绘图。对继电接触器控制，要求进行低压电气元件（接触器、热继电器、熔断器、开关、按钮等）和电机选型，并列出元件设备清单；对PLC控制，要求对PLC进行I/O地址分配（列出I/O地址分配表），编制与此相对应的PLC控制程序并进行模拟调试。要求每位学生独自绘制两类控制线路图，独自编制PLC控制程序，先进行组内交流和互评，然后由教师检查验收。

（5）装配调试（step5）——4学时：继续分组活动，教学场所由教学区转移到基础实践区，先进行继电接触器控制线路装配（元件及设备固定及配线接线）及调试，实现预设电机控制功能并达到要求（教师检查验收，并进行组间互检互评）之后，转入PLC控制线系统装调及调试，要求实现相同的电机控制功能并达到要求。先进行组间交流和互评，然后由教师检查验收。

（6）总结点评（step6）——1学时：学习单元2各项工作全部完成之后，进行集中总结和点评。要求各小组集体制作小总结 PPT，并派代表向全班同学和教师汇报，然后由教师进行点评。为加深相关知识理解、强化感受和体验，培养总结归纳和反思能力，要求每一位学生独自撰写单元小结，并将其列为考核项目。

（7）考核评价（step7）：该学习单元考核评价成绩由"平时考核成绩"和"成果考核成绩"两大部分组成。平时考核成绩占30%，主要考核项目为"出勤"和"工作表现"；成果考核成绩占70%，主要考核项目为"设计绘图""PLC 编程""装调成果（实物）"和"单元小结（报告）"。其中，"设计绘图"和"装调成果（实物）"又分为继电接触器控制（传统）和 PLC 控制两种类型。考核成绩记录表，如表6-6所示。

表6-6　学习单元2考核成绩记录表

学习单元名称		三相异步电机 PLC 控制系统设计与装调							
学号	姓名	平时成绩（30）		设计绘图（20）		编程（10）	实物（25）		报告（15）	总评
		传统15	PLC15	传统10	PLC10		传统10	PLC15		
【例】	×××	14	12	8	8	8	8	12	12	82

4. 课程思政

结合该学习单元专业内容，开展思政教育如下：

（1）以啤酒灌装生产线为例（播放视频），说明生产线正在由自动化升级为智能化（智能感知、人工智能、5G 等），在开阔学生视野的同时，进行"科技强国"教育。

（2）PLC 大都为国外品牌，举例说明我国目前在某些高科技领域（如高端芯片、工业软件等）与发达国家尚存在一定差距。激励学生发扬"两弹一星"精神，立志科技报国。

（三）点评分析

该课程以自动化生产线设计装调（职业技能大赛重要赛项）为典型工作，依照实际工作过程所包含的代表性任务，结合电气控制和 PLC 应用所涉及的知识、能力（技能）和综合素质设计了6个学习单元的教学目标和教学内容。充分体现了理实一体化教学工作过程导向的特点，且符合"由易到难""由简至繁""由单项到综合"的知识认知规律和能力（技能）形成规律。

教师通过第1学习单元的教学，让学生习得 PLC 相关知识，掌握 PLC 基本应用技术，可以为随后各学习单元教学活动顺利开展奠定必要的基础。所展示的第2学习单元，抽取自动生产线的核心设备（三相异步交流电机），围绕三相异步交流电机传统电气控制（继电接触器控制线路）和现代电气控制（PLC+触摸屏控制系统），进行相关基础知识学习以及基本能力（技能）培养。该学习单元的工作成果以及积累的经验，也为完成随后各学习单元工作任务奠定了基础。

学生通过三相异步交流电机传统电气控制线路设计与装调实践，不仅熟悉了常见电气元件和设备相关知识（构造与工作原理、功能与主要技术参数、选型原则等），建立了实物与电路符号的对应关系，还培养了电气绘图和电气线路布设与接线能力（技能）。与传统教学方式（理论+实验/实训）相比，理实一体化教学不仅教学效率高，而且教学效果好。面对同一个控制对象（三相异步交流电机）以及相同的控制功能及指标要求，通过传统和现代（PLC）两种电气控制系统设计与装调实践，学生能够亲身体验并深切地感受现代电气控制系统的优势。

该课程采用过程与结果相结合的考核评价方式，考核评价方案具有科学性和合理性，考核项目与教学目标吻合度高。按学习单元考核，可根据各单元教学目标和教学内容及其侧重点设计适切的考核项目及其成绩占比。既体现了考核评价的预设性（教学大纲或课程标准确定考核评价原则以及各学习单元成绩占比），也体现了考核评价的生成性和灵活性。学习单元工作任务完成之后，要求每名学生撰写单元小结，加之小组汇报和教师点评，有利于深化认知、强化感受，积累经验、寻找差距，对提升综合能力和综合素养至关重要。

该课程结合我国自动生产线和智能制造快速发展实际，围绕"科技强国"和"科技报国"开展思政教育科学合理，与专业教学内容结合紧密，融入自然合理、思政教育效果良好。

【致谢】该教学案例提供者：天津中德应用技术大学刘彦磊老师（副教授、高级技师、硕士、天津市优秀本科毕业论文指导教师）。

三、机电一体化类教学案例

（一）课程简介

课程名称：机电一体化系统集成。

总学时数：32学时。

教学对象：机电一体化技术专业，高职二年级第2学期（32人）。

学生基础：先修电气和电子技术以及机床系统概论等课程，掌握电工电子技术和常用机床组成及用途等基础知识，具有电气接线基础技能。

教学场所：与相关实训课程及其他理实一体化课程共享。

（1）地点：数控机床电气装调实训室（校内）。

（2）布局：长方形空间划分为两个相对独立的空间，前部教学区，后部实践区。

（3）设施：教学区设置讲台和黑板，安装投影设备及课桌椅；实践区安置真实车床和机床电气实训台（教学仪器）及常用电气元件展示柜。

（4）环境：仿照机电行业工作场所环境，张贴"弘扬工匠精神、锤炼工匠品格""路虽远行则将至，事虽难做则必成"等标语，布设"典型机电设备展板"（室内及走廊），实践区张贴"设备操作安全守则"。

实践平台：32台电脑（安装Eplan软件），2台铣床和2台车床（加工设备），12套机床电气装调实训台（教学仪器）以及常用电气配件展示柜。

教学目标：知识学习、专业（职业）技能和专业（职业）素养培养目标如下：

（1）知识学习：熟悉常用电气元件的结构与原理；了解电气原理图绘制流程及方法；熟悉典型机床电气控制线路及工作原理。

（2）专业（职业）技能：掌握电气识图、电气绘图CAD（Eplan）、电气装配及调试基本技能，具有较强的沟通交流能力等。

（3）专业（职业）素养：认真细致的工作态度，追求卓越的职业精神，合作探究和创新创造精神等。

主要教学内容：该课程基于机电一体化系统集成岗位（岗位群）典型工作，设置以下3项代表性工作任务（学习单元/教学模块）：

（1）学习单元1：机床电气原理图识图绘图（12学时）。

（2）学习单元2：机床电气线路设计与装配（10学时）。

（3）学习单元3：机床机电系统联调（集成）（10学时）。

考核评价：考查课。按教学单元实行过程性考核，各教学单元的成绩占比由教学大纲（课程标准）规定。

（二）教学过程

以该课程第1学习单元（电气原理图识图绘图）为例，具体介绍如下：

1. 单元教学目标

作为本课程第一个学习单元，基于先修课程所习得的知识和已掌握的技能，确立该学习单元如下三维教学目标。

（1）知识学习：掌握理论知识（电气元件的图形符号、电气元件选型及参数计算、电气控制概念等）；技术知识（电气元件接线与使用方法，电机主电路和控制电路设计方法等）和岗位知识（国标 GB/T5465.2-2008 电气原理图标准、GB50259-1996 施工与技术规范）。

（2）专业能力（职业技能）培养：常用电气元件识别能力，电气原理图识图能力、常用电气元件选型及线路设计能力、电气 CAD（Eplan）应用能力。

（3）综合素养与职业素养提升：遵守行业规范的职业习惯，认真细致的职业作风，追求卓越的职业精神。

2. 学生分组

根据学生人数和实践条件，确定每组3人（共用机床电气装调实训台），先自由组合，然后按照"同组异质、组际同质"要求适当调换，既考虑男女生搭配，也考虑学习能力搭配，同时兼顾学生个人意愿。

3. 教学过程

该教学单元划分为"识图""图物对号""重点元件使用""元件参数选择"和"线路设计"5个微单元，工作循序渐进，任务难度逐级提升。"识图"微单元采用集中教学，通过讲授讲解和演示示范，帮助学生熟悉电气原理图相关标准和规范，掌握识图方法；"重点元件使用"和"元件参数选择"两个微单元重点知识点讲授采用集中教学（包括点评），时间控制在 20 分钟以内。其余时间均安排分组活动。分组活动与讲授讲解交替进行，促进理论与实际有效结合，激发学习兴趣，提高学习效率。通过分组活动，增强团队意识，培养锻炼沟通交流能力。具体教学过程，如表6-7所示。

表6-7　机床电气原理图识图绘图教学过程分解表

微单元名称	教学步骤	教学目标	工作任务
识图	1. 讲解电气原理图的构成。 2. 讲解封面构成、原理图页的组成、供电线路不同图页的衔接。	1. 了解电气原理图规范。 2. 能辨识原理图页中元件的关联参考、中断点的页间衔接。	识别电气原理图
图物对号	分组活动：针对机床电气柜，依元配件标号，找出原理图中对应位置。	1. 学会寻找原理图和电气柜实物对应关系。 2. 熟悉相关元配件符号。	完成任务工单1

表6-7(续)

微单元名称	教学步骤	教学目标	工作任务
重点元件使用	1. 教师提问：电气元件（接触器、中间继电器）在电气线路中起何作用？ 2. 分组活动：依据电气原理图逐个元件总结归纳，完成任务工单2。	能够区分元件实物接线与原理图中关联参考表式（例如接触器、中间继电器）。	完成任务工单2
元件参数选择	1 教师讲授：设计电气线路，电气元件参数选择方法。 2. 分组活动，完成任务工单2。	1. 根据主电路控制要求进行元件选型与参数计算。 2. 选择合适的断路器、接触器、热继电器。	完成任务工单2
线路设计	1. 布置任务：设计一个简单的PMC输出点控制电机工作电气线路（包含主电路和控制电路）。 2. 分组活动：完成任务工单2。	能独自完成简单电气线路（PMC控制中间继电器线圈，中间继电器常开触点控制接触器的线圈，控制电机主电路的通断）设计。	完成任务工单2

任务工单：针对"图物对号"微单元设计了任务工单1（如图6-7所示）；针对其他微单元设计了任务工单2（如图6-8所示）。

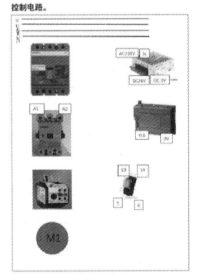

图6-7　图物对号任务工单（工单1）　　图6-8　线路设计任务工单（工单2）

思考题：为每个微单元教学专门设计了如下思考题：

（1）识图：请思考机电设备的电气原理图一般包含哪些内容？

（2）图物对号：请思考机床电气柜的电气元件符号标识是否有规律？命名是否符合国标GB/T5465.2-2008电气原理图标准？

（3）重点元件使用：请思考机床电气柜的主要电气元件（接触器、中间继电器等）接线和原理图的元件绘制有何区别？

（4）元件参数选择：请思考如何选取合适的元件参数，以保证电气线路正常工作？

（5）线路设计：请思考如何设计电机主控电路？

4. 总结点评

所有微单元工作任务完成之后进行集中总结点评。先由每组推选 1 名代表汇报，然后组织学生讨论（充分发表意见），再由教师进行点评，不仅肯定做得好的地方，而且要指出存在的差距以及改进措施。

5. 教学方法

教学方法有讲授法、演绎法、演示法（Eplan 软件应用）、问题导向法、任务法（任务工单）、谈话法（巡回指导）、归纳法（总结点评）、案例法（课程思政）等。

6. 考核评价

采用过程性考核评价方式，主要依据出勤及表现、结合任务工单完成质量和单元学习报告质量评定单元教学成绩，依据教学大纲（课程标准）规定，确定单元成绩在总成绩中的占比。

7. 教学反思

课前了解学生基础情况，课中观察实际掌握情况，据此适时补充讲授相关知识很重要；应注重观察基础薄弱学生在分组活动的表现，据此调整讲授方法，使之适合于绝大多数学生；关注各教学环节衔接是否得当，注意布置课后作业，让学生巩固先前所学、预习随后将学内容。

8. 课程思政

在集中讲授环节讲述"大国工匠、电网医生"冯新岩的事迹：只有中专学历的冯新岩有股不服输的劲头，入职后像海绵吸水一样不停地学习，向身边的老师傅请教，经过勤学苦练，终于练就了"听声定位"的绝活。参加工作二十多年来，冯新岩累计发现设备重大缺陷 100 余次，避免因设备故障造成的经济损失数十亿元，被授予全国五一劳动奖章，获得齐鲁大工匠和中央企业技术能手等称号。通过冯新岩鲜活的人物及其傲人的业绩和令人称奇的高超技能，让学生深刻认识什么是大国工匠，怎样才能成为大国工匠，从而自觉锤炼吃苦耐劳、坚韧不拔、精益求精、勇攀高峰的工匠品格。

（三）点评分析

该课程以典型机电一体化设备——普通机床（铣削、车削）为对象，采用行业普遍认同的 Eplan 电气 CAD 软件，针对机电行业"系统集成"典型工作设定知识学习、专业能力（职业技能）和综合素养三重教学目标，从"电气识图绘图""线路设计与装配"和"机电系统联调"三项代表性工作任务中提取相应的知识点和技能点，并转换为学习领域课程单元（模块）教学内容。

环境建设营造了行业企业现场气氛，有利于学生提振信心，形成正能量心理暗示，且有利于规范操作和安全防范，典型机电设备展板则在扩展学生认知方面起到了很好作用。实践平台能够对理实一体化教学提供有力支撑。其中，每生一台电脑（安装 Eplan 软件）支持充分的设计绘图实践，机床电气装调实训台支持分组电气装调实践，真实机床设备既作为认知对象（建立机电一体化系统概念），也能支持相应的演示示范，还可支持最后的机电联调实践。常用电气元配件展示柜，则能帮助学生将电气符号与实物相联系，增强感性认知及实际体验。

各微单元教学除集中讲授讲解之外，还及时提出问题（思考题），促使学生带着这些问题进入相应的工作之中，有利于理论与实践紧密结合，充分体现"做中学"特点；为达成单元教学目标，还设计了相应的"任务工单"（任务驱动），以有效促进相应工作任务的完成，符合理实一体化教学以"做"为中心的要求。

所有微学习单元结束之后及时安排总结点评，激励学生追求卓越，引导相互借鉴，深入思考，及时修正理解偏差，及时更正不符合规范的操作方式或习惯，不让问题越积越多，学习困难越来越大。此外，按学习单元进行过程性考核评价，注重过程而非结果，对于提振学生信心，激励学生持续不断努力也很有效。

该课程针对教学目标以及行业岗位工作挑选大国工匠"电网医生"冯新岩的事迹为案例，以模范人物及其事迹对工匠品格和工匠精神做了生动的诠释，思政元素挖掘合理，案例法运用恰当，对专业教学起到了深化作用，思政教育效果良好。

【致谢】该教学案例提供者：天津中德应用技术大学孟祥懿老师（高级工程师、技师、天津大学在读博士）。

四、智能制造类专业教学案例

（一）课程简介

课程名称：工业机器人应用。

总学时数：48 学时。

教学对象：智能控制技术专业，高职二年级第 2 学期（30 人）。

学生基础：先修可编程控制器技术、工业机器人基础、传感器与智能检测技术应用、智能生产线数字化集成与仿真等课程；掌握了工业机器人结构与工作原理、控制器、传感器、智能生产线以及软件开发等方面的基础知识；具备机电设备装调以及软件编程方面的初步能力。

教学场所：与相关实训课程及其他理实一体化课程共享。

（1）地点：虚拟仿真实验室和工业机器人实训室（天津中德），中国（天津）职业技能公共实训中心自动控制教学工厂。

（2）布局：虚拟仿真实验室与工业机器人实训室为两个相对独立的空间，两室前部均为教学区，后部均为实践区。自动控制教学工厂系中国（天津）职业技能公共实训中心（简称中天实训中心）建设的教学工厂之一，主要是一条真实的精馏液体产品（如酒精）自动化生产线（精馏→罐装→封盖→贴标→装箱→码垛）。

（3）设施：教学区均设置讲台和黑板，安装投影设备；虚拟仿真实验室装备 30 台电脑；工业机器人实训室主要装备 10 套工业机器人实训台；自动控制教学工厂不仅有真实的精馏液体产品自动化生产线，还有与之配套的中央控制室和教学区。

（4）环境：仿照机电制造行业工作场所环境，张贴"推动智造、以智取胜"和"改变传统、创新求远"等标语，工业机器人实训室布设"工业机器人典型应用场景展板"（室内及走廊），张贴"工业机器人操作规程与安全守则"。

实践平台：搭建"虚拟仿真""基础训练"和"真实体验"三种实践平台。

（1）虚拟仿真：虚拟仿真实践平台主要就是虚拟实验室的 30 台电脑（安装 RobotStudio 虚拟仿真软件）。允许用户创建、模拟和优化工业机器人控制程序，利用该平台提供的图形界面，不仅可以轻松地设置工业机器人参数、运动轨迹以及姿态等，还可以对工业机器人进行各种测试及分析。

（2）基础训练：基础训练平台主要就是工业机器人实训室的10套天津博诺智创开发的"工业机器人应用领域一体化教学创新平台"（如图6-9所示）。利用该平台，初学者可以充分进行工业机器人各项基本操作和控制编程基础训练。

（3）真实体验：利用中天实训中心自动控制教学工厂的灌装-码垛部分（如图6-10所示）可以让学生获得工业机器人在自动化生产线中实际应用的真实体验，并能够从自动化生产线的实际需求以及设备和场地的实际状况出发，科学合理地制定工业机器人工作站设计方案（结构功能、安全设施、技术参数等）。

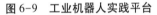

图6-9　工业机器人实践平台　　　　图6-10　中天自动控制教学工厂（灌装-码垛）

教学目标：知识学习、专业（职业）技能和专业（职业）素养培养目标。

（1）知识学习：熟悉工业机器人典型工作方式以及典型应用；熟悉工业机器人控制技术与编程方法；了解工业机器人的维护和保养方法。

（2）专业（职业）技能：能根据生产需求设计并实现工业机器人控制，熟悉工业机器人编程语言并能够熟练编程及调试，能承担工业机器人日常维护和保养并能排除常见故障。

（3）专业（职业）素养：具有良好的工程素养和爱岗敬业精神，遵守职业道德和行业规范，工作态度认真负责，善于团队协同协作，安全意识强、自学意识强、创新意识强。

主要教学内容：该课程基于工业机器人应用岗位（岗位群）典型工作，设置以下5项代表性工作任务（学习单元/教学模块）。

（1）学习单元1：工业机器人虚拟仿真软件应用（虚拟仿真实验室），12学时。

（2）学习单元2：工业机器人手动操纵（工业机器人实验室），8学时。

（3）学习单元3：工业机器人I/O通信（工业机器人实验室），8学时。

（4）学习单元4：工业机器人的程序数据实践（工业机器人实验室），8学时。

（5）学习单元5：码垛机器人工作站搭建与仿真验证（参照自动控制教学工厂），12学时。

考核评价：考查课。按学习单元实行过程性考核，各教学单元的成绩占比由教学大纲（课程标准）规定。

（二）教学过程

以该课程第5学习单元"码垛机器人工作站搭建与仿真验证"为例，具体介绍如下：

1. 单元教学目标

作为本课程最后一个学习单元，基于先修课程和先前4个学习单元所习得的知识和掌握的技能，确立本学习单元三维教学目标。

（1）知识学习：熟悉机器人编程基本知识（编程语言、程序结构和编程原理等），了解码垛基本原理及要求、机器人控制系统结构及工作原理、机器人运动学和动力学方面的基本知识等。

（2）专业能力（职业技能）培养：能编写机器人控制程序（机器人运动、感知、决策和执行等），能进行程序调试及优化，能进行机器人控制系统调试。

（3）专业综合素养和职业素养提升：具备良好的职业素养，遵守相关规范，注重工作质量、注重工作效率、注重安全生产、注重自学、注重创新。擅长团队协作、沟通与协调。

2. 学生分组

根据学生人数和实践条件，确定每组3人（共用工业机器人实践平台）。以"同组异质、组际同质"为目标，先自由组合，再适当调配，并注重挑选各组组长。

3. 教学过程说明

该课程涉及机械、电气、计算机等多门学科知识以及多个专业领域的能力（技能）。采用理实一体化教学模式是该课程教学改革的重要方向。学习单元5是该课程的最后一个学习单元（最后一项代表性任务），总体教学目标是通过码垛机器人工作站搭建与仿真验证，对先前4个学习单元所习得的知识，所形成的能力（技能）进行综合应用，获得真实体验。其教学过程分解为"明确任务""制订计划""实施计划"三个步骤（微单元）。具体介绍如下：

（1）明确任务：教师带领全体学生到中天公共实训中心（与天津中德同在海河教育园区），对自动控制教学工厂进行考察，实地了解"灌装-码垛"自动生产线的设备组成和生产工艺流程，重点对码垛机器人工作站的码垛功能以及安全防护等进行考察，从而明确本学习单元的工作任务（搭建码垛机器人工作站）及功能要求 —— 将传送带上的包装箱，按每层6个，共2层搬运到托盘。

（2）制定计划：依照机器人工作站搭建及仿真验证流程，教师将其分解为码垛机器人工作站设计、机器人夹具及传送带等建模、Smart 组件、I/O 信号连接及分配、机器人轨迹规划、虚拟仿真验证等项具体工作（教学内容）。先使用 SolidWorks 创建机械部件三维模型、导入 RobotStudio 进行设计和仿真验证。

（3）实施计划：在明确工作目标和具体任务之后，教师先集中讲授码垛机器人工作站组成结构及工作原理（结合中天自动控制教学工厂案例），然后分组活动，制定具体实施方案（头脑风暴法）并分工协作完成各项设计和仿真验证工作。在分组活动期间，教师进行巡回指导，及时发现在工作站布局、机器人运行轨迹以及安全设施等方面存在的问题，并给予必要的帮助和指导。同时对各小组工作进度以及每名学生的工作表现进行考察和记录。

4. 总结点评

各组工作任务完成之后，先进行小组总结（要求每人撰写一份总结报告），然后进行集中总结点评。集中点评先由各小组汇报（每组推选1名代表），内容包括机器人码垛工作站设计思路和具体实施方案，随后展示机器人码垛虚拟仿真效果，然后组织讨论和组间互评（设计方案、仿真效果、安全性和可靠性等），最后由教师进行综合点评。肯定成绩，评出优秀，提出改进建议。

5. 考核评价

该单元采用过程性考核评价方式，主要依据出勤以及巡回指导期间观察记录的分组工作表现，结合各组工作质量和组间互评成绩以及总结报告质量，综合评定该单元学习成绩（百分制），并根据教学大纲（课程标准）确定该单元成绩在总成绩中的占比。

6. 教学反思

根据学生分组活动表现、码垛机器人工作站搭建及仿真效果，并参考考核评价结果，对该学习单元的教学目标、教学内容、教学方法、学习方法、分组情况等进行全面反思并提出改进措施。

7. 课程思政

结合该学习单元教学内容，从以下两方面进行思政教育：

（1）以工业机器人在众多行业企业的广泛应用，说明工业机器人已成为"中国智造"的核心，据此开展"科技强国"教育。

（2）工业机器人目前仍以国外品牌为主，以此说明在此领域我国与发达国家尚存在一定差距。激励学生向钱学森等老一辈科学家学习，厚植爱国情怀，立志科技报国。

（三）点评分析

该课程是在"工业机器人基础"之后开设的，以获取工业机器人应用知识，培养工业机器人应用能力，提升相关职业素养为目标的理实一体化课程。按照工业机器人应用岗位典型工作，并根据工业机器人工作站搭建实际工作流程以及相关技术知识获取与专业能力和职业技能形成的规律，规划了5项代表性工作任务（学习单元）。

该课程环境营造有利于学生提振信心，形成正向心理暗示，且有利于规范操作和安全防范，工业机器人典型应用场景展板对扩展学生知识面、增进学生对工业机器人了解等都有很好的作用。该课程的三种实践平台建设对理实一体化教学起到了很好的支撑。学生在虚拟仿真平台不仅可以进行无约束的设计实践，充分发挥想象力和创造力，还能够对所搭建的机器人工作站进行仿真验证（如图6-11）；基础训练平台可以让学生进行充分的工业机器人基础训练，为搭建工业机器人应用平台打下坚实基础；中天公共实训中心自动控制教学工厂，尤其码垛机器人工作站（如图6-12），可以使学生获得真实体验，并为搭建码垛机器人工作站提供真实背景和实际参照。该课程"虚实结合"的做法大大提高了教学效率，对于达成知识学习、能力（技能）培养的职业素养提升三维教学目标产生了很好的作用。

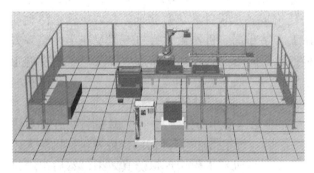

图6-11　码垛机器人工作站仿真验证

图6-12　真实码垛机器人工作站

该课程结合工业机器人在"中国智造"中所发挥的核心作用进行"科技强国"思政教育，针对我国在工业机器人领域尚存在的差距，激励学生向老一辈科学家学习，立志科技报国，思政元素挖掘合理，思政教育融入自然，思政教育效果良好。

【致谢】该教学案例提供者：天津中德应用技术大学庞党峰老师（实验师、高级技师、天津市技术能手、天津职业技术师范大学在读博士）。

五、艺术设计类专业教学案例

（一）课程简介

课程名称：三维动漫制作。

总学时数：36学时。

教学对象：动漫设计与制作专业，高职二年级第2学期（30人）。

学生基础：先修动画概论、动画技法以及计算机应用基础等课程，拥有动画基础知识，具备绘画基本技能与软件应用基础技能。

教学场所：与艺术类其他理实一体化课程共享

（1）地点：三维动画工作室（如图6-13所示）。

（2）布局：长方形空间划分为两个空间，前部教学区，后部工作区（长条工作台两侧设置座位）。

（3）设施：教学区设置讲台和黑板，安装投影设备；工作区安置长条工作台和座椅（两侧），并为每个工作位配置电源插座（可无线上网）。设置资料柜并摆放各种设计手册以及设计参考资料（含电子资料）。

（4）环境：仿照动漫行业设计与制作工作室环境，张贴"动漫连世界、多彩梦舞台""制作求精良、创意赢未来"等标语，张贴著名动漫作品招贴画或优秀手绘作品（室内及附近走廊）以及工作室管理规章等。

实践平台：30台图形工作站（安装三维软件MAYA等）和手绘屏，学生也可自带笔记本电脑，笔记本电脑均可无线接入网络（查找设计参考资料等）。

教学目标：知识学习、专业（职业）技能和专业（职业）素养培养目标如下：

（1）知识学习：知晓三维建模相关理论知识；熟悉三维动画制作流程；掌握三维建模技术方法；熟练掌握三维动漫制作软件（MAYA）功能及应用方法。

（2）专业（职业）技能：具有较强的三维空间艺术造型能力；掌握工业建模技法、掌握灯光、材质、渲染技法；掌握关键帧动画设置基本技法等。

（3）专业（职业）素养：认真细致的职业态度，创意求新的职业风格，追求精良的职业精神，团队协作的合作精神，具有较高的艺术鉴赏力及审美水平。

教学内容：该课程基于动漫制作岗位（岗位群）典型工作，按照实际工作流程和学习规律，设置以下4项代表性工作任务（学习单元）。

（1）学习单元1：三维建模基础实践（12学时）。

（2）学习单元2：工业产品制作——以老式电话机产品为例（8学时）。

（3）学习单元3：人物角色制作——以《油腻的中年人》人物为例（8学时）。

（4）学习单元4：三维场景制作——以《牢房的木偶人》场景为例（8学时）。

考核评价：考查课，按教学单元实施过程性考核，各教学单元的成绩占比由课程标准规定。

（二）教学过程

以该课程第2学习单元（工业产品制作 — 以老式电话机产品为例）为例，阐述如下：

1. 单元教学目标

从知识、能力（技能）和素养三方面具体阐述如下：

（1）知识学习：知晓三维建模相关理论；掌握 NURBS 三维建模技术；熟悉三维动画制作流程及相关行业规范，熟悉工业产品建模方法。

（2）专业能力（职业技能）培养：掌握工业产品建模技法和次世代贴图，能制作较复杂工业模型，造型准确、布线合理；掌握灯光、材质、渲染技法，能够渲染出高质量产品效果图。

（3）综合素养与职业素养提升：遵守动漫行业规范，弘扬动画工匠精神。工作认真细致，精益求精，制作精良、追求卓越，勇于创新。

2. 学生分组

为培养团队协作能力，确定每组2人。先自由组合，然后按照"组内异质、组际同质"要求适当调换，既考虑学习能力搭配，也兼顾学生个人意愿。

3. 过程分解

该单元划分为"模型分析""电话机底座制作""拨号器制作""话筒制作""听筒及电话线制作"和"次世代贴图"6个微单元，按工业品三维制作流程，分步骤循序向前推进，最终完成具有"年代感"的老式电话机制作。教学过程分解见表6-8。

表6-8　学习单元2教学过程分解表

微单元名称	学习内容与工作步骤	教学方法
模型分析	1. 通过回顾点、线、面构成知识，观察大自然中实物造型规律，根据美学特点，建立通过点、线、面重构一个物体的基本概念，此步骤可视为该单元的"导入"。 2. 讲授 NURBS 曲面建模知识，布置该单元具体工作项目——老式电话机制作。 3. 通过观察模型以及结构分析，老式电话机可分为"话机底座""话筒""听筒"3个部件（块面）。各块面设计制作内容及难点如下： （1）底座。底座包括机座、拨号器和机柱。主要制作难点为拨号器以及机柱与话筒连接处。故把拨号器单独列为一个微单元"拨号器制作"。 （2）话筒。话筒结构简单，主要制作难点为话筒的收音孔。 （3）听筒。听筒结构也简单，主要制作难点为发音孔和电话线。	演绎法（知识讲授） 讲授法（方法讲解） 案例法（案例讲述） 演示法（案例演示） 讨论法（专题讨论） 问题法（互动交流） 练习法（建模练习）

表6-8(续)

微单元名称	学习内容与工作步骤	教学方法
电话机 底座制作	1. 执行主菜单 Create（创建）→CV Curve Tool（CV 曲线工具），运用 CV 曲线工具绘制机座曲线，并对曲线进行调整。 2. 执行主菜单 Surfaces（曲面）→Revolve（旋转成型）命令，使机座成形（如图 6-14 所示）。	
拨号器制作	1. 执行 Surfaces（曲面）→Revolve（旋转成型）命令，旋转成形（拨号盘）。 2. 执行 Create→Text 命令，进入 Text 属性栏，创建数字为 0123456789。将曲线数字转换成模型。执行 Surfaces→Bevel Plus（Plus 倒角），进入 Bevel Plus Options 属性栏，更改参数值，选择适当的数字属性，完成拨号键数字制作（如图 6-15 所示）。	
话筒制作	1. 执行 CV 曲线工具绘制话筒曲线，调整并执行 Revolve（旋转成型）命令，完成话筒外观制作。 2. 创建 NURBS 球体，调整大小并放到话筒上。复制球体，制作球体的作用是与话筒做裁剪，执行 Edit NURBS→Intersect Surfaces（相交曲面）。裁剪出收音孔，执行 Edit NURBS→Trim Tool（裁剪曲面）命令，在要保留的部分单机鼠标后，按 Enter 键，完成话筒收音孔制作。 3. 按 Ctrl+G 键完成以上两模型组合，并移动组合模型到机柱与话筒连接处，完成话筒与机柱连接（如图 6-16 所示）。	分组活动期间： 任务法（独自完成） 练习法（技能训练） 探究法（小组协作） 谈话法（个别指导） 归纳法（总结经验） 集中活动期间： 问题法（集中答疑） 讲授法（集中指导） 演示法（制作示范） 讨论法（集中讨论）
听筒及 电话线制作	1. 执行 CV 曲线工具绘制听筒曲线。选择曲线，执行主菜单 Surfaces→Revolve（旋转成型）命令，完成听筒制作。 2. 执行 CV 曲线工具绘制电话线。先执行主菜单 Surfaces→Extrude（拉伸）命令，再执行 Modify（修改）→Make Live（激活工具），此时电话线变成绿色，再执行主菜单 Create（创建）→CV Curve Tool（CV 曲线工具）进行绘制，按住 D 键，并按住鼠标中键旋转，将其旋转至适当的圈数，并将其拉至物体末端，完成电话线制作（图 6-17）。 3. 螺旋线绘制好后要删除历史记录，删除电话线辅助物体，创建线圈。选择线圈加选曲线，执行主菜单 Surfaces→Extrude（拉伸）命令，电话线创建完成。如果觉得效果不理想，可执行 Rebuild Curve（重建曲面）命令进行调整。	
次世代贴图	运用 Substance Painter 软件，为老式电话机绘制次世代贴图。最终效果如图 6-18 所示。	

图 6-13　三维动漫教学场景

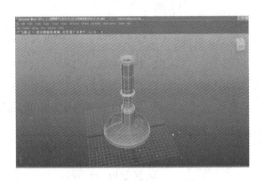

图 6-14　电话机底座制作

图 6-15　拨号器制作

图 6-16　话筒制作

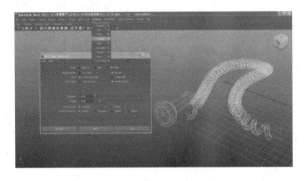

图 6-17　听筒及电话线制作

图 6-18　老式电话机效果

4. 教学活动

该学习单元教学活动安排如下：

（1）模型分析微单元采用集中教学，在完成学习单元1（三维建模基础实践）教学并经过相应考核之后，学生已经建立了三维空间概念并学会运用三维动画设计制作工具（MAYA）。在此基础上，通过相关知识（工业建模等）讲授、案例演示以及单项技能练习，帮助学生掌握 NURBS（非均匀有理 B 样条）曲面建模技术及具体实现方法，明确该单元学习任务（老式电话机制作）、工作流程（步骤）及要求。上述集中活动期间，注意进行相关典型案例演示，注重引导启发；并依照"先掌握技术手段，再着手创作设计"的行业工作规律，帮助学生总结 NURBS 曲面建模主要命令，并通过单项练习快速掌握制作技术手段。

（2）其余时间主要安排分组活动，围绕老式电话机制作的具体任务（微单元）进行相关知识学习和专业（职业）技能训练。分组活动期间，任课教师巡回指导，针对发现的共性问题和学生普遍存在的疑惑，适时进行集中讲解和讨论交流。通过分组活动，增强团队协作意识，培养锻炼沟通交流能力。任课教师针对巡回指导中发现的共性问题以及有必要集中解答的问题，可随时切换为集中活动。通过"分组—集中—分组—集中……"的教学活动，推进各项（微单元）工作，完成各项学习任务。

（3）总结点评：各组全部完成"老式电话机"制作后，进行总结交流和集中点评。为调动学生的积极性，深化学生认知，培养专业评价能力，提高艺术鉴赏力，先组织学生进行互评（以小组为单位）。任课教师在学生互评的基础上，进行总结点评，充分说明优秀作品好在哪里，哪些制作经验值得积累，同时指出制作过程中存在的共性问题和典型问题。

5. 考核评价

采用过程性考核评价方式，主要依据出勤以及学习态度和平时表现、结合各微单元制作质量以及结课报告质量评定单元教学成绩，再依据课程标准规定，确定单元成绩在总成绩中的占比。

6. 课程思政

主要从以下两个方面挖掘思政元素并适时融入教学活动之中（主要在集中讲授讲解环节）：

（1）强调艺术作品的思想性和艺术创作的价值追求。强调始终坚持为党、为祖国、为人民创作的正确方向。

（2）搜集我国近代老式电话机图片（实物样品），追忆相应年代背景，进行中国传统文化和中国近代史教育，厚植爱国情怀。

7. 教学反思

该学习单元教学结束之后及时进行课后反思，根据学生实际掌握情况（通过提问、答疑、观察）以及工作完成质量，及时调整教学方法以及教学活动安排，使之适合于绝大多数学生；所有单元教学结束之后，根据总结点评以及学生总结报告的感悟以及反映的问题，进行集中反思，并据此制定本课程下一轮理实一体化教学改进措施。

（三）点评分析

艺术类专业课程教学普遍采用理实一体化教学模式，充分体现了以"做"（设计与制作）为中心，"做中学"和"做中教"的特点。该课程基于艺术设计行业三维动漫制作岗位典型工作，设定知识学习、专业能力（职业技能）和综合素养三维教学目标，使用行业流行的 MAYA 等三维动漫制作工具软件，依据岗位工作流程依次构建了"三维建模基础实践""工业产品制作""人物角色制作"和"三维场景制作"四项代表性工作任务，并从中提取了相应的知识点和技能点，转换为学习领域四个学习单元。各单元教学目标和教学内容不仅符合行业岗位工作要求和工作流程，也符合遵循知识学习和技能形成规律。

教学场所布局、设施配套以及环境建设营造了艺术设计与制作工作室气氛，尤其张贴著名动漫作品宣传画，有利于艺术类专业学生形成积极心理暗示，并在扩展学生认知，促进艺术风格形成方面起到了很好作用。实践平台主要就是图形工作站（可高效运行三维制作软件）和手绘屏。每生一台并安装 MAYA 软件，可为三维动漫设计与制作提供充分支持；工作台同时也为学生自带笔记本工作提供各种便利，以利于课内课外接续工作。

第 2 学习单元教学过程建立在第 1 学习单元教学目标达成基础之上，微单元划分符合工作流程，也符合学习规律（知识、技能）。学生分组既利于独立工作能力锤炼，也利于协同协作能力培养。微单元"模型分析"集中讲授相关知识（三维建模等），集中进行案例讲解和思政教育，通过演示示范让学生快速掌握制作工具（MAYA 软件应用技术），通过实物模型分析，不仅让学生明确了具体制作任务，也熟悉了行业岗位工作流程及方法。随后的 4 个微单元主要安排分组活动，围绕具体制作任务，分工协作，合作探究，在任课教师的指导下完成相应制作，最终获得第 2 学习单元的工作成果（老式电话机）。任课教师主要采用巡回方式给予指导和帮助，并根据发现的问题和学生诉求适时进行集中指导，"分组－集中"两种活动方式灵活切换，有利于提高教师指导的针对性和教学效率。各微单元采用的教学方法适切，教学效果良好。

任课教师课程思政意识较强，强调艺术创作的思想性，强调艺术创作必须坚持为党、为祖国、为人民的正确方向，符合立德树人根本任务要求；将思政元素挖掘与艺术创造素材搜集相结合，并融入案例分析专业教学之中，能够切实起到潜移默化的思政教育作用。

每个教学单元结束之后要求学生撰写总结报告（单元小结）并及时安排总结点评，能够激励和引导学生深化认知、总结经验、探究问题、寻找差距，相互借鉴，持续改进、追求卓越。此外，按学习单元进行过程性考核评价，注重过程而非结果，对于提振学生信心，激励学生持续不断努力也很有效。

【致谢】该教学案例提供者：天津职业技术师范大学顾杰老师（副教授、硕士、动画制作员职业技能考评员）。

【实践·反思·探究】

1. 如何把职业岗位一般"工作流程"转化为理实一体化课程的"教学过程"？

2. 教学模式与教学方法的关系如何？

3. 您认为在高职理实一体化教学四个阶段，分别采用哪些教学方法比较有效？

4. 过程性和结果性考核评价各有何优点和弊端？为什么说过程与结果相结合的考核评价方式更适合于理实一体化课程？

第七章

理实一体化师资队伍建设

【内容摘要】职业院校理实一体化教师教学创新团队建设是推动职业院校教法改革的有效途径，是实现人才培养质量全面提升和建设高素质教师队伍的有效手段。本章从四个方面系统论述：第一节在前面章节对理实一体化教师相关论述的基础上，对理实一体化教师的专业标准进行了阐述，进而具体化为第二节的理实一体化教师能力系统；第三节超越于对"双师型"教师的素养理解，在对理实一体化教师的培养历程、问题分析的基础上，论述了理实一体化教师培养的路径和保障；第四节基于团队建设的内涵和特征，对理实一体化创新型教师团队建设的意义、内容和建设策略进行了阐述。通过本章的学习，读者须掌握理实一体化教师的专业标准和团队的特征，把握理实一体化教师应具备的能力和教师团队建设的实质，学会组织和建设理实一体化创新型专业教师团队。

第一节　理实一体化教师的专业标准

"一体化"教学试图在理论上和实践上突破职业教育传统的"文化课—专业基础课—专业课—技能训练"的教学模式框架，注重技能训练、重视学生的创新精神和综合能力的培养。因此，"理实一体化"教学模式作为近几年兴起的教学模式，已经在职业院校普遍适用并被广泛接受，利用此种教学方法不仅可以让学生将理论与实际相结合，不再拘泥于书本知识、极大提高学生的操作技能，提升学生的学习兴趣，也能大幅度提高教学质量，提高学校的整体教育水平。然而"理实一体化"教学对教师提出了更高的专业标准，要求教师不仅要具备一定的基础理论知识，还必须具备实际操作技能，并且能够在更高的知识技术传承层面，整合理论教学和实践教学的功能，通过重构职业教育教师的素质结构，助推职教教师的专业化发展。因此，采用"一体化"方法进行教学，对于习惯于传统教学模式的教师来说，不仅增加了教学的难度和复杂性，而且要求教师要有更加综合的能力知识结构和更高水平的实践教学能力，由此，理实一体化师资队伍建设问题成为一个重要的理论和实践问题。为此，我们首先要考虑的是职业教育理实一体化教师的专业标准是什么？理实一体化教师有什么特征？它与"双师型"教师的区别在哪里？这不仅是提升理实一体化教师教学质量的基础，也为理实一体化教师素质提升指明了发展方向，同时也是促进职教教师专业化发展和理实一体化师资队伍建设的逻辑思考起点。

一、理实一体化教师的内涵及表现

（一）理实一体化教师的内涵理解

理论与实践一体化，是当前职业教育教学改革的重要取向之一。"理实一体化"指的是知识学习、技能掌握和实践教学等方面的一体化。理实一体化教师是指具备理论知识与实践能力相结合的教师，他们不仅具备良好的学科专业知识，还能将理论知识与实际教学相结合，带领学生进行实践探究，培养学生的实践能力和创新能力。因此，对教师要求更高，在授课时，既要教师熟悉课程业务，又要掌握教学规律；既能熟练、清晰、有效地进行操作演示，又能对专业理论知识进行系统、生动的讲解。同时，作为沟通校企的桥梁，也要掌握一定管理学的知识，具备项目设计、学校管理等能力。因此，必须准确把握和界定"理实一体化教师"的内涵。

首先，一般而言，职业教育及职业院校的功能有两个方面：其一，从基础性功能看，是进行教育教学活动，即开展职业学校教育与职业培训，为促进经济、就业并促进个人的生涯发展培养高素质应用型人才；其二，从延伸性功能看，是进行社会服务，即开展技术服务或社会服务，为企业的技术革新、创新以及为和谐社会的发展输送高质量应用型、技术型人才。这意味着，理实一体化教师在职业教育及职业院校的教育活动和社会活动中，彰显着独特的功能与作用，这种功能和作用与普通教育是有着本质区别的，因为职业教育是"使受教育者具备从事某种职业或者实现职业发展所需要的职业道德、科学文化与专业知识、技术技能等职业综合素质和行动能力而实施的教育"[1]。因此，职业教育一端连着产业发展，一端连着学生就业，并最终指向就业。所以，理实一体化教师内涵的界定需要考虑职业教育及其培养目标的特殊性，这是决定理实一体化教师内涵的基础。

其次，职业教育及职业院校的功能决定了职业教育教师的基本职能。必须服从于职业教育及职业院校的性质，即"以就业为导向、以服务为宗旨"，培养与社会主义现代化建设要求相适应的高素质劳动者。要求教师必须实践于职业教育及职业院校的教育教学活动及社会活动的融合，即通过校企合作推进产教融合、科教融汇，进行思想政治教育和职业道德教育，传授科学文化与专业知识，开展职业知识、技能的指导，将职业精神和职业技能的培养相融合，对口企业与社会需要培养高素质技能型人才。这是明确理实一体化教师内涵的前提。

最后，由于不同职业活动有不同的职业素质特征，这种素质特征区分了不同职业活动以及同一职业活动的不同专业领域，所以职业教育教师的职业素质特征明显区别于其他类型教育的教师。职业教育特别强调理论与实践的一体化，"理实一体化"即是对职业教育取向及这种职业素质特征的高度凝练。所以，理实一体化源自对于职业教育教师专业化的探索过程之中，本质是职业教育教师的职业素质特殊性的呈现，这是厘清理实一体化教师内涵的关键。

---

① 《中华人民共和国职业教育法》（2022 年修订）第一章第二条。

（二）理实一体化教师的表现

综合以上理实一体化教师职业素质特性、职业教育与职业院校功能以及职业教育教师的基本职能，理实一体化教师的具体表现为：

（1）具备丰富的实践经验。理实一体化教师不仅有扎实的理论基础，还经常参与实践活动，积累了丰富的实践经验。他们能够将理论知识与实践相结合，将学科知识与实际教学相结合，通过实践活动让学生更好地理解和应用所学知识，通过实践活动让学生亲身体验，培养学生的实践能力。

（2）具有较强的创新精神。理实一体化教师注重培养学生的创新能力，能够引导学生进行创新探究，激发学生的创造力。理实一体化教学是按照生产流程来设计工作任务，根据工作任务设计课程模块。课程的开发坚持企业化背景，以实际工作过程为主线，依托工作情景，课程设计着力于学生专业技能的系统训练，突出实用性及实践性，将学生置于发现问题、提出问题、提出假设、验证假设等一系列解决问题的动态探究过程中，教师通过"导"，推动学生系统的专业技能训练和全面的理论知识掌握，将理论知识的学习渗透在专业技能训练的过程中。

（3）具备跨学科的知识背景。理实一体化教师具备跨学科知识背景，能够将不同学科领域的知识和技能融合在一起，为学生提供更全面的综合的知识和技能教育。

（4）融多重角色于一体。理实一体化教师不仅要完成传道授技的教学任务，而且重要的是在理实一体化教学过程中，由于学习方式由听为主转为以练为主，由以往单纯的接受学习变为需要动手操作的体验学习，教师需要"集学习任务的设计'引'入、学习过程的组织'领'导、信息海洋和情境观察的指'导'、完善过程的'教'练反馈四重功能一身。"① 理实一体化教师扮演教学过程的设计者、组织者、引导者、教育者等多重角色，正由于如此，才能很好地胜任理实一体化的课程教学。

总体上，"理实一体化教师"是以不同职业为导向进行培育、培训高素质应用型技能型人才的教育教学者，也是以服务为宗旨开展技术服务和业务咨询等社会活动的专业建设者；同样，是以工作过程、学习项目为焦点，帮助校企沟通的开发者与对接者，更是能够以主体多元、层次高端、产教融合、科教融汇为目标，搭建产教科平台，贯通"产、教、研、训、创"的管理者、研究者与开发者。

二、理实一体化教师专业标准及构架

教师专业标准建设是师资队伍建设的重点。教师标准是与教师专业化密切联系的概念。制定教师标准的目的不仅是为评价教师或组织教师资质考试或资格认定，更重要的是为教师的专业发展提供支持。"专业标准绝非只是对教师应知、应会和应持的一种价值无涉的技术性规定，而是承载着一定的价值诉求，服务于一定的社会政治目的的。"② 理实一体化教师专业标准也是在教学中理论和实践割裂、知与行分离的情形下，基于理实一体化教学对专业教师提出的标准和要求。

英国 2007 年最新《英格兰教师专业标准》涉及专业品质、专业技能和专业知识与

① 贺新，薛叙明. 高职院校专业教师以"四合一"角色实施理实一体化课程教学的研究［J］. 职教通讯，2013（26）：60.

② 饶从满. 教师专业标准何为?：教师专业标准思想背景与目的取向的比较透视［J］. 外国教育研究，2022，49（1）：9.

理解三个维度。美国 2008 年发布的《国家教师教育认证委员会专业标准》，"强调专业知识、专业技能和专业性情三个维度。"① 澳大利亚 2011 年颁布的最新国家教师专业标准分为："专业知识领域、专业实践领域和专业参与领域。"② 2012 年，我国教育部下发的幼儿园、小学和中学教师的专业标准，都强调专业理念与师德、专业知识和专业能力这三个维度。2022 年教育部办公厅发布《关于做好职业教育"双师型"教师认定工作的通知》，文件对"双师型"教师在师德、教师知识技能等方面进行了规定。综上所述，各国教师专业标准基本都涉及专业知识、专业实践/技能、专业性情/师德、专业能力四个方面，这反映了教师专业标准的共性。结合理实一体化教师的企业生产管理经验的特性，基于此，我们认为理实一体化教师专业标准包括专业信念、专业知识与技能、专业能力和专业实践能力四个方面。

（一）专业信念

信念是人们在已有经验的基础上对某一思想或行动坚信不疑的内心指向，是指人们按照自己所坚信的观点、原则和理论行事的人格倾向，是态度、情感和价值观的集中体现。"使教师成为优秀教师的，不是他们的知识和方法，而是教师对学生、对自己、对他人的目的、意图和教学任务所持的信念。"③ 专业信念是教师的内在心理状态和外在存在维度的有机统一，它与教师的经验、认知和情感密切相关，教师作为个体，对教育事业必然有自己的价值取向和更高的价值追求，专业信念的建立和发展在很大程度上促进了这种教育价值的实现，使教师在道德情感方面得到升华，摆脱"谋生"的思想，使之站在教育家的高度审视自己的职业发展，不断促进教师的专业化进程。从个性心理上看，信念是一个人知情意的"合金"，教师的专业信念主要指教师的专业认识、职业认同和专业坚持性。

1. 专业认识

教师是否对自己所从事的专业有清晰明确的认识，是教师做好专业工作和人才培养的重要前提。其主要意义是能够提升教师对于专业知识的理解，拓宽专业视野，从而提升教师专业认可度。它要求教师不仅要了解本专业的特色课程、把握相关行业标准和业界前沿技术，清楚学生培养目标和就业去向，还要了解本专业相关企业岗位工作任务和工作过程，掌握相关企业岗位需要的工作技能。

2. 职业认同

职业认同是指一个人对所从事的职业在内心认为它有价值、有意义，并能够从中找到乐趣。教师职业认同既指一种过程也指一种状态。"过程是说教师从自己的经历中逐渐发展、确认自己的教师角色；状态是说教师当前对自己所从事的教师职业的认同程度。"④ 对教师职业认同的研究，学者们大多认为是动态的，是教师的个体经验与他们所处的社会环境、文化环境和制度环境之间相互作用的结果，教师的职业认同会依据情境、个体因素及紧急事件而多次改变。对理实一体化教师而言，职业认同就是指

① NCATE. Professional Standards for the Accreditation of Teacher Preparation Institutions [EB/OL]. http://www. ncate. org/Standards/NCATE UnitStandards/tabid/123/Default. aspx, 2012-02-06.

② AITSL. National Professional Standardsfor Teacchers [EB/OL]. http://www. teacherstandards. aitsl. edu. au/, 2011-02-08.

③ 库姆斯. 教育改革的新假设：教育学文集国际教育展望 [M]. 北京：人民教育出版社，1993：279.

④ 魏淑华. 教师职业认同研究 [D]. 重庆：西南大学，2008：6.

理实一体化教师对自我角色的感知、评价和认可，对待理实一体化教学有着深刻的认识、热情和驱动力，它需要教师从内心出发，理解教师工作的专业性与独特性，认可职业教育工作特别是理实一体化教学对学生发展的价值和意义，激发职业使命感和敬业精神，同时，认识到真实岗位工作的历练和实践环境的经历是技能人才持续成长的基础，理解职业教育工作的意义。总之，教师对职教行业的认同程度，关乎学生对职业行业情感认可程度，关乎职业教育人才培养质量，尤其需要教师建构坚实的职业认同。

3. 专业坚持性

专业坚持性是理实一体化教师在专业成长过程中表现出对教育观念、教育理想和教育意义的肯定与信奉所形成的对理实一体化教学模式的理解和坚守，并坚持专业发展的持续性力量。它要求教师在教育教学实践中，以"任务驱动"为载体，以"产教融合"为思想指导，创新性的实现理论和实践教学的无缝对接，倾心投入、深耕专业领域，以教学创新带动专业发展的持续性力量。

（二）专业知识与技能

对于理实一体化教师而言，专业知识和技能应该包括职业知识与实践操作两大模块。本文所言专业知识与技能具体包括：基础学科专业知识、职业与技术学科理论知识、基于情境的实践性知识和专业技能四个方面。

1. 基础学科专业知识

基础学科专业知识是指所在专业领域的基础理论知识。它要求教师深入系统地掌握本专业基础理论，掌握先进的教育理念，具有扎实的理论基础，掌握所教课程的课程标准、教学原理以及教学方法、生产实习实训方法等；同时，也要了解所教专业与其他学科的区别和联系。

2. 职业与技术学科理论知识

这要求教师掌握较扎实的职业学科理论知识、技术知识与其他领域的专业知识。职业技术知识具体包括技术生产、专项服务和一线管理工作中所需要的知识，技术理论知识是技术实践知识的重要支撑，理论知识既有单独的学科体系，也有职业知识技能和专业知识技能结合在一起的学科体系，这需要教师将技术理论知识和专业知识技能有机整合，系统学习，在技术实践知识和技术实践过程中展开和运用。

3. 基于情境的实践性知识

陈向明（2009）认为"教师实践性知识是现场生成并传递的，来源于教师对问题解决过程中的教育教学实践。"[1] 对于职教教师而言，除了整合理论教学中课堂区域内发生的实践性知识之外，在生产实践中产生的实践性知识同等重要。实践性知识通过经验学习获得，可以是理论知识的应用，也可能是将工作经验和理论知识进行反思、整合得到的。它需要教师反思日常的教学实践，对教学实践中的表现与行为进行分析、解释和提炼，促成理论性知识与实践性知识的对话，从而提高教师的教学素养。

4. 专业技能

"教育学和心理学对技能的认识存在高度相关性。心理学认为，技能是指经过练习而获得的合乎法则的认知活动或身体活动的动作形式，包括动作技能和心智技能两

① 陈向明. 教师实践性知识研究的知识论基础［J］. 教育学报，2009，5（2）：47-55，129.

种。"① 专业技能是指通过专业学习、训练而具备的从事某一行业，解决专业领域范围内实际问题的操作技能和思维活动能力，是一种胜任特定职业的动作操作或智力操作形式。在信息技术教学层面，理实一体化教师要具备丰厚的信息素养，围绕教材解读教学目标，实现专业知识与实践的整合，然后运用熟练的操作技术进行授课。这个过程的实现，需要教师具备良好的语言表达技能、教学设计与开发技能、一体化教学组织管理技能、多媒体教学设备运用技能等多方面专业技能。在企业实践操作方面，还需要教师掌握本专业工作过程或技术流程，拥有实习实训教学、设备改造、技术革新的实践技能。

（三）专业能力

从心理学的视角看，能力被看作是成功完成某些活动所必备的个性心理特征。能力不同于技能，是在特定情境中基于知识、技能、心理等方面综合运用生成并体现在个人言行中的人的心理特征或品质。"能力培养的关键不在于要不要知识，而在于如何给予适当的情境、任务和问题，将学生的经验和抽象的知识结合，在知识的运用中生成能力。当然其中牵连基本认知能力和肢体能力。"②

专业能力是职业院校教师作为专门职业的核心能力，是教师作为专业工作者必备的能力，也是教师专业化的重要体现。理实一体化教师的专业能力不是抽象的，而是具体体现在理实一体化教学职责和任务的顺利完成中，来源于理实一体化整个教学过程的每项职责和任务完成环节过程中的能力。专业能力主要属于人力资源管理的研究范畴，"它是指在特定的职业组织中，职业主体所具有的与所从事的职业相关的能力的集合。"③ 对于职业教育教师来说，其专业能力提升是一个不断变化的动态过程，随着教师入职年限呈现出阶段性表现和特征。就专业能力的共同性和一般性而言，理实一体化教师专业能力包括：理实一体化教学能力、信息技术应用能力、课程思政能力、差异化教学能力、组织管理能力和科研能力。

1. 理实一体化教学能力

职业教育教学过程中存在理论与实践教学衔接不够紧密、用理论知识指导实践不够理想、学生自主学习能力较弱等问题，以上情况对教师的理实一体化教学能力提出了要求。第一，它要求教师拥有扎实的理论教学和实践教学能力，具备职业教育教学理念和方法，能够将理论教学、实践教学、生产、技术服务融于一体，使学生能够有计划地跟随教师进行理论与实践相结合的课程学习。第二，它需要教师掌握专业理论知识，同时又需要教师进入企业进行认识实习，或拥有企业管理经验等，我们需要"活学活用"的理实一体化教师。只有教师将理论知识在实践中去践行，才能体会实践操作过程中理论知识在融合实践出现的问题，才能在教学或者技能大赛中去有效地指导学生。第三，理实一体化教师应该遵循学生职业能力发展规律，坚守"以学生为中心"的教育理念，结合职业专业特点，具有促进学生自主学习和工作的能力。比如，通过学习情境的设计或者提供机器设备，支持学生自主学习，激发学生学习兴趣，通

① 李政. 新时代我们如何认识技能：对技能型社会建设的元问题思考［J］. 职教通讯，2023（5）：11.
② 杨开城，陈洁，张慧慧. 能力建模：课程能力目标表征的新方法［J］. 现代远程教育研究，2022，34（2）：57.
③ 闫智勇，周志刚，朱丽佳. 职业教育领域师生间专业能力共生发展机制研究［J］. 教育发展研究，2013（17）：48.

过实践检测并应用所学的知识。

2. 信息技术应用能力

使用应用信息技术优化课堂教学效果是教师教学能力的基本体现。信息技术应用能力主要指教师在学生具备网络学习环境或相应设备的条件下，利用信息技术进行讲解、启发、示范、指导、评价等教学活动的能力。第一，它要求教师掌握先进的教育理念，具有精湛的信息技术操作技能，依据课程标准、学习目标、学生特征和技术条件，将社会、文化和技术等因素纳入教学中，利用信息技术为学生呈现综合性的课程体验。第二，它要求教师引导学生合理地利用信息技术资源进行自主的合作探究，操作实践等活动，并形成一定的教学特色和可供借鉴的教学经验。第三，预测学生在现代信息技术教学环境下自主学习、探究实践和观摩体验中可能产生的困惑，能够采取多种教学方式，辅助学生解决职业知识与实践操作的问题，最后能够运用信息技术多角度地对学生学习技能与操作能力进行评价，促进学生自主学习与职业认知。

3. 课程思政能力

课程思政是指以构建全员、全程、全方位育人格局的形式将专业课程与思想政治理论课同向同行，形成协同效应，把"立德树人"作为教育的根本任务的一种综合教育理念。理实一体化的专业课程思政教学既关注教学内容的系统性和实践性，又关照课程思政的隐性渗透，不仅要培养学生的专业技能，又要塑造学生的职业素养。在理论授课上，重点探索在课堂这个有限空间里怎样有机融合专业知识和思政元素，开展理实一体化的课程思政教学体系。它要求教师对照专业教学标准，以培养科学素养和职业素养并重的高素质应用型人才为目标，以学生为主体，根据课程思政核心理念制定各章节的核心思政目标，结合典型案例，挖掘课程思政元素，构成以学生为主体和课程思政目标相结合为基础的理论教学和实践教学体系。在实践课程上，践行产教融合、校企合作，工学结合、知行合一、德技并修的原则。在实践指导过程中渗透职业素养教育，促使学生树立爱岗敬业、精益求精、知学结合的职业理念与工作态度，并在技术技能培养过程中落实课程思政要求，形成相应的经验模式。

4. 差异化教学能力

21世纪初，美国学者卡罗尔·汤姆林森（Tomlinson，2001）率先提出了"差异化教学"的定义，即教学要确保学习内容、学习方式与学习者的准备水平、兴趣等相匹配[①]。学生的基础知识、学习能力以及生活经历所构成的先前经验不是一致的，特别是职业学生的基础理论认知程度和实践操作技能两方面的综合能力更是参差不齐，基于此，职业教师在设计教学课程方案时，要尽可能地选择适合每个学生特点的教学方法，或者与学习者真实的生活经历相联系，从而激发学生学习的兴趣，树立学生学习的信心，达到好的教学效果。实施差异化教学是实现这一目标的基本要求和路径[②]。它要求理实一体化教师基于对不同年龄、思维、学习条件的学习者和发展过程的考虑，主动创造条件，专业客观地计划和实施课程来适应学生的个体差异[③]。这种教学虽然是建立

① TOMLINSON C A. How to differentiate instruction in mixed-ability classrooms［EB/OL］.（2021-10-05）［2023-05-06］. http:// toolbox2. s3-website-us-west-2. amazonaws. com/accnt_ 42975/ site_ 42976/Documents/Harrison_ PLDiffAnchorActivities. pdf.

② PETTIG K. On the road to differentiated practice［J］. Educational leadership, 2000, 58（1）：14-18.

③ 马爱军. 英语教学中差异性教学策略研究［M］. 合肥：合肥工业大学出版社，2018：9.

在学生个体差异的基础上的,但并不是被动地去适应学生的个体差异,而是在把握学生兴趣和能力的基础上,针对学生的个性特点和学习方法,使其潜能在原有的基础上得到充分发挥,特别是针对操作性较强的实践课。另外,它要求教师能够把握相关行业标准和业界前沿技术,具备指导学生参加不同技能大赛的指导能力。

5. 组织管理能力

组织管理能力是指为了有效地实现目标,灵活地运用各种方法,把各种力量合理地组织和有效地协调起来的能力。理实一体化教师教学环境相对复杂,是一个由学校和企业两方面结合的教学系统。首先,职教教师往往需要了解学生、学校和企业的条件,采取多方面的协作才能完成教学活动。从这种角度来讲,教师都是组织管理者,这就要求教师具有一定的组织和协调开展教育教学研究的能力。其次,能够运用科学方法处理学科和跨学科问题,评估和评价相应的知识。例如,专业教学和思政课的知识与理论基础,能够运用不同的教学方法在不同的职业情境中灵活应用。最后,具有较强的实习实训、专业建设、技术革新的经验,能够自主地设计并组织开展职业领域相关的教育教学研究和活动。

6. 科研能力

科研能力是指进行科学研究工作所需的各种能力的总称,具体是指能够发现未知知识领域并产生科研创新成果的技术能力。一方面,教师需要拥有专业的教育知识与能力,信息技术应用能力与差异化教学能力等方面的要求。另一方面,对理实一体化教师提出新的更高的要求:第一,它要求教师有发表该专业或与专业领域相关的学术期刊,或出版著作与教材用书等代表性成果,或取得该学科教学研究成果。第二,获得相关的国家职业技能等级证书或职业资格证书,或具有本专业或相近专业非教师系列初级及以上职务(职称),或具有相应的能力水平。第三,作为主要参与者获得技能竞赛类、教学研究成果、科技发明类等代表本领域较高水平的奖项;或指导学生获得技能竞赛类、教学成果类、科技发明类等奖励。第四,在教育教学团队中发挥关键作用,担任地市级以上专业带头人、教学名师、教学创新团队带头人、技艺技能传承创新平台负责人等,主持过重要教育教学改革项目、教学研究项目或科研项目[①]。

(四)专业实践能力

作为培养面向未来产业生产和管理服务一线的技术型、应用型人才为主要目标的理实一体化教师,专业实践在其专业标准结构中处于核心地位,也是确保本科职教师资培养质量和办学特色的根本所在。"专业实践能力包括技术操作能力、实践课程开发能力和实训指导能力,这三种能力是职业院校教师真正实现企业工作岗位与学校教育教学"对接"的根本。"[②]

第一,它要求教师紧跟产业发展趋势和行业人才需求,具有一定的企业相关工作经历或者实践经验。而职业院校现有专任教师成为理实一体化教师的最大障碍是缺乏企业实践经历。这主要有两个方面的原因:第一个原因是招聘的博士学历的职业教师大多没有企业实践的经历,入校之后,也会更加关注能够给自己职业发展带来更大帮助的项目,对于企业实践的动力不足。第二个原因是企业缺乏动力。企业是在竞争中

---

① 教育部办公厅关于做好职业教育"双师型"教师认定工作的通知 [EB/OL]. (2022-10-25)[2023-05-06]. http://www.moe.gov.cn/srcsite/A10/s7034/202210/t20221027_672715.html.

② 田宏忠,栗鸿亮. 职业院校教师专业能力的调查与分析 [J]. 国家教育行政学院学报,2014(9):27.

生存的，经济效益为首要考虑因素。尽管教师到企业实习也可能会给企业带来一定的经济效益，但是，这样的经济效益并不是必然的，反而可能增加其经济成本的支出。

第二，它要求积极深入企业和生产服务一线进行岗位实践。办好职业教育的关键在于企业的参与，因此，在产教融合的背景下，教师应该在时长、形式、内容、标准等方面符合职业学校教师企业实践相关规定，企业生产管理等能力应该得到相应的实践锻炼，积累其专业实践知识，做好校企沟通的桥梁。

第三，它要求职业教育教师了解本专业实践操作过程或技术流程，时刻紧跟产业科学技术更新换代的步伐，不断提升服务职业教师教学的专业本领。另外，在设备改造、成果转化和校企合作等方面取得一定的经济效益和社会效益。最后，理实一体化教师能够把企业生产的工作流程和设备方法与学校的教学过程结合起来，设计出相匹配的课程方案，在为学生提供专业理论支撑的基础上，进行相应的实践展示，使学生在做中学，不断提高职业教育的认知。

理实一体化教师标准在一定程度上为职教本科教师人才认定制定了结构标准，这在很大程度上保障了职教本科人才培养和专业建设的质量，此外，在市场经济环境下，针对专任教师的学历普通，但技术技能突出的错位现状，以及理论与实践脱节的问题，在实践过程中要多方面考虑，尽可能扬长避短，打造一支工学结合、理实兼备、德才兼具的师资队伍。这对于教师团队建设是一种质量保障，对于该专业的高质量发展也是一种重要推力。

第二节　理实一体化教师能力系统

"理实一体化"教学能力的提升对职业院校教师至关重要，本节将从理实一体化教师的能力特征、能力系统、培养路径三个部分，对职业院校"理实一体化教师"的能力系统做叙述。

一、理实一体化教师的能力特征

理实一体化教师是指具备理论知识和实践能力的教师，他们能够将教学内容与实践相结合，使得学生学习的知识更加贴近实际生活和社会需求。此类教师能够帮助学生将所学的理论知识应用到实践中，并通过实践实现知识的巩固和深化，从而提高学生的综合素质和能力。理实一体化教师的培养需要职业院校和教育机构注重实践教学，加强与社会实践的联系，提高教师开展理实一体化教学的实践能力和素质。

（一）注重理论和实践的平行渗透

对于职业教育教师来说，教育教学算是最主要的工作任务了。由于理实一体化教学主要聚焦于进行学习型工作任务的开发与设计过程中学生职业能力的培养，因此，教师在教育教学过程中，应当注意引导学生在完成工作任务的过程中学习掌握技术实践知识和技术理论知识，强调"理实融合"。在服务性、职业性特别强的职业教育领域，要培养高质量的应用型人才，势必强调实践，也势必强调用科学理论来指导实践。因此，理实一体化教师在开展教学时，尤其要进行理论的讲解与实操的演示。特别需要强调的是：理实一体化教师所具备的理论性能力与实操性能力并不相互割裂，实际操作需要理论知识的指导，而理论知识也只有在实践操作中才能够得到检验与发展，这种理论性和实践性的统一，没有先后顺序或者重要等级的划分，理论和实践同等重要；不是双管齐下的简单结合，而是一种相互渗透、功能互补的结合，在这里理论和实践是服务于有效教学目标和质量的一种平行渗透的关系，是"理中有实、实中有理"的状态。教师能够运用理论，对具体情况进行具体分析，将理论知识和具体学习项目的实践操作有机融合，做到理论和实践的具体统一，让理论和实践交替进行，从而实现理论和实践平行渗透的一体化教学。

（二）强调生产性与科研性相统一

职业教育要求理实一体化教师除了具有培养高素质应用型人才的能力，还能运用自身所具备的专业知识、技能，立足行情、分析企业，向企业或事业单位提供专门知识和各类咨询服务，体现出了理实一体化教师能力的生产性；同时，能够聚焦于企业需求与学校办学特色，为企业提供专业技术升级和产品研发服务，能参与各项技术改造和应用研究，将研究成果加以推广并反哺学校学习项目的设计与开发，这又体现出理实一体化教师的科研性。理实一体化教师能力的生产性与科研性是密不可分、互相统一的。生产性在于洞察社会发展和企业用人模式的变化，为学生、校企合作提供第一信息，使得教育教学活动能够"对口"企业岗位缺口，增强运用性、实践性、可发展性；同时，为企业社会培养真正需要的技能型人才，实现顺利上岗、工作对接。科研性在于应对产业技术的迭代发展，一是能为企业提供研发思路，实现经济转型；二是能及时将成果运用到专业建设、教学内容设计、实践实训设备的开发中去；三是更有利于为社会服务，应对产业和技术发展。企业发展靠科技，科技创新靠人才，二者的相互统一，将激发产教融合、校企合作效益的最大化，实现人才培养与产业发展的对接。

（三）兼具专业性与创新性

职业教育处于人的发展和社会发展、教育和职业之间的特殊位置，所以要求理实一体化教师具备基本的教师教育能力，同时还要求具备职业性质的能力。一方面，发展职业教育的出发点和落脚点，主要是为经济建设、社会发展以及行业和企业发展、就业发展服务，培养的学生将直接进入劳动力市场。不同的职业有不同的职业素养要求，有不同的理论知识和实践技能需要，因此，理实一体化教师所具备的能力，也一定是与职业对口并展现极强专业水平的能力。另一方面，社会发展需要创新，企业转型需要创新，培养高素质应用型人才、实现经济高质量发展也需要创新，这是时代发展、教育变革和经济转型对职业教育提出的必然要求，对于理实一体化教师能力也要求有与之匹配的较高创新性要求。创新性与专业性相结合，两者相互统一，才能深化专业知识，提高创业的科技含量，更新教学模式与教学内容，更好地服务于职业教育教学活动。

二、理实一体化教师能力系统

理实一体化教师能力系统是指构成职业院校教师顺利完成教育教学活动所必须具备的内在素质的有机整体，这些内在素质带有理实一体化的独特性并且相互关联，直接影响职业教育教学活动效率。

（一）理实一体化教师能力系统的内涵

能力，是指完成一项目标或某种活动所必须具备的综合素质，它将直接影响活动效率，并促进活动顺利完成的个性心理特征①。教师能力系统，是指构成教师顺利完成教育教学活动所必须具备的内在素质的有机整体，直接影响教育教学活动效率。多数人认为，理实一体化的师资队伍，在专业教学上应当是"双师型"教师。从教育教学看，常将"双师"的"双"视为"理论知识+实践技能"，即具备专业"理论知识+实践技能"，并不重视理论与实践的融合，割裂了两者的关系；从资格认定看，要求教师持有"双证"，即教师资格证外加专业技术职务资格证，相当于"教师+技师"。这样，便把"双师型"看作理论讲解能力和实践操作能力之和，而对实践的解释又缩小为与"资格证"等同的内涵，对"双"的理解不够透彻，割裂了专业理论知识与实践操作、教师教育能力与专业实践技能的融合要求。这种对理实一体化师资队伍的理解是机械的、片面的。无论是"教师+工程师"，还是"教师+技师"都难以满足现代职业教育的需求。我们认为，稳妥而又科学的"理实一体化教师"，可以理解为具备理论教学型能力和实践操作型能力为主的多种能力完美融合形成的综合能力的职业教育教师。具体来看，理实一体化教师首先应当是一名合格教师，具备一名教师需要具备的教育教学能力；同时又是一位专业技术人员，需要具备实践操作能力。如果用数学方式来表达的话，"理实一体化教师"的内涵，不是一种"相加之和"，而应当是"相乘之积"②，即"理实一体化"教师的能力大于"教师+工程师"能力之和，甚至是"教师×工程师"之能力乘积。以此为逻辑起点，结合理实一体化教学的特点与要求，通过"专业理论知识×实践操作技能"相乘，将专业理论与实践操作相互关联、相互渗透。总体而言，理实一体化教师能力系统是一个动态的有机系统，有其内部的层次和结构。每一个系统由不同的能力构成，这样的多个系统构成了一个体系化的、完整的理实一体化教师能力系统。

（二）理实一体化教师能力系统的构建

首先，根据现代职业教育对职业教育教学提出的要求可以看出，职业院校教师的能力具有双重性："一是作为职业教育教师的教学实践，它存在于教学的具体组织与实施过程中；二是作为专业技术人员的生产实践，它存在于生产劳动的具体组织与实施过程中。"③ 因此，职业院校教师应当具备深入企业调研，同时具备能够根据实际需要为专业、为学生开发多样化工作过程与学习项目，深度参与产教研的能力。

其次，为了促进校企合作与产教融合，理实一体化教师应能够洞察行情、预测产业缺口，胜任校企之间的沟通，具备深入企业调研的管理能力。

最后，考虑到理实一体化教学强调理实融合、学做合一，是一种行动导向的职业教育的教学，以情境性原则为主、科学性原则为辅，包含行动导向的教学。除了上述职业院校教师的基本能力，还应该有独特的能进行理实一体化教学和理实一体化课程、教材开发的特色能力。

综上所述，职业院校理实一体化教师具备的能力涉及以下四个方面："专业知识、专业相关的职业工作过程、职业教育的教学论与方法论、职业教育教学过程"④，由此，理实一体化教师能力系统的构建，可以将上述四种类别的能力分门别类地统筹入相应

---

① 郭黎岩. 心理学［M］. 2版. 南京：南京大学出版社，2006.
② 范建波. 理实一体化教学视角下的教师能力系统浅析［J］. 中国职业技术教育，2013，484（12）：93-95.
③ 吴全全. 职业教育"双师型"教师内涵及能力结构解读［J］. 中国职业技术教育，2014，529（21）：211-215.
④ 吴全全. 职业教育"双师型"教师内涵及能力结构解读［J］. 中国职业技术教育，2014，529（21）：211-215.

的子系统中，以基本能力子系统、管理能力子系统、研究能力子系统和特色能力子系统为基点，构建理实一体化教师能力系统。

（三）理实一体化教师能力系统的呈现

根据以上思路构建理实一体化能力系统，如图 7-1 所示。

1. 基本能力子系统

基本能力子系统是理实一体化教师作为职业院校教师所应当具备的最基础的能力。其具体包含思想政治能力、教育教学能力、专业实践能力和团队协作能力。

其一，思想政治能力，即政治素质过硬、道德素质良好，具备职业道德。2014 年9 月，习近平总书记同北京师范大学师生代表座谈时指出："好老师心中要有国家和民族，要明确意识到肩负的国家使命和社会责任。"① 在国家大力提倡职业教育的背景下，理实一体化教师在面对复合型生源结构与多样化、高素质人才培养需求时，除了要具备基础的学识和专业技能，最根本的是需要能够用先进的职业教育理念武装头脑，能够明确教师岗位职责和职业道德要求，熟悉从事专业的职业道德规范，在教育教学活动中灵活融入职业道德和法律法规的内容，具备良好的道德情操，能够以德施教，立德树人。

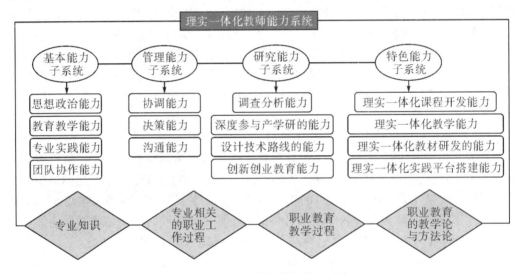

图 7-1 理实一体化教师能力系统

其二，教育教学能力，不限但包含基本的理论讲解与实践教学的能力、育人能力，涉及的环节有德育、教学、实训、实习指导等。能够掌握相关专业知识、具备从教育学的角度将相关知识融入职业教育教学活动，能够清楚洞察技术变革与产业更新，觉察企业岗位的空缺所在，不断更新、调整教学，能独立指导学生的专业实践活动，动手能力强。

其三，专业实践能力，即专业知识运用与专业实践指导的能力。精通专业的理论知识，有专业技能证书或专业技能考评员资格，定期主动到企业参加相关生产实践活动；能够具备扎实的实践技能，提升学生的职业能力和技术技能水平；能够胜任实训

---

① 习近平：做党和人民满意的好老师：同北京师范大学师生代表座谈时的讲话［N］. 人民日报，2014-09-10（2）.

基地的系统设置、设备布局、设备配置、文化建设、情景设计等工作，按照工作流程布置专业设备来体现生产经营活动的实际操作，引入企业文化和企业生产环境等。

其四，团队协作能力，即能够同其他类型教师寻求广泛的技术技能合作以发挥团队效益的能力。从协作对象看，不仅包含同职业院校教师的合作，还包含与企业师傅、其他院校教师的合作，以此促进校企合作、产教融合、普职融通；从协作结果看，不仅能够丰富教师本人的经验，还能够与团队在较短时间内收集优质的产业信息，进行科学可行的研究设计。

2. 管理能力子系统

管理能力子系统指的是理实一体化教师应当具备的教学管理能力、知识管理能力；能够妥善处理组织内外关系，具备行业联系和沟通的能力系统。其具体包含协调能力、决策能力和沟通能力。

其一，协调能力，即根据专业任务，对本专业内的各种资源进行分配，以激励、协调教育教学活动的能力。从具体的教学看，能够组织学生以学习型工作任务为导向，按照典型任务、系列问题和解决方法等路径，利用一套科学、有效的组织设计原则展开技术实践知识和技术实践过程。

其二，决策能力，即能够根据实际情况不断调整教学方式、教学理念、教学模式并时刻保证教学的高效性与针对性的能力，更是一种融合理论知识、实践经验与职业教育信念等形成的，关于专业判断、选择与决定的能力。能够转变教学观念，主动优化自己的专业知识结构进行教学决策，有效结合多样的教学思路与方法，融合理论与实践，组织规划教学过程。

其三，沟通能力，即在日常教学及教学管理工作中妥善处理好学校、学生、合作企业各种关系，减少摩擦，能够调动各方面的工作积极性的能力。其中，理实一体化教师的特殊之处在于成为校企沟通的桥梁，在校企合作项目的对接中具有重要作用。

3. 研究能力子系统

"创新是职业教育的本质特征之一，培养创新型人才是教育当然也包括职业教育的重要任务。教师应当具有创新意识和创新能力，善于接受新信息、新观念，分析新现象、解决新问题，组织学生开展创新性活动。"[①] 研究能力子系统指的是职业院校理实一体化教师在所从事的专业中，以科学的思维和适当的方法，对本专业领域进行探索的能力系统。其要求教师能够洞察问题、认识问题与解决问题，以促进专业领域的内涵式发展。具体包括调查分析能力、深度参与产学研的能力、设计技术路线的能力、创新创业教育能力。

其一，调查分析能力，即对外能够预测市场行情，对产业转型导向、企业岗位缺口有较强的敏锐力、判断力和认知力；对内能够洞察社会发展和企业用人模式的变化，为学生、校企合作提供第一信息，使得教育教学活动能够"对口"企业要求，实现高效率点对点培养技能型人才。及时地获取行业动态、前沿技术，并使之融入教学，深化课程内容改革，推动产教融合、校企合作，促进教育链、人才链与产业链、创新链的有机衔接，增强职业教育服务区域经济社会发展和产业升级的能力。

其二，深度参与产学研的能力，即能够实现或者促进生产、开发、教育、研究的

① 范建波. 理实一体化教学视角下的教师能力系统浅析 [J]. 中国职业技术教育，2013，484（12）：93-95.

一体化。从生产与开发看，能够充分挖掘专业领域的特色和人才优势，精准对接区域经济发展和企业创新创造需求实际；能够同企业合力寻找实现产业高质量发展的关键核心技术，加快高校科技成果向企业转移转化，帮助企业提升核心竞争力，提高职业院校社会服务的层次与水平。从教育与研究看，能够在寻求关键核心技术过程中为学生的培养注入新动能、新活力，为教育教学活动开辟更多的新模式；具备基本的科研表达能力，积极承担行业企业的技术服务项目和应用性课题研究并且能够推广科研成果、开展技术服务。

其三，设计技术路线的能力，即能够策划合作项目进行应用的研究，有一定组织策划能力。比如，可以按照一般的教学工厂或工作场景，进行实训基地的系统设计、流程设计、设备布局、设备配置、设备开发、文化建设等工作，可以设计实训教学环节使学生身临其境，获得工作角色的体验。

其四，创新创业教育能力，即分阶段、分层次对学生进行创新思维培养和创业能力锻炼的能力。"培养胜任职业岗位要求的高素质技能型人才是职业教育的根本任务，而培养创新创业型人才是时代发展和教育变革对职业教育人才培养的必然要求。"[①] 从理实一体化教师个人素养看，只有教师具备了一定的创新创业能力，才可以更好地进行创新创业教育活动；在教育教学活动中，教师需要将创新创业教育融入教学中去，对学生开展创造发明、创新方法和创业通识的教育，并将创业实践与知识教育相结合，实现创新创业的理论与实践的统一。

4. 特色能力子系统

特色能力子系统是"理实一体化"在教学、课程开发、教材研发、专业建设层面对职业院校教师的新要求，理实一体化教师的特色之处就在于能够通过理论与实践的紧密融合设计教学、开发课程与研发教材。特色能力具体包括理实一体化课程开发能力、理实一体化教学的能力、研发理实一体化教材的能力以及理实一体化实践平台搭建能力。

其一，理实一体化课程开发能力，具体包括进行构建理实一体化课程目标、设计课程内容、规划课程实施的能力。从构建理实一体化课程目标的能力看，能够坚持以实践论的知行观为导向，围绕专业领域内要"培养什么样的人"而展开，既提高学生的岗位胜任力又满足企业对技术技能型人才的需求。从设计理实一体化教学内容看，由于职业教育鲜明的"实践性"和"情境性"，所以需要理实一体化教师能够将理论知识和实践技能的内容按照专业的实践性与情境性分解为点和块，根据企业岗位要求与产业转型需要进行排列组合，使其中的某部分内容的任一点或块与对应企业岗位或职业情境的全部点与块排列组合，按工作项目设计教学内容。从规划理实一体化教学实施看，能够回答理实一体化的服务导向问题，明确学生是理实一体化课程的主体的基础上规划课程的实施；能够有效创设一体化课程实施条件，进行课时比例的规划、学习情境、工作场所的安排等，结合理实一体化的特点，设计实训实习环节。

其二，理实一体化教学能力，具体包括理实一体化教学设计能力、教学内容组织能力、教学安排与管理能力、使用恰当教学策略的能力。从理实一体化教学设计能力看，能够以学生的需求为基础，进行有效调查分析；设计的教学环节聚焦于学生知行

---

① 张健. 职业教育的基本属性及其教师能力发展特征 [J]. 职教通讯, 2010, 235 (12): 5-9.

合一，不仅可以让学生在实践中学习理论知识，还可以在实践中运用理论知识，培养动手能力，达到理论与实践同步提升的效果。从理实一体化教学内容组织能力看，可以有效按照工作任务或项目要求凝练、组合教学内容。由此，"还要有选取的能力，选取哪些知识点，哪些技能块，淘汰哪些，取决于教师；要有组合的能力，把选取的内容有机地按任务或项目组合起来，使之成为循序渐进的有机整体，还要对特定学生提供最佳可接受性的授教方案。"[①] 从理实一体化教学安排与管理能力看，教学活动有时在理实一体化实验室，有时在实训车间，有时在工作现场，学习场景具备相当大的开放性；对于师生来说，学生对于场景、设备以及实操的好奇、多动以及教师需要进行的操作与讲授融合的教学方式，都会加大教学安排与管理的压力。由此，理实一体化教师必须具备较强的教学组织与管理能力，能够结合理论与实践，有声有色组织教学，使得整个教学过程管而不死、活而不乱。从选择合适的教学策略看，首先能够立体施教，开展项目教学，让学生经历完整的工作过程，注重各类教学法的使用，引导学生进行小组合作学习；利用"最近发展区"，为学生学习搭建"支架"提供有效支持，帮助学生解决问题，实施差异化教学以满足不同学生的学习需求。

其三，研发理实一体化教材的能力。理实一体化并不等同于简单地把所有理论知识与实践整合在一起，因为并非所有的专业理论知识都能够融入实践中学习，也并非所有的理论知识都适合融入实践中学习，从实践的角度看，同样也并非所有的实践学习形态都能够负载理论知识的学习。所以需要理实一体化教师能够分析课程内容与特征，遵循"实中蕴理"的逻辑，对理实一体化学习任务进行分析与描述，进行工作活页或者工作手册的研发，能够在教材研发过程中提供新视角、新方法、新内容和新点子。

其四，理实一体化实践平台搭建能力。"在理实一体化教学实践中，学生需要在必要的技术情境条件下，开展和实施技术知识的实践学习，满足学生学习知识、练习技能、完成产品、验证成效的实际需求。"[②] 所以理实一体化教师需要能够依据理实一体化课程标准和工作页中的教学要求，以行业科技发展和社会发展先进水平为标准，紧扣就业岗位、工作任务，学生、学校、企业的需要，规划设计基地设置、设备仪器，并根据专业课程、工作任务、实训项目等参与搭建能够满足理实一体化实践教学活动的平台。

前述四个子系统所包含的理实一体化教师能力，是相互联系、相互影响的，有其内在的层次与结构。四个子系统分别涉及专业理论知识、专业相关的职业工作过程、职业教育教学论与方法论、职业教育教学过程，内在统一于理实一体化教师能力系统。

三、理实一体化教师能力培养路径探究

教师能力是教师在职业生涯发展中必不可少的关键要素，不仅帮助教师更好地完成教育教学任务，提高学生的学习效果，同时，教师能力的培养和提升还需要教师不断学习和实践参与，需要学校和教育部门提供必要的培训和支持。

（一）创设统一的专业能力标准体系

第一，可以围绕"理实一体化特色能力系统"和"专业知识+专业相关的职业工

① 范建波. 理实一体化教学视角下的教师能力系统浅析［J］. 中国职业技术教育，2013，484（12）：93-95.
② 见本书第三章第五节。

作过程+职业教育教学过程+职业教育的教学论与方法论"的框架逻辑，初步创设公认的"理实一体化教师专业能力标准体系，明确其专业能力资质条件，突出理实一体化教师专业特长与技能元素。"[①]

第二，地方政府引导职业院校设计好理实一体化教师专业能力指标，初步为理实一体化教师能力系统中的各项能力要求开发可量化、可操作的行为指标。最好能够基于特色能力子系统完善、更新职教教师能力系统，避免专业教师能力指标的理论化、空洞化，促进教师能力系统的可持续发展。

（二）建设一体化的培育培训格局

第一，贯彻"理实性、师范性、职业性、技术性"的理念，开发基于"职业相关的专业知识+专业相关的职业工作过程+职业教育教学过程+职业教育的教学论与方法论"的育训课程链，强化理实一体化教师教书育人的教育理念、技艺精湛的实践要求和家国情怀的时代使命。

第二，鼓励教师参与实践训练。实践训练以各专业核心技术技能为中心，授课教师言传身教的讲解、实操，新教师的亲自体验、动手操作练习，使新教师熟悉 各专业核心技能要领；职业技能模块以教学基本功为中心，教学名师的讲解、示范，新教师的模仿、练习，使教师具备教学基本能力。

第三节　理实一体化教师培养的基本路径

"理实一体化"是目前职业院校专业课教师普遍采用的一种教学模式，强调教师的主导作用，整个教学过程主要是在实验室或实训车间进行。教师不但具有丰富的专业知识讲授能力，精通企业行业的工作流程及操作技术，而且将理论知识与实践技能结合起来教学的一种教师类型。理实一体化教师不仅具有一般"双师型"教师的素养，而且超越"双师型"教师且能够在整合切换运用理论和实践的基础上实施教学。当前，在高质量教育体系发展的要求下，职业教育教学质量的提升以及职业教育的高质量发展都离不开一支"师德高尚、校企互通、理实一体"的职教师资队伍的支撑，为此，本节将围绕职业教育教师培育，探究在高质量发展背景下，职业教育"理实一体化"教师培养的基本路径。

一、"理实一体化"教师培养历程

我国职业教育"理实一体化"教师培养的历程，可以追溯到改革开放以后的职业教育发展，大致可以划分为以下三个阶段：

（一）平稳起步阶段（1978—1990 年）

改革开放以前，我国的职业教育主要侧重于理论教学，实践教学相对较少，教师实践能力薄弱。这导致了职业教育与市场需求之间存在较大的脱节，学生在毕业后往往面临就业难的问题。随着改革开放的推进和市场经济的发展，我国职业教育面临着新的挑战和机遇。为了适应市场需求和培养更具实践能力的人才，职业教育开始探索

---

① 尹克寒. 高职院校"双师型"教师专业能力建设研究［J］. 教育与职业，2022，1011（11）：57-61.

"理论+实践"的教学模式，这也是"理实一体化"教学模式的雏形。这一模式强调理论知识与实践技能的有机结合，注重培养学生的实际操作能力和职业素养。更需要教师理论和实践的融会贯通。

（二）快速发展阶段（1990—2019 年）

在 20 世纪 90 年代后期和 21 世纪初，我国政府加大了对职业教育的投入和支持力度。2000 年，国务院发布了《职业教育改革发展纲要》，提出了"理论教学和实践教学相结合"① 的要求。此后政府相继出台了一系列政策文件和实施方案，例如，2005 年发布了《关于大力发展职业教育的决定》，以及实施了职业教育实训基地建设、职业院校教师素质提高计划等"四大计划"②，进一步推动职业教育的"理实一体化"发展。为了实现"理实一体化"教学目标，我国职业教育系统不断加强师资培养和教师队伍建设。各级政府和教育部门建立了一系列职业教育师资培养体系，包括教师培训、资格认定和职称评聘等。同时，职业教育培训机构纷纷成立，提供理论和实践培训课程，培养更多具备"理实一体化"教学能力的教师。此外，为了提升实践教学质量，职业教育系统还加强了与企业和行业机构的合作。通过与企业合作建立实习实训基地，提供学生真实的职业实践环境。教师也参与了实践教学的过程，深入了解行业需求，提高自身的实践能力和教学水平。总的来说，职业教育"理实一体化"教师培养，经历了从理论教学为主到理论与实践教学相结合的转变过程。这一转变源于我国职业教育发展的需求和时代的变化，旨在培养更适应市场需求的职业教育教师和学生。

（三）全面提升阶段（2019 年至今）

2019 年国务院发布了《国家职业教育改革实施方案》，该方案以"职业教育与普通教育是两种不同教育类型，具有同等重要地位"为开篇，③ 打开了职业教育跨越式发展的大门。教育部等四部门颁布的《深化新时代职业教育"双师型"教师队伍建设改革实施方案》明确："探索建立新教师为期 1 年的教育见习与为期 3 年的企业实践制度，严格见习期考核与选留环节。自 2019 年起，除持有相关领域职业技能等级证书的毕业生外，职业院校、应用型本科高校相关专业教师原则上从具有 3 年以上企业工作经历并具有高职以上学历的人员中公开招聘。"④ 党的二十大报告提出，"统筹职业教育、高等教育、继续教育协同创新，推进职普融通、产教融合、科教融汇，优化职业教育类型定位"。产教融合、科教融汇更加强调职教教师在课程教学开发中理论和实践的融合，更加强调职业院校"理实一体化"教师的培养。

二、"理实一体化"教师培养的问题

（一）政策法规不完善，培养主体责任不明确

我国职业教育"理实一体化"教师培养涉及多个部门、多个层次、多个环节，但目前尚缺乏统一的政策法规和标准规范，国家层面没有明确的相关文件，顶层政策设

---

① 中共中央 国务院印发 国家中长期教育改革和发展规划纲要（2010－2020 年）[J]. 人民教育，2010，(17)：2-15.

② 姜大源. 中国职业教育发展与改革：经验与规律［J］. 职业技术教育，2011（19）：5-10.

③ 国家职业教育改革实施方案［J］. 教育科学论坛，2019（06）：3-9.

④ 中华人民共和国中央人民政府网［EB/OL］.（2019－8－30）［2023－06－12］. http://www.gov.cn/gongbao/content/2020/content_5469720.htm.

计的缺失导致培养主体之间的协调配合不够，培养责任和义务不明确，培养效果难以评估和监督。

（二）培养机制不顺畅，培养渠道不畅通

职业教育"理实一体化"教师培养主要依靠高等职业院校、中等职业学校和企业三方合作，但目前三方合作的机制和模式还不成熟，存在合作动力不足、合作内容不深入、合作效果不显著等问题。同时，职业教育"理实一体化"教师培养还缺乏多元化的培训渠道和途径，如社会培训机构、行业协会、专业社团等参与度不高，导致培养资源和力量不能充分发挥。

（三）培养模式不创新，培养内容不适应

职业教育"理实一体化"教师培养还主要采用传统的课堂授课、实习实训、岗位锻炼等方式，缺乏针对不同类型、不同层次、不同需求的教师的个性化和差异化的培育模式，难以满足"理实一体化"教师的多元化发展。同时，职业教育"理实一体化"教师培养的内容还较为单一和滞后，没有及时跟进职业教育的新变化、新需求和新趋势，难以提高"理实一体化"教师的专业素养和创新能力。

（四）培养保障不到位，培养激励不足

职业教育"理实一体化"教师培养还面临着资金投入不足、设施设备不齐全、管理服务不完善等问题，影响了培养质量和效率。同时，我国职业教育"理实一体化"教师培养还缺乏有效的激励机制，如评价认证、职称晋升、待遇保障等方面还没有形成与"理实一体化"教师特点相适应的制度安排。

三、"理实一体化"教师培养的路径

"理实一体化"教学模式推动了职业院校师资队伍的建设，通过教学这一切入口改变着职业教育人才培养的样貌和形态，与传统的教学模式相比，"理实一体化"教学作为一种创新的教学模式，更能体现着高等职业教育的教学特点和特色。基于工作过程系统化的"理实一体化"课程在职业院校广泛实施。它有效地解决了教学中理论和实践脱节的问题，搭建了理论和实践联接之桥，是实现高技术技能人才培养的有效途径。因此，"理实一体化"教师培养也不同于"双师型"教师培养，其培养的基本路径有：

（一）建立理论与实践相结合的教学体系

学校应该根据教师培养目标和实际需要，设计符合实际需求的课程，注重"理论+实践"融合课程设置，将理论知识与实践技能有机结合。设计课程时，要将理论知识与实践案例相结合，引入实际工作场景和问题解决任务，让学生能够通过实践来应用和巩固所学的理论知识。

（二）强化实践性教学环节

学校为了培养学生的实践能力，需要在教学中设置实践性的环节。可以组织实验、实训、实习等形式的教学活动，让学生亲自参与实践操作，提升他们的实际操作能力和问题解决能力。同时，可以与相关企业或行业建立合作关系，提供学生实践的机会，让他们接触真实的工作环境和业务操作，让学生在不断实践学习中有所收获。

（三）注重教师培训与发展

职业教育的教师来源大多是高校应届生，一般来说实践教学水平相对较低，甚至非本专业的老师，因此，为了培养"理实一体化"教师，需要提供相应的教师培训和发展机会。这包括提供教学方法和策略的培训，让教师了解如何将理论与实践相结合，如何设计实践性教学活动等。此外，还可以鼓励教师参与实际工作和行业实践，以增加他们的实践经验和提高行业洞察力。

（四）整合各方教育资源

"理实一体化"教师的培养并非单方面的原因，是一个系统工程。需要包括国家层面、学校层面、社会层面等各方面合作和教育资源整合，与相关的企业或行业合作，建立实践基地、实验室等教学平台，提供学生实践和教师培训支持。随着科技的发展，也不仅仅限于课堂以及书本教学，还可以通过网络数据进行跨空间、时间的学习，在教学资源上更加丰富。

（五）建立实践导向的教师培养评估体系

为了确保"理实一体化"教师培养的有效性，需要建立实践导向的评估体系。评估体系可以包括学生的实践操作能力、问题解决能力和综合素质等方面的考核，以及教师的教学质量和实践经验的评估。通过评估结果的反馈，发现问题和不足，不断优化培养路径和教学方法，提高培养效果。

四、"理实一体化"教师培养的保障

理实一体化教师培养还需要提供法治保障、组织保障、方法保障和资源保障。

（一）完善政策法规，为"理实一体化"教师培养提供法治保障

政策法规是指导和规范"理实一体化"教师培养的基础和依据，需要从国家层面制定和完善相关的法律法规、政策文件和标准规范，明确"理实一体化"教师培养的目标、要求、内容、方式、评价等方面的基本原则和具体规定，形成一个系统的政策法规框架，为"理实一体化"教师培养提供有力的法治保障。积极出台一系列政策支持"理实一体化"教师培养。

（二）优化培养机制，为"理实一体化"教师培养提供组织保障

培养机制是实施和保障"理实一体化"教师培养的组织形式和运行方式，需要从多层次、多方面构建和优化相关的培养机制，包括建立健全"理实一体化"教师培养的管理协调机制、激励约束机制、服务支持机制等，形成一个有效的培育机制体系，为"理实一体化"教师培养提供有力的组织保障。

（三）创新培养模式，为"理实一体化"教师培养提供方法保障

培养模式是指导和实现"理实一体化"教师培养的具体方法和途径，需要从多维度、多角度探索和创新相关的培养模式，包括构建以能力为核心的"理实一体化"教师培养目标体系、以问题为导向的"理实一体化"教师培养内容体系、以项目为载体的"理实一体化"教师培养过程体系、以效果为导向的"理实一体化"教师培养评价体系等，形成一个科学的培养模式体系，为"理实一体化"教师培养提供有力的方法保障。

（四）加强培养保障，为"理实一体化"教师培养提供资源保障

培养保障是支撑和促进"理实一体化"教师培养的物质条件和环境氛围，需要从多方面投入和加强相关的培养保障，包括增加对"理实一体化"教师培养的财政投入、完善"理实一体化"教师培养的管理制度、优化"理实一体化"教师培养的硬件设施、丰富"理实一体化"教师培养的文化活动等。这些培养保障不仅能够为"理实一

体化"教师培养提供必要的物质基础，还能够为"理实一体化"教师培养营造良好的精神氛围，从而更好地推动"理实一体化"教师培养的有效实施。

第四节 理实一体化创新型专业教师团队建设

课程开发与实施的关键是师资队伍建设，专业的理实一体化课程建设需要一支与之相适应的师资队伍。2019年1月，《国家职业教育改革实施方案》提出"要创建国家级的职业院校教师教学创新团队，来推动职业教育的课程教学和人才培养的改革措施"[①]。同年8月，教育部等四部门联合出台了《深化新时代职业教育"双师型"教师队伍建设改革实施方案》，对职业院校教师队伍建设提出了新的要求。

一、创新型专业教师团队建设的目的

创新型专业教师团队建设是当前我国整个教育系统中的一个重要议题。这是因为高校是国家战略科技力量的重要组成部分，是基础研究的主力军和重大科技突破的策源地，因此高校有组织科研是高校实现科技创新建制化、成体系服务国家和区域战略需求的重要形式。2022年教育部印发《关于加强高校有组织科研推动高水平自立自强的若干意见》，就推动高校充分发挥新型举国体制优势，加强有组织科研，全面加强创新体系建设，着力提升自主创新能力，更高质量、更大贡献服务国家战略需求作出的部署。在职业教育领域，就是变革科研范式和组织模式，强化有组织科研，通过组建具备创新意识和实践能力的教师团队，推进产教融合、科教融汇培育高质量技术技能创新人才，强化与国家科技战略部署的衔接。

二、创新型专业教师团队的内涵和特征

专业建设是学校建设的核心，是学校办学质量和办学水平的重要标志，职业院校只有加强专业建设，注重内涵，提升人才质量，提高服务民生，服务经济社会的能力，才能办出品质，办出特色。然而学校的专业建设要依托于教师专业团队建设，只有建设"师德高尚、结构合理、校企互通、专兼一体"的理实一体化师资队伍，打造优秀的理实一体化创新型专业教师团队，培养在教学、科研与社会服务上能力突出的专业带头人和骨干教师，才能不断推进职业院校的教育教学改革、提高教学效果和质量。

（一）团队的内涵和特点

美国学者乔恩·R.卡曾巴赫提出："团队是由少数具有技能互补、愿意为共同的目的、业绩目标和工作方法而相互承担责任的人们组成的群体。"[②] 为此，团队的基本特征是：首先，全体成员拥有共同愿景和专业发展目标。共同愿景是团队所有成员共同认可和追求的景象，是共同奋斗目标和教育信念的统一体。因此，共同愿景为组员们的学习和工作提供了焦点与动力，产生向心力和凝聚力，具有强大的激励作用。其

① 国务院关于印发国家职业教育改革实施方案的通知. 国发［2019］4号.［EB/OL］.(2019-01-24)［2023-06-12］.https://www.gov.cn/zhengce/content/2019-02/13/content_5365341.htm.

② 陶艳红，胡动刚. 高等教育新常态下和谐教学团队的构建［J］. 西藏大学学报（社会科学版），2016（2）：172-178.

次，团队成员之间要知识技能互补。即团队成员的知识技能和个性特征不是随机的，或是简单的不同，而是互补的。同时，在团队中成员的工作职责划分明确，分工协作并各司其职，团队发展目标与个人发展目标协调一致，有机整合共同产生积极的协同作用，团队成员结成合作互助的专业伙伴关系，形成共享的专业课程内容和教研成果。最后，团队组织结构趋向扁平化。传统的组织结构通常是金字塔式的，成员间是一种科层或层级式的关系，知识和信息的传递是单向传递，一对一或一对多的传递，它使得知识和信息不能有效地实现全方位传递沟通；而学习型组织的结构是扁平的，它形成多元交织的知识流动和信息沟通，成员之间是自主的、平等的、共享的合作关系，是一种松散灵活的、具有高度适应性的自组织形式。

（二）创新型专业教师团队的特征

创新型团队是指一群有着共同目标和愿景的人，他们通过合作、协作和创新思维来解决问题和实现目标。创新型专业教师团队的特征包括：

（1）具有高度的创新意识和创新能力，能够不断探索新的教学方法，更新教学内容，开发课程教学资源，灵活运用各种专业教学资源和实践条件，满足学生的不同发展需求，高标准达成教学效果。

（2）具有团队协作精神和合作意识，具有良好的沟通能力和人际关系处理能力，能够相互支持、相互学习，共享专业建设资源。团队成员具有明确的个人角色定位，并能够深刻认识到个人和团队的关系，与学生、同伴和企事业单位建立良好开放的合作关系。正像苏联教育家苏霍姆林斯基说："任何一个教师都不可能是一切优点的全面的体现者，每一位教师都有他的优点，有别人所不具备的长处，能够在精神生活的某一领域里比别人更突出，更完善地表现自己，这一点正是每一位教师对于教育学生的复杂过程所做的个人的贡献。"正由于此，一个真正的创新型团队也是一个开放并有机协作的团队，能够有效发挥团队整体协同功能。

（3）创新性专业团队通常具有多样性，包括不同的专业背景、知识经验和技能，他们能够在专业建设中实现有效互补和有机协作，开放沟通、快速迭代及不断学习，发挥出更大的创新潜力。

（4）创新性专业团队具有开放性、灵活性和适应性，能够不断地适应环境变化和创造新的价值。这些特质使得创新性团队成员能够在竞争中脱颖而出，创造出更多的价值和机会。

三、理实一体化创新型专业教师团队建设的意义

在当今快速变化社会和高质量教育体系的建设中，创新型专业教师团队的作用越来越重要，它们能够带来新的教育教学模式、课程和专业建设成果，提升学校专业发展水平和有效服务区域经济社会发展的能力。

该团队的成员通常拥有丰富的教学经验和专业知识，他们的教学方式旨在培养学生的实际应用能力，帮助学生在真实的情境下通过应用所学知识更好地习得知识和技能。通过建立一支高素质、专业化的理实一体化专业教师团队，可以提高专业教师的教学水平和教育教学能力，进而提高学生的学业成就和综合素质。

理实一体化教学模式不仅仅改变了传统教学中知识和技能的传授方式以及开展实践教学的方式，而且通过理实一体化教学将分裂的知识和技能的习得融为一体；不仅

能培养学生的学习兴趣和动手能力，还能有效地将所学知识转化为实际技能，从整体上提高学生的创新能力和实践能力。

创新型专业教师团队建设还可以促进理实一体化教师之间的交流与合作，共同研究教育教学问题，提升专业建设水平，进而提升整个学校的教育教学水平和声誉。

四、理实一体化创新型专业教师团队建设内容

理实一体化专业教师团队在教育教学领域中发挥着重要作用。建设理实一体化创新型专业教师团队，需要开展以下五个方面的工作：

（一）理论知识培训

教师需要掌握相关的理论知识，包括学科专业知识、教育心理学、教育学等方面的知识，以便更好地开展理实一体化教学。因此，需要为教师提供专业知识和教学技能的培训，以提高他们的教学水平及专业素养。特别是理实一体化教学，教师不仅要有丰富的本专业知识，还要了解一线生产实践涉及的本专业知识。

（二）理实一体化教学能力培养

理实一体化教师需要具备一定的实践能力，能够将理论知识应用到实际教学中，帮助学生更好地掌握知识。同时，教师还需要具备理实一体化课程设计能力，拥有教育变革的前瞻性思维，能够根据学生的需求和企业实际情况设计出适合的理实一体化课程教学内容和方法，以提高教学效果和学生学习成果。为此，要鼓励教师进行教学研究，提高他们学科专业素养和理实一体化教学学术研究水平。

（三）团队合作能力培养

教师需要具备团队合作能力，能够与其他专业教师协作，共同完成教学任务。因此，要建立良好的团队文化和教师合作机制，鼓励团队成员之间的合作和相互支持。教师合作体现着教师同事间的一种人际互动方式或关系形态，也是谋求教师发展和学校教育改善的一种手段或策略。以维果茨基为代表的建构主义认为，知识的建构是发生在与他人交往的环境中，是社会合作与社会互动的结果，这就为教师合作文化的构建以及教师间的相互帮助和学习提供了理论基础。"它主张'学中做'和'做中学'，这是一个任务驱动型和重视任务完整性的方法。"[①] 例如，在职业院校的理实一体化校本教材开发和课程建设中，专业教师团队通过有机组织、共同研发、分工协作、共享资源，不仅能有效提高理实一体化教学效果，同时通过整合专业教师资源，能取得较好的专业课程建设成果。

（四）团队合作文化的营建

教师团队合作文化的建立不仅有助于教师本身的专业发展，也有利于学校文化的整体发展，是一种理想形态的教师文化。加拿大学者哈格里夫斯（Andy Hargreaves）将教师文化分为以下四种："个人主义文化、派别主义文化、人为合作的文化、合作的文化四种。"[②]

（1）个人主义文化，是指教师拥有强烈的独立成功观，很少干涉其他教师，他们不喜欢变革，也不愿与同事合作，他们主要关注自身的成功。

---

① 陈巍，陈国军，郁汉琪. 建构主义理论的项目式教学体系构建［J］. 实验室研究与探索，2018，37（02）：183-187，206.

② 唐宽晓，李虎林. 我国大学教师文化研究三十年：回顾与展望［J］. 教育文化论坛，2019（3）：104.

（2）派别主义文化，是指学校分裂为许多独立的团体，教师忠诚于或归属于某一个派别。派别内部成员之间联系紧密，但派别之间教师则漠不关心或相互竞争，甚至为了派别的利益而产生冲突，留下长期相互敌视、对抗的后遗症，因此，学校中教师很难有共享的目标。

（3）人为合作的文化，也被称为硬造的合作文化，是指由某种正规而特定的科层程序强制的、可以预测的、局限于特定时空条件的合作，合作的主要目的在于满足科层制度的要求，而不是学校实践的要求和教师个人的本意。

（4）合作文化，是深层次的、个人的和持久的，是教师日常工作的中心部分，它是渗透在日常教学中，是教师之间自发的、自然而然的合作。特别是理实一体化教师团队建设，不仅需要知识技能不同而互补的专业教师之间的合作，同时理实一体化教学也要求教师之间在理论知识和实践能力的交流切磋中，构建教师合作文化，搭建理论和实践贯通之桥，实现理实一体化的教和学。可以说，教师合作文化不仅是团队文化建设的基础，也是教师合作机制建立的必要条件，并且直接关系到创新型教师专业团队的发展和建设成效。

（五）教学评估能力培养

教师需要具备一定的教学评估能力，能够对学生的学习情况进行评估，及时调整教学策略、教学内容和方法，以便更好地改进理实一体化教学效果。

五、理实一体化创新型专业教师团队建设的策略

理实一体化专业教师团队是由一群专业的教育工作者所组成的团队，他们致力于通过教学实践，将学术理论和实践操作相结合，实现理论与实践一体化。该团队的成员通常拥有丰富的教学经验和专业知识，他们的教学方式旨在培养学生的实际应用能力，帮助学生在真实的情境下应用所学知识。理实一体化创新型专业教师团队建设的主要策略：

（1）建立明确的团队目标和愿景，要求教师既要有扎实的理论基础，也要具备丰富的实践经验，在团队中还要明确自己的角色、职责以及对整个团队的贡献。

（2）培养团队成员的技能和知识，提供团队教师参加专业培训和发展的机会，以提高团队的整体素质和专业能力。为教师提供专业培训和支持，帮助他们不断提升自己的理论水平和实践能力，例如组织教师参加学术研讨会、专业技能大赛、开展教学交流活动等。

（3）建立有效的团队成员沟通机制，形成良好的团队合作文化。召开定期会议、建立线上线下沟通渠道和反馈机制，确保团队成员之间的信息通畅。鼓励教师之间相互合作和交流，以提高团队教师教学能力、教学效果及团队凝聚力，促进团队发展和支撑教育教学改革需求。

（4）建立有效的绩效评估机制，鼓励教师积极参与理实一体化团队教学工作及教研任务，及时发现教师的不足之处，为团队的发展和改进提供反馈和指导，激励团队成员的表现和贡献，如设立奖励制度、评选优秀教师等。

通过以上措施，可以实现理实一体化创新型教师专业团队建设目标，提高教师团队的创新能力和实践能力，促进职业教育教学改革和发展。

【实践·反思·探究】

1. 结合理实一体化教学实际，如何理解理实一体化教师的专业标准？

2. 理实一体化教师和双师型教师有什么关系？理实一体化教师应具备哪些能力？

3. 阐述理实一体化教师培养的基本路径。

4. 结合团队内涵和特征的理解，谈谈如何组织和建设理实一体化创新型教师专业团队？

第八章

理实一体化课程的教学评价

【内容摘要】教学评价是理实一体化课程教学工作的重要内容。做好教学评价工作对于了解教学效果，帮助教师有效调整教学，促进学生及时改进学习，提高理实一体化课程的教学质量具有重要价值。本章共四个部分：第一节概述了理实一体化课程的教学评价；第二节分别讨论了理实一体化课程的教师教学工作评价和学生学业成就评价；第三节结合理实一体化课程的教学工作，介绍如何在学生学习表现和课程成绩评价中，应用表现性评价和档案袋评价；第四节从教学工作应该从内容驱动的教学回归基于目标的教学，阐述了评价与教学相融合及其方法。通过本章的学习，读者须理解教学评价的概念、类型和功能，了解各种评价方法的优势和局限；掌握理实一体化课程教学评价的基本框架，能够设计理实一体化课程教师教学工作评价指标体系；根据理实一体化课程的需要，设计表现性评价和档案袋评价；最后根据理实一体化课程的教学实践要求，能够将评价融入教学过程中。

党的二十大报告明确提出要"推进职普融通"。在宏观层面，职普融通指的是职业教育与普通教育在制度层面的沟通衔接。在微观层面，职普融通指的是职业课程与学术课程的整合，在增强职业课程的学术基础的同时，强化学术课程的职业指向性。显然，建设理实一体化课程是推进职普融通的重要举措。为了推进理实一体化课程建设，有必要探讨理实一体化课程的评价特别是教学评价问题。原因在于，一方面，评价天然地发挥着指挥棒的作用；另一方面，理实一体化课程是否真正体现出"一体化"，最终体现在教学过程和教学效果之中。

第一节　理实一体化课程的教学评价概述

一、教学评价的概念

（一）教学评价的定义

教学评价指的是对教学的评价。顾名思义，要理解这一界定，首先得澄清两个概念：评价与教学。

1. 评价

美国学者格朗兰德（Gronlund N. E.）于 1971 年对评价的概念作了一个简洁的界定。在他看来，评价可以用下面的等式表达：

评价＝测量（量的记述）或非测量（质的记述）＋价值判断

在这个等式的右边，"测量（量的记述）或非测量（质的记述）"本质上就是关于评价对象的事实判断。从这个角度讲，评价无疑就是在事实判断基础上进行的价值判断活动。那么，什么是价值判断呢？价值判断是对事物是否有价值以及有多大价值的判断。一般地，甲事物如果对人具有价值，就会被认为是"好"的事物，如果对人没有价值，就会被认为是"不好"的事物。甲事物对人的价值如果大于乙事物，则甲事物就会被认为"更好"。一句话，所谓价值判断就是关于一个事物好与不好或者若干个事物中哪个事物更好的判断。

2. 教学

在教育实践中，"教学"概念有多种不同的含义。一是将教学理解为人才培养工作，在这种背景下，教学评价指的就是人才培养工作评价。例如，2015 年，教育部发布通知，要建立"职业院校教学诊断与改进制度"。这里的"教学"指的就是人才培养工作。二是将教学理解为教师的教与学生的学相统一的活动。在这种情况下，教学评价就是对教师的教与学生的学的评价。三是将教学评价理解为对教师教的评价。这种理解的主要原因在于，相对于学生的学而言，教师的教在教学活动中占据了主导地位。本书采取第二种认识。

教学活动包含许多不同的方面，对教学不同方面的评价都属于教学评价的范围。从形态上看，教学活动"具有课内、课外、班级、小组、个别化等多种形态。""从时间序列看，教师和学生课前的准备活动、共同进行的课内活动、课后的作业批改、练习、辅导、评定等都属教学活动。"① 从要素上看，教学活动不仅包含教师，还包括学生、教材、教法等。此外，教学还有教学的结果。不论是对不同形态教学活动的评价，还是对教学过程的不同环节、教学结果或者对教学要素的评价都是教学评价。

（二）教学评价的功能

一般来说，教学评价具有三项功能：一是导向，二是诊断，三是鉴定。所谓导向功能指的是，教学评价对教师的教和学生的学具有定向指导作用。这种导向作用生动地体现在评价内容、权重和标准上。例如，在对教师教的评价过程中，如果将教师"课程思政"的落实情况纳入评价内容，教师就会在教学活动中对课程思政给予高度重视。反之，教师就会忽视课程思政。所谓诊断功能指的是，教学评价既能够帮助教师发现教学中存在的不足，揭示背后的原因，也能够帮助学生了解自身学习存在的问题及其原因。基于诊断的结果，师生就可以采取有针对性的举措，改进教和学。所谓鉴定功能指的是，教学评价可以对教师教的情况或学生学的情况进行鉴定，判断教和学是否达到了相应标准。例如，职业院校一门课程的期末考试一般就发挥了这种作用。

（三）教学评价的类型

1. 根据评价的时间和作用来划分

根据评价的时间和作用来划分，教学评价的类型可以分为：

---

① 顾明远. 教育大辞典（增订合编本）（上）［M］. 上海：上海教育出版社，1998：1691.

诊断性教学评价、形成性教学评价和终结性教学评价。

（1）诊断性教学评价。在教学实践中，诊断性教学评价分为两种情况：一是教学活动开始之前对评价对象实施的、旨在了解评价对象学习准备情况的评价活动。例如，在每一次课的教学准备阶段，教师都需要对学生的学情进行分析，以考查学生在将要学习的内容上是否具备相应的学习基础。这种教学评价往往也被称为教学前评价或前置评价。二是围绕评价对象长期存在或周期性出现的问题，探究其原因和根源的评价活动。诊断性教学评价的主要作用是改进教学活动。因此，不能从终结性教学评价的角度来理解诊断性教学评价的结果，不能因为评价对象在诊断性评价中表现不尽如人意，就随意对评价对象盖棺定论。

（2）形成性教学评价。形成性教学评价是指在教学活动过程中开展的对教学过程及其效果的评价。例如，在一次课的教学过程中，教师在完成了某一部分内容或某一个知识点的教学任务后，经常会提出相关问题让学生回答。教师可以通过学生对问题的回答情况评价学生的学习情况。再如，在一门课的教学过程中，往往会进行单元测试或者期中考试。形成性教学评价的主要目的不是对教学效果进行鉴定，而是旨在了解教学的动态效果，发现教学存在问题，以调整教学活动，保证教学效果。在教育实践中，要恰当使用形成性教学评价：一是要牢牢把握形成性评价的"改进教和学"这一目的，既不能在终结性评价的意义上理解和使用形成性评价的结果，也不能将形成性评价的结果放置一边，不闻不问，而应该基于评价结果，及时对教学活动存在的问题加以补救。二是要对评价对象的改进给予支持。形成性评价的目的是改进教和学。评价者应该对评价对象的改进工作提供一定的支持，以最大限度地发挥形成性评价的作用。三是要注意形成性评价的方式和频次。形成性评价方式应该多样化，频次要适当。否则容易给评价对象带来较重的负担。

（3）终结性教学评价。终结性教学评价也叫总结性教学评价，是在一项教学活动告一段落之后，对教学活动最终结果或者说教学工作的完成情况进行的评价。例如，职业院校的课程期末考试就是一种典型的终结性教学评价。不难看出，终结性评价是事后做出的评价，正因为此，它对评价对象本身的改进无能为力。

2. 依据评价的标准划分

依据评价的标准划分，教学评价类型可以划分为：

绝对评价、相对评价和个体内差异评价。

（1）绝对评价。在教学评价活中，绝对评价是指根据既定教学目标或标准对评价对象实际达到的水平进行的评价活动。绝对评价关心的主要问题是，评价对象是否以及在多大程度上达到了预定教学目标的要求。在职业院校，教师通常以60分作为标准去判断学生是否达到了课程的要求。如果学生考试成绩达到了60分，就会被认为是达到了课程目标，否则就会被视为未能达到预定要求。这就是最为典型的绝对评价之一。

（2）相对评价。相对评价是指确定个体成员在特定团体或群体中所处位置的评价活动。例如，全国职业院校技能大赛中的教学能力比赛，就是要对个体参赛教师的教学能力在全部参赛教师中所处位置进行评价。这是一种典型的相对教学评价。

（3）个体内差异评价。顾名思义，个体内差异评价就是对评价对象的不同方面进行比较。一般来讲，个体内差异评价包含两种情况：一是把评价对象的过去和现在进行比较，如对某个教师刚入职的教学能力与入职五年后的教学能力进行比较，对某个学生上学期的考试成绩与这学期的考试成绩进行比较；二是对评价对象的不同侧面进行横向比较，例如，在教学活动中，对同一个同学不同学科成绩优劣的评价。

3. 依据评价主体划分

依据评价主体划分，教学评价类型可以划分为：自我评价和他人评价。

（1）自我评价。自我评价也叫内部评价，是评价对象自己对自己的评价。也就是说，在内部评价中，评价对象既是评价者，也是被评价者。例如，职业院校教师对自己教学水平进行评价就是自我评价。在教学过程中，师生可以随时随地开展自我评价。从自我评价的作用上看，自我评价对于促进师生自我评价能力的提升、帮助师生改进教学和学习活动具有重要价值。但是，自我评价的结果难以进行横向比较，容易出现偏差。

（2）他人评价。他人评价也称外部评价，是指评价对象以外的组织或个人对评价对象进行的评价活动。职业院校学生对教师进行的学生评教活动，以及教师对学生的成绩评定活动都是教学领域具有代表性的他人评价。他人评价往往会给评价对象带来的一定的压力，有助于评价对象改进工作。但是，他人评价如果使用不当，会损伤评价者与评价对象之间的关系。

二、理实一体化课程的教学评价

理实一体化课程是职业院校的一种重要课程类型。理实一体化课程的教学评价就是对理实一体化课程的教学活动进行的评价。作为教学评价的一部分，理实一体化课程的教学评价要遵循教学评价的一般原理，也与其他评价活动一样有自己的评价对象、评价目标、评价目的、评价主体、评价方法等。

（一）评价对象

评价对象指的是"评价谁"。理实一体化课程的教学评价对象除了学生之外，还包括教师、教学环境等。需要指出的是，对教学过程、教学方法的评价，本质上仍然是对学生、教师和教学环境的评价。例如，对理实一体化教学过程的评价，本质上是对教师的教和学生的学的评价，其评价对象还是教师和学生。对教学方法与手段的评价，事实上是对教师选择和使用教学方法情况的评价，其评价对象是教师。

（二）评价目标

评价目标不是评价对象，评价对象指的是评价谁，而评价目标指的是评价谁的"什么"。例如，在职业院校实施的学生评教活动中，评价对象是教师，评价目标则是教师的教。

职业院校不同课程有不同定位，因此，其教学评价目标也就不同。在理论性课程中，教学评价始终围绕着"理论的教学"展开。在评价教师时，重在评价教师所具备的理论水平以及教师设计、实施理论教学的能力。在评价学生学业成绩时，重在评价学生理论知识的掌握情况。实践性课程旨在培养学生的实践能力，因此实践性课程的教学评价始终围绕着"实践教学"展开。在评价教师时，重在评价教师的实践操作水平以及教师设计、实施实践教学的能力。在评价学生学业成绩时，重在评价学生实践操作水平。与理论性课程和实践性课程一样，理实一体化课程的教学评价对象也包括教学过程、教学结果和教学要素，但是，不论要评价哪一个对象，其关注点始终是在"理实一体化"上。例如，在评价理实一体化课程任课教师教学能力时，评价的不是一般意义上的教学能力，而是教师设计、实施理实一体化教学的能力。在评价学生的学业成绩时，固然要关注学生的理论学习情况和实践操作水平，但更关注的是学生将理论与实践结合起来的水平。在评价教学环境时，主要关注的也是教学环境能否满足将理论学习与实践训练相结合这一要求。

（三）评价目的

评价目的指的是评价的预期目的，或者说期待评价活动能够发挥什么样的作用。一般来说，理实一体化课程教学评价有两个基本目的：改进与鉴定。所谓改进就是指评价的目的是改进理实一体化课程的教学工作。例如，在教学过程中，可以开展以帮助教师改进自身的教学工作和以帮助学生改善自己的学习行为为目的的评价。所谓鉴定就是对理实一体化课程教学的要素、过程和结果进行鉴定。例如，在一门理实一体化课程开课之前，对拟任课教师的理实一体化教学的能力进行评价，以判断该教师是否胜任理实一体化课程的教学工作。在一门课程结束之后，教师组织对学生的学业成绩进行考核，其目的就是判断学生是否达到了课程要求。从理实一体化课程的教学评价实践来看，许多评价活动同时具有改进和鉴定两个目的。例如，在理实一体化课程教学工作中实施的学生评教活动就是如此。一方面，职业院校组织开展学生评教活动，一个重要动因就是期待这种评价能够帮助教师改进教学行为。另一方面，学生评教的结果往往也会按照一定比重纳入对教师教学工作的鉴定之中。在学生评价中也存在类似情况。在理实一体化课程的教学实践中，除了在课程教学工作结束后的期末考核之外，教师会视情况在课程教学过程之中，组织对学生的过程评价。过程评价既有改进的意图也有鉴定的目的。一方面，教师希望通过过程考核，引导学生反思并改进自己的学习。另一方面，过程考核的结果会按照一定比重纳入学生的课程总成绩之中。

（四）评价主体

评价主体即评价者。一般来讲，职业教育评价的主体应该是多元化的。理实一体化课程的教学评价也不例外。所谓多元化不仅指评价主体数量应该是多个，更是指评价主体的来源应该是多样化的。例如，在对职业院校教师理实一体化教学能力的评价中，领导、同行和学生都可以是评价主体。评价主体之所以应该多元化，主要与下列因素有关：第一，评价是一项认识活动，但单一主体的认识能力是有限的。多主体的共同参与有助于缓解这种有限认识能力。第二，评价是一种价值判断。持有不同价值观或价值标准的主体在评判同一个对象时，其结论往往存在很大差异。如果评价主体在数量和来源上是单一的，很容易造成评价活动出现系统性的偏差。评价主体的多元化有助于协调各种不同观点，全面反映教学活动的真实情况。但从理实一体化教学评价实践来讲，评价主体应该根据实际情况确定，不一定非得是多元主体。例如，在理实一体化课程成绩的评定中，如果评价的侧重点是每个学生理论与实践融合的能力，那么任课教师作为单一评价主体即可。但如果评价内容在理论与实践融合的能力之外，还包括学生的小组合作能力，那么学生也应该成为评价主体。

（五）评价方法

一体化课程的教学评价的实践形态是多样化的。每个具体的评价活动都有自己的不同于其他评价活动的评价目的、评价对象和评价目标。评价目的、对象和目标不同，其评价方法也就不同。从这个角度讲，理实一体化课程的教学评价方法无疑是多样化的。接下来的两节将对此内容进行具体介绍。

第二节　教师教学工作评价方法

理实一体化课程教学的评价对象和目标是多样化的，难以一一阐述。从职业院校教学评价工作实践来看，教师教学工作评价和学生学业成就评价是两种常见的评价工作。本章将分别讨论理实一体化课程的教师教学工作评价和学生学业成就评价。教师教学工作评价的常见方法有两种：指标体系评价法和表现性评价法。本节主要介绍指标体系评价法。表现性评价法将在第三节讨论理实一体化课程的学生评价时予以介绍。

一、评价指标体系

完整的评价指标体系包括三个部分：指标、权重和评价标准。这里依次介绍指标、权重、评价标准的含义和编制方法。

（一）评价指标与指标体系的含义

1. 指标的含义

任何一项评价活动都有其评价目标，即任何一项评价活动打算评价的内容。在理实一体化课程中，教师教学工作评价的对象是教师，评价的目标是教师的教学工作，也就是教师"教"的工作。从构成的角度看，教师的"教"包含许多不同的具体工作。换而言之，教师的"教"是对许多工作的概括，是一个总称。因此，教师的"教"是比较抽象和笼统的，难以直接进行评价。为了使评价活动可行，就需要对教师的"教"进行分解，将教师的"教"这一评价目标分解为许多不同的指标。例如，将教师的"教"分为教学准备、教学过程和教学结果三个一级指标。教学准备、教学过程和教学结果仍然比较抽象，但相对于"教师的教"这一目标而言要具体很多。总而言之，评价目标反映的是评价内容的整体，评价指标反映的是部分评价内容。评价目标是评价指标的基础和根据，评价指标则是具体化和操作化的评价目标。

2. 指标体系的结构

评价指标体系是指将单独的指标综合起来，形成一个系统化的、具有密切联系的指标群。指标体系通常有树状图和评价表格两种形式表示。但在评价实践中，以表格形式居多。这是因为，表格不仅可以呈现指标、权重、评价标准，还可以专门留出相应部分，供评价者呈现评价结果。图8-1是以树状图的形式呈现的评价指标体系。

（二）评价指标体系的设计原则

指标体系的设计原则是指设计评价指标体系时必须遵循的要求。这些原则有两个来源，一是评价理论研究的成果，二是评价实践的经验总结。

1. 方向性原则

评价活动不可避免地具有导向性。这种导向性首先就体现在评价内容上。设计评价方案时，将一项工作作为评价内容列入指标体系，被评价者就会重视，将一项工作排除在指标体系之外，被评价者往往就会忽视它。因此，在设计评价指标体系时，要坚持正确的方向，以对被评价者产生正确的、积极的引导作用。

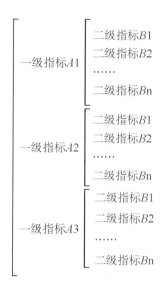

图 8-1 评价指标体系的一般结构

在理实一体化课程的教师教学工作评价指标体系的设计过程中，为了贯彻方向性原则，教师一要深刻领悟党和国家的教育方针和相关政策。例如，如果能深刻领会"教育的根本任务是立德树人"这一思想，那么在理实一体化课程的教学工作评价中，就会将教师设计和实施课程思政情况纳入评价指标体系。二是要准确把握理实一体化课程的目的与特色。理实一体化课程的目的是培养学生理论与实践相融合的能力。把握住了这一点，在设计评价指标时，就会将焦点放在教师是如何促进理论与实践融合的。

2. 完备性原则

完备性原则也称目标一致性原则。其基本含义可以用下述等式来表示：

$$评价目标 = 评价指标体系$$

这个等式的意思是说，同层次指标之和应该等于评价目标。假如一个指标体系由两级指标构成，那么，完备性原则的含义就是，所有一级指标之和应该等于评价目标，所有二级指标之和也应该等于评价目标。

为了贯彻完备性原则，教师在将评价目标分解为评价指标时，应该逐级分解。在初步确立指标体系后，要从整体上对全部指标进行衡量，看看指标体系之和是否等于评价目标，是否遗漏了重要指标，是否有重复指标。

在理实一体化教学中，教师教学工作评价的目标是多样的。有的时候要评价的是教师教学工作整体，有的时候要评价的是教师的教学设计工作，有的时候要评价的是教师的教学实施工作。不论是哪种情况，评价者首先都要清晰地界定评价目标，否则，就很容易违背完备性原则，给评价的科学性和公正性带来严重的负面影响。

3. 可比性原则

可比性原则指的是评价指标体系中的每一项指标，都必须反映所有评价对象的共同属性。如何理解这一原则呢？

职业院校的课程类型是多样的，有纯理论性课程，也有纯实践课程，还有理实一体化课程。在评价理实一体化课程教师的教学工作时，其指标体系与评价单纯理论性课程或实践性课程的教师教学工作，就应该有所区别。如果用一套指标体系去评价全部课程的教师教学工作，就会违反可比性原则。例如，"安全教育"指标理应列入实践类课程和理实一体化课程的教师教学工作评价指标体系，但纯理论性课程和公共文化基础课程教师在教学实践中，往往不需要对教师"安全教育"工作做特别考虑。如果在理论性课程和公共文化基础课的教师教学工作评价中，也将"安全教育"作为一个指标，那么其可比性就很低。

设计指标体系之所以要遵循可比性原则，主要原因在于，如果只有部分评价对象具有某项指标所反映的属性，那么，对于不具有这一指标所反映属性的评价对象而言，评价就不公正。为了落实可比性原则，在设计指标时，指标体系设计者应开展实地调研，尽可能全面了解全部评价对象的实际情况，分类设计指标体系。

4. 可测性原则

可测性原则指的是评价指标体系中最末层次的指标，必须是可测量的、可以观察和把握的。什么是"最末层次的指标"呢？假如一个指标体系由两级指标构成，那么二级指标就是最末级指标。从评价指标设计的角度看，最末级的指标应该是可测的。其原因在于，人们之所以要设计指标体系，是因为评价目标笼统抽象，可测性差。如果最末一级指标可测性仍然很差，那么，指标体系就失去了存在的意义。

为了贯彻可测性原则，操作层面的要求是：在设计评价指标体系时，能够量化的指标要尽可能地量化，难以量化的指标可以使用具体的、可操作化的语言进行陈述，还可以将语言陈述和量化描述结合起来使用。

5. 同层次指标相互独立原则

指标之间要相互独立针对的是同层次指标。所有的一级指标都是同层次的指标，所有的二级指标也是同层次的指标。同层次指标相互独立就是指同一层次的指标之间不能存在因果关系、包含关系或相关关系。举例来说，如果将理实一体化课程教师教学工作评价整体作为评价目标，将"教学准备""教学实施""教学效果"作为二级指标，那么就违背了同层次指标相互独立的原则。原因在于，教学准备和教学实施这两个指标与教学效果这个指标存在高度的相关关系。事实上，人们之所以将"教学准备""教学实施"作为指标纳入指标体系，是因为它们与"教学效果"息息相关。

同层次指标之间之所以应该相互独立，主要原因有两点：一是如果指标不独立，则说明其中有冗余指标，这些冗余指标的存在无疑就加大了整个评价的工作量，因而就降低了评价的可行性。其二，更重要的是，指标如果不独立，那么在评价活动中，重复的指标被重复进行评分，实际上就是加大了重复指标的权重，从而导致评价结果不够科学，并进而影响评价的公正性。从实际情况看，要想完全做到同层次指标相互独立是非常困难的。原因在于，事物之间是普遍联系的。因此，在操作层面，一般会降低要求，即同层次指标之间低度相关是可以接受的。

（三）评价指标体系的设计方法

设计评价指标体系基本上有三个步骤：第一步是明确评价目标；第二步是根据评价目标，提出一些初拟指标；第三步则是对初拟指标进行筛选，选择一些指标构成指标体系。这里仅讨论后面两步。

1. 提出初拟指标

常见的提出初拟指标的方法有因素分解法、头脑风暴法、理论推演法、案例研究法，等等。其中因素分解法和理论推演法本质上都是演绎的方法，而头脑风暴法和案例研究法则是归纳的方法。在这些方法中，因素分解法是最常用，也是最基本的方法。

因素分解法是将评价目标按照其自身的逻辑结构逐级进行分解，将分解出来的主要因素作为评价指标的一种方法。因素分解法一般有以下两种形式：

其一，对评价目标的要素进行分解，并以这些要素的外部表现作为评价指标。这种方法也被称为"内容分析法"。例如，要设计一套指标体系去评价教师开展理实一体化教学的能力。在这里，教师理实一体化教学能力就是评价目标。如果采用内容分析法，就先要分析理实一体化教学能力包括哪些具体的能力，具体能力都确定以后，就要去思考，一个具备某种能力的教师应该能够做出哪些行为，用这些行为作为指标。

其二，从评价目标与其他因素之间的关系入手，把与评价目标有关的因素作为指标。这种方法可称为"影响因素法"。例如，要设计一套指标体系去评价教师开展理实一体化教学的效果。在这里，理实一体化教学的效果就是评价目标。如果采用影响因素法设计指标，那就是要去分析，究竟有哪些因素对理实一体化教学的效果有影响，以这些影响因素作为指标。

需要注意的是，内容分析法和影响因素法适用于不同的情况。如果评价是一种纯粹的终结性评价，旨在对评价对象在评价目标上的表现进行鉴定或排序，那么采用内容分析法较为合适。如果评价目的在于促进评价对象改进，则采用影响因素法较为合适。

2. 筛选初拟指标

初拟指标确定后，需要对初拟指标进行筛选，以精简指标，提高指标质量。筛选指标方法通常有两种：一是数学方法，如主成分分析、因子分析、聚类分析等。二是经验性的方法。常见的有头脑风暴法、反头脑风暴法和特尔斐法等。这里仅介绍头脑风暴法。

头脑风暴法是一种旨在通过群体成员之间的自由联想和讨论，以产生新设想的方法。使用头脑风暴法来筛选指标时，需要邀请若干名专家参加座谈会，其一般过程如下：首先，指标体系设计者主持座谈会，并向与会专家介绍座谈会的目的和任务，说明初拟指标的来历和含义。然后由与会专家就如何筛选指标自由发表自己的观点。最后，指标体系的设计者根据专家们的意见完成指标筛选的任务。在这一过程中有几个注意事项：一是专家的数量和来源。根据实践经验，专家数量应该控制在 10~15 人。专家的背景要多样化。在理实一体化课程教师教学工作评价指标的筛选中，专家背景应涵盖有着丰富理实一体化教学经验的一线教师、职业教育课程与教学论领域和职业教育测评领域的专家学者。二是要注意引导与会人员自觉遵守会议纪律。即所有与会专家都不能对其他与会专家的意见进行评价，也就是说，既不能发表赞同性的看法，也不能发表批评性的观点。三是专家们在发言的时候应坚持一点，只讲观点，不展开论述。四是指标体系设计者要注意自己的角色。作为会议的主持者、记录者，指标体系的设计者在开会的过程中，不能就如何筛选指标发表任何看法，也不能对专家们的看法表态。五是要做好会议准备工作。一般而言，指标体系的设计者应提前将有关资料寄给专家，以便专家们做好相应准备。但需要注意的是，专家们的发言应该是即席发言，而不必提前准备发言稿。

二、指标权重及其确定方法

一个指标体系包含许多指标。这些指标的重要性是不同的。有些指标更为重要，有些指标重要性则要低一些。那么，指标的重要性怎么才能表示出来呢？

（一）加权与权重

从职业教育评价实践来看，区分指标重要性程度的方式有很多。如，将部分指标确定为重要指标或核心指标，将另一部分指标确定为一般指标。但在现代评价实践中，更为常见的方法是采用量化的方法来区分指标的重要性程度。即给每一个指标赋予一个数值，相对重要的指标赋予相对大一些的数值，相对次要的指标赋予相对小一些的数值。在这里，赋予指标的数值就叫权重，也叫权数，一般用字母 W 表示。给每一个指标赋予权重的过程则叫加权。

权重既可以用小数表示，也可以用整数表示。不论用哪种表示方法，指标的权重必须是正数而不能是负数和 0。若用整数表示权重，最好使同一层次指标的权重之和等于 100 或 100 的倍数。若用小数表示权重，则需要确保指标的权重之和等于 1。需要注意的是，人们可以根据个人习惯或偏好选择用小数或整数表示权重，但是，如果指标数量比较多，一般使用整数表示法更为合理。

（二）确定权重的方法

1. 专家会议法

（1）概述。一般来说，在使用专家会议法确定指标权重时，需要邀请 10 位左右的专家面对面开会。与会专家应该包括具有丰富理实一体化教学经验的教师、职业教育课程与教学论领域的专家学者、职业教育测量与评价方面的专家学者等。

（2）实施步骤。第一，说明指标的个数和含义。会议的主持人在会议开始时要详细介绍会议的目的以及指标数量和含义。第二，与会专家讨论并确定各指标的重要性次序。在这一环节，与会专家先要讨论并确定最重要的指标是哪个，然后依次讨论并确定第二重要、第三重要以至最不重要的指标。第三，确定各指标的权重。先请每个与会专家就最重要指标的权重给出自己的数值，由主持人计算平均数，用这个平均数作为最重要指标的权重。然后，按照相同的方法依次求出第二重要的指标、第三重要的指标直至最不重要指标的权重。第四，归一化处理。经过第三步获得的各项指标权重之和未必等于 1。这就需要对其进行归一化处理，使得各指标权重之和等于 1。

例：通过专家会议法确定四个指标的权重，按指标重要性次序得到的平均值分别为 0.54、0.30、0.21、0.15。问：四个指标的权重应该是多少？

解：$0.54+0.30+0.21+0.15=1.2$，不等于 1，因此需要进行归一化处理。$W_1=0.54/1.2=0.45$，$W_2=0.30/1.2=0.25$，$W_3=0.21/1.2=0.18$，$W_4=1-（0.45+0.25+0.18）=0.12$。

这里特别需要注意的是，最后一个指标的权重用 1 减去前面各指标权重之和。这是因为归一化处理的基本方法是除法，不能确保每次都能除尽。除不尽的情况下就需要四舍五入，从而导致最终的指标权重之和仍然不等于 1。为了确保各指标权重之和等于 1，最后一个指标的权重采用减法，直接用 1 减去前面各指标的权重之和。

2. 专家调查法

专家调查法就是对若干个专家进行调查，请各位专家分别对 n 个指标按其重要程度进行打分。最重要的指标给 n 分，第二重要的指标给 $n-1$ 分，依此类推，最不重要的指标给 1 分。然后统计每个指标得分的平均分，并对平均分进行归一化处理，确定各指标权重。其具体步骤如下：

（1）编制并发放专家意见调查表。表8-1就是专家意见调查表的参照形式。

表8-1　专家意见调查表

	评价指标		评分
	序号	内容	
教师教学工作	1	教学态度	
	2	教学内容	
	3	教学方法	

由于共有三个指标，最重要的指标给 n 分，即3分，第二重要的指标给2分，第三重要的指标给1分。

（2）回收调查表，统计调查结果。表8-2为5个专家对三个指标的评分结果。

表8-2　5个专家对三个指标的评分结果

专家	指标 A	指标 B	指标 C
1	2	1	3
2	3	1	2
3	2	3	1
4	1	3	2
5	3	1	2
总分	11	9	10
平均分	2.2	1.8	2

（3）归一化处理。2.2+1.8+2 = 6，W_1 = 2.2/6 = 0.37；W_2 = 1.8/6 = 0.3；W_3 = 1-（0.37+0.3）= 0.33。

3. 对数加权法

在操作上，对数加权法同样是邀请若干个专家对 n 个指标按其重要性程度打分，打分的方式与专家调查法相同。但是，这种等距的打分方法不符合人们关注指标的规律。在实践中，人们对重要的指标高度重视，对一般重要的指标的重视程度就大大降低了，到了不重要的指标就不怎么关注了。也就是说，人们对指标的关注按其重要性程度不是等距的，而是呈现"前密后疏"的特点。因此，等距的打分方法不够合理。为此，对数加权法对专家对各指标所打分数进行了进一步处理。具体方法是，在专家打完分数之后，对各指标的得分进行对数化处理，即以 n 为底取对数，然后再对经过对数化处理后的得分进行归一化处理，得出各指标的权重。之所以采取对数化处理，是因为对数曲线也呈现"前密后疏"的特点。

以表8-2为例，因为共有3个指标，所以以3为底数取对数：$\log_3 3 = 1$；$\log_3 2 = 0.63$；$\log_3 1 = 0$；

指标A，得2个3分，2个2分，1个1分。故A所得总分为：$2×1+2×0.63+1×0 = 3.26$；
指标B，得2个3分，0个2分，3个1分。故B所得总分为：$2×1+0×0.63+3×0 = 2$；
指标C，得1个3分，3个2分，1个1分。故C所得总分为：$1×1+3×0.63+1×0 = 2.89$；

对 3.26、2、2.89 进行归一化处理：$3.26+2+2.89=8.15$，

$W_A=3.26/8.15=0.44$　　$W_B=2/8.15=0.25$　　$W_C=1-(W_A+W_B)=1-(0.44+0.25)=0.31$

于是就得到 A，B，C 三个指标的权重分别是 0.44，0.25，0.31。

4. 特尔斐法

（1）含义。特尔斐法，也叫德尔菲法、专家咨询法等。特尔斐法采用背靠背的形式，以问卷调查的方式征询专家意见。但与一般的专家调查不同的是，使用特尔斐法对专家进行调查时，调查工作不是一次性的，而是要反复进行多轮调查，直至专家们的意见基本一致，才停止调查。

（2）实施步骤。特尔斐法的实施步骤，如图 8-2 所示。

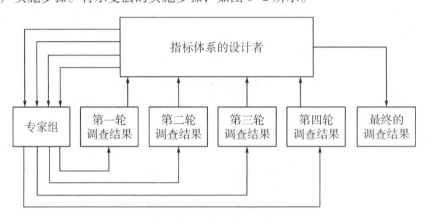

图 8-2　特尔斐法调查过程示意图

特尔斐法的一般步骤如下：

第一步：编制第一轮权重调查表。调查表的编制要注意下述问题：

①相关说明。一是对调查本身的说明。主要是对调查的目的、任务、要求，特别是要对多轮调查的意义进行说明，以取得被调查者的支持和配合。二是对调查表中相关用语的说明，如对指标含义的说明。三是对加权方法的说明，比如用小数表示法还是用整数表示法要做说明，防止专家们的表示方法不同，给后续的数据处理带来困难。

②咨询表要尽可能方便专家回答。因此，咨询表要尽可能简化。表 8-3 是第一轮调查表的参考样式。

表 8-3　指标权重调查表（参考式样 1）

指标	教学态度	教学内容	……	教学方法
权重				

第二步：遴选专家，发放第一轮调查表。将第一轮调查表发放给相关专家。专家应包括具有丰富理实一体化教学经验的教师、职业教育课程与教学论领域的专家学者、职业教育测量与评价方面的专家学者等。专家人数一般在 15 人左右。

第三步：回收第一轮调查表，并进行统计处理。统计处理主要是计算两类数值。一是计算被调查专家对各项指标所给权重的平均数，二是计算每个专家在每个指标上的离均差，即每个专家给予每个指标的权重值与相应指标权重值平均数之间的差。

第四步：发放第二轮调查表。第二轮调查表的参考式样，如表 8-4 所示。

表 8-4　指标权重第二轮调查表（参考式样）

指标	上轮调查平均值	本人估计离均差	本次调整的估计值
教学态度			
教学内容			
……			
教学方法			

　　指标体系的设计者应根据第一轮调查的统计结果，填写"上轮调查平均值""本人估计离均差"，然后将第二轮调查表发放给专家。

　　第五步，回收第二轮调查表，并对第二轮调查结果进行统计处理。处理的方法与第一轮调查结果的统计处理相同。如果统计处理的结果表明专家们取得了较为一致的看法，则终止调查。如果统计处理的结果表明专家们仍然存在明显分歧，则需要进行第三轮调查，直至专家们的意见较为一致为止。一般来说，专家们是否取得了较为一致的认识，要通过各专家对各指标所给的权重值的离均差的大小来判断。在专家们取得一致意见的情况下，各专家对各指标所给权重值的平均数即为各指标的权重。

三、评价标准的制定

（一）评价标准的概念

1. 评价标准的含义

　　评价标准有狭义和广义之分。狭义的评价标准指的是评价对象在各项指标上达到要求的程度进行价值判断的准则和尺度。确定评价指标体系是对评价目标进行分解，编制评价标准则是明确使用什么样的尺度，来衡量评价对象在每一具体指标上达到要求的情况。在这个意义上，评价标准只是完整的评价指标体系的一个组成部分。在广义上，评价标准指的是完整的评价指标体系，包括指标、权重和狭义的评价标准。本章所指的评价标准是狭义的评价标准。

2. 评价标准的组成要素

　　评价标准主要由三个方面构成：

　　（1）强度。强度指的是评价对象在各指标上达到什么程度才是合乎要求的，或称得上是优良的，是对评价对象在各项指标上达到要求的程度的规定。例如，在"学习态度"指标的评价标准中，符合"上课专心听讲，能主动回答问题，积极参与课堂讨论"这一要求的学生，可以认为其学习态度"很认真"；符合"上课听讲较为专心，能回答问题，参与课堂讨论"这一要求的学生，可以认为其学习态度"认真"。在这里，"上课专心听讲，能主动回答问题，积极参与课堂讨论"就是"很认真"；"上课听讲较为专心，能回答问题，参与课堂讨论"就是"认真"。这就是强度。这种强度是一种定性的描述，也被称为定性标准。除此之外，有的时候，强度也会表现为定量的形式。例如，衡量学生掌握知识技能达到教学目标要求的程度，可用测验分数表示。100～90 分为优秀，89～80 分为良好，79～70 分为中等，69～60 分为合格，59～0 分为不合格。在这里，"100~90分为优秀"等就是强度。这就是定量的评价标准。强度是评价标准的具体内容和主要部分。这是因为，只有具有了强度，才能够对评价对象在各个指标上的表现做出判断。

（2）标度。标度是指评定时的档次。表示标度的方式有三种：一是用数据来表示。如用测验分数来衡量学生掌握知识技能达到教学目标要求的程度。100~90分为优秀，89~80分为良好，79~70分为中等，69~60分为合格，59~0分为不合格。在这里，100~90分、89~80分等就是标度。二是用等级来表示。如"优、良、中、差""合格、不合格"等。用等级来表示标度时，等级数量一般不要超过5个。三是用描述性语言来表示。如在"学习效果"指标的评价标准上，"基础知识学习扎实""基础知识学习不够扎实"等表述就是标度。标度是评价标准的基础部分。如果没有标度，就没有强度，也就没有评价标准。标度可以是连续的，也可以是不连续的。

（3）标号。标号是指不同强度的标记符号，通常用字母（如A、B、C）、汉字（如甲、乙、丙）或数字来表示。它没有独立意义，只表示一种分类。标号是评价标准的辅助部分。

（二）评价标准的编写

1. 评价标准的编写要求

在理实一体化课程教师教学工作评价实践中，评价标准有许多不同的编写方法，如形容词标准法、数字式标准法、形容词-数字式标准法、内涵式标准法、外延式标准法等[①]。但不论如何编写评价标准，都应该把握以下6个要求：

（1）根据评价目的编写评价标准。如果评价目的在于认定教师是否达到了开展理实一体化教学的要求，只需要制定一个及格标准就可以了。如果评价目的在于对教师教学工作的优劣程度进行排序，评价标准就需要有优、良、中、及格、不及格等多个等级，并且每个等级间应该有一定的距离。

（2）评价标准结构要完整。所谓结构完整指的是评价标准应该包含标度、标号和强度三个要素，缺一不可。从评价实践来看，经常出现的问题是，评价标准没有强度。表8-5是某职业院校学生评教的指标体系中的一部分。这个评价标准有标号、标度，但强度不是很清楚。主要表现为，虽然评价标准将评价等级分为很好、好、一般、差四个等级，并对每个等级赋予了相应的分数，但并没有告诉人们，教师在各项指标上做到什么程度是"很好"，做到什么程度是"一般"。也就是说，这个评价标准缺少强度。

---

① 肖远军. 教育评价原理及应用［M］. 杭州：浙江大学出版社，2004：76-77.

表 8-5　某职业院校学生评教指标体系（部分）

一级指标	二级指标	评价标准	满分	很好	好	一般	差
对任课教师评价	为人师表	1. 教态自然大方，着装整洁，举止得体，精神饱满。	5	5	4	3	2
		2. 尊重学生，乐于倾听学生意见，师生关系融洽。	5	5	4	3	2
		3. 按时上、下课，因故缺课、调课能通知学生。	5	5	4	3	2
	教学准备	4. 备课认真，准备充分。	10	10	8	6	4
		5. 教材选用与课堂教学内容相符，提供的辅导资料有助于学习课程内容。	5	5	4	3	2
	课堂管理	6. 严格课堂管理，有效制止影响、干扰教学的课堂不良行为。	5	5	4	3	2
		7. 采取有效方式检查学生考勤并如实记载。	4	4	3	2	1
		8. 关注学生的听课状态，要求学生不做与上课无关的事。	6	6	5	4	3

（3）评价标准要具体，具有可操作性。评价标准是对评价对象在评价指标上的表现进行价值判断的依据。只有当评价标准具体到具有可操作性的时候，评价标准才能充分发挥其作用。评价标准要做到具有可操作性就需要注意两点：一是评价标准的结构要完整。评价标准结构不完整，就不可能具体，可操作性就差。以表 8-5 为例，由于这一评价标准的强度缺失，即没有阐述做到什么程度才是"很好"或"好"，导致学生难以根据这个标准对教师的表现打分，而只能根据自己个人对"很好""好"理解来对教师进行评分。二是设计好末级评价指标。表 8-6 呈现的是一所职业院校学生评教的指标体系中的一部分，将表 8-5 与表 8-6 中"为人师表"指标的评价标准进行对比，不难发现，两者都涉及着装、仪表、行为举止等要素，但表 8-5 将这些要素放在一起，笼统打分。表 8-6 则对语言、着装、仪表和行为举止分别计分，更具体，操作性更强。

表 8-6　职业学院学生评教指标体系（部分）

一级指标	二级指标	评分标准	分值	得分
教学态度20分	为人师表	语言要文明、礼貌 1 分； 着装整洁、不穿奇装异服等 2 分； 仪表端庄 1 分； 行为举止严格谨慎 1 分。	5	
	备课充分	有合乎要求的教案 2 分； 吃透教材、突破教材 2 分； 补充新知识 1 分。	5	
	教态端正	举止大方、自然 2 分； 讲课有激情 3 分； 有坐着或趴在讲台上讲课等现象 0 分。	5	
	组织教学	课堂教学开始要以一定的方式组织教学 2 分； 在教学过程中随时认真严格组织教学 3 分。	5	

（4）评价标准不应太高，也不能太低，要恰到好处。评价不可避免地具有导向、激励功能。导向和激励功能不仅体现在指标和权重上，也表现在评价标准上。评价标准太高，大部分评价对象都达不到。评价对象因此会丧失努力的动力。同理，评价标准太低，大部分评价对象都能轻而易举的达到。在这种情况下，评价对象并不需要付出多少努力就能达到标准的要求，评价对象当然也就没有全身投入的驱动力。

（5）各指标评价标准的等级量化尺度应该一致。例如，表8-5中共有8项标准，其中，标准"1"与"2""3""4""5""6"的等级量化尺度是一致的。在这6项标准中，"很好""好""一般""差"分别是满分的100%、80%、60%和40%，但标准"1"与标准"7""8"的等级量化尺度不一致。在标准"7"中，"很好""好""一般""差"分别是满分的100%、75%、50%和25%，在标准"8"中，"很好""好""一般""差"分别是满分的100%、83%、67%和50%。

在评价标准的编写中，为什么要遵循等级量化尺度一致呢？这是为了确保评价更公正。还以表8-5为例，按照这个评价标准，学生甲在评价标准"1"中获得"好"的结论，而在评价标准"7"中获得了"一般"结论，据此，其得分应该为6分。学生乙刚好相反，在标准"1"中获得"一般"的结论，而在标准"7"中获得"好"的结论，其得分为6分。两者得分均为6分，看似公平。但是，如果等级量化尺度一致的话，标准"7"中的"好"的对应分数应该为"3.2"，"一般"对应的分数应该为"2.4"。这样一来，学生甲的得分应为5.4分，而学生乙的得分应为6.2分。这个例子充分说明，等级量化尺度不一致会造成评价结果不准确，进而影响评价的公平性。

（6）如果评价结果要以量化的形式呈现，评价标准既要凸显"质"的不同，也要反映"量"的差异。以表8-5为例，表8-5将评价等级分为"很好""好""一般""差"，每个等级对应一个具体的得分。这种评价标准考虑到了"质"的不同，而没有考虑到"量"的差异。以"好"为例，一方面，"好"与"很好""一般""差"三个等级之间有着"质"的不同，但是在"好"内部，其实还存在"量"的不同。有的人，虽然处于"好"的等级，但更接近于"很好"，有的虽然也处于"好"的等级，但更接近于"一般"。评价标准应该同时体现"质"和"量"两个维度上的区别。以表8-5的标准"1"为例，如果将"很好"对应的分数从"5分"改为区间化的表达，如（4~5），就能同时体现"质"和"量"两方面的差异。

第三节　理实一体化课程的学生成绩评价方法

如何评价学生学习表现和课程成绩是理实一体化课程任课教师面临的重要工作。从理实一体化课程的特点来看，表现性评价和档案袋评价是两种特别适合的方法。本节将结合理实一体化课程的教学工作，介绍如何在学生学习表现和课程成绩评价中，应用表现性评价和档案袋评价。

一、表现性评价在学生成绩评价中的应用

（一）表现性评价的概念

所谓表现性评价可以概括为：评价者通过设计一定的问题情境，观察分析被评价者在完成实际任务时的表现，来评价其成绩和进步的评价方法。具体来说，在表现性评价中，评价者首先要设计问题情境，使得被评价者能够提供一种建构反应。被评价者的反应可以分为选择-反应和建构-反应。前者要求在若干答案中进行选择，例如，学生回答选择题就是选择-反应。后者则是要求学生主动生成、创造答案，如语文考试中的写作文。首先，表现性评价要求被评价者提供建构-反应，本质上就是要求被评价者去解决一个实际问题，完成一项实际任务。这种任务一般被称为"表现性任务"。其次，评价者要观察被评价者的建构-反应，即被评价者在完成任务时的表现。这种表现可以体现为表现的过程，也可以是表现的结果，即被评价者通过实际行为创造出的产品。最后，要对被评价者的表现进行评判。即评价者要根据被评价者的表现过程或者结果，对被评价者在某方面的发展情况进行评价。总而言之，表现性评价是基于对"实作"过程或结果的观察分析，对"实作"者在特定方面的发展情况进行评价的方法。

（二）表现性评价与传统纸笔测验的关系

表现性评价常常被视为与传统的纸笔测验相对的一种评价方法。两者之间区别见表 8-7。

表 8-7　表现性评价与纸笔测验的区别①

纸笔测验		表现性评价法	
选择型试题	补充型试题	限制性表现	扩展性表现
低 ←——任务的真实性——→ 高			
低 ←——任务的复杂性——→ 高			
低 ←——需要的时间——→ 高			
低 ←——评分的主观性——→ 高			

表现性评价与传统纸笔测验的关系还可以用下面的案例更为直观地展现出来。以汽车检测与维修能力评价为例，可以用下述五种方法进行评价：

（1）让被评价者完成一些判断题，题目的内容主要是汽车检测与维修的程序问题。

（2）让被评价者完成一系列选择题，题目主要是列举汽车检测与维修程序的某一步，让学生选择正确的下一步。

（3）让被评价者回答关于汽车检测与维修步骤的简答题。

（4）让被评价者写一篇短文，说明如何进行汽车检测与维修。

（5）让被评价者动手对一辆故障车进行检测与维修。

在这五种评价方法中，前面两种都是选择-反应评价，后面三种都是建构-反应评价。在后面三种评价方法中，第五种评价方法是最为典型的表现性评价。从这个案例

① 涂艳国. 教育评价 [M]. 北京：高等教育出版社，2007：205.

可以看出，表现性评价与传统纸笔测验处于评价方法连续体的不同位置，如图 8-3 所示。

选择反应　　　　　　　　　　　　　　　　　　建构反应

是非题

选择题　　填空题　　简答题　　论述题　　写作题　　实验操作　　表演　　……

配对题

传统纸笔测验　　　　　　　　　　　　　　表现性评价

图 8-3　评价方式连续体①

二、表现性评价在学生成绩评价中的应用

从特点来看，在理实一体化课程学生成绩评价实践中，表现性评价比较适合对学生在某个项目或某个任务上的成绩进行评价，不太适合评价学生在一门课程上的整体成绩。那么，应该如何运用这一方法评价学生在某个项目或任务上的成绩呢？

表现性评价总体上可以分为设计和实施两大步骤。其中，设计是最为关键的。这里结合理实一体化课程学生成绩评价进行阐述。

（一）明确评价目的和目标

在理实一体化课程中，对学生在一个项目或任务上的成绩进行评价，要兼顾鉴定学生项目或任务完成情况和帮助学生改进学习两个目的。因此，在设计表现性评价时，应该将评分规则告知学生，并确保学生对评分规则有深刻理解。

除了明确评价目的，设计表现性评价时还应事先确定评价目标，即确定要评价什么。这是设计表现性任务的基础和前提。如果评价目标不清晰，则根本无法设计表现性任务。表现性评价目标的确定需要注意以下几点：第一，表现性评价可以同时评价多个目标。因此，为了最大限度地发挥表现性评价的效益，应尽可能地用一次表现性评价去评价多个目标。但应明确多个目标中哪个是核心目标。第二，确定评价目标的证据。也就是要澄清一个问题，即用什么作为可见证据证明被评价者达到了评价目标。只有明确了证据，才能在评价目标与表现性任务之间建立起桥梁，才能根据评价目标去设计表现性任务。例如，在汽车检测与维修领域，一个教师想用表现性评价去评价学生是否具备能力维修汽车 ABS 系统的故障，那么教师在设计表现性任务之前，就需要澄清一个问题，即学生要用什么作为可见证据，来证明他具备了这种能力。学生对一辆汽车 ABS 系统出现故障的可能原因进行分析，并提交分析报告。这个分析报告就可以作为证据之一。

一般来说，确定证据首先要考虑的是，用表现的过程还是表现的结果作为证据，然后再考虑具体的证据。经验表明，出现下述情况时，应从表现过程的角度寻找证据：

（1）没有结果。在实际工作和生活中，有些行为有过程也有结果，例如，烹饪不仅有烹饪的过程，还有烹饪的结果，即菜肴。但也有些行动只有过程并无结果，如街

① 周文叶. 中小学表现性评价的理论与技术 ［M］. 上海：华东师范大学出版社，2014：51.

舞。如果一个表现行为没有结果，那就只能对过程进行评价。

（2）当教学内容就是完成任务的步骤或过程时，实施表现性评价就应该将过程作为评价的内容。

（3）具体步骤或过程对成功来说是必不可少的。

（4）过程是容易观察的。

（5）分析过程可以帮助提高成果的质量。

（6）教师有时间对学生执行任务的过程进行观察。

（7）学习早期一般侧重评价过程，后期一般侧重结果。例如，打字技能、木工等的评价。

如果出现下述情况，应从表现结果的角度寻找证据：

（1）不同的步骤可以产生同样好的成果。

（2）过程不能直接观测。

（3）成果的质量可以客观判断。

（4）有证据证明操作过程已经被掌握。

需要注意的是，如果将表现性评价用于理实一体化课程的学生学习情况评价，那么，证据不能只是行为过程或行为的结果，还应该包括学生对自身行为的一种说明。例如，前文提及的教师对学生维修 ABS 系统故障的例子中，教师就可以要求学生提交下述书面材料：学生对故障可能原因的分析及其理由、学生对整个检测和维修流程的设计及其依据等。其原因在于，理实一体化课程的目标不仅仅是要求学生能够熟练动手操作，而且要求学生能够理解如此操作背后的理论依据。

（二）设计表现性任务

确定表现性评价的目的和目标后，接下来就要设计表现性任务。

1. 表现性任务的设计原则

表现性任务的设计较为复杂。一般来说，表现性任务的设计需要遵循下述原则性要求：

第一，设计教学活动之前设计表现性任务。在理实一体化课程中，在设计教学活动之前设计表现性任务，能较好地将表现性评价镶嵌在教学活动之中，从而发挥评价引领教学的作用，有助于增强教学和学习的目的性，增强学生学习的积极性和主动性。此外，还能减少教师的工作量。表现性评价费时费力。如果在教学活动之外另行设计表现性任务，实施表现性评价，将会大大增加教师工作量。在设计教学活动之前设计表现性任务，将表现性评价融入教学和学习活动，教学和学习的过程与评价过程就是一个过程，大大降低了教师工作量，也提高了评价的效率。

第二，表现性任务与教学目标保持一致。也就是说，要根据教学目标设计表现性任务。这样才能真正地将表现性评价与教学过程和学习过程有机融合在一起，也能够更好地让学生展示教学目标提出的要求。

第三，表现性任务应尽可能评价不止一个学习目标。理实一体化课程的教学和学习目标不是单一而是多元的，不仅要培养学生的业务能力，还要培养其职业素养和思政素质。基于此，在设计表现性任务时，应尽可能设计能同时评价多种学习目标的任务。此外，表现性评价费时费力，为了提高评价效率，也应该设计能够同时评价多个教学和学习目标的表现性任务。

第四，表现性任务的完成应该是可行的。相对于传统纸笔测验而言，表现性评价需要投入更长的时间、更多的设备和资源。因此，设计表现性任务时，应充分考虑完成表现性任务所需要各种条件，确保完成表现性任务是可行的。

第五，任务对于学生而言应该是真实的。这里的"真实"不是与"虚拟"相对的概念。一个"真实"的任务指的是完成这个任务需要学生去做决策，去选择，发挥自己的创造性，那种按照指南或操作步骤一步一步按部就班地去完成的任务是不真实的任务。

第六，任务应能让学生清楚理解。表现性任务需要被评价者去完成，因此，设计表现性任务时需要做到两点：一是对任务本身的界定要清楚；二是要编写指导语或说明，并且指导语或说明要明确，以帮助学生以符合要求的方式去完成任务。

2. 设计表现性任务需要考虑的要素

一般而言，表现性任务的设计要考虑下述要素：

第一，任务的真实程度。在理想的情况下，表现性任务应该是完全真实的。但在评价实践中并不要求表现性任务是完全真实的，而是要根据各种不同的条件，选择不同真实程度的表现性任务。根据真实性程度，表现性任务可以区分为笔试实作、鉴别测试、有条理性的实作测试、模拟实作、实作任务样本和延展性研究项目等类型①。一般来说，选择任务真实程度要考虑下述因素：

一是教育目标。理实一体化课程的目标一般适合采用真实性程度较高的表现性任务。

二是外在约束条件。一般来说，任务的真实性程度越高，所要付出的时间、设备、材料、经费等就越多。因此，如果在时间、经费等方面比较有限的话，任务的真实性程度就要降低。如果时间充裕、经费充足，则可以采用真实性程度较高的任务。

三是特定情境的性质。特定情境下，只能采用模拟性任务，而不能采用完全真实的任务，如飞机驾驶员、医疗急救技能的测试只能采用模拟性任务。

第二，任务的结构化程度。从任务的结构化程度来看，表现性任务可以分为限制性的表现性任务和扩展性的表现性任务，如表8-8所示。表8-9呈现了两者之间的区别。

表8-8　限制性的表现性任务与扩展性的表现性任务举例

任务类型	例子
限制性任务	根据给定表格的数据绘制直方图
	打字
	使用螺丝刀拧螺丝
扩展性任务	请编制一份中职学校实训课程学生评教方案
	请对一辆故障车进行检测与维修
	撰写本科毕业论文

① 诺尔曼·E.格朗伦德.学业成就测评［M］.7版.罗黎辉，孙亚玲，等译.南京：江苏教育出版社，2008：99-103.

表 8-9　限制性的表现性任务与扩展性的表现性任务的区别

项目	限制性任务	扩展性任务
结构化程度	强	弱
任务所需时间	少	多
评分	容易	难
任务的真实性	低	高
适合评价的目标	专门、单项技能	问题的解决、融合多种技能和理解能力

在理论上来说，扩展性的表现性任务更符合表现性评价的要求。但在教育评价中，扩展性的表现性任务并不是唯一的选择。一般来说，当评价目标是专门、单一的技能时，采用限制性的表现性任务比较合适；当评价的目标是综合性的能力时，采用扩展性的表现性任务更合理。在学习的早期阶段，一般使用限制性的表现性任务，到了学习的后期适合采用扩展性的表现性任务。

第三，任务的完成方式。这是指学生是独立自主地完成任务，还是以小组合作的方式完成？学生在完成任务的过程中能否寻求同学、老师、家人等的帮助？

第四，任务的完成时长。相对于完成一份纸笔测验而言，完成一个表现性任务一般需要更多的时间。在表现性任务中，不同类型的表现性任务所需要的时间也不相同。因此，设计表现性任务需要考虑时间因素。

第五，编写任务指导语。表现性任务由学生去完成。为了让学生明确要做些什么，怎么做，有什么具体要求，就需要编制任务的指导语或者任务说明。指导语要全面、准确、清晰、容易理解。

（三）构建评分工具

无论是侧重于对过程进行评价，还是对结果进行评价，都需要有评分工具。常用的评分方法有检核表法和评定表法。

1. 检核表法

检核表法，也称行为核查表、清单法，就是预先确定要观察的项目，观察时，根据已确定的观察项目进行检查、对照，以核对其有无或程度如何。检核表法分为四步：

（1）确定并列举出需要评价的项目。在表现性评价中，评价的直接目标是被评价者的行为表现。如果评价的侧重点在表现的过程，那么评价项目就是操作步骤；如果评价的侧重点是表现的结果，则评价项目就是产品特征。

（2）按照一定的逻辑顺序来排列检核表中的评价项目。不论是对操作步骤还是对产品特征进行检核，都需要将这些评价项目按一定的顺序进行排列，以方便评价者进行检查和核对。

（3）提供说明并在各个项目后留出空白处，以便检查核对。编制检核表时，要视情况对有些评价项目进行说明，以使评价者明确究竟要对什么内容进行检查。

（4）检核表底部可留出空白，供评论用。

2. 评定表法

评定表法与检核表法颇为类似。两者都需要列出需要评价的操作步骤或产品特征，两者的区别在于，检核表只需要检查核对列出的操作步骤或产品特征"有"或者"没有"，而评定表法不仅需要判断操作步骤或产品特征的"有无"，还需要判断其"优劣"，如表8-10所示。评定表法的主要步骤包括：

（1）列举出需要评价的项目。

（2）使用描述性的语言界定评价项目。

（3）按照一定的逻辑顺序来排列评定表中的评价项目。

（4）撰写指导语，以告诉测评者怎样在量表的条目上进行标记。

（5）为帮助评价对象改进，检核表底部可留出空白，供评论用。

表 8-10　舞蹈比赛的评定表

项目	5-优	4-良	3-中	2-差
姿势与平衡				
移动的质量				
音乐的使用				
舞伴之间的配合				
编舞和表现力				

三、档案袋评价及其应用

（一）档案袋评价的概念

1. 含义

档案袋评价，也称为成长记录袋评价，指的是根据学生档案袋（成长记录袋）对学生的进步或成就进行的评价。其中，档案袋是指用以显示学生成就或持续进步信息的一连串表现、作品、评价结果以及其他相关记录和资料的汇集。

对于这一界定，有下述三个方面需要说明：

第一，档案袋评价与档案袋既有区别又有联系。档案袋是一系列资料和记录的集合，而档案袋评价是根据档案袋的资料对教师或者学生进行评价的活动。这意味着，创建档案袋是档案袋评价中的一项基础性工作。如果没有档案袋，就不可能有档案袋评价。

第二，档案袋评价的对象既可以是学生也可以是教师。在这一界定中，档案袋评价的对象被限定为学生。这也是诸多教科书的通常做法。但事实上，档案袋评价也可以用于教师评价领域，以评价教师的专业发展过程或成就。需要说明的是，为使内容更为聚焦，本节论述的档案袋评价特指面向学生的档案袋评价。

第三，档案袋评价的主要目的有两个：一是评价学生的成长或发展过程，二是对学生在某个时期的最终发展水平进行评价。前者具有形成性评价的色彩，后者则是一种终结性评价。

2. 特点

根据档案袋评价的界定和说明，可以发现，档案袋评价具有下述特点：

（1）档案袋的基本元素是学生作品。从理论上来说，只要能反映被评价者的成就或进步状况的材料都可以放入档案袋之中。除了学生作品之外，成绩单、奖状、证书、小红花等，均可以作为被评价者的成就或进步状况的证据放入档案袋之中。但是，从档案袋评价最原始的含义来说，档案袋即使可以收集这些材料，其中最重要的、不可或缺的基本材料应该是学生的作品。

（2）多元化。这主要表现在以下几方面：一是评价目的多元化。档案袋评价目的有三个，即展示最佳成就、描述成长过程和评价发展水平，或者兼而有之。二是评价主体多元化。在档案袋评价中，学生、教师、家长和教育行政部门都可以作为评价者参与其中。三是资料多元化。从资料内容上看，在档案袋中，学生作品虽然是基本资料，但也可以包括能够证明学生成就和成长的其他资料；从资料载体上看，档案袋中的资料可以是实体的，也可以是电子的。

（3）组织性。这表现在三个方面：一是目的性。这是指档案袋的制作不是随意的，也不是随机的，而是有目的的。档案袋中的材料是根据特定目的来收集的。如果评价目的是展示学生的成就，则应由学生收集其最满意或最好的作品。如果评价目的是对学生在某段时间的学习和发展水平做出终结性评价，则应由教师来收集能够反映学生在这段时间内最好水平的作品。二是主题性。档案袋中材料的收集除了要考虑评价目的之外，还要围绕着特定的主题开展。如写作档案袋收集的材料都是与写作有关的材料。阅读档案袋收集的都是与阅读有关的材料。三是系统的。档案袋中的材料收集不是一次性的，而是系统的。在档案袋评价过程中，要对收集什么材料、什么时候收集材料预先做好计划。

（4）反思性。档案袋评价十分重视通过学生作品的收集，引导学生进行自我反思，发现自身的优势和不足，从而促使学生不断改进。档案袋评价的显著优势之一就是，不仅可以促进学生对自身的学习进行反思，从而直接改进学生的学习之外，还能通过学生反思的实践增强学生的自我反思和自我评价能力，从而发展学生的自我学习能力[①]。

3. 类型

档案袋评价的类型与档案袋的类型划分是一致的。如果纯粹从认识档案袋类型的角度看，基于不同的分类标准，就能划分出不同的档案袋类型。但是，档案袋评价是一种实践活动，有其自身的目的。对档案袋类型的划分应该能够促进档案袋评价，能够对评价者实施档案袋评价有直接的帮助。从这个角度讲，从档案袋评价目的的角度划分档案袋的类型更为合理。从这个角度看，档案袋评价可以分为四种类型：

（1）展示型档案袋。也叫最佳成果型档案袋。这类档案袋的目的是展示学生的最佳成就。基于这一目的，展示型档案袋中收集的是某一个时间段内，学生在某一领域所取得的最佳或最满意的作品以及学生对作品的反思。在展示型档案袋评价中，评价主体是学生自己。学生自主选择作品，教师可以提供适当的帮助，控制比较少。此外，在展示型档案袋评价中，最终不需要再根据档案袋的资料对学生进行评分或划分等级。

（2）评估型档案袋，也被称为成果型档案袋、通行证型档案袋。评估型档案袋的目的是确定在某个时期内，学生在某个学习领域是否达到了预期的表现水平。通常情

① Robert L., Norman E. Gronlund. 教学中的测验与评价 [M]. 国家基础教育课程改革"促进教师发展与学生成长的评价研究"项目组，译. 北京：中国轻工业出版社，2003：204.

况下，这种档案袋要么被用来向家长、学校领导、甚至是教育行政部门提供学生在某一方面所取得的成绩的标准化报告，要么被用来做出决策，以决定学生是否可以开始下一阶段的教学任务。评估型档案袋评价最终需要根据档案袋中的资料对学生进行评分或赋予等级，即形成一个评价结论。为了保证评价结论的可比性，评估型档案袋是结构化的。也就是说，评估型档案袋中所收集的学生作品和其他材料、收集的作品和材料如何进行评价等都是标准化的。与展示型档案袋不同的是，评估型档案袋中学生作品和各种材资的收集工作主要由教师而不是学生完成。

（3）过程型档案袋。过程型档案袋主要是通过收集学生一系列的作品样本、学生对作品的反思等资料，向学生、教师和家长展示学生的努力和进步历程。一般来说，过程型档案袋可以分为不同的类型，既可以是主题性的，也可以是某一单元的档案，还可以是定期（如一学期或一学年）学习状况的档案。但比较常见且具有典型性的是主题型过程型档案袋。如在创建写作的过程型档案袋时，就可以将学生某一篇作文的写作提纲、初稿，修改稿、最终的成稿以及学生在每个阶段对自己作品的反思都收集起来，以反映这篇作文的产生过程。过程型档案袋的资料收集者主要是学生，而且不需要对档案袋进行评分或者划分等级。

（4）复合型档案袋。有些档案袋具有展示最佳成就、描述成长过程和评价发展水平三种目的中的两种或两种以上的目的。此时制作的档案袋就是复合型档案袋。例如，求职简历就既具有展示的目的，也有过程型的色彩。

（二）档案袋评价在学生成绩评价中的应用

在理实一体化课程学生成绩评价实践中，教师可以使用评估型档案袋或者以评估作为主要目的的复合型档案袋，对学生某门课程的整体成绩进行评价。在使用档案袋评价对学生在一门理实一体化课程中的最终成绩进行评定时，大致有两种做法：第一种做法是在平时的教学工作中，使用表现性评价对学生在每个项目或任务的成绩进行评定，并将成绩放入档案袋。然后按照一定标准将学生在每个项目或任务上的成绩进行汇总，形成学生在这门课程上的最终成绩。

第二种做法是在第一种做法的基础上，以纸质试卷形式开展期末综合知识测试，并将期末成绩放入档案袋。但需要注意的是，试卷中的试题不能是纯粹理论知识试题，而应该是结合工作情境的试题。例如：

患者，男性，36 岁，慢性心力衰竭在院治疗 5 天后出现恶心、头痛、头晕、黄视。检查心率 46 次/分，应考虑为（　　）。

  A. 硝普钠中毒   B. 洋地黄中毒

  C. 酚妥拉明中毒   D. 氨茶碱中毒

  E. 多巴酚丁胺中毒

——2019 年全国职业院校技能大赛中职组"护理技能"赛项申报方案

在理实一体化课程学生成绩的综合评价实践中，也有些教师在期末综合测试环节采取了综合知识测试+综合能力测试的形式。综合能力测试一般是要求学生完成一个实作任务，这是一种表现性评价。表现性评价存在一个与生俱来的不足，即学生在完成一个任务时的表现好，不代表他在完成另一个任务时候的表现也很好。因此，如果要采用综合能力测试的话，就需要这个实作任务能够涵盖这门一体化课程中绝大部分学习内容。否则，就没有什么意义。

第三种做法则相对复杂。首先，在实际开展理实一体化课程的教学之前，任课教师要基于评价学生课程成绩这一目的，研读一门理实一体化课程的课程标准，把握课程目标和教学内容，并据此确定评价目标。评价目标应符合下述要求：第一，评价目标要具体。评价目标如果不具体，就不可能对档案袋中资料收集起到指导作用。第二，评价目标要全面，应尽量包含认知、情感、动作等不同领域。这才能发挥档案袋评价引领学生全面发展的作用。第三，评价目标应侧重高层次目标。对于低层次目标，使用传统纸笔测验进行测评，效率更高，成本更低，而不必费时费力地使用档案袋评价。其次，在一门理实一体化课程的教学过程中，任课教师要根据评价目标，确定档案袋中应收集的作品和资料。一是确定收集什么类型的作品和资料。二是确定收集作品的数量。为了确保评价结果的信度，需要尽可能多地收集相关资料。三是确定收集作品的时间和次数。再次，任课教师要制定评价标准。档案袋评价中有两类标准，一是对档案袋进行整体评分的标准，二是对档案袋中作品和作品反思进行评价的标准。档案袋评价标准可以采用表现性评价中介绍的检核表法和评定表法编制。最后，实施档案袋评价，并在一门理实一体化课程结束时，评定学生课程成绩。

第四节　评价与教学的融合

教师在教学工作中需要考虑多个问题，如"教什么（教学内容）""怎么教（教学方法和手段）""为了什么教（教学目标）"，等等。在这些问题中，教学内容以及教学方法和手段问题在教育实践中受到更多关注，教学目标则受到忽视。由于教学方法和手段的确定往往取决于教学内容。因此，这种教学实践可称之为"内容驱动的教学"。但是，教学目标才是教学工作的灵魂。教学内容的选择、教学方法和手段的确定，在根本上都取决于教学目标。教学工作应该从内容驱动的教学回归基于目标的教学。这就要求做到评价与教学相融合。理实一体化课程的教学也是如此。

一、评价融入教学：评价与教学之间的本然关系 ├───────────────

评价融入教学既是教学工作的必然要求，也是教育评价的历史要求。

（一）教学工作要求评价融入教学

作为一种实践活动，教学活动与本能活动的本质区别就在于，教学活动具有目的性。在我国，教学的目的就是培养德智体美劳全面发展的社会主义事业建设者和接班人。作为教育活动的基本途径，教学活动要确保实现教学目的，就必须及时了解教学进展，并根据教学进展及时调整教学活动。这就要求将评价融入教学活动的全程。如果只是在教学活动结束后开展评价活动，那么一旦学生发展没有达到预期教育目标，则会对学生的后续发展产生巨大的负面影响。综上所述，只有将评价融入教学过程之中，才能最有效地确保教育目的得到实现。

（二）教育评价的历史：评价与教育融合的历史

1942 年，泰勒在《史密斯-泰勒报告》中提出了"教育评价"概念。泰勒认为，所谓评价"实质上是一个确定课程与教学计划实际达到教育目标的程度的过程。"① 这一论述让人们广泛认为，泰勒提出的评价模式重视结果评价，忽视过程评价。如图8-4所示，人们将泰勒模式概括为以下示意图。

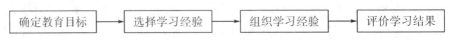

图 8-4　泰勒模式示意图

显然，按照这种观点，在泰勒那里，评价是对结果的一种鉴定。事实上，这是对泰勒的一种误解。不论从泰勒评价思想的缘起，还是从其评价思想本身来看，改进始终是泰勒模式的主要目的。泰勒曾经回忆过其早年的研究。1929 年，泰勒应邀主持俄亥俄州立大学教育研究所成绩测验室的工作。时任所长查特斯主张，成绩测验室的主要使命是帮助改进大学里的课程与教学工作。在查特斯的要求下，泰勒开始对本科生物学学程进行研究。在研究过程中，泰勒与教师们紧密合作，编制测验，讨论测验结果，并根据测验结果反映出来的不足对学程进行改进。由于效果显著，泰勒的评价模式被其他课程的教师广泛使用。显然，泰勒从涉足教育评价领域开始，其初衷就是改进课程。从泰勒教育评价思想本身来看，改进课程是其开展评价工作的主要目的。在论及评价的必要性时，他明确指出："评价的结果能够使人们注意到课程的哪些方面是有效的，哪些方面是有待改进的。"② "课程设计是一个连续不断的过程，当编制材料和程序时，要对它们进行试验，评价它们的结果，发现它们的缺陷，提出改进的措施。课程设计有一个重新设计、重新编制和重新评价的过程；在这种连续环（continuing cycle）中，课程与教学计划就能年复一年地得到改进。"③ 总而言之，在泰勒那里，评价是服务于课程与教学的。从泰勒的文本来看，虽然评价的直接对象是学生，但其主要目的并不是评价学生是否达到了教育目标的要求，而是进一步据此分析课程存在什么问题，还有哪些方面需要改进。评价是课程编制中的一个环节，是编制课程的一种手段。泰勒的评价思想并不是如何去评价学生的思想，而是一种课程评价思想。如果将泰勒的评价思想放入其课程思想，就不难发现泰勒模式应该是这样的，如图 8-5 所示。

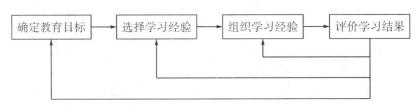

图 8-5　修正后的泰勒模式示意图

在泰勒之后，克隆巴赫明确地将评价界定为："为作出关于教育方案的决策，收集和使用信息。"斯塔弗尔比姆也认为，评价是"为决策提供有用信息的过程。"总而言之，从教育评价概念诞生伊始，评价就不是对教育结果的鉴定，而是为改进各种教育

① 拉尔夫·泰勒. 课程与教学的基本原理［M］. 施良方，译. 北京：人民教育出版社，1994：85.
② 拉尔夫·泰勒. 课程与教学的基本原理［M］. 施良方，译. 北京：人民教育出版社，1994：85.
③ 拉尔夫·泰勒. 课程与教学的基本原理［M］. 施良方，译. 北京：人民教育出版社，1994：98-99.

方案提供服务的过程。按照这样的理解，在评价与教学的关系上，评价不是对教学结果的鉴定，而是为改进和调整教学提供有用信息的过程。因此，评价就不应该是教学过程结束后才开展的一项活动，而应是贯穿教学全过程的一项活动。或者说，自教育评价概念问世开始，评价就被认为应该与教学相融合。

二、评价与教学融合的方法

评价与教学的融合既体现在教学设计中，也表现在教学实施过程中。这里，主要讨论在理实一体化课程中，如何在教学设计层面实现评价与教学的融合。

（一）界定教学目标

1. 课程目标和教学目标

课程目标即一门课程的目标，指的是学生在完成一门课程的全部学习任务之后应该达到的要求。在职业教育实践中，一门课程的目标会在该门课程的课程标准（即教学大纲）之中加以规定，是课程标准的重要组成部分。

教学目标指的是学生在完成一节或一次课或一部分内容的学习任务后应达到的要求，是一节或一次课或一部分内容教学工作要达到的结果。教学目标与课程目标之间的关系是这样的：教学目标是课程目标的一部分，也是课程目标的具体化。如果每节课或每次课的教学目标都实现了，则意味着这门课程的目标实现了。

2. 教学目标的确定

设计教学目标一般遵循下述步骤：钻研课程标准和教材内容；分析学生已有的学习情况；明确教学目标分类；编写教学目标。

教学目标一般分为三个类别：知识与技能、过程与方法、情感态度价值观，也可以表述为知识目标、能力目标和情感目标。理实一体化课程也不例外。但需要注意的是，这只是就一般情况而言的，并不意味着每节课或者每次课的教学目标都必然包含三个方面。在一节或一次课的教学实践中，教学目标的具体类别要考虑教学内容。

在职业教育实践中，教学目标通常采取动宾结构的短语来表达。如理实一体化课程"发动机构造与维修"中"发动机整体结构认知"部分的一个教学目标就是"了解汽车发动机的总体结构"，"曲柄连杆机构的构造与维护"部分的一个目标是"掌握曲轴飞轮组的检修方法"。在日常的教学实践中，教学目标的编写往往止步如此。但是，如果要将评价融入教学，则需要将上述教学目标进一步具体化。具体方法可采用马杰（R. E. Mager）提出的 ABCD 模式。其中，A 指的是行为主体（audience），B 指的是行为（behavior），C 指的是行为的条件（condition），D 指的是表现程度（degree）。例如，"了解汽车发动机的总体结构"这一目标可以具体化为"学生能够准确默写汽车发动机两大机构和五大系统的名称""学生能够在给定发动机图片上识别两大机构和五大系统""学生能够画出汽车发动机两大机构和五大系统相对位置"等。"掌握曲轴飞轮组的检修方法"这一目标课具体化为："学生能够准确写出曲柄连杆机构的拆装步骤、曲轴的检修内容和步骤""学生能够识别曲轴飞轮组的检修工具""学生能够独立地完成给定曲柄连杆机构的拆装、曲轴的各种检查和维修、飞轮的检查和修复任务"等。由于教学目标表述的是预期的教学结果，因此，其主体一定是学生。因此，在编写教学目标过程中，往往会省略"学生"这一行为主体（A）。

（二）评价任务设计

在日常的教学设计中，除了在教学结束时布置课后作业之外，一般没有专门的评价设计。但是，如果要将评价与教学融合，就需要设计专门的评价任务，并在课堂教学过程中加以实施。也就是说，要根据教学目标和教学内容，设计一个或者多个需要学生完成的任务，通过考查学生的任务完成情况，去评价学生是否达到了教学目标的要求。传统教学设计与评价融入教学的教学设计之间的区别，参见表8-11和表8-12。表8-12中斜体字凸显了评价融入教学的教学设计与传统教学设计之间的不同。

表8-11　传统教学设计示例表

```
×××教案
[科　目]：××××
[课　题]：××××
[任课教师]：××××
[教学对象]：××××
[教学课时]：××课时
[教学对象分析]：××××
[教学内容分析]：××××
[教学重点]：××××
[教学难点]：××××
[教学目标]：
1. 知识目标：××××
2. 能力目标：××××
3. 情感目标：××××
[学习评价]：
评价任务1：××××
评价任务2：××××
评价任务3：××××
[教学方法]：××××
[教学准备]：
1. 教师准备：××××
2. 学生准备：××××
[教学过程]：
第一环节　导入
第二环节　新课
一、××××
1. 开展教学
2. 实施评价任务1
3. 根据评价结果调整教学
二、××××
1. 开展教学
2. 实施评价任务2
3. 根据评价结果调整教学
三、××××
1. 开展教学
2. 实施评价任务3
3. 根据评价结果调整教学
第三环节　课堂小结
第四环节　布置作业
[教学反思]：××××
```

表8-12　评价融入教学的教学设计示例表

```
《×××》教案
[科　目]：××××
[课　题]：××××
[任课教师]：××××
[教学对象]：××××
[教学课时]：××课时
[教学对象分析]：××××
[教学内容分析]：××××
[教学重点]：××××
[教学难点]：××××
[教学目标]：
1. 知识目标：××××
2. 能力目标：××××
3. 情感目标：××××
[教学方法]：××××
[教学准备]：
1. 教师准备：××××
2. 学生准备：××××
[教学过程]：
第一环节　导入
第二环节　新课
一、××××
×××××××
二、××××
×××××××
三、××××
×××××××
第三环节　课堂小结
第四环节　布置作业
[教学反思]：××××
```

评价任务设计的关键是，要以教学目标为基础，思考一个问题，即什么证据可以证明学生达到了教学目标的要求。如果教师能够找到足以证明学生达到教学目标的证据，就可以围绕如何获得证据设计评价任务。例如在上文，"了解汽车发动机的总体结构"这一比较抽象的教学目标被具体化为"学生能够准确默写汽车发动机两大机构和五大系统的名称""学生能够在给定发动机图片上识别两大机构和五大系统""学生能够画出汽车发动机两大机构和五大系统相对位置"等。从这些具体教学目标就可以得出具体证据。证明"学生能够准确默写汽车发动机两大机构和五大系统的名称"的证据就是学生写出的名称。因此，可以设计一个评价任务，就是出两道填空题：

1. 汽车发动机的两大机构分别是_____和_____。

2. 汽车发动机的五大系统分别是_____、_____、_____、_____和_____。

证明"学生能够在给定发动机图片上识别两大机构和五大系统"的证据就是学生能够对照发动机图片填空。因此，可以设计一个评价任务，就是看图填空题。

三、理实一体化课程实践中评价与教学融合的案例

下面为"发动机构造与维修"课程"气缸体的测量"部分的教学设计。这一设计试图将评价融入教学，引领教学的实施。

"气缸体的测量"教学设计①

（一）教学分析

1. 分析学生基础

学生已经学习了汽车文化、汽车构造等专业基础知识，掌握了汽车维修工具使用、发动机拆装与检修等基础技能。学生对发动机的基本结构和工量具的使用有了基本认知，已有知识对学生开展气缸体的测量创设了基础。

2. 项目内容

本项目中关于气缸体的测量主要是通过工量具来测量气缸体的圆度和圆柱度，从而判断气缸体的磨损量，进而确定气缸体的工作性能。

（二）内容标准

能正确测量气缸体的磨损量，判断气缸体的工作性能。

（三）教学目标

1. 能使用工量具确定气缸体尺寸，根据尺寸组装量缸表。

2. 能使用量缸表测量三个截面的横向、纵向数据。

3. 根据测量数据，计算出气缸体圆度和圆柱度误差。

4. 根据误差值进行磨损判定和修理尺寸选择。

（四）学习评价设计

评价任务 1：

用游标卡尺测量确定气缸的基准缸径，根据所测得的基准缸径选择合适的表杆，组装量缸表，使用千分尺进行校零，对百分比进行预压安装。

---

① 本案例由山东省莱芜职业技术学院秦程现博士撰写。

评价任务2：

将量缸表倾斜放入气缸体然后放正进行测试。测量部位要选在活塞环工作的区域内，将校对后的量缸表活动测量杆在平行于曲轴轴线方向和垂直于曲轴轴线方向等两方位，沿气缸轴线方向选取上、中、下三个位置，共计测量6个数值并记录。

评价任务3：

圆度误差是指同一截面上磨损的不均匀性，用同一横截面上不同方向测得的最大直径与最小直径差值之半作为圆度误差。圆柱度误差是指沿气缸轴线的轴向截面上磨损的不均匀性，用被测气缸表面任意方向所测得的最大直径与最小直径差值之半作为圆柱度误差。根据测量值，按照气缸圆度误差计算公式和圆柱度误差计算公式计算相应的误差值。

评价任务4：

当汽油机的圆度误差超过0.05 mm，圆柱度误差超过0.175 mm时，应对发动机进行大修；当柴油机的圆度误差超过0.063 mm，圆柱度误差超过0.25 mm，应对发动机进行大修。气缸的最大磨损量在0.18~0.22 mm时，可以更换活塞环后继续使用；若达到0.37 mm时，应对发动机进行大修。在计算修理尺寸时，应先算出磨损最大气缸的最大磨损直径，再加上加工余量的数值，然后选取与此数值相适应的一级修理尺寸。

评价任务5：

完成一份气缸磨损测量工作流程表。要求：详细列出各个操作步骤及注意事项，正确计算数据并进行维修判断，对学习过程提出建议。

（五）学习活动设计

表8-13为某学习活动设计案例。

表8-13 学习活动设计表

活动一：活动任务描述	
教师活动	学生活动
在一家汽车4S店中，学徒小张看一辆待修车辆排气管子"突突突"地冒着蓝烟，于是向师傅请教。 小张：师傅，这辆车有什么故障呢？ 师傅说：正常车的排气管的烟是无色的，这辆车有严重的冒蓝烟现象，是什么原因引起的呢？ 师傅又说：废气是从哪里排除的呢？是不是发动机气缸内部磨损过大，已经燃烧机油了呢？ 小张茫然了。如果您是小张的朋友，能给他哪些启示呢？	感受情境描述，了解学习任务，做好学习准备。
活动二：测量前的准备工作	
1. 介绍测量前的清洁作业注意事项。 （下面实施评价任务1） 2. 检测基准直径测量是否准确。 3. 检查所选择的表杆尺寸是否正确。 4. 示范。检测学生安装与校对是否规范。 5. 检查是否进行了预压安装。	1. 使用抹布清洁气缸体和气缸筒。 2. 用游标卡尺测量确定气缸的基准缸径。 3. 根据所测得的缸径选择合适的表杆。 4. 检验百分表表头及指针的灵敏度，确认良好后装上百分表，安装时小指针指向0位。 5. 将百分表进行预压安装。 6. 完成评价任务1。

表 8-13（续）

活动三：气缸体的测量	
1. 介绍测量的注意事项。 （实施评价任务 2） 2. 检查学生是否规范操作量缸表：一只手握住隔热套进行测量。 3. 检测三个测量面是否规范，是否测量了横向和纵向 6 个数据。	1. 使用量缸表时，应一手握住表杆上的隔热套，另一只托住活动测杆下部，将内径百分表倾斜放入气缸体后，放正量缸表后进行测试。 2. 测量部位要选在活塞环工作的区域内，将校对后的量缸表活动测杆，在平行于曲轴轴线方向和垂直于曲轴轴线方向等两方位，沿气缸轴线方向选取上、中、下三个位置，共计测量 6 个数值。 3. 完成评价任务 2。
活动四：误差计算	
（实施评价任务 3） 1. 对照数据，判断圆度误差计算是否正确。 2. 对照数据，判断圆柱度误差计算是否正确。	1. 用同一横截面上不同方向测得的最大直径与最小直径差值之半作为圆度误差，选取三个数中最大的一个计算值作为该气缸的圆度误差。 2. 用被测气缸表面任意方向所测得的最大直径与最小直径差值之半作为圆柱度误差。 3. 完成评价任务 3。
活动五：磨损判定与修理尺寸选择	
（实施评价任务 4） 1. 对照手册要求，检查学生的结论是否正确。 2. 对结论确定需要维修的气缸体，检查学生的修理尺寸是否正确。	1. 根据圆度和圆柱度误差值，查询维修手册，判断气缸磨损量，判断是否需要进行维修。 2. 如果需要维修，则需要确定修理尺寸。 3. 完成评价任务 4。
活动六：教学建议	
实施评价任务 5，学生完成一份气缸磨损测量工作流程表，并对学习过程提出建议。	1. 完成任务评价 5。 2. 提交工作流程表。 3. 提交学习建议。

【实践·反思·探究】

1. 如何理解设计评价指标的 5 项原则？

2. 以教师理实一体化课程的教学设计能力为评价目标，设计评价指标体系。

3. 如何制定评价标准？

4. 请运用所学知识分析你所在学校的学生评教指标体系的质量。

5. 举例说明什么是表现性评价和档案袋评价。

6. 在所教理实一体化课程中，选择一个主题，设计一个表现性评价方案。

7. 针对所教理实一体化课程，设计学生成绩的考核方案。

8. 在所教理实一体化课程中，选择一部分教学内容，设计评价与教学相融合的方案。